조선왕실의 의례와 재원

조선왕실의 의례와 문화 8

조선왕실의 의례와 재원

초판 1쇄 인쇄 2019년 10월 15일

초판 1쇄 발행 2019년 10월 22일

지은이 정수환

펴낸이 이방원

편 집 송원빈·김명희·안효희·윤원진·정조연·정우경

디자인 손경화·박혜옥 **영 업** 최성수 **기획·마케팅** 이미선

펴낸곳 세창출판사

출판신고 1990년 10월 8일 제300-1990-63호

주소 03735 서울시 서대문구 경기대로 88 냉천빌딩 4층

전화 723-8660   팩스 720-4579

이메일 edit@sechangpub.co.kr   홈페이지 http://www.sechangpub.co.kr

ISBN 978-89-8411-900-0 04900

      978-89-8411-639-9(세트)

_ 이 도서의 국립중앙도서관 출판예정도서목록(CIP)은 서지정보유통지원시스템 홈페이지(http://seoji.nl.go.kr)와

  국가자료종합목록 구축시스템(http://kolis-net.nl.go.kr)에서 이용하실 수 있습니다. (CIP제어번호 : CIP2019039244)

_ 이 도서는 2011년도 정부재원(교육과학기술부 학술연구지원사업비)의 지원에 의하여 연구되었음(AKS-2011-ABB-3101)

조선왕실의
의례와 문화
8

조선왕실의
의례와 재원

정수환

지음

세창출판사

다시, 인연이 있고 모든 인연은 소중하다는 것을 믿는다.

한국학중앙연구원 장서각에는 늘 학문적 자극과 열정이 있다. 그 자극과 열정은 장서각에 소장된 방대한 왕실 자료와 수집 자료, 그리고 항상 이들 사료를 함께 고민하는 동료 연구자들로부터 뿜어져 나온다. 소중한 인연이다. 그리고 이 책을 쓸 수 있게 된 또 하나의 아름다운 인연이 있다. 그것은 '조선왕실의 의례와 문화 연구'를 위해 세계를 함께 누빈 10인의 연구진과의 만남이다.

2011년, 필자는 『조선후기 화폐유통과 경제생활』(2013)을 집필하고 있었다. 책을 통해 화폐 정책으로 유발된 개인과 농촌 공동체의 변화, 그리고 그 변화가 국가와 왕실의 재정운영에 끼친 영향을 밝히고자 노력했다. 이당시 왕실 자료의 보고로 알려진 '장서각'에서는 왕실문화의 체계적 연구를 고민하고 있었다. 그 일환으로 한국학진흥사업단에 관련 연구 제안을 준비하면서 왕실의례를 가능하게 했던 물적·경제적 구조에 대한 연구의 필요성이 제기되었다. 당시 장서각 관장이었던 이완우 선생님의 권유가 있었고, 필자도 연구 관심을 이어 가고자 연구팀 합류를 요청한 결과 영광스럽게 연구에 동참할 수 있는 인연을 얻게 되었다. 이렇게 발족한 연구팀을 우리는 스스로 '왕실문화 연구팀'이라 이름 붙였다.

2014년 가을에 연구가 종료되기까지 만 3년의 시간을 왕실문화 연구팀과 함께했다. 주기적으로 만나 연구 성과를 공유하기도 하고, 때로는 1박을 하면서 늦은 밤까지 토론을 이어 갔다. 그리고 무엇보다 중요한 것은 연구기간 동안 국외 왕실문화 답사를 함께한 결과 비교사적 관점에서 연구의 견문을 넓힐 수 있었다는 점이다. 현장에서 연구를 위한 조언과 열정을 충분히 채울 수 있었다. 신진 연구자를 자임하고 있던 필자에게는 연구팀의 여러 선생님들로부터 배움이 많았고, 때로는 학문적 고민을 나눌 수 있는 혜택도 입었다. 참으로 소중한 인연이다. 지금도 왕실문화 탐방은 계속되고 있다.

왕실의례와 관련한 재원운영의 특징을 착목함에 있어서도 연구팀의 격려가 큰 힘이 되었다. 왕실과 국가의 재원운영 연구를 위한 핵심 사료로서 의궤(儀軌)와 등록(謄錄)을 주목하고, 1차 연도 주제로 왕실의 출합(出閤)을 발굴한 것은 첫 성과였다. 그리고 이듬해에는 왕실의례와 관련한 가례(嘉禮)를 통해 중앙각사의 재원 동원 구조에 대해 접근할 수 있었다. 마지막 3년째에는 봉릉(封陵) 및 진연(進宴)에 있어서 중앙과 지방의 관련 속에서 왕실재원운영의 실제에 접근할 수 있는 밑그림을 그릴 수 있었다.

연구 마지막 해, 필자는 영국 브리스톨대학(University of Bristol)에서 수학하게 되었다. 새로운 환경에서 학업과 연구를 병행한 1년은 지극히 힘들고 고통스러운 시간이었다. 성과는 있었다. 학문적 성격이 강한 학교 분위기속에서, 특히 이론을 중시하는 사회정치학과에 소속됨에 따라 연구에 있어 이론에 입각한 논리 체계 확립의 필요성을 절감했다. 이러한 고민에 따라 왕실문화 연구에 기존의 획일성(Universe)에 대한 비판적 접근을 바탕으로 필자는 다양성(Pluriverse)이라는 이론 틀을 적용해 보고자 시도했다.

본문은 모두 4개의 장으로 왕실의례와 이를 지원하는 물적 토대 그리고 이를 가능하게 했던 제도에 대한 실제로 구성했다. 이 책은 조선후기를 이해하기 위한 틀로서 발전적 역사관보다 다양성의 견지에서 왕실재원운영과 관련한 조선만의 토착적 제도를 설명하려는 노력의 결과이다. 이를 위해 왕실의례를 출합, 가례, 진연, 봉릉이라는 일련의 흐름에 따라 사례 중심으로 서술했다. 여기에는 왕실의례와 관련한 의궤와 등록 그리고 고문서가 핵심 자료로 활용되었다. 그럼에도 불구하고 과제가 남아 있다. 이 연구가 종료되고 난 뒤 많은 새로운 연구 결과들이 소개되었음에도 그 성과를 모두 반영하지 못한 부분은 후속 연구를 통해 보완을 거듭할 예정이다.

필자는 앞서 『조선후기 화폐유통과 경제생활』에서 4가지 연구 방향을 제시했었다. 이제 그 과제 중 하나였던 국가와 왕실재원의 문제에 대해 비로소 물음을 던졌다. 그리고 필자의 연구 출발점이라 할 수 있는 농촌의 문제로 다시 돌아가려 한다. 거시적 관점에서 조선시대 농촌에서 시작해 현대 대한민국 농촌 개발에 이르기까지 진행된 일련의 변화 양상과 그 과정을 추적하려 한다. 이러한 필자의 노력은 전근대 조선시대의 토착적 지식이 현대 한국사회에 어떻게 연결, 혹은 단절되었는지에 대한 물음을 찾는 여정의 일부이다.

새로운 도전에 직면했을 때 '늦음'이란 없음을 일깨워 주고 격려해 주신 선생님들이 계신다. 필자의 학문적 부모이신 정구복 선생님과 최진옥 선생님께 항상 '존경'의 마음을 드리고 싶다. 은기수 선생님은 대학원 시절부터 소중한 학문적 경험을 공유할 기회를 주셨고 필자의 작은 몸짓에 의미와 용기를 부여해 주셨다. 늘 '감사'라는 단어를 간직하고 있다.

3년이라는 긴 시간 동안 왕실문화 연구에 대한 고민을 함께 나누어 주었던 '왕실문화 연구팀' 연구책임자 안장리 선생님을 비롯한 열 분의 선생님들께 감사드린다. 그리고 무엇보다 나에게 인생 공부를 가르쳐 주시는 존경하는 부모님과 삶을 함께하는 사랑하는 가족들에게 뜨거운 마음을 전한다. 끝으로 긴 시간 편집과 교정의 정성을 다해 준 출판사 여러분께 고마움을 전하고 싶다.

청계산 자락 운중동 장서각 연구실에서
2019년 가을이 오는 날 정수환 씀

차례

머리말 · 4

서 론 왕실의례와 물적 토대 · 11

제1장 왕실출합(出閤)과 왕자녀(王子女) 후원

  1 **조선초기 왕실혼(王室婚)과 경제 지원 · 25**
     1) 경혜공주 출합과 왕실후원 · 25
     2) 왕실혼 가문에 대한 경제적 후원 · 29

  2 **조선전기 출합과 내수사 · 33**
     1) 내수사를 통한 지원 · 33   2) 출합재원에 대한 규례 · 35

  3 **17세기 출합 정례화(定例化) 모색 · 41**
     1) 출합례(出閤例) 상고 · 41   2) 출합과 절수 · 44

  4 **출합 왕자녀 지원 범위 · 46**
     1) 제택 영건과 사여 · 46   2) 출합 물력 · 50
     3) 노비 사여 · 52   4) 전지 획급 · 56

  5 **연잉군(延礽君) 출합 · 63**
     1) 길일의 택정 · 64   2) 출합궁(出閤宮) 마련 · 67
     3) 출합 물력 지원 · 78   4) 노비 사급 · 83
     5) 토지 획급 · 85

제2장　가례와 도감, 그리고 각방(各房)과 각소(各所) 분장

　1　가례도감과 중앙각사(中央各司) · 96
　　1) 인력과 요포 그리고 논상 · 97　　　2) 물력 운영 · 105

　2　각방(各房)과 육례 · 110
　　1) 일방과 육례 · 113　　　　　　　2) 이방 · 125
　　3) 삼방 · 135

　3　각소 장인(各所匠人)과 물력 · 143
　　1) 별공작소 · 143　　　　　　　　2) 수리소 · 147

제3장　연회를 위한 인력과 물력

　1　17세기 진풍정(進豊呈)과 진연진찬(進宴進饌) · 162
　　1) 풍정도감 전례 상고와 설치 · 164　2) 기물(器物)과 찬물(饌物) · 169
　　3) 기생과 의녀 · 175　　　　　　　4) 논상 · 178

　2　18세기 초 진연과 경외(京外) 물력 · 181
　　1) 진연청 구성과 운영 · 183　　　　2) 물력 운영 · 188
　　3) 진연 인력 운영 · 190　　　　　　4) 요포 · 194
　　5) 상격 · 197

　3　18세기 중엽 진연습의(進宴習儀) · 199
　　1) 도감도청 · 200　　　　　　　　2) 진연 처소와 집기 지원 · 206
　　3) 물력 동원의 구조 · 210　　　　　4) 진연 인력 운영 · 215
　　5) 요포와 삭료(朔料) · 221　　　　　6) 각방 분장 · 227
　　7) 논상 · 231

제4장 봉릉(封陵)과 경외분정(京外分定)

　1　정순왕후와 사릉 · 239
　　　1) 노산군부인묘와 사릉 · 239　　　　2) 능역 획정 · 243
　2　양릉봉릉(兩陵封陵)과 재원 조정 · 246
　　　1) 사릉과 장릉 · 246　　　　　　　2) 양도감(兩都監)과 산릉 · 249
　　　3) 양릉봉릉과 경외동원 · 255
　3　경외 물력 획정 · 262
　　　1) 중앙각사 · 262　　　　　　　　2) 외방 · 270
　4　동원 인력과 운영 범위 · 280
　5　각소 물력과 인력 · 290
　　　1) 물력 운영 · 290　　　　　　　　2) 인력 운영 · 294

결　론　다층적 재원운영 · 299

참고문헌 · 315
ABSTRACT · 323
찾아보기 · 328

왕실의례와 물적 토대

한국사에 있어 조선후기는 이른바 근대성의 문제와 관련하여 역사적 성격을 추적하고 해석하기 위한 연구 대상이었다. 조선후기가 내포하고 있던 독창성과 특수성에 대한 조명을 통해 이른바 근대화를 위한 자생력을 지니고 있었던 시기로 규정하기도 했다. 여기에는 몇 가지 사례가 있다. 정치적으로 당쟁은 붕당개념 도입을 통한 정치 운영 체계로서 이해하였으며, 실학과 같은 새로운 문화 사조의 출현은 근대성의 측면에서 해석되었다. 그리고 신분제의 급격한 동요에 따른 사회 변화가 역시 주목되었다. 이러한 근대성이라는 전제하에 국가와 왕실의 재원운영 구조에 대한 연구가 있었다.

왕실의 재원운영에 대한 연구는 근대적 재정의 관점에서 시도되었다. 공재정(公財政)과 사재정(私財政)으로 분류된 이 점이 조선 왕실재정의 특징으로 설명되었다.

왕실재정 ┌ 공재정: 공상제(供上制), 왕실수조지(王室收租地), 상의원(尙衣院), 사옹원(司饔院), 왕실관련 사원전(寺院田)
└ 사재정: 내수사운영, 왕실사유지, 왕실장리(王室長利), 왕실노비, 내원당전(內願堂田)[1]

1   宋洙煥,『朝鮮前期 王室財政 硏究』, 집문당, 2002, 25쪽.

왕실재정은 국가재정에 편입되어 운영된 공재정과 왕실의 사사로운 경제활동을 통해 나타나는 사재정으로 구분되었다. 이를 바탕으로 왕실재정의 수입 규모는 1사 4궁(1司 4宮)을 중심으로 19세기 궁장토에 대한 분석을 통해 추정되었다.[2] 왕실재정의 성격을 '공(公)'과 '사(私)'의 구조로 이해하려고 한 노력은 발전론적 시각에 입각한 조선시대 재정운영의 후진성 논란에 대한 일종의 반작용이었다.

왕실재정의 공·사 구분은 조선왕실 재정 구조의 전근대성에 대한 비판적 분석에 대한 반작용으로 대두되었다. 스도 요시유키(周藤吉之)는 고려왕실에서 조선왕실에 이르기까지 사장고(私藏庫)로 대표되는 별도의 재정운영이 있었음을 논증했다.[3] 그의 연구 시각은 조선의 재정운영이 국가재정과 왕실재정이 혼재되어 운영되고 있었던 특징으로 인해 근대적 전환을 이룩하지 못했다는 결론으로 연결되었다.[4] 이러한 관점에 대한 비판으로 조선시대 '공사(公私)' 담론에 대한 연구가 시도되었다.

왕실재정의 '사적' 운영에 대한 비판이 대두되었던 조선후기에 대한 분석이 있었다. 대표적인 사례가 조선후기 공적 존재인 국왕이 왕실재정 확대를 도모하는 문제를 제기하는 과정에서 언급된 '궁부일체론(宮府一體論)'에 대한 연구이다. 이와 관련하여 왕실의 사장(私藏)에 해당하는 궁방(宮房)과 이를 관리하는 내수사 폐지를 주장한 남구만(南九萬, 1629~1711)의 사상이 검토되었다.[5] 왕실재정의 운영을 둘러싼 '공사' 논쟁은 조선시대 국가와 왕실

---

2 조선 왕실재정의 혼재 양상과 복잡성에 입각하여 대한제국기 황실재정에 대한 구분이 이루어졌다. 내용은 첫째, 정부가 황실을 받들기 위해 정부 예산의 일환으로 지원한 宮內府의 재정, 둘째 황실이 별도의 재원을 공식적으로 확보하여 운영한 궁내부 산하 內藏院의 재정, 셋째 오래전부터 있어 온 宮房의 재정, 넷째는 別庫라고 불리기도 했던 황제 개인의 秘密金 운영이었다(李榮薰, 「大韓帝國期 皇室財政의 기초와 성격」, 『경제사학』 51, 경제사학회, 2011, 4쪽).

3 周藤吉之, 「高麗朝より朝鮮初期に至ろ王室財政ー特に私藏庫の研究」, 『東方學報』 東京第10冊, 京都大同榜文化學院 東京研究所, 1939, 124~125쪽.

4 朝鮮總督府, 『朝鮮財政史の一節 李朝時代の財政(稿本)』, 1936, 10~11쪽.

5 송양섭, 「藥泉 南九萬의 王室財政改革論」, 『韓國人物史研究』 3, 韓國人物史研究會, 2005, 73쪽. 그는 조

서론   왕실의례와 물적 토대

의 재정운영에 대한 이해의 폭을 넓혔다. 그럼에도 불구하고 조선시대 왕실재정운영을 이해할 때는, 국가와의 관계 속에서 공과 사의 구조와 더불어 조선이 내포하고 있는 운영상의 특수성에 대한 고려도 필요하다.

조선시대와 조선왕실의 재원운영에 대한 규명은 다양성의 관점에서도 접근할 수 있다. 조선후기 성리학과 그에 바탕한 경세론을 근대성(Modernity)으로 재단하기에는 한계가 있다는 지적이 있다.[6] 뿐만 아니라 제국주의적 시각에 입각한 전근대성(Pre-modern) 개념의 취약점을 지적하면서 동시에 이에 반한 내재적 발전론(Internal Development) 논리에 대해서도 비판적 입장이 대두했다.[7] 이러한 관점은 근대화(Modernization)를 향한 역사적 발전이 필수적이지 않으며 오히려 제도의 변화와 그 다양성을 조명해야 한다는 필요성을 제기하고 있다. 따라서 다양성의 관점에서 진화론적 시각에 뿌리를 두고 근대화라는 방향을 염두에 둔 발전적 역사관에 대한 비판적 접근이 필요하다. 발전론적 역사 인식에 입각한 조선 왕실재정과 재원운영에 대한 해석의 한계는 조선 주자학의 측면에서도 확인된다. 인욕(人欲)에서 발원하는 인위와 작위의 확대는 이른바 역사와 문명의 '발전' 원동력 중 하나이다. 하지만 주자학은 이러한 문제와 관련성이 낮기 때문

선시대 왕실재정이 끝내 사적인 성격에서 벗어나지 못하면서도 왕실재정에 대한 견제와 비판의 구조 속에서 공적인 성격을 유지할 수 있었다고 강조했다(宋讚燮,「正祖의 왕실재정 개혁과 宮府一體論」,「大東文化研究」76, 성균관대학교 대동문화연구원, 2011, 123쪽). 그러나 한편으로 영조는 기존 궁궐의 전각이 공적인 의미를 지닌 것에서 벗어나 개인적 추억과 추모의 마음을 궁궐명에 반영한 편액을 걸게 했는데, 이는 그가 궁궐을 '일상성'을 중시하여 '개인적' 공간으로 인식한 것으로 분석되기도 했다[안장리,「영조(英祖) 궁궐 인식의 특징」,「정신문화연구」104, 한국학중앙연구원, 2006, 62~64쪽].

6   James B. Palais(1996), *Confucian Statecraft and Korean Institutions; Yu Hyŏngwŏn and the Late Chosŏn Dynasty*, University of Washington Press; Seattle and London. p.3(제임스 B. 팔레 지음, 김범 옮김,「유교적 경세론과 조선의 제도들 ― 유형원과 조선후기」1, 산처럼, 2007, 9·19·25쪽).

7   John B. Duncan(2000), *The Origins of the Chosŏn Dynasty*, University of Washington Press; Seattle and London, pp.4~5; 존 B 던컨 지음, 김범 옮김,「조선 왕조의 기원; 고려~조선 교체의 역사적 의미를 실증적으로 탐구한 역작」, 너머북스, 2013, 15~17·19~20쪽.

에 발전론을 전제로 한 근대성과 양립하기 어렵다.[8] 이러한 입장을 고려할 때 근대적 시각에서 조선을 재단하기에는 일정한 한계가 있다고 하겠다.

조선, 특히 17~18세기 왕실의례와 관련한 재원운영의 문제는 조선의 특수성에 입각하여 이해할 수 있다. 가족, 사회, 국가라는 틀 속에서 주자학이 강조하는 윤리의 문제, 그리고 이러한 전제와 연결된 조선시대의 정치와 경제에 대한 접근이 그것이다. 이러한 전제를 염두에 두면서 이 연구에서는 조선이, 그리고 왕실재원의 운영이 지니고 있는 특징을 조선시대가 지니고 있는 다양성을 전제로 분석한다.

'왕실문화'의 범주와 성격에 대한 연구가 축적되었다. 왕실 연구는 국왕을 정점으로 한 왕실 구성원의 일상을 비롯하여 왕실과 국가의 의례와 미술, 건축, 공예에 이르기까지 확대되고 있다.[9] 뿐만 아니라 왕실과 연결한 국가의례, 복식, 음식, 문학 등 왕실문화의 다양성을 조망하는 연구 성과가 축적되었다. 그럼에도 불구하고 왕실문화를 창출하기 위한 그 물적 토대, 즉 경제적 운영 측면에 대한 규명 없이는 왕실문화의 본질적 성격을 추적하는 데 제한이 있을 수밖에 없다.

이 연구는 조선 왕실문화와 그 의례에 있어 재원운영의 실제 사례 연구를 보완한다. 조선후기, 특히 17~18세기적 특징에 주목한다. 왕실문화에 있어 재원운영의 문제는 조선전기 내수사 중심의 운영 구조 및 19세기 궁장토에 대한 실체 분석을 시도하면서 규명되었다.[10] 이러한 성과의 시기적 범주는 조선초기와 19세기 이후였으며, 연구는 왕실과 국가재정의 구조에

8 　최진덕, 「'주자학의 왕국' 조선의 왕: 숙종의 경우」, 『肅宗大王資料集』 1, 한국학중앙연구원 출판부, 2014, 1143~1144쪽.
9 　한국학중앙연구원의 '왕실문화총서'(『왕과 국가의 회화』, 돌베개, 2012 등)와 규장각 한국학연구원의 『조선 국왕의 일생』(글항아리, 2009) 등이 그 사례이다.
10 　宋洙煥, 앞의 책, 2002; 趙映俊, 「19世紀 王室財政의 運營實態와 變化樣相」, 서울대학교 박사학위논문, 2008; 조영준, 『조선후기 왕실재정과 서울 상업』, 소명출판사, 2016.

대한 추적이었다. 그럼에도 불구하고 왕실문화와 관련한 재원 실태를 추적하기 위한 연구로서 조선후기, 특히 17~18세기 국가와 왕실의 경제적 기반과 재원운영의 사례를 연구할 필요가 있다.[11] 이 연구에서는 연구가 집중되지 못했던 조선후기, 특히 17세기와 18세기 의궤와 등록 자료를 중심으로 왕실의례에 있어 재원운영상 특징을 설명함으로써 기존 연구를 보완한다.

조선시대 왕실과 국가의 관계가 지니는 특수성을 고려할 필요가 있다. 왕실의 재정이나 재원과 관련해서는 국가 및 왕실의례와의 연관성 속에서 특징을 추적할 수 있으며,[12] 이를 위해서는 왕실의례의 범주를 먼저 살펴볼 수 있다. 의궤와 등록 자료에 대한 분류는 왕실전례(王室典禮)와 국가전례(國家典禮)로 시도하고 있다. 특히 왕실전례는 왕과 왕실의 통과의례 및 생활의례를 기준으로 하고 있다.[13] 이를 기준으로 왕실전례와 관련한 내용은 다음과 같다.

- 의궤: 가례(嘉禮), 관례(冠禮), 책봉(冊封), 칭경(稱慶), 상호(上號), 빈전·혼전

---

11 16세기까지만 해도 왕실의 주요 수입원은 전국에 분포한 수만 구의 노비들이었다. 17세기 이후 노비제가 흔들리자 왕실은 대체 수입원으로서 전국 각처에 궁방전을 마련하였다. 17세기 말 有土의 증설은 중단되었으며, 그 대신 토지의 소유권이 아니라 結稅만을 궁방에 이속하는 無土라는 궁방전이 생겨났다. 18세기 말 왕실은 정부의 供上만으로 생활하지 못하고 私藏으로서 노비와 토지를 보유하였는데, 그로부터의 수입이 정부의 공상보다 컸다. 왕실재정의 공적 성격과 사적 성격은 조선왕조의 이념적 토대인 유교적 공의 명분에 규제되어 적절한 균형을 이루었다(李榮薰,「大韓帝國期 皇室財政의 기초와 성격」,『경제사학』51, 경제사학회, 2011, 7쪽).

12 정도전은 그의『조선경국전』上供條에서 국왕의 사장을 부정하면서도 국가재정과 구분할 것을 주장하였다. 다만, 그는 고려조 원간섭기부터 왕실에서 원으로부터 소요 경비를 충당할 목적에서 왕실의 사유재산이 증대한 것으로 분석했다(정도전 저, 한영우 역,『조선경국전』, 2014, Olje Seletions, 86~87쪽).

13 韓國精神文化研究院,『藏書閣所藏儀軌解題』, 2002, xx쪽; 韓國精神文化研究院,『藏書閣所藏謄錄解題』, 2002, xii쪽. 의궤는 왕실전례, 국가전례, 건축, 수찬, 영정, 기타(이상 6종)로 구분하였으며, 등록은 왕실전례, 국가전례, 행정, 군영, 문헌 관련, 영정, 전·궁·청, 기타(이상 8종)로 분류했다.

(殯殿·魂殿), 산릉(山陵), 국장(國葬), 부묘(祔廟), 천릉(遷陵)[14]

- 등록: 안태(安胎), 입학(入學), 책례(冊禮), 관례(冠禮), 가례(嘉禮), 상존호(上尊號), 다례(茶禮), 친행(親行), 국휼(國恤), 상장(喪葬), 능원묘(陵園墓), 부묘(祔廟), 추숭(追崇), 묘호(廟號), 다례(祭禮), 복위(復位), 의주(儀註)[15]

이러한 분류에 따라 왕실의례와 관련한 재정 및 재원의 운영을 추적하기 위한 특징적인 부분을 주목한다. 이 연구에서는 출합(出閤)과 가례(嘉禮), 칭경(稱慶)의 일환으로서 진연(進宴)과 진찬(進饌) 그리고 산릉과 관련한 봉릉(封陵)의 사례를 중심으로 분석하고자 한다.

왕실문화의 물적 토대인 재원의 조달과 운영에 대한 연구는 상세한 묘사를 수행하여 접근한다. 왕실의 운영상을 반영하고 있는 각종 의궤와 등록, 그리고 고문서 자료의 적극적인 활용이 한 방법이다. 연구는 국가재정운영의 복잡한 구조 속에서 재정사적 운영 실태를 천착하기보다는 국가와 왕실의 의례에 있어 재원운영에 대한 세부적인 접근에 목적이 있다. 19세기에서 20세기 초 영국 왕실의 연구 사례에서 "왕실의례의 변화하는 성격과 거행, 그리고 그것이 행해졌던 맥락을 살펴본 것"[16]에서와 같이 상세한 묘사(Thick Description)의 방법은 조선시대 왕실의례의 실제와 재원운영을 규명하는 데 일조할 수 있을 것이다.

왕실의례와 그 물적 토대의 동원과 운영 구조에 대한 접근은 조선 17~

---

14 韓國精神文化研究院, 『藏書閣所藏儀軌解題』, 2002, xxi~xxx쪽. 국가전례로는 宗廟·社稷署, 親耕·親蠶·皇壇, 皇帝即位(大禮), 祝式으로 정리되었다.

15 韓國精神文化研究院, 『藏書閣所藏謄錄解題』, 2002, xiii~xxiv쪽. 국가전례에 속하는 등록은 宗廟, 社稷, 祈雨祭와 관련한 기록으로 분류했다.

16 David Cannadine(1983), 'The Context, Performance and Meaning of Ritual: The British Monarchy and the 'Invention of Tradition', c. 1820-1977' in Eric Hobsbawm and Terence Ranger, *The Invention of Tradition*, Cambridge University Press; Cambridge UK, p.162. 한국어판에서는 이를 '두터운 묘사'로 번역하였다(에릭 홉스봄 외 지음, 박지향·장문석 옮김, 『만들어진 전통』, 휴머니스트, 2004, 197~198쪽).

18세기를 조명하고자 한다. 연구는 크게 4개의 장으로 구성한다.

첫째, 왕실의 출합에 있어서 제도적 변화 양상과 출합 왕자녀(王子女)에 대한 경제적 지원의 성격을 추적한다. 출합을 계기로 왕실에서도 사가의 사례와 같이 왕실의 사적인 재산[17] 분재가 이루어졌을 가능성의 측면에서 분석한다. 이를 위해 분재기적 성격을 지니는 고문서를 중심으로 왕실에서 이루어진 분재의 성격을 조망한다. 이어 17세기를 전후한 출합과 관련한 제도의 정례화 및 이후에 진행된 출합에 대한 계기적 변화를 살펴본다. 그리고 18세기 초에 왕실의례의 일환으로 실시된 연잉군(延礽君, 1694~1776)의 출합 사례를 관련 의궤 및 등록 자료를 활용하여 실제적으로 검토한다. 이로서 출합과 연결된 왕실의례에서의 재원 조달과 국가재정운영과의 관련성에 대한 실제를 검토한다.

둘째, 왕실가례에 있어 왕실재원의 지원과 국가재정의 관계에 대해 살펴본다. 이는 왕실가례라는 의례를 위한 경제력의 동원과 운영의 문제이다. 가례의 준비와 운영을 목적으로 구성된 도감을 중심으로 인력의 동원 구조를 비롯하여 이들에게 지급한 삭료(朔料)로 상징되는 재원의 운영 실태를 정리한다. 가례에 소요되는 각종 물력의 제작과 마련을 위한 각방(各房)의 소임 분담과 재원의 지원 실태를 추적하겠다. 이와 더불어 소용되는 물력 제작을 담당한 각소(各所)의 소임과 그에 따른 재원, 인력의 운영에 소요되는 경비의 내용, 그리고 재원 마련의 실태를 살펴보겠다.

세 번째는 왕실연회를 위해 소요되고 동원되었던 물력 운영 실태를 정리한다. 왕실연회 중 진연과 진찬을 중심으로 17세기의 진풍정(進豊呈), 18세기의 진연을 살펴본다. 17세기 진풍정 사례는 진연을 위한 기생, 장인

---

17 이와 관련하여 조선후기 숙종은 연이은 흉황으로 왕실재산 중 은 1,000냥을 기근 구제에 보태게 했는데[『숙종실록』 권28, 숙종 21년 10월 24일(계축)], 이는 왕실의 사적인 경제기반이 존재했음을 간접적으로 보여 주는 한 사례이다.

등의 인력 동원, 악기의 마련 등과 관련한 도감의 운영 실태, 그리고 이들 인력과 물력의 조달 방식을 추적한다. 18세기의 진연에서는 도감의 설치 실태와 이로 인한 재원의 조달 상황을 인력과 물력을 중심으로 설명하겠다. 특히 이러한 재원운영 구조에 있어서 중앙각사와 지방군현과의 조달 관계를 살펴봄으로써 왕실연회를 둘러싼 물력 운영의 실상을 엿볼 수 있을 것이다.

끝으로 왕실의례 중 흉례와 관련하여 봉릉(封陵)에서의 재원운영 모습을 살펴보고자 한다. 사례는 정순왕후의 사릉(思陵)에 대한 봉릉이다. 사릉 조성과 관련한 배경을 정리하고 이어 도감 구성의 실태를 살펴본다. 그리고 봉릉을 위한 노동력의 동원에 있어 중앙과 지방의 연결성을 추적함과 동시에 이를 위해 소요되는 물종의 제작과 마련을 위한 각소의 설치 및 운영의 상황을 정리하겠다.

이 책에서는 조선후기, 특히 문화적·제도적 전환기이자 안정기로 인식되는 17~18세기를 중심으로 왕실의례의 흐름에 따른 국가와 왕실재원에 대한 운영 실태를 묘사하고자 한다. 그리고 이러한 분석을 통해 조선이 지니고 있는 국가와 왕실재원운영을 위한 제도의 다양성에 대한 이해의 폭을 넓히고자 한다.

제 1 장

왕실출합(出閤)과 왕자녀(王子女) 후원

출합은 왕자, 공주 및 옹주가 장성하여 가례 후 궁을 나가 사궁(私宮)에 거처하는 것을 지칭한다. '합(閤)'은 곧 '합문(閤門)'을 이르는 것으로, 궁궐에서 특정한 공간이나 영역으로 고정되어 있는 것은 아니다. 다만, 여러 궁궐에서 왕실의 주요 인물들에게 내외(內外)와 공사(公私)의 경계로 합문이 존재했다.[1] 따라서 왕자녀는 합문을 나가게 되면서 사적 영역에 거처하게 되는 것이다.

출합과 그에 따른 왕자녀에 대한 경제적 지원의 문제는 조선 개국과 동시에 논의되기 시작했다. 발단은 국왕과 왕실이 왕자녀에 대해 제택(第宅)을 포함한 경제적 기반을 분재하는 문제에서 시작했다. 이 사례를 단적으로 보여 주는 문서는 1401년 「태조사급며치가대문서(太祖賜給於致家垈文書)」이다.

동부에 속해 있는 향방동(香房洞)의 빈 집터[空垈]는 세상을 떠난 재신 허금 (許錦, 1340~1388)의 집인데 다듬은 돌과 함께 맞바꾸었다. [집을 짓기 위한] 재 목(材木)은 사내종을 시켜 베어 와 집을 지었다. [집은] 몸채 두 칸의 앞과 뒤에 툇마루가 있는 기와지붕이다. 동쪽에 위치한 살림집 한 칸은 기와지붕, 부엌 한 칸도 기와지붕, 주방 삼 칸은 기와지붕이다. 고방(庫房) 세 칸은 앞과 뒤에 툇마루가 있는 초가지붕이며, 누상고(樓上庫) 두 칸도 초가지붕이다. 안사랑 네 칸은 초가지붕, 서쪽에 위치한 방 두 칸은 앞과 뒤에 툇마루

---

1 경세진·조재모, 「閤門을 통해 본 朝鮮時代 宮闕의 內外槪念」, 『대한건축학회논문집』 25-12, 대한건축학회, 2009, 318쪽.

가 있는 초가지붕이다. 남쪽에 위치한 마루방 세 칸은 앞에 툇마루가 있는 초가지붕이며, 누상고 세 칸은 기와지붕이다. [이들 집들을] 합하여 24칸 등을 교역한 본문기(本文記)를 모두 허여하는 것이 분명하다.[2]

이 문서는 태조가 그의 다섯 번째 딸 며치(旀致)가 당성위(唐城尉) 홍해(洪海, ?~?)에게 출가하여 출합하게 되자 제택을 허급하며 작성한 분재기이다. 이 분재기는 사가에서 자녀에게 재산을 분재하는 문서와 동일한 구조의 내용과 형식을 갖추고 있다. 사가 생활을 위한 가사를 별급한 것으로 왕실을 대표하는 태조가 초가와 기와로 된 24칸 규모의 출합궁을 분재했다. 태조가 고려 말부터 소유했던 함흥일대의 방대한 전답과 노비를 왕실 재산의 기반으로 편입시켰다는[3] 사실을 고려할 때, 이들 자산을 활용하여 딸의 출합을 계기로 제택을 분재한 것이라 볼 수 있다. 따라서 조선의 개국과 동시에 왕실에서는 출합에 따르는 제택의 사여가 이루어졌음을 알 수 있다.

왕실의례에 있어 출합에 따른 왕자녀에 대한 후원 문제는 조선전기부터 조선후기까지 전개된 왕실의례에 대한 논의와 정리 과정을 통하여 살펴본다. 그 사례는 조선초기 경혜공주 출합과 조선후기의 현전하는 가장 오래된 등록 『연잉군관례등록(延礽君冠禮謄錄)』[4]을 중심으로 분석한다.[5] 이를 통해 출합 왕자녀에 대한 제택 영건의 문제, 출합례를 위해 동원되고 소요된 물력의 내력, 토지와 노비의 사여(賜與)에 대해 검토하겠다.

2 旗田巍, 『朝鮮中世社會史の硏究』, 法政大學出版局, 1976, 200~201쪽; 鄭求福 外, 『朝鮮前期古文書集成—15世紀篇』, 國史編纂委員會, 1997, 169~170쪽; 朴盛鍾, 『朝鮮初期 古文書 吏讀文 譯註』, 서울대학교출판부, 2006, 474쪽.
3 이러한 측면에서 왕실노비, 내수사노비의 기원은 이성계 일가의 경제적 기반과 처가 및 외가의 시납을 통해 이루어진 것으로 규정되었다(宋洙煥, 『朝鮮前期 王室財政 硏究』, 集文堂, 2002, 240쪽).
4 『王子嘉禮謄錄』(藏書閣 K2-2661)은 동일한 내용이다. 신명호, 「'연잉군관례등록'을 통해 본 조선왕실 관례의 성격」, 『英祖大王資料集』 1, 한국학중앙연구원출판부, 2012, 62쪽.
5 왕실의 출합 문제는 가례와 관례의 일환으로 검토됨에 따라 별도의 의례로 구분되어 분석되지 못한 한계가 있었다(신명호, 위의 논문).

제1장 왕실출합(出閤)과 왕자녀(王子女) 후원

1 조선초기 왕실혼(王室婚)과 경제 지원

1) 경혜공주 출합과 왕실후원[6]

태조가 딸 며치에게 한양의 제택을 사급한 사례에서와 같이 조선초기부터 출합을 위해 사궁을 마련하는 관행이 있었다. 세종조에 이르러 대군이 사는 집이 장엄하고 화려하다는[7] 비판이 제기되기 시작하면서 왕자녀의 출합과 그에 따른 재원의 출처에 대한 논란이 시작되었다.[8]

출합하는 왕자녀에 대한 경제적 지원을 둘러싼 논쟁은 문종대 경혜공주(敬惠公主, 1436~1473)의 출합에서 본격화되었다. 그리고 문종대에 제기된 출합 왕자녀에 대한 경제적 지원의 발단은 세종에서 출발한다. 세종은 그의 아들 문종은 물론 손자·녀에 대한 혼사를 직접 주관했다. 그는 아들 영응대군(永膺大君, 1434~1467)의 처를 해주정씨 정충경의 셋째 딸[춘성부인]로 결정했다. 그리고 이 혼사가 있고 6개월 뒤 1450년(세종 32)에 손녀 경혜공주도 정충경의 큰아들 정종(鄭悰, ?~1461)에게 출가시켰다.[9]

경혜공주의 출합에서 왕자녀에 대한 경제적 지원의 문제가 다시 점화되었다. 경혜공주의 혼사가 정해지자, 문종은 즉위와 동시에 공주의 출합을

---

6   이하 '조선초기 왕실혼'은 정수환(「조선시대 해주정씨의 王室婚과 家計經營」, 『역사민속학』 47, 역사민속학회, 2015)의 논고를 수정 및 보완하였다.
7   『문종실록』 권7, 문종 1년 4월 1일(기사).
8   이를 계기로 대군, 王子君, 옹주와 공주의 혼인에 대해 『세종실록』 오례에 '王子婚禮'와 '王女下嫁儀'가 수록되어 국가의례로 정비되었으나, 관례에 대해서는 실록은 물론 『국조오례의』에도 수록되지 않으면서 사적 의례로 남게 되었다(신명호, 『연잉군관례등록』을 통해 본 조선왕실 관례의 성격」, 『英祖大王資料集』 1, 한국학중앙연구원출판부, 2012, 81쪽).
9   장희홍, 「端宗과 定順王后 兩位 제사의 장기지속」, 『역사민속학』 41, 역사민속학회, 2013, 170~171쪽.

위해 새로이 집을 짓고자 했다. 이 과정에서 한성의 양덕방(陽德坊)에 있는 사가 30여 구(區)를 철거하면서 논란이 일었다.

> 왕(문종)께서 말씀하셨다. "지금 영양위가 거처하는 집은 곧 사적으로 갖춘 것이지 공적으로 준 것은 아니다. 동시에 기울어 위태롭고 비좁으므로 할 수 없이 다시 지어야 했다. 또한 부마에게는 관례에 집 한 채를 지어서 준다. 만일 만들어 그것을 준다면 모름지기 좋은 땅을 골라야 하는데 다시 어디서 빈 땅을 얻을 수 있겠는가? 나는 어쩔 수 없이 철거히는 집이 다만 7~8구라 들었는데, 어찌 치우는 것이 30여 구에 이를 것이라 생각했겠는가? 만일 거기에 폐단이 있거든 다시금 살펴서 계(啓)를 올려라."[10]

사헌부지평 윤면(尹沔, 1468~1544)이 제기한 문제에 대한 문종의 입장이었다. 윤면은 영양위(寧陽尉) 정종의 집을 짓기 위해 민가 30구를 이전시키는 데 따른 문제와 더불어 이미 사가가 존재하는데 불구하고 새로이 짓는 것은 더 문제가 있다고 보았다. 그러나 문종은 제택이 왕실 사적으로 마련되었다는 점과 더불어 출합하는 공주의 제택을 공가에서 마련해 주는 것이 전례인 점도 강조했다. 문종의 공가의 지원에 의한 출합궁 마련 노력은 단종에 이르러 완성될 수 있었다.[11]

출합한 경혜공주에 대한 제택 사여 외에도 경제적 후원은 지속되었다. 세종의 셋째 아들 안평대군(安平大君, 1418~1453)은 영양위 정종에게 노비 50구와 가사 1좌(坐)를 주었다.[12] 특히 단종은 동생 경혜공주에 대한 경제적 후원을 아끼지 않았다. 1453년(단종 1) 한양 인근 살곶이[箭串] 목장에 가까

10 『문종실록』 권7, 문종 1년 4월 1일(기사).
11 『문종실록』 권7, 문종 1년 4월 1일(기사)·4월 3일(신미); 『단종실록』 권1, 단종 즉위년 5월 21일(계축).
12 『단종실록』 권8, 단종 1년 10월 19일(임인).

제1장 왕실출합(出閤)과 왕자녀(王子女) 후원

운 전지를 하사하는 것은 물론,[13] 이듬해에는 노비 10구와 과전(科田) 100결(結)을 비롯하여 말 1필을 내리기도 했다.[14] 이후에도 단종은 난신(亂臣)으로부터 적몰한 각도의 노비 5구를 경혜공주에게 사급했다.[15]

정종과 경혜공주의 경제적 기반은 전국에 산재해 있었다. 정종은 단종복위를 도모하다 실패하자 '양근 → 수원 → 통진 → 광주(光州)'로 유배지가 변경되었다. 그가 왕실 일원인 점을 고려하여 그의 토지와 노비가 산재한 이들 지역을 배소(配所)로 정했다. 정종을 통진으로 유배 보낸 것은 그곳에 있던 농장 때문이었다.[16] 양근과 광주 등지로 귀양을 보낸 것도 이들 지역에 토지와 노비가 존재했기 때문이었다.[17] 이와 같이 정종과 경혜공주는 왕실로부터 사여받은 토지와 노비가 전국에 있었다.

정종이 이른바 사육신사건(1456)으로 유배되고, 거열형으로 세상을 떠난 이후에도 왕실로부터 경혜공주에 대한 경제적 후원이 이어졌다. 정종은 단종복위를 도모하다 논죄되어 가산이 적몰되었으나[18] 왕실의 일원이라는 이유로 적몰된 가산에 대해서는 별도로 논의되었다. 그리고 정종을 비롯하여 왕실 일원이 소유한 경외(京外)의 가사, 전토, 노비의 유실을 염려하여 관에서 간수한 후 환급하도록 했다.[19] 그리고 말년에 경혜공주에게 몰수했던 가산을 환급해 주었다.[20] 뿐만 아니라 이후에도 1461년(세조 7) 경혜공주에게 노비 50구와 더불어 평생토록 1품녹(品祿)을 내렸으며, 제택도 수차례

13 『단종실록』 권6, 단종 1년 5월 21일(정축)·5월 24일(경진).
14 『단종실록』 권11, 단종 2년 5월 8일(무오)·9월 19일(정묘).
15 『단종실록』 권14, 단종 3년 4월 8일(계미); 이성무,「해주정씨의 세계와 인물」,『2012년 장서각 학술대회: 해주정씨를 통해 본 조선시대 사대부가의 존재양상』, 한국학중앙연구원, 2012, 26쪽.
16 『세조실록』 권2, 세조 1년 8월 19일(임술)·8월 22일(을축).
17 경기도 강화, 양주, 광주, 금천, 전라도 광주, 옥구, 경상도 평산 그리고 황해도 백천 등지에 가사와 전토가 산재해 있었다[『세조실록』 권3, 세조 2년 3월 17일(병술), 3월 18일(정해)].
18 『세조실록』 권4, 세조 2년 6월 26일(갑자).
19 『세조실록』 권2, 세조 1년 8월 15일(무오).
20 『예종실록』 권5, 예종 1년 4월 10일(계해).

하사했다.[21] 국왕을 비롯한 왕실로부터 출합 공주에 대한 후원이 정치적 외풍 속에서도 끊이지 않았음을 보여 준다.

세조비 정희왕후(貞熹王后, 1418~1483) 윤씨를 비롯하여 문종의 후궁 숙빈홍씨(肅嬪洪氏, 1418~?)도 경혜공주를 왕실 일원으로 인정하고 재산을 분재했다. 정희왕후는 문종의 적녀(嫡女) 경혜공주에게 친히 가사와 전민(田民)을 주었다.[22] 왕실 일원으로서 경혜공주가 지니고 있는 가치는 1468년(세조 14) 숙빈홍씨가 경혜공주에게 재산을 분재한 「경혜공주 별급문기」에 잘 서술되어 있다.

공주께서는 문종의 오직 하나뿐인 공주로서 이번에 특별히 왕의 은전을 입어서 복직되고 입궁하라 하시니 기쁜 마음이 아주 극진합니다. 제가 받은 여자종 (중략) 노비를 하사받을 때의 사패 문서 모두를 영영 드립니다. 그러니 지키고 보전하여 언제까지나 아들과 손자에게 전하여 아주 오랫동안 부리고 사용하십시오. (후략)[23]

분재 배경은 세조의 특지에 따라 경혜공주가 왕실 일원으로 궁에 돌아온 것을 축하하는 데 있었다. 문서의 서두에는 경혜공주를 문종의 유일한 혈손으로 밝혀 왕실에서 차지하는 특별한 의미를 암시했다. 분재 내역은 노 10구, 비 12구였다.[24] 이 분재기는 토지와 노비가 왕실 재산에서 기인하

---

21 『세조실록』권28, 세조 8년 5월 8일(임인). 이 제택은 내수사에서 조치한 것이다[『성종실록』권38, 성종 5년 1월 1일(정해)]. 충익사(忠翊司)를 제택으로 하사하기도 했다[『세조실록』권32, 세조 10년 2월 14일(정유)].

22 『세조실록』권26, 세조 7년 12월 14일(경진).

23 「敬惠公主 別給文記」(한국학중앙연구원 장서각, 『명가의 고문서9−忠을 다하고 德을 쌓다』, 2012, 64~65쪽).

24 이들은 숙빈홍씨가 왕실의 일원으로 사패받은 것들이었으며, 숙빈홍씨는 사패 당시에 받았던 문서를 구문기로 경혜공주에게 전여했다.

고 있으며, 비록 출합하였고 정치적 부침에도 불구하고 왕실 일원에 대한 지속적인 경제적 지원이 있었음을 방증하고 있다.

경혜공주에 대한 경제적 지원은 그녀가 세상을 떠날 때까지 이어졌다. 예종은 적몰되었던 가산을 경혜공주에게 온전히 돌려줌은 물론 그녀에게 녹봉과 직전을 지급하여 예우했다.[25] 이 외에도 노비 50구를 별도로 하사하기도 했다.[26] 특히 황금 2정(丁), 백금 6정과 같은 보물까지 돌려준 것은[27] 적몰된 가산에 대한 완전한 보전이 이루어졌음을 다시 한번 보여 준다. 성종은 경혜공주가 세상을 떠나자 호조로 하여금 미두(米豆) 70석, 정포 50필, 지(紙) 100권, 석회 60석, 촉납(燭蠟) 30근을 하사하게 했다.[28] 출합한 공주에 대해서 지속적인 경제적 후원이 있었음은 물론 사후에도 파급되고 있음을 알 수 있다.

2) 왕실혼 가문에 대한 경제적 후원

출합 왕자녀에 대한 지속적인 경제적 지원은 사후 그 후손에게도 계속되었다. 경혜공주에 의해 왕실로부터 사여되고 보존된 경제적 기반은 그녀의 아들 정미수(鄭眉壽, 1456~1512)에게 고스란히 전수되었다. 뿐만 아니라 춘성부부인이나 노산군부인도 왕실로부터 지급된 가산을 그에게 집중시켰다.

예종은 즉위 후 세조의 유훈을 근거로 정미수를 종친으로 인정함으로써 가산을 안정적으로 유지할 수 있도록 했다. 이를 계기로 경혜공주에 의해

---

25 『예종실록』 권5, 예종 1년 4월 10일(계해); 『예종실록』 권8, 예종 1년 10월 2일(임자).
26 鄭箕祚 篇, 「獻愍公事蹟—敬惠公主墓誌銘」, 『海州鄭氏家乘』.
27 『예종실록』 권5, 예종 1년 4월 10일(계해). 성종도 즉위 후 문종의 딸이라는 명분을 앞세워 경혜공주에게 채단과 능초를 돌려주었다[『성종실록』 권25, 성종 3년 12월 21일(계미)].
28 『성종실록』 권38, 성종 5년 1월 1일(정해).

유지된 자산이 정미수에게 안정적으로 증여되었는데, 그 사례는 「정미수 별급문기」[29]를 통해 단적으로 살필 수 있다. 이 분재기는 경혜공주가 세상을 떠나기 이틀 전, 1473년(성종 4) 12월 27일 아들 정미수에게 가산을 분재하며 작성한 문서이다. 주요 분재 대상은 경혜공주 소유의 노비뿐만 아니라 왕실로부터 사급받은 한양 정선방의 가사, 그리고 경기도 통진에 소재한 토지 일체였다.

한양 정선방의 가사는 곧 한성부 중부 정선방 돈녕부 하계에 위치한 것으로[30] 왕실에서 연원하는 가산의 상징이었다. 이 제택은 세조기 정순왕후와 정미수에게 하사한 것으로, 이는 앞서 문종이 한양 양덕방에 조성해 주었던 정종과 경혜공주 부부를 위한 출합궁과 더불어 국왕 사여의 재산이라는 상징적 의미가 있다.

정미수의 고모 기별부인 정씨, 즉 춘성부부인도 그에게 재산을 물려주었다. 춘성부부인은 영응대군과 이혼하고 정미수에게 의지하게 되면서[31] 혼인 당시 부모로부터 받거나 이별 과정에서 왕실로부터 사급받은 재산을 정미수에게 전여했다. 그녀는 일찍이 영응대군의 처로 왕실에서 많은 재산[32]을 받았을 뿐만 아니라 영응대군이 당대의 부호로 언급되고 있어 이혼 과정에서도 경제적 대가가 뒤따랐을 것이다. 그리고 정미수가 춘성부부인을 봉사(奉祀)하고 이를 계기로 그에게 재산의 전여가 이루어진 내막은 그의 아들 정승휴(鄭承休, 1488~1534)에게 분재한 문서에 잘 서술되어 있다.

29　「鄭眉壽 別給文記」(한국학중앙연구원 장서각, 앞의 책, 2012, 66~67쪽).

30　이 제택은 가전에 의하면 세조가 정미수를 위해 하사한 것으로 알려져 있다(鄭箕祚 篇, 「昭平公史蹟－附錄遺事」, 『海州鄭氏家乘』).

31　세종은 영응대군의 부인 여산송씨를 내쫓고 정충경의 딸을 새로이 간택했으며, 이후 세종이 세상을 떠나자 영응대군은 해주정씨와 이별하고 여산송씨와 다시 혼인했다[안승준, 「조선시대 사랑과 이혼: 기별부인(棄別夫人) 정씨 이야기」, 『日記에 비친 조선사회』, 한국학중앙연구원 장서각, 2012, 150~154쪽].

32　세조는 영응대군이 정충경의 딸과 혼인할 당시 米 千石을 사급했다[『세조실록』 권44, 세조 13년 10월 30일(임술)].

3촌 숙모인 영응대군에게 버려져 이별한 부인 정씨께서 돌아가신 후 의탁할 곳이 없다. 우리 본가의 가묘에 함께 모셔서 제사를 받들 것이라 생각한다. (중략) 위에 적은 전해 받은 토지와 노비 등을 너에게 문서와 함께 빠짐없이 전해 줄 뿐만 아니라 숙모께서 나에게 주신 방역노비(放役奴婢) 문기를 모두 건네주니 잘 간직해서 부려 먹으며 (후략).[33]

이 분재기는 정미수가 춘성부부인에 대한 각별한 정과 더불어 아들에게 그녀 사후 제사를 당부하면서 그 반대급부로 그녀에게서 전해 받은 가산 일체를 전여한 문서이다. 춘성부부인의 가산은 영응대군을 비롯하여 왕실로부터 기인한 것이기도 했다.

노산군부인 송씨 또한 정미수에게 재산을 물려주었다. 노산군부인은 노산군 사후 정업원에 기거하다 정미수에게 말년을 의탁했다.[34] 그녀는 성종에게 문종의 '유일 혈손'인 정미수를 시양자(侍養子)로 삼기를 요청하여 재가 받았으며,[35] 그 결과 정미수의 아들 정승휴가 그녀 사후에 3년복을 입음으로써 해주정씨 가문에서 노산군과 노산군부인에 대한 제사를 계승하게 되었다.[36] 시양자로서 봉사를 한다는 것은 곧 그녀의 재산이 정미수에게 전수됨을 의미하는 것이기도 했다.[37] 이에 앞서 노산군부인은 1511년(중종 6)에 자신이 조성한 정업원의 터를 정미수에게 사급했으며,[38] 1518년(중종 13)에는 그녀 소유의 노비, 전답과 가사도 정미수에게 준 바 있었다.[39] 이로써 정

33 「鄭承休 別給文記」(한국학중앙연구원 장서각, 앞의 책, 2012, 78~79쪽).
34 장희흥, 앞의 글, 2013년, 183쪽.
35 鄭箕祚 篇, 「獻愍公事蹟－遺事」, 『海州鄭氏家乘』.
36 장희흥, 앞의 글, 2013년, 184쪽.
37 시양자는 3세 이후에 수양된 성이 다른 사람의 아들을 지칭하는 것으로 繼後奉祀를 한 경우 服喪은 물론 분재도 이루어졌다(朴秉濠, 『韓國法制史攷』, 法文社, 1974, 359~360쪽).
38 鄭箕祚 篇, 「昭平公事蹟－附錄遺事」, 『海州鄭氏家乘』.
39 『중종실록』 권34, 중종 13년 7월 5일(임인).

미수는 어머니 경혜공주를 주축으로 고모 춘성부부인, 시양모(侍養母) 노산 군부인으로부터 왕실 기원의 경제기반을 모두 전수받게 되었다. 이와 같이 조선초기 왕실은 출합을 계기로 토지와 노비의 사여, 즉 왕자녀에 대한 분재를 실시하였다. 왕실혼 가문은 왕자녀의 생전 혹은, 사후에 지속적인 경제적 후원을 실시했다.

2 조선전기 출합과 내수사

1) 내수사를 통한 지원

성종 때 내수사를 개편을 시도하면서 출합 왕자녀에 대한 국가재정을 통한 지원 문제가 논의되었다. 남효온(南孝溫, 1454~1492)은 시정개혁 상소를 통해 내수사의 혁파를 주장하고 그 재산을 각사에 소속시킬 것을 주장했다.[40] 아울러 그는 왕자, 왕손, 공주, 옹주가 결혼하여 궁궐을 떠나 사가에 거주하게 되면 장예원은 노비, 호조는 전지(田地), 공조는 기용(器用), 제용감은 재백(財帛)을 제한적으로 제공하도록 제안했다.

연산군 때에도 내수사와 국가 재원을 이용한 왕실 출합 지원에 대한 논쟁이 거듭되었다. 연산군은 진성대군(晉城大君, 1488~1544)의 출합을 위한 지원을 내수사는 물론 국가재정에서 준비하게 했다.

진성대군이 출합할 때 의례히 곡식 7천 석을 사급해야 한다. 그런데 내수사에 저축한 것이 넉넉하지 않아 국곡(國穀)으로 채워 주려고 하니 그것을 정승(政丞) 등에게 물어보라.[41]

연산군은 내수사는 물론 국곡을 동원하여 진성대군의 출합에 대한 경제적 지원을 주장했다. 그러나 전례가 없다는 반대로 실행되지 못했다. 성종조 남효온이 제기했던 내수사 개편과 국가재원을 활용한 출합 지원은 진

---

40 『성종실록』 권91, 성종 9년 4월 15일(병오).
41 『연산군일기』 권36, 연산군 6년 2월 7일(신묘).

성대군 출합사례에서와 같이 현실 적용에 한계가 있었다.

연산군은 진성대군의 출합을 위한 제택 영건을 강행했다. 흉년 속에서 영건이 중첩되면서 국가적 재원을 통한 출합 지원의 반대론이 확산되었다.[42] 일례로 여러 군(君)들의 출합을 위한 사궁을 짓기 위해 경상도 화원의 소목(蘇木) 1천 근을 운송하는 과정이 큰 폐단으로 대두되기도 했다.[43] 그럼에도 내수사를 통한 군과 옹주(翁主)의 출합에 대한 지원이 있었다. 내수사의 의견은 다음과 같았다.

평소에 내전에서 쓰는 것과 두 대비전(大妃殿)에 연례대로 진상하는 것, 공주와 여러 군 그리고 옹주가 출합할 때 의례히 하사하는 쌀과 싸라기(米丙)는 내수사에 남겨진 것을 다 쓰고도 모자랍니다. 평안도의 내수사 노로부터 받는 잡곡 2천 석을 각기 관창(官倉)에 들이고 그것으로 경창(京倉)의 미(米)를 바꾸어 쓰도록 명령해 주실 것을 요청드립니다.[44]

출합에 소요되는 경비는 내수사를 통한 지원을 고려하고 있었다. 내수사에서도 출합과 관련한 재원의 마련을 위해 움직였으며, 이러한 측면에서 각 관사(官司)와 고을의 장인을 내수사에 소속시켰다.[45] 여기에는 여러 군과 옹주들의 출합에 소요되는 집기를 내수사를 통해 제작해서 마련하기 위해서였다.

내수사 외에 관사를 통한 출합 지원이 이루어졌다. 연산군은 휘순공주(徽順公主, 1495~?)가 출합할 때 수주(水紬) 50필을 주었다.[46] 뿐만 아니라 체자

---

42 『연산군일기』 권36, 연산군 6년 2월 13일(정유).
43 『연산군일기』 권41, 연산군 7년 8월 5일(경술).
44 『연산군일기』 권42, 연산군 8년 2월 10일(계축).
45 『연산군일기』 권44, 연산군 8년 5월 27일(무술).
46 『연산군일기』 권45, 연산군 8년 7월 26일(병신).

제1장 왕실출합(出閤)과 왕자녀(王子女) 후원

(髢子) 200개를 각도에 배정하여 휘순공주의 출합에 보태도록 했고,[47] 공주의 출합 전례에 따라 벼 8천 섬을 내리고자 했다. 이 과정에서 내수사의 재원이 부족함에 따라 호조에서 마련하도록 했다.[48] 연산군 때는 내수사 중심의 출합재원 마련 원칙이 있었으나 범위를 벗어나는 규모의 출합 왕자녀에 대한 후원도 있었다.

2) 출합재원에 대한 규례

중종 이후 출합재원에 대한 규례가 논의되고 정비되기 시작했다. 출합 궁을 마련하게 된 배경에 대한 재론이 대두했다. 성종 때에는 왕자들이 출합을 위한 집을 짓지 못해 장기간 궁에 머물게 되는 점이 발단이었다.[49] 하지만 중종 때에는 오히려 왕자녀가 출합 전에 여염(閭閻)에 우거(寓居)하는 문제가 제기되었다.

> 우리나라 공주와 옹주는 아직 출합하기 전에는 모두가 일반 백성들이 사는 곳에 붙어 삽니다. 고사를 살핀다면 합당하지 않습니다. 공주와 옹주는 이미 그렇다 하더라도, 원자는 비록 세자로 아직 책봉되지 않았지만 참으로 마땅히 궁궐에 거처하되 일반 백성들이 사는 곳에 있게 해서는 안 됩니다.[50]

공주와 옹주, 원자가 여염에 거주하는 관행에 대한 문제를 지적하고 궁

---

47 『연산군일기』 권48, 연산군 9년 1월 23일(신묘).
48 『연산군일기』 권49, 연산군 9년 3월 1일(무진).
49 『중종실록』 권44, 중종 17년 5월 17일(임술). 성종 조에 왕자들이 모두 장성하여 출합한 전례에 대한 논란이었다[『중종실록』 권14, 중종 6년 8월 5일(임오)].
50 『중종실록』 권22, 중종 10년 8월 1일(을묘).

중에서 성장하게 할 필요성을 언급했다. 여기에는 궁중에서 세자(원자)에
대한 교양 교육을 강조할 필요성도 포괄하고 있었다. 그러나 한편으로는
대군의 제택이 화려한 것이 문제가 되기도 했다.

> 지금, 왕자와 부마의 집을 수선하는 역사로 토목 공사 하는 것이 하나가 아
> 닙니다. 그런데 옛것을 없애고 새로이 짓는 것은 참람하고 정해진 제도를
> 벗어나는 것입니다. 양녕대군의 제택에 있어서는 어마어마하게 크지 않은
> 것이 아닌데 오히려 부족하다고 여겨 근처의 사림 사는 집을 많이 철거하
> 여 그 터를 넓혔습니다. 월산대군이 살던 집은 조종조부터 대대로 대군들
> 에게만 주고 지자(支子)나 서자(庶子)에게 주지 않았습니다. 이 점으로 볼때
> 그것은 본디 이궁(離宮)이라 여러 부마들이 마땅히 감당할 수 있는 처소가
> 아닙니다. 전하께서는 선왕들이 남기신 뜻을 돌보지 않으시고 가벼이 옹
> 주에게 주었으니 이는 적서의 구분을 문란하게 해서 무례를 범하는 단초
> 를 여신 것입니다.[51]

홍문관 부제학 서후(徐厚, ?~?)의 상소이다. 당시 왕자와 부마들의 집수리
를 위한 역사가 동시다발로 일어나고 있었다. 양녕대군(讓寧大君, 1392~1462)
의 집이 사치스러운 문제와 더불어 월산대군(月山大君, 1454~1488)이 살던 이
궁을 왕자녀들이 질서 없이 차지하고 있던 점이 논란이었다.[52] 뿐만 아니라
영선에 소요되는 목재도 화매(和賣)하지 않고 민간의 목재를 강탈하거나 선
재(船材)를 위한 재목을 이곳에 공급하고 있었던 것도 문제였다. 서후는 왕
자녀의 제택이 부득이한 일이지만 혼인의 선후에 따라 조정할 것을 건의

---

51 『중종실록』 권44, 중종 17년 5월 17일(임술).
52 조선초기에는 궁궐 경영에 있어서 '법궁(法宮)-다이궁(多離宮)'의 형식을 갖추고 있었다[나영훈, 「조
선 단종대 궁궐 경영(經營)과 그 정치사적 의미」, 『역사와 현실』 82, 한국역사연구회, 2001, 82~83쪽].

제1장 왕실출합(出閤)과 왕자녀(王子女) 후원

했다. 뿐만 아니라 월산대군의 집은 왕실에서 대대로 대군에게 물려주어 차자나 서손에게 주지 않은 관행이 있었음에도 옹주에게 물려준 것도 문제로 언급했다. 이에 대해 중종은 비답을 내려 불가피성을 주장했다.

> 말하자면 양녕대군의 저택은 귀산군(龜山君)의 집이 틀림없다. 앞날 선공감 감역이 승정원에 '반드시 근방의 세 집을 아울러 넣은 뒤에라야 이루어 만들 수 있다'라고 말했다. 그러므로 해당 관아에 진정으로 바라는 바에 따라서 무역하도록 명했으니, 이 또한 예로부터 내려오는 관례인 것이다. 월산대군의 집은 비록 대군의 집이라고 일컬어지지만 지금 대군이 없이 오랫동안 빈집이 되었다. 만일 왕자녀에게 주지 않는다면 몇 해 지나지 않아 반드시 기울어 무너지는 데 이르러 오히려 쓸모없이 될 것이다.[53]

중종은 양녕대군의 집이 귀산군의 집이라 강조했다. 여기에는 금원군(錦原君, 1513~1562)이 집이 없으므로 이를 수리해 주기 위한 중종의 의도가 있었다. 그는 왕자녀들에게 장유의 순서대로 집을 나누어 주는 전례에 따른 것이라 주장했다. 뿐만 아니라 왕자녀들이 무한정 금중(禁中)에 있을 수 없고 부득이 집을 지어 준 다음에야 출합하는 것이 준례임을 또한 강조했다.

출합 제택 제공을 위한 규례 정비에 대한 논의가 일었다. 대사헌 성운(成雲, 1497~1579)과 대사간 김양진(金楊震, 1467~1535)은 당시의 사치 풍속 속에 궁중에서도 절제가 필요함을 언급했다.

> 왕자녀가 혼인해 나가고 맞이하는 비용과 궁궐 안에 있는 방의 아름다움은 옛날부터 일찍이 보지 못한 것입니다. 외장(外藏)과 내탕(內帑)은 조종(祖

---

53 『중종실록』 권44, 중종 17년 5월 17일(임술).

宗)부터 오늘까지 쌓인 것인데, 마련되어 있는 것이 장차 바닥날 지경입니다. 하물며, 작게 벌이자는 여론이 성한데도 경사스런 일이 넘쳐서 많습니다. 출합을 위한 자원을 반드시 이와 같이 하고자 하신다면 궁벽한 나라 백성의 노력과 재력으로 댈 수 없을까 두렵습니다.[54]

출합을 위한 왕실의 자산이 존재함을 언급하고 있다. 즉 외장과 내탕이 그 대상이며, 이들은 조종조에서부터 축적되어 왕실의 재원이었다. 그런데 이들의 지출이 확대될 경우 국가 재원의 지출로 이어질 위험성을 암시하고 있다. 이후 왕실의례에 지출되는 재원과 관련하여 출합에 내수사를 통한 재력의 지원과 국가의 전지 획급도 경계하는 움직임이 생겼다.

무릇 조종부터 지금까지 왕자군, 공주, 옹주가 출합할 때 의례히 장리(長利)를 명하지만 모두가 조정에서 알지 못하는 일입니다. 요즈음은 매번 장리 미수금을 이유로 전지(田地) 받기를 청하고 있습니다. (중략) 왕자녀의 수는 많은데 공전(公田)은 한계가 있으므로 이와 같이 전례가 없는 일은 진실로 해서는 안 됩니다.[55]

사헌부는 왕자녀의 수에 비해 공전은 제한되어 있음에도 출합에 이들 전지를 획급하는 일은 전례가 없다는 문제를 제기했다.[56] 이에 대해 중종은 전지 획급이 내수사의 운영과 관련된 불가피성이 있다는 입장을 드러냈다. 그는 출합에 내수사를 통한 지원은 조정과 관련이 없으며, 다만 내수사 곡식이 부족함에 따라 전지를 획급하게 되었다고 주장했다. 그럼에도 불

---

54 『중종실록』 권48, 중종 18년 6월 29일(무진).
55 『중종실록』 권55, 중종 20년 8월 8일(을미).
56 내수사 장리는 10여 년 전 백성에 피해가 있다고 하여 혁파하였다[『중종실록』 권55, 중종 20년 9월 25일(신사)].

구하고 호조가 전지 획급이 전례로 남는 것을 경계하자 이 논의는 중지되었다.[57]

출합에 소요되는 경비는 내수사를 중심으로 마련하였으나, 재원이 궁핍해짐에 따라 보완책을 마련하지 않을 수 없었다. 대비전에 진상하는 곡물을 내수사와 본궁(本宮)으로 보내 출합에 쓸 재원으로 지원했다.[58] 이 과정에서 출합과 관련한 기명을 무역하는 문제가 제기되었다.

> 납철(鑞鐵)은 특별히 쓰는 곳이 있는 것이 아니다. 내수사는 왕자녀 출합 때 유기(鍮器)를 의례히 만드는데, 공조로 하여금 납철을 바치도록 하고 또 예전 관례도 있으므로 감결을 받들게 했다. 구태여 시전에서 사려던 것은 아니다.[59]

성종의 입장이 위와 같았다. 출합에 필요한 기명의 제작을 위한 납철을 공조를 통해 변출하도록 했다. 앞서 시전을 통한 무역으로 인해 폐해가 발생하자, 비판적인 여론이 비등해진 데 따른 조치이기도 했다. 여전히 내수사를 통한 조달과 각사의 지원을 상정하고 있었다.

출합, 그리고 출합궁의 영건과 관련하여 노동력을 동원하는 데 대한 논쟁이 있었다. 혜정옹주(惠靜翁主, 1514~1580)의 출합궁 역사에 유위군(留衛軍)을 동원하고자 했으나 전례가 없다는 점에서 논란이 있었다.[60] 중종은 출합이 머지않은 상황에서 불가피했다고 강조했다.

조선초기 중종까지 지속된 출합재원의 출처에 대한 논란은 이후 관련 기록을 정리하기 위한 등록의 정비과정에서도 이어졌다.

---

57 전지 획급은 효혜공주, 혜순옹주에서 비롯되었다[『중종실록』 권55, 중종 20년 8월 8일(을미)].
58 『중종실록』 권55, 중종 20년 10월 6일(신묘).
59 『중종실록』 권72, 중종 27년 2월 14일(계사).
60 『중종실록』 권56, 중종 21년 1월 26일(기유).

세자가 출합할 때 만들어 들이는 잡물과 마땅히 시행해야 할 전례(典例)를 전교로 말미암아 곧 예조의 등록을 살펴보았습니다. 그랬더니 택일 외에는 별달리 할 일이 없고, 의례 절차[禮貌]나 절목[節文]에 실려 있는 곳이 없습니다. 무자년 화재를 겪은 뒤 자못 많은 등록을 흩어져 잃어버려 앞선 왕조의 전례와 고사를 증빙해서 시험할 수가 없습니다.[61]

명종 때 예조는 등록을 살펴 출합과 관련한 전례를 확인했다. 일례로 1527년(중종 22) 2월 12일에 인종은 세사이던 묘견(廟見)하고 같은 헤 10월 11일에 출합했음을 확인했다. 이와 관련하여 등록에 수록된 의절은 물론 재력과 관련한 절목을 출합에 참고하고자 했으나 소실로 인하여 한계에 직면했다. 이후 등록 정비를 통한 출합과 재원의 지원 문제를 모색했으나 임란 전까지 구체화되지는 못한 것으로 보인다.

---

61 『명종실록』 권29, 명종 18년 1월 11일(경인).

3   17세기 출합 정례화(定例化) 모색

1) 출합례(出閤例) 상고

임진왜란 이후 출합은 조선전기에 행해진 출합례에 대한 상고를 통해 보완했다. 선조는 왕자가 출합하지 않을 경우 숙배하지 않는 전례를 확인했다.[62] 광해군은 세자의 출합과 관련한 전례 및 의절 등을 검토했다.[63]

『오례의(五禮儀)』의 혼례에는 출합 절차가 없으며 왕자군과 옹주 혼례 때에 출합이 있습니다. 그래서 예조는 다만 택일하여 입계할 따름입니다. 별도로 마땅히 행하여야 할 의례 절차가 없으며, 출합이라고 하는 것은 나가서 밖에 있는 저택에 거처하는 바로 그것입니다. 이번의 왕세자 가례는 이것과는 다름이 있어 각조의 실록과 등본을 살펴보았으나 또한 드러난 곳이 없습니다.[64]

출합과 관련한 전례를 상고할 필요성이 대두됨에 따라 실록과 등록 자료에 대한 검토가 이루어지고 있었다. 이에 광해군은 세자의 출합례가 예전부터 있은 것이라 강조하고 『실록』을 자세히 살피도록함으로써 출합에 따른 경제적 지원의 당위성을 확보하고자 했다. 인용문은 이러한 정황을 묘사하고 있다.

---

62   『선조실록』 권120, 선조 32년 12월 28일(계묘).
63   『광해군일기』 권47, 광해군 3년 11월 19일(갑인).
64   『광해군일기』 권47, 광해군 3년 11월 22일(정사).

17세기에는 출합에 따른 왕자녀, 혹은 손자녀에 대한 경제적 지원을 확대하려 했다. 이에 따라 출합과 관련한 규례에 대한 혼란이 다시 일어났다.

무릇 대군과 공주가 거주하는 제택과 집은 해당 아문에서 짓고 수리하는 것이 예로부터의 관례이다. 지금에 있어 그 집이라는 것을 개인의 사사로운 힘으로 만들고 있어서 내 마음이 아주 편하지 않다. 그런데 조정이나 왕실[公家]의 물력이 남음이 없으므로 감히 해당 관사에 말할 수는 없었다. (중략) 만일 다시금 논계(論啓)한다면 마땅히 해당 아문으로 하여금 예로부터의 관례에 비추어 지어 줄 일이다.[65]

인조 때 선조의 딸 정명공주(貞明公主, 1603~1685)가 출합 제택을 본가에서 짓는 과정에서 야기된 논란과 관련한 내용이다. 정명공주가 출합하자 50칸이 넘는 제택 조영을 위해 백성을 동원하여 공역을 진행하는 것이 문제로 지적되었다. 여기에 대해 인조는 출합한 대군과 공주의 출합궁을 지어 주었던 전례를 들어 재론하지 못하도록 했다.[66]

인조 때에는 봉림대군(鳳林大君, 1619~1659)의 집을 영건하는 데 대한 대신들의 문제 제기가 있었다. 재력의 지출에 대해 호조가 추계했다. 호조는 영건을 위한 재목 마련을 위해 포 2천 7백 60필 이상이 필요할 뿐만 아니라 철물도 3천 8백 근을 넘는다고 지적했다. 호조를 통한 과도한 제택 영건 비용에 대한 대신들의 문제 제기에 대해 인조는 다음과 같이 언급했다.

---

65 『인조실록』 권8, 인조 3년 2월 26일(을사).
66 정명공주에게 장가 든 永安尉 洪柱元(1606~1672)은 산택의 이익을 독점하고 제언과 토목공사에 민력을 동원하여 폐해를 야기한 것으로 지적되었다[『인조실록』 권8, 인조 3년 2월 26일(을사)].

제1장 왕실출합(出閤)과 왕자녀(王子女) 후원

철물과 같은 것은 이미 쓴 뒤에는 마땅히 해당 관사로 돌려보낼 것이므로 번거로운 쓰임을 염려하지 말라.[67]

인조는 관사를 통한 출합 재력 지원의 당위성을 주장했다. 그러자 출합례를 위한 인력 동원도 논란이 되었다. 인조는 숭선군(崇善君, ?~1690)[68]의 출합과 관련한 납채일에 선온 관원을 내자시 관원이나 승정원 승지가 거행하도록 했다. 이러한 조치에 대한 반발이 일어나자, 그는 대군 출합은 140년 전에 있었으므로 전례를 알 수 없는데도 문제를 제기한다고 힐난했다.[69] 인조는 출합에 대한 전례를 이유로 출합을 계기로 한 왕자녀에 대한 경제적 지원을 정당화했다.

효종은 인조의 전례를 발판으로 공주들의 출합에 대한 재력 지원을 아끼지 않았다. 1652년(효종 3) 효종의 셋째 딸 숙명공주(淑明公主, 1640~1699)가 심익현(沈益顯, 1641~1683)에게 출가하여 출합했다. 그는 이듬해 출합에 따른 물종을 지급하도록 했다.[70] 그리고 효종의 다섯째 딸 숙정공주(淑靜公主, 1645~1668)가 1656년(효종7) 동평위(東平尉) 정재륜(鄭載崙, 1648~1723)과 혼인하자 이 과정에서 출합에 대한 지원이 있었다.

현종 초에는 출합한 궁중자제에게 내리는 지원 규모와 기한에 대한 논의가 있었다. 공주의 출합을 위해 궁을 수리하거나 민가를 빌려 쓰려는 시도와 함께[71] 출합한 왕자녀에 대한 물력 지원의 연한을 정하려 했다. 사옹원 도제조 정태화(鄭太和, 1602~1673)는 왕자녀에 대한 물종 지원을 15년 연한

---

67 『인조실록』 권25, 인조 9년 7월 22일(갑오). 이후 인조는 봉림대군의 가사를 해당 아문으로 하여금 지어서 지급하도록 했다[『승정원일기』, 인조 9년 2월 3일(정미)].
68 숭선군은 1646년(인조 24)에 봉군되었으며, 효종 즉위 후 노비 150구를 하사받았다.
69 『인조실록』 권49, 인조 26년 11월 16일(병자); 『승정원일기』, 인조 26년 11월 17일(정축).
70 『효종실록』 권10, 효종 4년 1월 18일(을유).
71 『현종개수실록』 권6, 현종 3년 1월 16일(경인).

으로 정할 필요성을 제기했다.

> 정태화가 계를 올렸다. "왕자, 공주와 옹주가 출합한 뒤에는 날마다 이바지
> 하는 꿩을 줄이는 것이 법입니다. 인조 때에 특별히 전교를 내리셔서 15해
> 를 끝으로 해서 공급(供給)하라고 하셨습니다. 지금 대간에서 논계하니 이
> 제부터 마땅히 중지하고 그만두어야 할 것 같습니다." (중략)
> 주상이 말했다. "지금부터 10년을 기한으로 계속 지급하라."[72]

정태화는 인조 때 출합 왕자녀에 대한 물종 지원을 15년으로 정한 전례
를 근거로 들었다. 현종은 이러한 문제 제기를 원칙적으로 수용하면서도
출합일 기준이 아닌 논의가 제기된 시점을 적용하여 10년 더 꿩을 공급하
도록 했다.[73] 임란 이후 현종까지 계속된 논의는 출합에 대한 전례 검토와
정례화 과정에서 절충을 모색하고 있는 모습을 보여 주고 있다.

2) 출합과 절수

출합에 대한 전례 검토 과정 중 절수의 문제도 대두했다. 출합 왕자녀
에 대한 토지의 획급과 절수가 이루어진 것은 임진왜란 이후부터였다. 현
종조의 여러 왕자녀의 출합에 따른 경제적 지원 중 특히 토지의 획급이 논
란의 발단이 되었다. 현종 초년에 다섯 공주의 출합이 이어지고 절수가 증
가하게 되자 삼사는 절수에 대한 전장(典章)의 부재를 이유로 혁파를 주장
했다. 현종은 전례와 관행을 들어 이에 반대하는 입장을 고수했다. 그리

---

72 『현종실록』 권7, 현종 4년 11월 11일(을해).
73 이에 대해 장령 김익렴 등은 출합한 공주와 옹주에게 10년 기한으로 꿩을 공급하는 것도 불가함을
    주장했으나 현종은 받아들이지 않았다[『현종실록』 권7, 현종 4년 11월 12일(병자)].

고 1671년(현종 12)에 전국적인 기근을 계기로 삼사에서는 토지 절수 혁파를 재론했다. 그러나 현종은 예전에 절수받은 것은 존치하고, 혁파가 어려운 것은 나머지를 이정(釐正)하도록 했다. 이러한 조치는 기존의 토지 절수를 인정하고 향후 절수에 대한 제한도 유보하려 했던 현종의 입장을 반영한 결과였다.

토지 절수에 대한 규례가 1672년(현종 13)에 정해졌다. 1672년 임자년의 이른바 '임자사목(壬子事目)'이 그것이다. 사목의 내용은 구궁(舊宮)에 절수된 토지는 인정하되 다만 신설궁에 대한 절수를 새로이 규정하는 데 있었다. 물론 여기에 대한 해석에 있어 비국은 절수에 대한 금단으로 이해하고 적극적인 조사와 혁파를 주장하기도 했다.[74] 그러나 이는 구궁에 대한 지나친 절수를 이정하고 신설궁에 대한 전면적인 절수 혁파를 의미하지 않는 것으로 이해한 왕실의 견해와는 상반된 견해였다. 이러한 상반된 이해와 주장은 왕실과 비국의 입장을 명확히 하지 않은 수준에서 봉합되면서 향후 관련 논쟁이 지속되는 단초가 되기도 했다.

---

74 『숙종실록』 권19, 숙종 14년 4월 11일(계축).

4 출합 왕자녀 지원 범위

1) 제택 영건과 사여

조선후기 출합과 제택의 사여에 대한 논쟁은 인조조 이래 지속되었으며, 효종과 그의 왕자녀에 대한 출합 조치 논의 과성에서 본격화되었다.

인조 때 정명공주의 출합에서 제택 문제가 제기되었다. 정명공주는 선조와 인목왕후 김씨(仁穆王后, 1584~1632) 사이의 소생으로 1623년(인조 1) 영안위(永安尉) 홍주원(洪柱元, 1606~1672)과 가례 후 출합하였다. 인조는 정명공주 출합 때 제공된 제택에 대해 호조로 하여금 지속적 수리를 명했다. 이에 대해 장령 조정호(趙廷虎, 1572~1647)는 조종조에 없는 규례일 뿐만 아니라 후일의 전례로 남을 가능성을 제기하면서 반대했다.[75] 헌납 윤지(尹墀, 1600~1644)도 출합에 하사한 제택을 사가로 규정하고 호조에서 지원하는 것은 바람직하지 않다고 동조했다. 이에 대한 인조의 답은 다음과 같았다.

> 공주의 가사를 한 번 수리하는 것은 조금도 안 될 것이 없다. 너희들이 '부를 이어 주어 지나침을 더한다[繼富益過]'는 등의 맞지 않는 말로써 굳게 업신여기는 것을 그치지 않으니 유달리 매우 괴상하다 하겠다.[76]

인조는 출합 때 제공된 가사에 대한 수리 및 관리의 필요성을 강하게 피

---

75 『승정원일기』, 인조 4년 7월 7일(정축). 이러한 명분을 통한 반대 논리는 다음 달『승정원일기』, 인조 4년 8월 4일(계묘)]까지 지속되었다.
76 『승정원일기』, 인조 4년 7월 7일(정축).

력하며 출합공주에 대한 경제적 지원의 지속의지를 드러냈다. 집의 이경여(李敬輿, 1585~1657)는 인조의 이러한 입장에 대해 "친애의 도리를 다하고자 하는데 어찌하여 손상을 입겠습니까?"라고 하여 인조의 입장을 옹호하기도 했다.[77]

현종 때 숙정공주와 숙경공주(淑敬公主, 1648~1671)까지 다섯 공주의 출합을 계기로 제택 영건의 문제가 다시 부상했다. 출합에 따른 공해(公廨)의 훼이(毀移)와 제택 영건이 잇따른 데 대한 논란이었다. 숙정공주는 1661년(현종 2) 출합했으며, 숙경공주는 그 이듬해 출합했다. 현종은 숙경공주와 흥평위(興平尉) 원몽린(元夢麟, 1648~1674)의 출합에 맞추어 출합궁을 수리했다.[78] 현종 때 효종의 다섯 공주의 출합이 있고 그에 따른 출합궁의 영건이 수반되면서 관사를 동원한 지원에 대한 문제 제기가 이어졌던 것이다.

정언 윤경교(尹敬敎, 1632~1691)가 공주들의 출합과 제택사여에 대해 낸 의견은 출합에 대한 왕실과 신료 사이의 접근법 차이를 반영하고 있다.

관가 건물[公廨]과 사실(私室)은 중요함과 가벼움이 아주 구별됩니다. 그런데 이제 도리어 사사로운 집 마련을 위해 관가 건물을 옮기는 것은 다만 국조 이래 시행되지 않았으니 일의 형세를 보아도 마땅히 되돌리는 것이 어떠합니까? (중략) 혹 궁가(宮家)로 하여금 각기 쓰지 않고 빈, 사람이 없는 땅을 점검하여 거기에 살게 하신다면 공사가 함께 편안하여 정사가 널리 퍼져 알려질 것입니다. 그런데 이제 전하께서 꼭 관가 건물을 철거하시고자 하시어 그것으로 일의 모양새를 해치고 백성들의 미움을 불러온다면 저희들은 오히려 임금님의 뜻이 여기에 이른 것을 알지 못하겠나이다. 제택

77 『승정원일기』, 인조 4년 8월 2일(신축).
78 『승정원일기』, 현종 3년 1월 9일(계미)·1월 12일(병술). 숙경공주는 1658년(효종 9) 제1과록의 녹패를 받았다(朝鮮史編修會,「淑敬公主祿牌」『朝鮮史料集眞』第3輯, 1935, 58쪽). 그녀에 대한 출합은 1662년(현종 3)에 이루어졌으며, 출합 전에 녹봉이 지급된 것이다.

의 정해진 제도는 법전에 실려 있습니다. 부마의 높고 귀함은 예나 지금이나 다르지 않기에 50칸이 예전의 궁가에는 받아들일 수 있지만 지금의 궁가에는 충분하지 않다는 것을 저희들은 또한 감히 믿기 어렵습니다. (중략) 50칸 안으로 수용해서 받아들일 수 있다면 어찌해서 이것을 하지 않겠습니까? 그런데 도리어 나라의 금석과도 같은 법을 어지럽혀서 이것으로 그 사치함이 지나침을 이루시겠습니까?[79]

윤경교는 효종 소생의 다섯 공주의 출합 과정에서 제택을 새로 짓거나 공해를 옮겨 마련하는 과정에서 발생한 민원을 언급했다. 또한 출합을 위한 제택 규모를 법전에 규정된 50칸을 넘기고자 하는 왕실의 의견[80]을 견제했다. 이들은 왕실의 출합에 따른 제택 사여를 사적 영역으로 규정하고 있었다. 제택의 영건과 지원에 대한 대신의 주장에 대한 현종의 입장은 확고했다.

말을 살피니 장황한 이야기의 숨은 의도가 놀랍고 기이한 것이 아주 심하여 또한 비웃을 만하다. 그 가운데서도 옮길[遷移] 즈음마다 지어서 주도록 한 것이 예전에 규례가 없을 뿐만 아니라 그 도리를 계승하기 어려울까 두렵다고 한 부분에서는 더욱 가소롭도다. 예로부터 지금까지 대군과 공주 등이 옮기는 일이 전혀 없었고, 옮기는 데에도 또한 오늘의 일과 같은 것이 있었다고 듣지 못했다. 예전 규범을 계승하기 어렵다는 것도 어느 곳에 다가 붙여서 헛되이 스스로 옳다고 하려고 하며, 또 그 옳지 못함을 꾸미니 이것은 내가 사무치도록 미워하는 것이다.[81]

---

79 『승정원일기』, 현종 10년 5월 26일(무오).
80 "家舍 大君六十間 王子君公主五十間 翁主及宗親文武官二品以上四十間 三品以下三十間庶人十間 毋得用熟石花拱草拱"(『經國大典』, 「工典」, 雜令條).

현종은 출합할 때 제택을 영건해 주는 데 대한 대신들의 불가 논리에 직설적으로 불만을 표현했다. 그는 출합 제택을 천이(遷移)하지 않고 새로이 영건해 주는 것이 전례인데도 중신들이 반대하고 있다는 주장을 폈다. 현종의 강경론에 따라 대신들은 여러 공주의 동시 출합으로 공역이 증대한 데 따른 문제라고 한발 물러섰다.[82] 그리고 출합 제택을 공해를 헐어서 지어 주기보다는 재력을 지원하여 영조(營造)하는 것이 재원을 절약하고 민원을 줄일 수 있는 대안이라고 주장했다.

현종 때 공주들의 출합 과정에서 왕실과 신료의 입장 차이에 대한 논란은 숙종 때 절충이 이루어졌다. 숙종은 출합 제택의 사급을 호조에서 지원하도록 했다.

대체로 궁가가 출합을 할 때에는 땅이 마땅한지를 살펴서 신궁(新宮)을 지어서 준다. 그런데 만일 아직 출합하기 전이라고 한다면 예전의 관례를 적용해서 구궁(舊宮)을 허가해 주고 이것으로 살림살이를 갖추어 두게 하는 곳으로 삼게 한다. 앞날 사들인 전석동궁(磚石洞宮)은 많게는 1,000여 금에 이르지만 다만 아직 값을 주지는 않았으며 집의 간살이 좁다. 그러므로 궁가를 더 사려고 하는데 그 집이 또한 각기 600~700금이라고 한다. 그런데 내수사는 값을 내어 올 데가 없으므로 호조로부터 상세히 실제 액수를 물은 뒤에 액수에 준해서 해당 궁에 실어 보내는 것이 좋겠다.[83]

숙종은 출합에 신궁을 지어 주는 것이 상례이며, 출합하기 전이라도 구궁을 주고 살림에 필요한 물자를 공급하는 것이 전례라고 강조했다. 이와

---

81 『승정원일기』, 현종 10년 5월 26일(무오).
82 『승정원일기』, 현종 10년 5월 28일(경신).
83 『승정원일기』, 숙종 19년 11월 23일(임술).

관련하여 전석동궁을 매입하고 또한 확장을 목적으로 민가를 매입할 필요성을 제기했다.[84] 민가 매입에 소요되는 비용은 내수사가 아닌 호조를 통해 조달하도록 했다. 이런 조치와 입장은 현종 때 연이은 공주들의 출합에 따른 제택 마련 문제에 대한 논의 결과가 반영된 절충안이기도 했다.

2) 출합 물력

인조 때 선조의 왕자녀에 대한 출합과 그에 따른 재력 지원이 논의되었다. 1623년(인조 1) 선조와 인목왕후의 첫째 딸 정명공주의 출합례가 있었다. 이 과정에서 소용되는 물력에 대한 변출 문제가 제기되었다. 장령 조정호는 출합에 소요되는 세세한 물력을 아문을 통해 마련하고 지원하는 것은 부당하다고 주장했다.[85] 출합을 위한 지원대상으로 논의된 물종은 석자(席子) 1,000여 장, 지지(紙地) 200여 권, 능화(菱花)·유둔(油苞) 등으로 출합 의례에 소용되는 물력이었다.

효종은 왕자녀 출합 후 생활에 필요한 물력도 관사를 통해 지원하도록 했다. 그의 다섯째 아들 숭선군의 출합은 차녀 숙안공주(淑安公主, 1636~1697)의 전례에 따르도록 했다. 출합에 소요되는 물종 중 부족한 내용도 풍년을 기다려 갖춘 다음 채워 주도록 예조에 초기(草記)했다.[86] 뿐만 아니라 효종은 셋째 딸 숙명공주의 출합 후 지속적으로 물력을 보충하거나 지원하도록 했다.[87] 이러한 효종의 전교에 대한 예조의 입장은 다음과 같았다.

---

84 전석동궁은 곧 명안공주의 구궁을 지칭하는 것이다. 명안공주의 구궁은 숙종의 숙의 간택 후 별궁 처소로 이용되었다[『승정원일기』, 숙종 12년 3월 12일(병인)].
85 『승정원일기』, 인조 4년 7월 7일(정축).
86 『승정원일기』, 효종 2년 6월 11일(병진).
87 『승정원일기』, 효종 3년 10월 13일(신해).

물건 중에 기명은 당연히 다가오는 봄에 다시 아뢰어 거행하려 합니다. 그런데 그중에 혹시 아침과 저녁으로 거를 수 없는 물건은 이제 곧 어떻게 해야 합니까? 염장(鹽醬), 유청(油清), 어염(魚鹽) 등과 같은 물종은 갖추어서 주지 않을 수 없을 것 같습니다. 미두(米豆)와 면포도 아울러 다가오는 봄을 기다릴까요? 도배(塗褙)와 포진(鋪陳) 등의 일은 해당 아문에 명해서 전례대로 거행함이 어떻습니까?[88]

예조는 출합 왕자녀에 대한 지원 방안을 모색하였으며, 마련이 용이하지 않은 내용에 대해서도 대안을 마련했다. 출합 후에도 필요한 각종 물력에 대한 지원을 전제로 하고 있었다. 물력의 지원이 원활하지 못한 상황에도 불구하고 일용에 긴급한 물력과 제택에 대한 도배 등의 일은 때에 맞추어 지원하도록 했다. 이에 따라 효종은 다음 해 봄에 갖출 물종과 우선 지급해야 할 물종을 구분하여 해사(該司)에서 갖추도록 했다. 이로써 각사를 통해 출합 왕자녀에 대한 경제적 지원이 이루어졌다.[89]

숙종조에는 출합 왕자녀에 대한 과록(科祿) 지급이 논의되었다. 1680년(숙종 6) 12월 18일에 명안공주(明安公主, 1667~1687)의 출합이 있었다.[90] 숙종은 출합하기 전 녹(祿)을 내리는 전례에 따라 명안공주에게 녹봉을 지급하려 했다.[91] 이 과정에서 공주와 부마에 대한 과록을 둘러싼 논쟁이 있었다.

---

88 『승정원일기』, 효종 3년 10월 22일(경신).

89 『승정원일기』, 효종 3년 10월 24일(임술). 효종과 인선왕후 장씨 사이의 넷째 딸 숙휘공주의 출합에 있어서도 器皿에 대한 造給을 이듬해 봄으로 조정하도록 했다[『승정원일기』, 효종 5년 11월 28일(갑인)].

90 현재 명안공주 및 오태주와 관련된 자료는 오죽헌시립박물관, 삼성미술관 리움, 국립중앙박물관, 육군박물관, 일본 천리대 도서관에 소장되어 있으며, 서울역사박물관에도 '明安公主房圖署牌子' 등 관련 자료가 있다(박성호, 「명안공주·해창위 오태주 가문 고문서 개관」, 『寄贈唯物目錄』 VIII-朴漢高 篇, 서울역사박물관, 2009, 6·15쪽).

91 『승정원일기』, 숙종 6년 2월 28일(무자). 명안공주 관련 유물로는 발괄, 의송, 패지 등의 고문서가 있다(강릉시, 『강릉시문화재대관』, 1995). 숙경공주는 1658년(효종 9) 제1과록의 녹패를 받았다(朝鮮史編修會, 『淑敬公主祿牌』, 『朝鮮史料集眞』 第3輯, 1935, 58쪽).

해창위의 전례를 살펴보니, 경신년(1680, 숙종 6) 2월 18일 길례를 한 뒤에 같은 달 28일 내린 교서에서 해창위의 녹은 아직 출합하기 전이니 따라서 주지 않는다고 하였습니다. 출합하기 전에 녹을 주지 않는 것은 또한 예전 의 관례가 있으니 지금도 여기에 의거해서 해야 합니다.[92]

해창위(海昌尉) 오태주(吳泰周, 1668~1716)와 명안공주가 길례 후 궁에 머무 는 기간 동안 해창위에 대해서는 별도의 녹을 내리지 않아야 한다는 주장 이었다. 길례 후 출합 전까지 공주와 옹주에게만 녹을 내린 규례에 따라 명 안공주에게만 녹을 내려야 했다. 여기에 대해 김재로(金在魯, 1682~1759)는 공 주와 옹주가 궐내에 거주할 경우에는 수록(受祿)하지만 출합한 뒤에는 부마 에게만 녹을 지급한다고 정리했다.

3) 노비 사여

조선초기의 출합 등과 관련한 왕자녀에 대한 노비의 사급 관행은 조선 후기에도 확인된다. 이와 관련해서는 인조 때 봉림대군의 사례를 통해 살 필 수 있다. 봉림대군은 인조의 둘째 아들로 1619년(광해군 11) 5월 22일 한 양의 경행방(慶幸坊) 향교동(鄕校洞)에서 태어났다. 1626년(인조 4)에 봉림대 군에 봉해졌고, 1649년 조선 제17대 왕 효종(孝宗, 1649~1659)으로 즉위했 다. 봉림대군은 1631년(인조 9) 12세에 장유(張維, 1587~1638)의 딸(仁宣王后, 1618~1674)과 혼인했다. 이 과정에서 인조는 같은 해 2월 28일 「봉림대군봉 작상사교지(鳳林大君封爵賞賜敎旨)」[93]를 내리고 수원 등지의 관노비를 그에게

---

92 『승정원일기』, 영조 8년 12월 21일(갑술).
93 韓國精神文化硏究院, 『古文書集成』 10, 1992, 88~90쪽; 한국학중앙연구원 장서각, 『藏書閣所藏 古文書 大觀』 1, 2010, 22~23쪽.

표1 1631년 사급 노비의 군현별 분포

지 역	노비	지 역	노비	지 역	노비	지 역	노비	지 역	노비
강릉관	5	남양관	1	순천관	1	옥과관	1	지평관	1
개성부관	4	능주관	3	안동관	3	울산관	1	청주관	1
경주관	2	마전관	2	안악관	1	원주관	2	춘천관	1
고부관	1	봉화관	1	안협관	4	의성관	1	토산관	3
공주관	3	비안관	2	양천관	3	인순부	1	평강관	2
교하관	1	삼척관	1	연안관	1	장연관	2	총합	69구
금화관	1	수안관	1	영광관	1	전라좌수영	1		
김제관	1	수원관	2	영천관	3	전주관	4		

하사했다.

봉림대군이 사급받은 노비는 모두 150구로 지방군현과 중앙각사에 산재해 있었다. 지방관 소속으로는 수원, 지평, 공주, 영광, 능주, 순천, 전주, 전라좌수영, 옥과, 고부, 울산, 의성, 안동, 영천(榮川), 김제, 교하, 마전, 양천, 남양, 개성, 경주, 비안, 봉화, 삼척, 원주, 춘천, 안협, 금화, 평강, 강릉, 수안, 안악, 장연, 토산의 관노비로 구성되어 있었다. 이들 노비는 경기를 비롯하여 삼남지방뿐만 아니라 강원도와 황해도까지 아우르고 있으며, 총 69구이다(표1). 지방관 소속 관노비는 강릉관의 5구가 가장 많으나 전체적으로 차등이 없이 고른 분포를 보이고 있다.

지방관 소속 관노비뿐만 아니라 중앙각사의 노비 81구도 사급노비에 포함되었다(표2). 각사 소속 시노비는 호조와 형조뿐만 아니라 광흥창, 군자감, 군직청, 내섬시, 내자시, 사복시, 사섬시, 사재감, 사축서, 서빙고, 소격서, 예빈시, 장예원, 종친부, 충익부를 포괄하고 있었다. 그리고 지방관에 소속된 중앙각사 노비도 사여에 포함되었는데, 강화안부 봉상시, 김해안

표2   1631년 사급 노비의 중앙각사별 분포

각사	노비	각사	노비	각사	노비	각사	노비	각사	노비
강화안부 봉상시	1	내섬시	4	사복시	4	영덕안부 사섬시	6	충익부	2
광흥창	2	내자시	2	사섬시	5	예빈시	6	형조	1
군자감	9	담양 장예원	1	사재감	6	장예원	1	호조	3
군직청	1	무장안부 장예원	2	사휵서	1	종친부	1	충합	81구
김해안부 사섬시	3	밀양안부 장예원	1	서빙고	1	직산안부 내자시	3		
남평안부 의빈부	1	부안안부 장예원	9	소격서	2	진주 군기시	3		

부 사섬시, 남평안부 의빈부, 담양 장예원, 무장안부 장예원, 밀양안부 장예원, 부안안부 장예원, 양덕안부 사섬시, 직산안부 내자시, 진주 군기시의 사례가 이에 해당한다.

사여된 노비 150구 중 노는 56구이며, 비는 94구로서 비의 비중이 약 60%로 더 높다. 소속별로는 노는 38구가 중앙각사 소속으로 전체 노의 68%, 42구의 비가 또한 중앙각사 소속으로 전체 비의 45%였다. 사급 노비의 나이는 최하 3세에서 최고령이 41세이다. 이들 노비의 연령별 분포 현황은 그림1과 같다.

노비의 연령은 41세 미만으로 노동생산성이 높은 연령대를 사급 대상으로 하고 있다. 특히 이들 노비 중 16세 이상에서 30세 미만이 115구로서 전체 노비의 76.7%를 점하고 있다. 이는 노비의 사여에 있어 활용성과 노비의 증식가능성을 적극 고려한 측면이 있다고 볼 수 있다. 상기 연령대의 비가 76구로서 이 또한 전체 노비의 66.1%인 점은 가임기 여자 노비의 비중을 높여 장기적인 노비의 재생산을 염두에 두면서 지속적인 경제적 지원

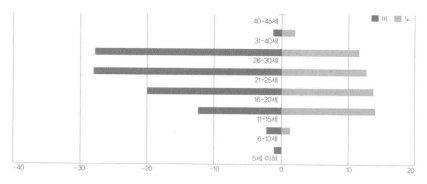

그림1　1631년 사급 노비의 연령대별 분포

을 목적으로 했음을 보여 준다.

　인조는 1631년(인조 9)에 이어 이듬해에도 봉림대군에게 노비를 사급했다. 「봉림대군봉작상사교지(鳳林大君封爵賞賜敎旨)」[94]는 봉림대군 봉작에 따른 '특사상(特賜賞)'의 성격이었다. 이를 계기로 100구의 노비가 사여되었다. 이로써 인조 초년 1631년과 1632년 두 해에 걸쳐 봉림대군에게 사급한 노비는 모두 250구이다. 이들 노비에 대한 소속, 연령과 관련한 특징을 통해 동시기 노비 사여의 특징을 살펴볼 수 있다. 노와 비의 비중에 있어서는 노가 94구인 데 반해 비가 156구로서 비의 비중이 노에 비해 60% 높은 상황을 보이고 있어 장기적인 노비 증식이 전제되고 있었다.

　노비의 소속은 예빈시 14구, 사섬시 10구를 비롯하여 군자감과 부안관부 장예원 소속의 노비가 높은 비중을 차지하고 있었다. 또한 군현에 소속된 노비는 112구, 중앙각사 노비가 86구 등으로 나타난다. 사급 노비 250구에 대한 연령대별 분포 현황에 있어서도 최고령 41세의 비를 제외하고는 모두가 30대 이하로 구성되어 있다. 뿐만 아니라 비의 경우 26~30세

94　韓國精神文化硏究院, 앞의 책, 1992, 81~96쪽; 한국학중앙연구원 장서각, 2010, 22~31쪽.

가 57구, 21~25세가 48구로서 30대의 비가 모두 105구로서 전체 비에 있어 67.3%의 비중을 점하고 있다. 이는 왕자에 대한 노비 사여의 기획과 의도가 경제적 후원에 있다는 점이 적극 반영된 측면을 보여 준다.

4) 전지 획급

숙종조에는 궁방의 설치에 있어 출합 여부가 논란이 되었다. 지사 오정위(吳挺緯, 1616~1692)는 출합을 위해 공주들의 선장(田庄)을 마련하는 데 대한 부정적 의견을 상신했다.

> 황해도에 내사(內司)가 방죽을 쌓는 것은 비록 내수사의 남자 종을 부려서 일을 한다고 합니다만 방죽 하나에 부리는 일꾼이 거의 3천이 들어가니 백성들이 어찌 원망하지 않겠습니까? 이것은 명선공주(明善公主, 1660~1673)와 명혜공주(明惠公主, 1665~1673) 두 분을 위한 전장을 설치하는 것이라 들었습니다. 그런데 두 공주는 모두 출합을 하지 못하고 세상을 버렸으니 어찌 전장을 설치해서 쓰게 할 수가 있겠습니까?[95]

오정위는 내수사가 황해도에서 공주들을 위한 전장을 마련하고 있는 데 대한 불가함을 언급했다. 숙종은 오정위의 의견에 따라 역사를 중지했다. 다만 왕실의 출합 자녀에 대한 각종 기물 사여에 대해서는 전례에 따라 관행으로 지속되었다.

토지의 절수에 대한 제도 규정은 숙종조 영의정 남구만이 언급한 '절수혁파론(折受革罷論)'에서 언급되었다.[96] 그의 주장에는 조선초기부터 숙종 당

---

95 『숙종실록』 권6, 숙종 3년 4월 1일(정미).

시까지 출합궁에 대한 절수 제도의 변화가 정리되어 있다.

① 조종조부터 본디 전토를 떼어 주는[折受] 일이 없었습니다. 그런데 관전(官田)과 속공지(屬公地) 중에는 곧 사여하는 규례가 있었습니다.

② 선조 때 임진왜란 뒤 백성들이 드물고 적어서 묵고 황폐해진 땅이 많았습니다. 그래서 왕자와 옹주의 출합이 잇따랐음에도 하사해 줄 만한 전토가 없었습니다. 세상을 떠난 정승 한응인은 당시 호조판서가 되어서 예빈시에 소속된 관료들에게 베풀던 식재료와 여진족[野人]을 접대할 때 쓰는 어염과 시탄 등의 물종이 생산되는 땅을 떼어내 그것을 주었습니다. 그때에는 곧 변통을 잘한 것으로 여겼지만 이로 인해 뒤부터 절수하는 잘못된 법을 이루게 되었습니다.

③ 현종 초년에 이르러 다섯 공주 출합에 절수가 넉넉하고 넓어져 산과 바다의 백성들이 장차 편히 살아갈 수가 없었습니다. 그러므로 삼사에서 삼 년동안 논쟁을 거쳐 그만둘 것을 요청했습니다. (중략) 왕께서 하교하시길 "절수하는 것이 비록 법에는 아니라 하더라도 선대 왕조에 일이 있었으므로 모두 혁파하기에는 어려움이 있다. 지금부터 만일 다시금 절수를 허락하지 않는다면 곧 근원이 없는 폐단은 자연스럽게 끊어질 수 있을 것이다"였습니다. 이에 대전(大典)의 직전법에 의거해서 그 결수를 더하고 면세의 한계를 정했습니다. 그 뒤로 넓게 점유하는 폐단이 다시금 예전같이 줄어드는 것으로 돌아갔습니다.

④ 신해년(1671년, 현종 12) 즈음에 팔도에 큰 기근이 들고 백성들이 죽어 전쟁의 참화가 있은 뒤와 거의 같았습니다. (중략) 왕께서 하교하시어 팔

96　송양섭, 「藥泉 南九萬의 王室財政改革論」, 『韓國人物史研究』 3, 韓國人物史研究會, 2005, 75~76쪽. 남구만은 내수사 혁파의 실현이 이렇게 되자 내수사 및 궁방의 재원의 근원이 되는 궁장토 절수 문제를 비판하였다.

도 진상을 조사하라기에 "여러 궁가의 아주 오래된 사여와 절수를 혁파하기 힘든 것은 헤아려서 남겨 두는 것이 좋고, 그 나머지는 곧 모두 다 정리해서 바로 바로잡으소서"라고 다시금 복계하였습니다. (중략) 그때에 혁파한 것은 토지와 백성이 없어서 군과 읍이 될 수 없을 것을 염려한 데 근본이 있었던 것입니다. 침탈해 점유하는 것에 그침이 없어서 슬퍼하고 미워함이 무리 지어 일어났는데도 이미 뒷날 신궁(新宮) 땅이 될 것을 예상하였습니다. 이것이 절수를 금지하지 못하게 하셨던 뜻입니까?

⑤ 왕의 뜻이었던 '임자사목'은 구궁이 지나치게 넘치는 것을 전적으로 하고 새로이 설치한 궁에 절수를 허가하는 것이 아닌 의도로 교시되었습니다. 이것이 바로 임자년(1672년, 현종 13)에 정해서 결정하신 애당초의 뜻으로 혹여라도 충분하지 못하시다면 굽어 살피실 일입니다.

⑥ 경신년(1680년, 숙종 6) 환국[改紀]한 처음에 (중략) 여러 대신들이 임자년 이후의 절수를 먼저 혁파할 것을 청하였습니다. 여러 도에 조사하여 묻고는 묘당부터 계를 올려 청하여 모두 없앴습니다. 그런데 여러 궁가는 곧 별도의 전교가 많아서 그대로 두어졌고 각 아문은 임무를 받은 담당자가 각기 스스로 굳게 [절수 관행을] 지켰습니다. 그래서 묘당의 뜻이 또한 퍼지 못한 것이 있어서 혁파할 수 있었던 것은 많지 않았습니다.

⑦ 지금은 백성들의 붇고 늘어나는 것이 임자년 즈음에 비길 만하며 또한 두 배나 갑절뿐만이 아닙니다. (중략) 일의 모양새가 여기에 이르고 있으니, '임자사목'이 성교(聖敎)와 같다 하더라도 신궁을 금지하지 않는 분명한 문구가 없어 나날이 뺏을 민전(民田) 외에는 결코 여분의 땅이 없습니다. (중략) 지금부터 종묘와 사직에 하늘의 도움으로 자손이 크게 늘어나는 경사가 있어서 본손과 지손이 많아져 넉넉해지면 신궁은 끝이 없을 것입니다. 그러면 조가에서는 장차 어느 곳 어느 땅에 끊임없이 논

과 밭을 구하고 얻을 수 있을지, 백성의 토지가 빼앗기는 데 이르지 않을 것이라는 것을 알지 못하겠습니다. 그러하므로 '임자사목'은 말할 것도 없고 신궁을 허용하는 여부는 결코 변통하는 방법이 없을 수 없겠습니다.

⑧ 혹 조종조의 직전(職田) 결수에 의거해서 세금을 내는 미(米)로써 떼어 주면 법전에 수록된 것과 같을 것입니다. 그런데 이것이 만일 시행하기 어렵다고 하면 또한 마땅히 좋게 처리할 방법을 다시 생각해서 절수의 규례에 이르러서는 결코 뒷날에도 그대로 시행되어서는 안 될 것입니다.[97]

남구만은 궁가 및 상사(上司)에 절수하는 일은 조선초기부터 유래한 것이 아니었다고 정리했다. 그는 1672년(현종 13) 임자년에 정해진 '임자사목'을 환기시키며 신궁에 대한 절수를 제한할 필요가 있다고 보았다. 그리고 절수의 내력을 서술했다.

남구만은 조선전기부터 관전과 속공지로 편집된 토지를 이용한 부분적인 사여가 있었음을 지적했다. 그리고 토지 절수의 출발은 왜란 이후 출합 왕자녀에 대한 경제적 지원의 규례화와 결합되었다고 보았다.[98] 결정적으로 선조 때 왕자와 옹주에 대한 출합이 잇따르게 되면서 1601년(선조 34) 호조판서 한응인(韓應寅, 1554~1614)이 예빈시 등에 소속된 수세지를 획급해 준 것이 절수의 계기라고 분석했다. 이에 따라 왕자녀 출합을 이유로 관전 수세지를 절수하는 관행이 발생하게 된 것으로 결론을 내렸다.

---

97 『승정원일기』, 숙종 14년 4월 16일(무오); 『비변사등록』, 숙종 14년 4월 15일(정사).
98 조선시대사에서 궁방의 역할이 중요하게 자리 잡는 것은 직전제 폐지로 인하여 궁방전이 새롭게 창출되는 임진왜란 이후에 해당하므로, 궁방에 대한 정의는 '조선후기의 궁방'에 대한 것이어야 한다[조영준, 「조선후기 궁방(宮房)의 실체」, 『정신문화연구』 31-3, 한국학중앙연구원, 2008, 179~180쪽].

절수의 범위가 커진 것은 현종조 다섯 공주의 출합이었다. 이후 현종과 숙종 때 이러한 관행화를 혁파하려 했으나 실현되지 못했다. 1680년(숙종 6) 현종 때(1672년, 현종 13) 절수된 전지에 대한 혁파 논의 결과를 상징하는 '임자사목'의 취지가 다시금 조명되었다. 당시 신궁에 대한 절수를 제한하고 절수지 대신 곡물로 지급하는 등 출합 왕자녀에 대한 엄격한 절수 문제가 지속 논의되었다.

1688년(숙종 14) 민전에 대한 침탈 증가를 이유로 절수지에 대한 혁파가 재론되었다. 지속적으로 설수지를 시원했던 숙종의 입장은 단호했다. 그러나 영의정 남구만은 왕자녀의 출합에 대한 절수 관행 혁파를 다시 주장했다. 숙종의 입장은 완고했다.

뒷감당 잘하는 방법을 생각하지 않고 절수하는 규례를 갑자기 혁파한다면 새로이 설치하는 궁가가 장차 실패하고 어긋나는 것을 벗어나지 못할 것이다. 묘당에 잘 처리할 방법을 강구하도록 명령하고 그런 뒤에 서로 의논해서 품처하여 변통하는 바탕을 삼는 것이 좋겠다.[99]

남구만은 왕실의 자손이 번창하여 출합이 증가하게 되면 절수의 규모도 커질 것이고 이에 따라 민전에 대한 침해가 증대할 것이므로 중단을 요청했다. 그러나 인용문에서와 같이 숙종은 출합과 절수의 문제는 지속적인 지원 없이는 왕실의 운영이 어려운 상황을 강조하고 강행을 표명했다. 이러한 숙종의 입장에 대해 국왕이 사정(私情)에 얽매인다는 비판이 일어나기도 했다.[100]

---

99 『승정원일기』, 숙종 14년 4월 16일(무오); 『비변사등록』, 숙종 14년 4월 15일(정사).
100 『숙종실록』 권19, 숙종 14년 4월 11일(계축).

제1장 왕실출합(出閤)과 왕자녀(王子女) 후원

명선과 명혜 두 공주가 미처 출합도 못하고 세상을 떠났습니다. 현종께서 그것을 가엾게 여겨 400결을 더 얹어 주었더니 각 궁에 딸린 종[宮屬]들이 여기에 의거해서 지나치고 넘쳐서 절수가 1,000여 결에 이르렀습니다. 그러니 직전법으로 정한 방식에서 벗어난 것은 마땅히 혁파하소서.[101]

국왕의 출합 궁가에 대한 절수에는 사정이 작용하고 있다는 남구만을 비롯한 대신들의 시각이었다. 규정 이외에 국왕의 개인적 의지로 전지 지급 전례가 관행화되고 있는 상황을 언급한 것이다. 명선과 명혜 두 공주가 출합하지 못했으므로 출합한 공주보다 절수지가 적어야 하는데 그렇지 못하고 결국 1,000여 결에 이른 정황을 이러한 개인적 정리에서 기인한 것으로 보았다. 남구만의 주장에 따라 숙종은 400결 외에는 혁파하도록 했다.

『경국대전』에는 대군과 왕자, 공주와 옹주에게 지급되는 직전에 대한 규정이 있다. 대군은 250결, 왕자군은 180결을, 공주 및 옹주는 그의 남편이 사망하면 남편의 관직에 따라 녹봉을 지급하도록 했다.[102] 이에 대해 1663년(현종 4) 수교를 통해 대군에게는 400결, 왕자와 군, 그리고 옹주에게는 250결에 한해서 면세하도록 했다.[103] 그리고 숙종조에 있었던 절수와 직전의 논란에 대해 숙종은 아래와 같이 조정했다.

여러 궁가와 후궁은 일찍이 이미 절수한 것 외에 지금 이후로 모두 절수하는 것을 허용하지 않게 한다. 앞으로 신궁이 있을 때에는 계(啓)한 데 의거해서 직전법으로 그것을 시행한다. 그리고 어전(漁箭)과 염분(鹽盆) 등 갖가지 절수를 대신 받는 등의 일은 모두 못하게 막아 금지한다. 각 아문과 각

---

101 『숙종실록』 권19, 숙종 14년 4월 23일(을축).
102 『經國大典』, 戶典, 諸田-職田條 및 祿科條.
103 『승정원일기』, 숙종 14년 4월 26일(무진).

군문 또한 한결같이 실제로 행할 일로 일정한 방식[定式]으로 나누어 지키는 것이 좋겠다.[104]

숙종은 추가적인 절수를 제한하고 신궁에 대해서도 직전법에 준한 면세전의 조치를 강구했다. 이러한 논의는 나중에 신궁과 구궁에 왕패(王牌)로 사여된 경우에 한 해 전결수에 대한 제한을 두지 않으나 궁가의 면제전에 대해서는 원결(元結)에 따라 정하며 다른 토지의 혼입을 금단한다는 내용으로 『속대전』의 소목에 반영되있다.[105]

104 『승정원일기』, 숙종 14년 4월 26일(무진).
105 "勿論舊宮新宮 有王牌特賜與者 不在定數 宮家免稅田 以元結定給 明定四標 而他田混入者嚴禁"(『續大典』,
　　戶典, 諸田-宮房田條). 한편 신궁의 경우 후궁은 800결, 대군과 공주는 850결, 왕자와 옹주는 800결을
　　살아 생전까지만 지급했다. 그리고 구궁의 경우는 후궁은 200결, 대군과 공주는 250결, 왕자와 옹주
　　는 200결을 제위조로 4대에 한해 지급하도록 했다.

5 연잉군(延礽君) 출합

숙종 이후의 출합과 관련한 논의는 숙종의 둘째 아들 연잉군의 사례를 통해 확인할 수 있다. 연잉군은 1694년(숙종 20) 9월 13일 창덕궁 보경당(寶慶堂) 옆 태화당(泰和堂)에서 태어났으며, 아명은 '희수(禧壽)'이다. 그는 6세이던 1699년(숙종 25) 12월 24일 연잉군에 봉해지고 이름을 '금(昑)'으로 고쳤다. 1700년(숙종 26) 1월, 그는 '제1녹과자(祿科者)'로 명한 녹패를 받았다.[106]

연잉군의 관례 및 이와 관련한 출합에는 숙종의 정치적 의지가 반영되어 있었다. 왕자군인 연잉군의 관례는 왕실의 일원으로 개인적 의미를 지니고 있음에 따라 사적 행사로 진행되어야 했다. 그러나 숙종은 왕세자로서 공적인 의미를 부여하고자 노력했다.[107]

1703년(숙종 29) 12월 연잉군은 10세에 창의궁 요화당(瑤華堂)에서 관례를 치르고 숙종으로부터 '광숙(光叔)'을 자(字)로 하사받았다. 그리고 이듬해 2월 진사 서종제(徐宗悌, 1656~1719)의 딸과 가례를 올렸다. 연잉군은 가례 후 잠시 궁궐에 머물다가 1712년(숙종 38) 19세가 되자 한성부 북부에 있는 사저로 거처를 옮겼다. 이 사저가 창의궁이었다. 창의궁은 원래 효종의 넷째 딸 숙휘공주(淑徽公主, 1642~1696)와 인평위(寅平尉) 정제현(鄭齊賢, 1642~1662)의 옛집이었는데, 숙종이 매득하여 연잉군에게 하사한 제택이었다.

연잉군의 출합 과정에서 의절과 관련한 제반 절차가 택정되었으며, 출

---

106 한국학중앙연구원 장서각, 『영조대왕』, 2011, 15쪽.
107 신명호, 「『연잉군관례등록』을 통해 본 조선왕실 관례의 성격」, 『英祖大王資料集』 1, 한국학중앙연구원출판부, 2012, 68~69쪽. 이러한 논란에는 관례 장소, 관례 복식, 관례 물품, 관례 의식, 관례 참여자, 관례 준비기관 등 전반과 연관되어 있었다.

합궁의 마련은 물론 물력과 노비의 지원이 있었다. 이러한 일련의 과정을 『왕자가례등록(王子嘉禮謄錄)』[108]으로 살펴볼 수 있다. 『왕자가례등록』은 1703년 연잉군의 관례, 1704년 달성 서씨와의 가례, 그리고 1712년 창의궁으로의 출합에 대한 기록을 정리한 등록으로 연잉군의 출합의 실태를 수록하고 있다.

1) 길일의 택정

왕실의례에서 출합은 출합일의 택정에서 시작했다. 출합일은 '길일택정(吉日擇定)' 결과를 토대로 예조의 일관(日官)을 통해 상신되었다. 『왕자가례등록』에 의거하여 연잉군이 1712년 출합하기까지 길일을 택정하는 논의의 전개 과정을 정리하면 다음 표3과 같다.

연잉군의 출합 길일은 1711년과 이듬해 2차례의 연기 끝에 결정되었다. 1710년(숙종 36) 9월 30일의 전교에서 숙종은 연잉군의 출합을 1711년 2월

표3 『왕자가례등록』 연잉군 출합 논의의 전개

연 도	기 사	내 용	비 고
1710(숙종 36)	9. 30.	명년춘간(明年春間) 출합	
1711(숙종 37)	1. 7.	1711년 2월 12일 택정	
1711(숙종 37)	1. 14.	가을로 물릴 것 지시	
1711(숙종 37)	11. 25.	1712년 1월 25일 택정	
1712(숙종 38)	1. 12.	2월로 물릴 것 지시	
1712(숙종 38)	1. 16.	2월 12일 출합일 확정	2월 12일 출합

---

108 한국학중앙연구원 장서각 K2-2661. 『冠禮謄錄』(K2-2618)과 동일한 내용이다.

12일로 정하고 소용되는 기명 등도 사례를 고증하여 거행하도록 했다.[109] 그러나 1711년 초에 한 번, 다시 1712년 초에 다시 한번 연기한 후 1712년(숙종 38) 2월 12일 출합이 확정되었다.

1710년 9월부터 연잉군 가례를 위한 논의가 전개되었다. 도청이 구성된 후, 예조낭청이 가례청 도청(嘉禮廳都廳)을 통해 검칙(檢飭)하는 전례에 따라 10월 1일 예조 정랑 김일좌(金日佐, 1664~1722)가 도청으로 차정되었다.[110] 도청은 운영을 위해 공사간에 매달 소요되는 초주지(草注紙) 10장, 백지(白紙) 2권, 황필(黃筆) 2병(柄), 진묵(眞墨) 2정(丁)을 해사(該司-호조)에서 지원하도록 했다. 뿐만 아니라 예조의 서리 3인, 사령 3명을 해사에 명해서 요포(料布) 또한 지원하도록 했다.

도청의 구성과 함께 출합을 고려한 조치도 있었다. 10월 2일 숙종은 연잉군 출합 때 가례청 도청에서 소용되는 물력을 각사를 통해 지원하도록 했다. 물력의 내용은 매삭(每朔) 초주지 10장, 백지 2권, 황필 2병, 진묵 2정, 분패(粉牌) 1면, 문서입성(文書入盛) 유사(柳篩) 1부, 지대차(紙帒次) 후주지(厚注紙) 1장, 공석(空石) 10립(立) 등이었다. 이들 물종은 호조, 공조, 장흥고, 풍저창, 군자감, 광흥창, 선공감, 전옥서에서 마련하도록 했다. 그렇지만 숙종이 가례를 1711년 2월 12일에서 이듬해 1월 25일로 연기하면서 연잉군의 출합 관련한 지원도 불투명해졌다.

숙종은 여러 차례 출합 길일을 연기한 후 1712년 2월 12일을 최종 택정했다. 이에 앞서 1711년 11월 연잉군의 가례와 출합일이 1712년 1월 25일 택정되면서 예조는 가례청을 출합 일정에 맞추어 설치하고자 했다. 예조 정랑 안서우(安瑞羽, 1664~1735)가 가례청 도청 1망으로 정해졌다.[111] 가례청

---

109 『승정원일기』, 숙종 36년 9월 30일(신유).
110 김일좌는 1710년 12월 26일 천전되었다.
111 12월 17일 안서우를 대신하여 李萬根이 차정되었다.

도청의 설치와 동시에 12월 2일에는 호조와 병조에 대해 도청의 서리 3인, 사령 3명의 요포를 전례에 따라 지급하도록 했다. 그러나 숙종의 가례 연기로 인해 필요한 인력과 물력의 동원 체계도 혼란을 겪고 있었다.

1712년 출합 준비를 위해 도청에 물력 지원이 있었다. 도청에서 소요되는 물력은 초주지 10장, 백지 2권, 황필 2병, 진묵 2정, 공석 10립 등이었다. 이들은 호조, 병조, 공조, 장흥고, 풍저창, 군자감, 광흥창, 전옥서에서 마련되었다. 뿐만 아니라 12월 17일부터 도청은 매칸(每間)마다 하루에 온돌소목 1단, 탄 3승씩을 지원받았으며, 이 외에 각사로부티 토화로(土火爐) 3죄(坐)를 지원받아 갖추었다.

1711년 11월 예조의 계사를 참조한 숙종은 연잉군의 출합을 1712년(숙종 38) 1월 25일로 결정했다. 그러자 예조는 다시 계를 올렸다.

출합은 이미 좋은 날[吉日]을 가려서 골랐습니다. 가례청은 전례에 따라 다시 설치하고 여러 가지 모든 일을 검사하고 바로잡아서 절차에 따라 치르도록 하소서.[112]

출합 일정은 길일을 가려서 결정되었으며, 이를 위한 가례청 운영을 건의했다. 이로써 숙종은 조선시대 왕자군의 관례가 국가의례 차원이 아닌 사적 의례였던 관행에서 벗어나 공적 의례화하기 위해 연잉군의 관례를 '왕자관례의(王子冠禮儀)'로 정비하는 것은 물론 관례 시점을 혼인 이전으로 설정함으로써 그 목적을 달성했다.[113] 그리고 다시 길일을 택정하도록 했다.

1712년 1월 12일 숙종은 출합을 다시 2월로 연기했다. 예조는 길일에 대

112 『숙종실록』 권50, 숙종 37년 11월 25일(경술).
113 신명호, 앞의 글, 2012, 81쪽. 이러한 일련의 배경에서 『연잉군관례등록』에는 관례, 혼례, 출합의 내용이 일괄적으로 수록되었다.

한 삼망을 갖추었으나[114] 숙종은 재검토를 거처 2월 12일을 길일로 확정했다. 출합일이 정해지자 가례청을 다시 설치하고 서리 3인, 사령 3명에 대해 2월 12일 출합하는 날까지 전례에 따라 요포를 지급하게 했다. 요포는 호조와 병조에서 담당했다.[115] 연잉군은 1712년 2월 12일 금중(禁中)에서 사제로 나갔다.

왕자 연잉군이 대궐 안에서 개인 저택으로 나아갔다. 지난해부터 담당 아문[該曹]에서 여러 번 출합일을 골랐으나 기약된 날에 이르자 왕께서는 문득 다른 날로 물리도록 명령하셔서 이에 이르러 비로소 출합했다.[116]

숙종의 고심과 출합을 둘러싼 지원의 문제에 대한 논란이 있은 후 연잉군의 출합이 이루어졌다. 1712년 2월 12일 출합일에 도청 정랑 이만근(李萬根, 1646~?)이 부인출궁(夫人出宮) 때 뒤를 배행하고 왕자궁을 다녀옴으로써 출합은 완료되었다.[117] 이러한 일련의 출합길일에 대한 조정과 연기는 숙종이 연잉군의 출합에 경제적 지원의 당위성을 신료들에게 압박하려 했던 의도가 작용한 측면이 있었다.

2) 출합궁(出閤宮) 마련

1700년(숙종 26) 숙종은 연잉군이 7세가 되자 가례에 앞서 미리 출합을 위

---

114 예조는 1월 15일, 2월 초2일이 길하고, 초6일·초7일·18일·30일이 평길인데 이 외에는 모두가 흉
　　日에 구애된다고 보고했다. 숙종은 이 외에 최길일을 다시 알아보도록 했다[『승정원일기』, 숙종 38년
　　1월 15일(기해)].
115 본청서리 3원은 김수원, 장한익, 한득견이며, 사령 3원은 박건이, 김영운, 김상휘였다.
116 『숙종실록』 권51, 숙종 38년 2월 12일(을축).
117 『王子嘉禮謄錄』, 壬辰 2月 12日.

한 제택 정비를 추진했다. 이에 홍문관은 출합궁 마련에 있어 절검을 간언함으로써 왕실에 대한 견제를 도모했다.

왕자께서는 어리시어 출합이 아직 멀었는데 새로이 제택을 지어서 큰길에 높이 우뚝 솟아 있습니다. 이에 이렇게 일이 이루어진 것은 뒤쫓아 말할 필요는 없습니다. 다만 속을 꽉 채울 자본과 도구를 쓸 비용은 혹시라도 너무 사치하지 못하게 하여 반드시 씀씀이를 아껴서 알맞게 쓰도록 해서 또한 앞장서서 낭비하지 않는 뜻에 맞도록 하십시오.[118]

홍문관은 가례도 치르지 않은 연잉군의 출합을 위해 제택을 마련하는 것은 시기상조라는 입장이었다. 더불어 출합을 위한 기명의 마련에도 절검이 강조되어야 함을 간언했다. 그리고 영의정 서문중(徐文重, 1634~1709)은 조종의 전례를 들어 출합하기 전에 제택을 마련하는 일이 없었으므로 숙종의 처사가 부당하다고 직언했다.

선조 때에는 자손이 번창한 경사가 많고 많았지만, 출합하기 전에 일찍이 제택을 미리 세우지 않았습니다. 또 왕자와 옹주가 없는 후궁은 본디 제택을 마련하여 갖추는 일이 없었습니다. 인조 때에 이르러서도 역시 그러했습니다. 요사이 처분은 앞선 왕과는 크게 다릅니다. 또 살펴 들으니 선왕의 왕자와 부마 집에 궁가를 새롭게 함이 있다고들 하니 이는 참으로 거북하고 부끄럽습니다.[119]

서문중의 입장은 홍문관의 의견을 재차 강조한 것이었다. 그는 출합하

---

118 『숙종실록』 권34, 숙종 26년 10월 11일(경오).
119 『숙종실록』 권34, 숙종 26년 10월 22일(신사).

　　　　　　　　　　　　　　　　　제1장　왕실출합(出閤)과 왕자녀(王子女) 후원

기 전에 제택을 마련하는 것뿐만 아니라 출합한 왕자와 부마를 위한 영건도 불가하다고 주장했다. 이러한 논란에 숙종은 왕자의 제택이 노복들의 거처를 위한 행랑공사라고 주장하며 무마하고자 했다.

출합 전 제택 사여와 같은 물력 지원이 추진됨과 동시에 연잉군궁(延礽君宮)은 이미 기반을 갖추고 있었다. 1702년(숙종 28) 연잉군궁은 경기일원을 배경으로 경제적 기반을 강화하고 있었다.

연잉군궁에서 평택과 직산 등의 현에 내를 파서[掘浦] 곁이나 가까이 있는 백성들 토지와 사는 집이 모두 헐어지거나 부서지는 피해를 입어 백성들의 원망이 아주 많았다. 경기도[本道]에서 장계를 올려 그 폐단을 말하고는 그 일을 그만두길 부탁했다.[120]

연잉군궁은 평택과 직산에 전토(田土)를 확장하고 있었다. 이 과정에서 민전과 인민을 침탈하는 폐해가 발생하면서 비국(備局)의 요청에 따라 사업은 중단되고 추진 경위를 거짓으로 보고한 궁차(宮差)를 치죄하는 일이 있었다. 그리고 연잉군궁은 토지 소유권을 확보하는 과정에서 쟁송을 유발하는 등 논란의 중심에 있었다. 일례로 이화(李華)의 언전(堰田)을 정광우(鄭光羽)가 연잉군방(延礽君房)에 도매(盜賣)한 사건이라든가,[121] 종얼(宗孼) 성평부위(成平副尉) 이혼(李渾)이 투취전매(偸取轉買)된 공한지(空閑地)를 연잉군방에 방매한 일과 관련한 쟁송이 있었다.[122]

---

120 『숙종실록』 권36, 숙종 28년 5월 25일(병오).
121 이화가 해마다 송사를 제기하자 판윤 민진후가 피차의 문서를 가져다가 살펴서 전토를 본 주인에게 돌려줄 것을 것을 계청했다[『숙종실록』 권42, 숙종 31년 6월 22일(갑인)].
122 사건의 발단은 이혼이 봉조하 남구만이 거주하는 토전을 연잉군방에 팔자 장령 서명우가 조사하여 이혼의 문권을 위조로 판결하면서 시작되었다. 이혼은 아버지 진양군 이담령으로부터 물려받아 입안을 받은 토지가 있었다. 그런데 경작하는 자가 투취하여 남구만과 다른 권세 있는 집에 전매한 것이기 때문에 매매가 정당하다고 주장했다[『숙종실록』 권50, 숙종 37년 1월 11일(경자)].

1704년(숙종 30) 2월 연잉군이 관례를 치른 후, 숙종은 왕자의 출합과 연계하여 제택 문제를 본격적으로 제기했다.

왕자는 살림집[第宅]이 있은 뒤라야 출합을 할 수 있다. 연잉군은 길례가 이미 지나갔는데도 오히려 살림집이 없다. 바야흐로 이제 큰 공사를 한창 벌여서 집을 짓거나 만들기 힘들 듯하니 이 또한 어쩔 수 없도다. 먼저 해당 아문으로 하여금 값을 대어 주어라.[123]

숙종은 전교를 내려 연잉군의 제택 조성을 독려했다. 그는 또한 궁가 조성이 길례를 전후한 시기에 갖추어져야 출합할 수 있다고 강조했다.[124] 이미 연잉군의 모 숙빈최씨(淑嬪崔氏, 1670~1718)의 큰 제택이 있는 상황에도 불구하고 숙종은 별도로 연잉군을 위한 출합 가옥 조성을 강행했다. 이런 상황 속에서 1704년(숙종 30) 5월 27일 왕자와 부마의 제택 조성에 대한 논란이 일었다.

선조 때에는 왕자와 부마의 살림집이 성 안에 많이 있었으니 지금 모두 미루어 알 수 있습니다. 살펴 들으니 앞선 왕의 후궁이 만일 자녀가 있으면 반드시 그 출합을 기다려서 비로소 저택을 지어서 엄마와 아들이 함께 살았습니다. 이치와 형세가 당연히 그러하였으므로 후궁의 살림집은 일찍이 별도로 세우지 않았습니다. (중략) 바라건대, 이제부터 후궁과 왕자의 살림집을 새로 세우는 것은 하나같이 정해진 제도를 지켜서 어떤 경우에도 넘지 말게 하소서.[125]

---

123 『숙종실록』 권39, 숙종 30년 4월 17일(병술).
124 『승정원일기』, 숙종 30년 4월 17일(병술).
125 『숙종실록』 권39, 숙종 30년 5월 27일(을축).

제1장 왕실출합(出閤)과 왕자녀(王子女) 후원

대사간 이희무(李喜茂, 1649~1708)가 연잉군 제택 영건이 추진되자 전례를 들어 규모를 축소할 것을 주장하며 올린 상소이다.[126] 그는 출합 일정이 계속 변경되는 상황에서 출합의 확실성이 확인된 뒤에 연잉군의 제택에 대한 공사를 재기하기를 간접적으로 청원하였다. 뿐만 아니라 규모에 있어서도 후궁과 왕자를 위한 제택을 새로 지을 때 정해진 제도를 적용하여 지키도록 강조했다.[127]

연잉군의 제택 조성에 대한 반대논리가 거듭 제기되었다. 좌의정 이여 (李畬, 1645~1718)는 다음과 같이 언급했다.

> 궁중의 일은 비록 함부로 알지 못합니다. 그런데 예전에 우리 중종과 선조 두 왕 때 자녀가 매우 번성하였지만 출합에 앞서 자기 집 밖 다른 곳에 왕자가 있다는 것을 알지 못하였습니다. 지금 왕자를 위하여 바야흐로 아주 큰 집을 짓고 있다고 하는 것을 들었습니다. 이 또한 역대 임금 때에는 있지 않았던 것입니다.[128]

이여는 가뭄을 영건의 주된 반대 이유라고 전제하고 있었다. 그럼에도 왕실의 출합을 위한 제택의 영건 전례가 오래지 않았다는 사실에서 연잉군의 제택 영건에 논란이 있음을 언급했다. 숙종은 이에 대해 왕실에서 왕자의 제택을 짓는 것은 하나의 전통이라고 언급하고 주장을 굽히지 않았다.

---

126 후궁의 제택 문제와 관련해서는 16세기 중엽 중종 때 문정왕후 이후 왕비 유고로 후궁을 왕비로 승격시키지 않고 繼妃를 맞이하는 것이 상례화되면서 후궁이 繼嗣 확대자의 역할로 한정된 점을 참고할 필요가 있다(李美善,「朝鮮時代 後宮 연구」, 韓國學中央研究院 博士學位論文, 2012, 130~134쪽).

127 『승정원일기』, 숙종 30년 5월 27일(을축). 『경국대전』에 大君과 公主는 三十負를 王子君와 翁主는 二十五負에 상응하는 家地를 지급하는 내용이 있다(『經國大典』, 戶典, 造給家地).

128 『숙종실록』권39, 숙종 30년 5월 30일(무진).

1705년(숙종 31), 연잉군은 관례를 치르고 12세가 되었으나 출합하지 않고 궁중에 머물고 있었다. 1707년 숙종은 연잉군의 출합을 위한 제택 조성이 여의치 않게 되자 제택을 매입하는 방안을 강구했다. 호조로 하여금 연잉군궁이 제택을 구매할 값을 지급하도록 했으며,[129] 연잉군궁은 정명공주의 집을 사들이고자 했다. 그런데 공주의 증손 홍석보(洪錫輔, 1672~1729)가 선조의 유훈에 따라 방매할 수 없다는 단자를 해조에 올리면서 성사되지는 못했다.[130]

　연잉군의 출합 제택 문제에 대한 논의와 동시에 연령군(延齡君, 1699~1719)의 제택 구매와 관련한 자금 지출이 논의되었다.

　제가 마침 호조의 문서에서 왕자군의 가사 매매에 값을 정하는 일이 있음을 보았습니다. 처음에 은 3천 300여 냥으로 계(啓)로 아뢰니 값을 줄이라고 하는 하교가 있었습니다. 이것은 진실로 왕께서 비용을 줄이고 아끼시는 뜻에서 나온 것이지만 비록 알맞게 헤아려 줄여서 정한다 하더라고 그 액수가 거의 3,000에 가까우며 전문(錢文)으로 헤아리면 곧 만 냥을 넘습니다.[131]

　부제학 조태구(趙泰耉, 1660~1723)는 호조에서 은 3천 300냥이라는 거금을 지출하여 연령군의 출합에 대비한 제택을 매득하는 문제도 제기했다. 그는 매득하고자 하는 집이 인조대왕의 외가로서 인헌왕후(仁獻王后, 1578~1626) 부모의 사당이 있으므로 이를 옮길 수 없다는 점을 강조했다. 뿐만 아니라 시문(市門)에 가까워 값이 비싸고 흥정도 용이하지 않다는 현실

129 『숙종실록』 권45, 숙종 33년 8월 29일(무신).
130 『숙종실록』 권45, 숙종 33년 9월 3일(임자); 『승정원일기』, 숙종 33년 9월 3일(임자).
131 『숙종실록』 권46, 숙종 34년 10월 3일(을사).

론도 제기했다. 이에 대해 숙종은 불편한 심기를 드러내고 뜻을 굽히지 않았다.

> 궁가를 만들어 주는 것, 만약 이것이 내가 처음으로 열었다면 부제학이 아뢴 것이 옳을 것이다. 그런데 이것은 곧 여러 왕들이 이미 시행하던 규례이다. 또 가사는 그 크고 작음에 따라서 값이 오르내리니 어찌 하나의 보기로 똑같이 할 수 있겠나? 이로써 못하게 막는 이것은 진실로 뜻밖이다. (중략) 집을 짓고 옮기는 것은 모름지기 길년(吉年)에 해야 한다. 다음 해 비로소 역사를 시작한 뒤에는 자칫 여러 해가 지나고 혹은 5~6년에 이르니 일의 형편이나 사정이 쉽지 않은 것이 저절로 이와 같다. 가사는 비록 사 둔다고 하여도 본디 올해 안에 반드시 짓거나 만들려는 의도는 아니다. 홍문관 관리가 이른 것은 여러 사정을 알지 못하고 한 말이다.[132]

조태구는 유신(儒臣)의 여론을 기반으로 연령군을 위한 집터를 3천 냥으로 사고 또 영건하는 것은 과다한 비용의 지출을 수반한다는 일관된 이유로 극력 반대했다. 이에 대해 숙종도 집값은 2천 냥에 불과하며, 오히려 과도하게 값을 낮출 경우 방매자의 억울함이 발생한다는 이유로 자신의 뜻을 굽히지 않았다.

연잉군은 물론 연령군을 위한 출합 제택과 관련한 논쟁 속에서 연잉군의 출합이 연기되고 있었다. 1710년(숙종 36) 숙종이 관례를 치른 연잉군의 출합을 여러 차례 연기하자 이를 독려하는 여론이 있었다. 다음은 지평 조석명(趙錫命, 1674~1753)의 상소 중 일부이다.

---

132 『숙종실록』 권46, 숙종 34년 10월 3일(을사).

왕자께서 나이가 이미 어른이 되었고 또 가례도 치렀는데 아직 출합 의논이 있다고 못 들었습니다. 살펴 생각하니 자식을 향한 따뜻하고 돈독한 사랑의 마음에 잠깐 떨어지는 것을 참지 못하실 것입니다. 그런데 이미 사옹원의 제거(提擧)의 직임을 띠고 있어 곧 관료와 벼슬아치를 들어오게 하고 문서와 장부를 주고받을 때 방해되는 단초가 없지 않은 것 같습니다. 엎드려 원하건대, 빨리 예전의 관례를 따라서 개인 합궁(閤宮)에 거처하도록 하소서.[133]

연잉군이 종부시의 종친으로 궁중에 머물면서 발생하는 문제를 이유로 출합을 서두른 것을 청원하는 내용이다. 새로 임명된 관원이 연잉군에게 투자(投刺)하는 등 궁금(宮禁)의 문란이 발생하기도 했다.[134] 연잉군이 주원[司饔院] 제거(提擧)로 궁중에 기거하면서 관료를 인접하고 서류를 출납하는 문제에 따라 직접적으로 출합의 필요성이 대두되었다.[135]

1710년(숙종 36) 10월에 연잉군의 출합 일정이 정해지자 출합 제택 마련 문제가 다시 논의되었다. 몇 년 전 연잉군에게 사 준 가사를 사용하지 못하면서 연잉군은 출합이 정해진 뒤 제택이 없는 상황에 직면했다.

연잉군에게 몇 해 전 사서 준 가사는 사정이 있어서 사용하지 않았습니다. 지금 이제 출합이 이미 정해졌음에도 오히려 살림집이 없으니 만들어 주는 것도 쉽지 않고 소용될 비용도 염려스럽습니다. 마땅히 편한 방법을 따라야 하니 담당 아문으로 하여금 해당 궁에 물어서 합당한 곳을 사서 줄 일이라고 전교를 내리셨습니다. 해당 궁에 물어보니 전주부(前主簿) 정계일

133 『숙종실록』 권49, 숙종 36년 9월 14일(을사).
134 『숙종실록』 권39, 숙종 30년 4월 18일(정해).
135 연잉군은 출합 후 종부지 도제조가 되었으며, 도제조 두 자리 중 나머지는 연령군의 출합과 때를 맞추어 임명하고자 했다[『숙종실록』 권56, 숙종 41년 12월 21일(계미)].

(鄭繼一)의 집이라고 합니다. 그래서 낭청을 뽑아 보내어 건물 기초[基址]의 집 칸살의 얼기[間架]를 계산해 보았습니다. 그랬더니 건물 기초가 3,539칸이고 가사는 266칸 반이었습니다. 감고(監考)에게 값을 쳐 보게 했더니 은 3,934냥 7전 4푼으로 정해졌습니다. 이로써 사서 주고자 감히 아룁니다.[136]

숙종은 제택이 없는 상황에서 새로 조성하는 데 따르는 어려움을 지적하고 호조에서 매입하도록 지시했다. 호조는 전주부 정계일의 제택 매입을 결정하고 감고를 보내어 집터와 가사의 규모, 그리고 매매 가격을 정했다.[137] 그러나 숙종은 연잉군이 출합할 궁으로 이현궁(梨峴宮)을 결정하고 다시 전교를 내렸다.

예전의 이현궁은 바로 지금의 숙빈방(淑嬪房)이다. 주변 둘레가 넓고 큰 것이 다른 궁에 비길 것이 아니라 매번 가마[輦]가 지날 때마다 마음이 항상 편안치 않았다. 지금 연잉군의 살림집이 이미 정해졌으나 이 집에 함께 거처하는 것은 가능하지 않은 것이 아니다.[138]

숙종은 출합을 위한 궁궐 영조를 보류하고 연잉군을 이현의 숙빈방에서 동거하도록 했다. 숙종의 이러한 결론은 지속된 궁중의 검속과 유신의 건의에 따른 것이었다. 이러한 결정에 대한 사관의 사론은 다음과 같았다.

이 두 가지 일은 참으로 궁부(宮府)는 일체이며 왕은 사사로움이 없다는 의리를 얻은 것이다. 그리고 또한 세상의 평판을 기다리지 않고 왕의 마음으

---

136 『승정원일기』, 숙종 36년 10월 10일(신미).
137 영의정 徐宗泰(1652~1719)는 연잉군의 출합에 필요한 기용 등의 물건을 검소하게 할 것을 주장했다 [『숙종실록』권50, 숙종 37년 2월 5일(갑자)].
138 『숙종실록』권50, 숙종 37년 6월 22일(경진).

로부터 결단했으니 더욱 장한 절도를 볼 수 있다. 다만 내수사[內司]는 오히려 동시에 없애는 것에 인색하였으니 더없이 좋은 것이 되지는 못했으니 안타깝다.[139]

사론에는 지속된 궁중 재정의 지출에 대한 이의 제기와 궁부일체(宮府一體)의 관념에서 재용의 절감을 주장한 유신들의 입장이 반영되어 있다.

1700년(숙종 26)부터 계속된 출합과 제택에 대한 논의 결과, 연잉군은 1712년(숙종 38) 19세가 되어 한성부 북부 의통방의 시저인 창의궁으로 출합했다. 창의궁은 효종의 넷째 딸 숙휘공주와 인평위 정제현의 옛집이었는데, 숙종이 연잉군에게 준 것이었다.[140] 숙종은 연잉군과 연령군의 출합에 대한 특별한 의미를 부여했다. 『사연잉군시(賜延礽君詩)』에는 1712년 2월 숙종이 연잉군에게 인평위가 살던 집을 사 주면서 '양성(養性)'이란 헌명(軒名)을 지어 주고 하사한 시가 수록되어 있다. 『어제어필(御製御筆)』에 수록된 숙종의 어제시문(御製詩文) 중 제3수와 제4수는 숙종이 양심합(養心閤)에 살던 연령군이 궁궐을 떠나게 되자 그 슬픔을 표현한 작품이다.[141] 그리고 숙종은 연잉군의 사궁을 마련한 사실을 중요하게 생각했다. 그것은 연잉군에 대한 '관례→혼례→출합'이 『등록』으로 정리되어 공식화되었다는 측면에서 알 수 있다. 그 결과 왕자군의 출합은 국가의례화되고, 이후 왕자군들은 혼례와 관례가 공적 의미를 지니게 되었다.[142]

연잉군이 사제에 출합한 뒤에는 궁속의 단속과 출합 제택에 대한 관리의 문제가 논의되었다. 형조판서 이언강(李彦綱, 1648~1716)이 다음과 같은 의견을 제시했다.

---

139 『숙종실록』 권50, 숙종 37년 6월 22일(경진).
140 『宮闕志』 五, 彰義宮條(한국학중앙연구원, 藏書閣 文K2-4359).
141 서울대학교 규장각한국학연구원 소장(奎古3428-357)이다.
142 신명호, 앞의 글, 2012, 82쪽.

제1장 왕실출합(出閤)과 왕자녀(王子女) 후원

형조와 한성부에서 왕자궁의 소속에 대한 일을 따져 물을[推問] 것이 있으면 삼군문과 5상사(五上司)의 예에 의거해서 종친부에 진래공사(進來公事)를 전달하고 잡아 와서 따져 묻는 것이 마땅할 것 같습니다.[143]

왕자궁의 소속 궁속에 대한 추문이 있을 경우 절차에 있어 종친부를 중심으로 처리하는 것을 언급한 내용이다.[144] 여기에는 군문의 전례를 원용하도록 제안했다. 그러나 대사헌 조태동(趙泰東, 1649~1712)은 왕자가 비록 존귀하지만 출합한 뒤에는 곧 사가가 되므로 군문의 규례를 원용할 수 없다고 보았다.[145] 조태동은 아울러 왕자궁의 궁속에 대한 단속을 강조했다.

왕자께서 출합하신 뒤에는 남에게 폐를 끼치는 실마리가 조금도 없습니다. 그런데 궁에 딸린 아전[宮屬]들의 교만 방자함은 그것이 반드시 없다고 보장하기 어렵습니다. 오직 마땅히 항상 더욱 명을 내리시고 경계함으로써 엄격하게 단속해야 합니다.[146]

궁속의 폐행에 대한 엄한 단속을 강조한 것이다. 그는 비록 왕자궁이라 하더라도 그 궁속에 대해서는 왕이 공평한 입장을 견지할 것을 주장했다. 이후 왕자궁의 궁속에 대한 단속을 엄격히 하고자 했다. 여기에는 출합궁의 사치 폐단이 궁속에 대한 단속 소홀에서 비롯된 것으로 파악한 데에 그 이유가 있었다.

---

143 『숙종실록』 권51, 숙종 38년 5월 13일(을미).
144 종친부는 돈녕부, 의빈부와 같은 왕실의 친족을 대우·관리하는 차원을 넘어 왕과 가까운 친족들의 입장을 대변하는 것은 물론 그에 대한 규찰을 전담했다(김동근, 「조선 초기 宗簿寺의 성립과 기능」, 『조선시대사 학보』 76, 2016, 108~109쪽).
145 『숙종실록』 권51, 숙종 38년 5월 13일(을미).
146 『숙종실록』 권51, 숙종 38년 5월 20일(임인).

스스로 실천하는 가르침은 임금의 거처[宮掖]부터 먼저 하지 않을 수 없습니다. 요즘 연령군이 출합함에 담당 아문으로 하여금 오래된 궁을 수리하고 보수하게 하였습니다. 그런데 주관하는 사람이 분수에 넘치는 데 힘써 크고 작은 집[堂宇]이 아주 쇄락하거나 훼손되지 않은 것도 모두가 바꾸게 해서 새것으로 했습니다. 그 가운데 누각의 주춧돌 4개를 갑자기 바꾸어 교환하게 하여 40백금(白金)으로 사서 얻었습니다.[147]

지평 조영복(趙榮福, 1672~1728)의 상소에서 언급된 내용으로 연령군의 시례를 들어 궁가의 사치를 비판하고 있다. 그리고 그 원인을 궁속에 대한 관리 문제로 풀었다. 이러한 여러 논란이 있은 뒤, 연잉군은 1721년(경종 1) 왕세제로 결정되고 사제에서 입궁했다.[148] 이후에도 출합궁과 궁속에 대한 절제와 단속의 과제가 지속적으로 제기되었다.

3) 출합 물력 지원

숙종조 연잉군의 출합은 왕실의 사적 의례에 해당하는 가례와 출합이 공적 영역으로 중첩되는 과정을 보여 주는 사례이다. 『왕자가례등록』에는 연잉군의 출합 준비에 소요된 물력에 대한 기록이 정리되어 있다. 1710년(숙종 36) 10월 1일 예조는 연잉군이 출합할 때 필요한 물종에 대해 전례를 참고하여 마련했다. 소용되는 각 물종은 해사(該司)에 명하여 준비하도록 했으며, 그 물종은 다음과 같았다.

---

147 『숙종실록』 권56, 숙종 41년 9월 8일(경자).
148 『경종실록』 권4, 경종 1년 8월 21일(기묘). 이금의 교지(1712년, 1715년) 2건이 현전하고 있다. 왕자 이금을 오위도총부 도총관에 임명하는 교지도 있다(한국학중앙연구원 장서각, 『영조대왕』, 2011, 26쪽).

제1장 왕실출합(出閤)과 왕자녀(王子女) 후원

중미(中米) 30석(石), 조미(造米) 60석, 황두(黃豆) 40석, 면포(綿布) 70필(匹), 정포(正布) 70필, 용단칠저족상(龍丹漆低足床) 1죽(竹), 흑칠대·소원반(黑漆大·小圓盤) 각 1죽, 목대원반(木大圓盤) 1죽, 유발(鍮鉢) 2죽 개구(蓋具), 유시(鍮匙) 3단(丹), 유근(鍮筋) 3단, 유이선(鍮耳鐥) 1, 유소(鍮召) 2, 유욱아(鍮郁兒) 2죽, 유자평중·소(鍮者平中·小) 각 1, 동화목장화로(銅咊木長火爐) 1, 풍혈장화로(風穴長火爐) 1, 적쇠중·소(炙金中小) 각 1, 철화통(鐵火桶) 1, 세족통(洗足桶) 1, 급수통(汲水桶) 2, 주동해(鑄東海) 6, 유주발(鍮周鉢) 2죽, 주중·소중(鑄中小甑) 각 1 개구, 목등경(木燈檠) 3, 주사요대·중·소(鑄沙要大·中·小) 각 2, 대·중정(大·中鼎) 각 1 개구, 소정(小鼎) 2 개구, 화정(火鼎) 1, 유개(鍮蓋) 1, 대·중·소부(大·中·小釜) 각 1, 두모(豆毛) 대(大) 2·중(中) 1 대구(臺具), 식도자(食刀子) 2, 파조대·중(波槽大·中) 각 1, 고조주면(高槽酒麵) 각 1, 궤중·소(樻中·小) 각 1, 장중·소(欌中·小) 각 1, 포판(泡板) 2 제연구(諸緣具), 안판대·중(案板大·中) 각 1, 도마중·소(刀亇中·小) 각 1, 석연대·소(石碾大·小) 각 1, 연판(碾板) 1 대구, 탁자대·중(卓子大·中) 각 1, 함지중·소(函之中·小) 각 1, 목두(木斗) 1, 목승(木升) 1, 초·마미사(綃·馬尾篩) 각 2, 초성(草省) 2, 안구이(鞍拘伊) 1, 표(瓢) 5, 상문답석방석(常文踏席方席) 15좌(坐), 지의개용백문(地衣皆用白文), 용약대(龍鑰大) 2, 배대중약(排代中鑰) 6, 상화농대(床花籠代) 1, 채문사발(彩紋沙鉢) 10죽, 채문자아(彩紋字兒) 10죽, 채문대접(彩紋大貼) 10죽, 채문자접(彩紋炙貼) 10죽, 주중접시(鑄中貼是) 2죽, 채문접시(彩紋貼是) 5죽, 흑칠접시(黑漆貼是) 2죽, 목대·중접시(木大·中貼是) 각 5죽, 채문종자(彩紋鍾子) 5죽, 채문엽종자(彩紋葉鍾子) 5죽, 교맥말(蕎麥末) 1석(席), 진말(眞末) 43근(斤), 청주(淸酒) 60병(瓶), 장(醬) 10옹(瓮), 염(塩) 5석, 석수어(石首魚) 100속(束), 대구어(大口魚) 100미(尾), 백하해(白蝦醢) 1옹, 난해(卵醢) 2항(缸), 청밀(淸蜜) 10두(斗), 진유(眞油) 10두, 황각(黃角) 52근, 청침채(菁沉菜) 1옹, 곽(藿) 300근, 과조(瓜菹) 2옹, 청근·당진(菁根·唐眞) 각 4석, 토란(土卵) 1석, 길경(苦莄) 50근, 산삼(山

蔘) 60근, 탄(炭) 30석, 소목(燒木) 5,000근[149]

나열된 여러 물종은 연잉군의 출합에 소요되는 곡물, 식자재, 기명 등을 망라하고 있다. 이들은 해당 아문으로 하여금 지원하게 했다. 이처럼 출합에 필요한 재원의 해당 아문 동원 내역과 관련해서는 연잉군의 출합을 사례로 정리하는 『길례요람(吉禮要覽)』을 참고하여 살필 수 있다.[150] 이를 정리하면 표4와 같다.

출합에 소요되는 물종은 가례정 도청에서 간품(看品)한 후 본궁[연잉군궁]에 진배했다. 각사에서는 담당 물종을 별도로 성책하여 도청에 보내 증빙 자료로 삼았다. 담당 각사는 호조, 공조, 제용감, 선공감, 내자시, 내섬시, 사도시, 군자감, 장흥고, 평시서, 예빈시, 사재감, 와서, 의영고, 사포서였다. 출합에 호조와 공조를 중심으로 각사는 서로 연결되어 물력이 동원되고 있었다.

출합에 필요하고 지원하기 위한 물종은 별공작과 시전을 통해서도 마련되었다. 1710년(숙종 36) 12월 11일, 별공작은 물종의 제작과 동시에 완성 기물의 간품에 합당한 품질을 위해 충분한 기일을 요청했다. 여기에는 목물기명의 조작(造作)과 마련된 여러 물종이 출합궁으로부터 사용 후 돌려받는 것이 아니라 출합궁에서 상용되는 것이었으므로 준비에 신중해야 했던 이유가 있었다. 또한 연잉군의 출합에 대한 물종의 마련에 시전이 이용되었다. 12월 11일 평시서에서는 연잉군이 출합할 때 사용되는 채화기명(彩畫器皿) 55죽(竹)을 각전(各廛)에 분정했다. 겨울에 이들 물종을 마련하기 위해서는 시전 상인이 필요하다는 당위론이 제기된 결과였다.

---

149 『王子嘉禮謄錄』, 庚寅 10월 初1日(『길례요람』, 규장각 한국학연구원, 奎4135-v.1-2).
150 『吉禮要覽』 卷2, 王子出閤(규장각한국학연구원, 奎4135). 1870년(고종 7) 이하응은 연잉군의 출합에 대한 검토를 통해 '原定例'를 정리하고 『길례요람』 왕자출합에 수록했다.

표4 대군 출합 소요 물력의 각사별 분정 현황

관 서	내 용
군자감	중미 30석, 조미 50석, 황두 50석
호조	면포 70필
제용감	정포 70필
공조	용단칠저족상 5부, 흑칠원대반 1죽, 흑칠원소반 1죽, 목원대반 1죽, 유발리개구(鍮鉢里盖具) 2죽, 유시 2단, 유저 2단, 유이선 1좌, 유소 2개, 유평자 1개, 유중자 1개, 유소자 1개, 유주발개구 2죽, 유반합개구 1좌, 유중접시 2죽, 주동해개구 5좌, 주중중개구 1좌, 주소중개구 1좌, 주등경 2좌, 주대사요개구 2좌, 주중사요개구 2좌, 주소사요개구 2좌, 동화자(銅味者) 1개, 대정개구 1좌, 중정개구 1좌, 소정개구 1좌, 대부 1좌, 중부 1좌, 소부 1좌, 대두모대구 1좌, 중두모대구 1좌, 중장 1좌, 소장 1좌, 흑칠접시 1죽
선공감	주고조 1부, 면고조 1부, 중궤 1부, 소궤 1부, 대안판 1좌, 중안판 1좌, 대석연 1좌 소석연 1좌, 연판대구 1좌, 포판제연구 2좌, 목두 1개, 목승 1개, 안거리(鞍臣里) 1부, 대상화농(大牀花籠) 1부, 목대접시 1죽, 목중접시 1죽, 중적쇠 1부, 소적쇠 1부, 철화통 1개, 용대약 2부, 배대중약 6부, 탄 15석
내섬시	대파조(大把槽) 1부
내자시	중파조 1부
사도시	표자(瓢子) 8개, 성(省) 2개
장흥고	상문답석방석(常紋踏席方席) 15립
내자시·내섬시	교맥말 1석
내자시·내섬시·예빈시	진말 20근, 청밀 10석, 진유 10두
사재감	염 5석, 석수어 100속, 대구어 100미, 석어란해(石魚卵醢) 2항[항아리당 3말], 소목 3,000근
사포서	길경 20근

　　연잉군의 출합에 소요되는 물종이 구비되는 과정에서 그 검소함을 강조하는 주장도 제기되었다. 서종태(徐宗泰, 1652~1719)가 아뢰었다.

(출합할) 살림집의 간살의 얽이는 역대 조정의 규정과 제도를 살필 때 지나치게 사치함을 아직 면하지 못했는데 이것은 이미 이루어지고 만 일입니다. 출합할 때에 갖가지 날마다 쓰는 것을 모두가 나라에서 갖추어 주는 것은 대개 옛날부터 그러합니다. 갖추어 주는 것의 내외(內外)로부터를 따지지 말고 무릇 옷, 장신구와 기구들의 물건은 검소하고 절약하는 데 힘쓰는 것이 마땅합니다.[151]

출합에 소요되는 물건이 각사의 재원으로 지원되는 상황에서 복식, 기명 등에 검소함을 따를 필요가 있음을 강조한 언급이다. 숙종은 이러한 주장에 대한 조치를 내렸다. 예조에서 출합궁에 화기(畫器)를 조급(造給)하는 대신 값을 지급하는 관행과 전례에도 없는 화문완(畫文椀)을 지급하는 부분을 제외하도록 했다.

1712년(숙종 38) 2월 12일, 연잉군이 실제로 출합하는 당일 소요되는 물종이 보완되었다. 출합 때 사용하는 상문답석(常文踏席) 방석(方席)과 지의(地衣)는 필요한 수만큼 만들어 조치하게 했다. 답석과 지의 납입은 호조와 장흥고에서 20장으로 1부를 만들어 납품하도록 했다. 주동해(鑄東海) 6개, 대소용 1좌 등에 대해서는 공조의 간품 결과 사용에 합치하지 않다고 판단하고 해사로 하여금 기일에 맞추어 다시 납입하도록 했다.

연잉군의 출합이 완료되고 난 뒤 연령군의 출합은 연잉군의 전례가 참고되었다. 연령군의 출합이 1715년(숙종 41) 12월로 택정되자 예조 주관으로 기명 등에 대해 전례를 살펴서 거행했다.[152] 이를 위해 예조는 출합에 소요되는 물건의 마련을 연잉군의 등록을 참고했다.[153]

---

151 『승정원일기』, 숙종 37년 2월 5일(갑자).
152 『승정원일기』, 숙종 41년 10월 6일(무진).
153 『승정원일기』, 숙종 41년 10월 8일(경오).

4) 노비 사급

숙종은 연잉군에게 출합 이후부터 노비를 지속적으로 사급했다. 1714년 (숙종 40) 연잉군의 한성부 준호구에 '사환노비(使喚奴婢)'의 현황이 기록되어 있다.[154] 준호구에 의하면 21세의 연잉군은 한성부 북부 의통방 연추문계(延秋門契) 7통 5호의 호수였다. 1712년(숙종 38) 2월 12일 출합한 연잉군은 노비 21구를 사환하고 있었다.

출합 직후 연잉군이 사급받은 것으로 추정되는 노비는 노 15구, 비 6구로 구성되어 있었다. 한성부 준호구에는 노비 부모의 신분이 기재되어 있다. 모의 신분은 내비(內婢)가 18건이며, 관비 2건과 반비 1건이다. 부는 내노(內奴)가 7건이었으며, 양인 8건, 사노 6건으로 구성되어 있다. 연잉군의 노비는 내시노비와 관노비의 소생이 중심이었다. 노비의 연령구성은 20대 3구, 30대 7구, 40대 7구, 50대 3구, 60대 1구이다. 이들 노비는 준호구에 명기된 바와 같이 사환노비만을 대상으로 한 것으로 훨씬 규모가 많았을 것으로 추정되는 외거노비의 현황은 알 수 없다.

1717년(숙종 43) 1월 18일 숙종이 아들 연잉군에게 관노비를 내려 준 사패교지가 있다.[155] 당시 숙종은 숙빈최씨 상중에 있었음에도 출합한 아들 연잉군에게 노비를 사여했다.

노비는 경기도를 비롯하여 삼남지방, 강원도와 황해도에 고루 분포하고 있었다. 사패교지에는 과천, 무주, 밀양, 비안, 안동, 안악, 양양, 연기, 영광, 원주, 의성, 인제, 장성, 장연, 전주, 춘천, 해주, 황주에 소속된 관노비

---

154 '康熙53年 延礽君漢城府準戶口'(장서각 소장)와 동일한 내용의 한성부 호구단자가 있다. 이 호구단자는 백문기 준호구와 노비의 구수에서 차이가 있으므로 한성부 준호구를 기준으로 노비의 현황을 파악할 수 있다(한국학중앙연구원 장서각, 앞의 책, 2011, 34~35쪽). 이에 앞서 연잉군은 제1과의 녹봉을 지급받았다(위의 책, 15쪽).

155 '康熙56年 延礽君賜牌敎旨'(한국학중앙연구원 장서각, 앞의 책, 2011, 36~37쪽).

각 1구씩 모두 18구가 기재되어 있다. 이들 노비의 연령분포는 10대 1구를 비롯하여 20대 8구, 30대 8구, 40대 1구로, 주로 20~30대로 노동력의 활용이 충분한 연령대 노비가 사급되었다. 뿐만 아니라 노비의 구성비에 있어서는 노는 4구에 불과하며 비가 14구로서 절대적인 비중을 차지하고 있었다. 이는 장기적인 노비증식과 노동력 활용의 측면이 적극 고려된 결과였다고 볼 수 있다.

출합 왕자녀에 대한 노비 사여의 사례는 육상궁(毓祥宮)의 사례를 통해 간접석으로 알 수 있다. 영조는 1751년(영조 27) 10월 29일 숙빈최씨의 사당 육상궁에 노비 300구를 하사했다.[156] 육상궁에 하사된 노비는 경상도 안동부, 용궁현, 의성현에 소속된 중앙각사 노비를 그 대상으로 하고 있었다.[157] 안동부는 133구, 용궁현은 4구, 의성은 163구이다. 노비는 군기시와 내섬시를 비롯하여 호조와 장예원 등을 아우르고 있다. 이들 중앙각사 소속 노비의 현황은 표5와 같다.

사여노비의 성별을 명기하지 않은 사례 1건을 제외한 299건 중 노비 비율은 노 141구와 비 158구로서 균형을 이루고 있다. 이들 노비의 연령별 분포는 30세 이하 층과 40세 이상 층으로 양분되는 구조를 이루고 있다(그림2).

사급노비는 노비의 모와 그 소생이 일괄 사여되어 안정적 운영을 도모했다. 호조 내노비의 경우 비 승매(升每)의 2소생 노 금음산(金音山), 3소생 노 금음남(金音男), 6소생 노 두철(斗哲)이 사여되었다. 사섬시 노비의 경우 비

---

156 보모와 상궁에 대해서도 제사를 목적으로 토지와 노비를 획급했을 가능성이 높다. 이와 관련해서는 다음의 자료를 참고할 수 있다. 『祭保母文』(서울대학교 규장각한국학연구원, 奎7333)은 1714년(숙종 40) 연잉군이 보모상궁 김씨의 영전에 내린 제문이다. 『祭尙宮文』(서울대학교 규장각한국학연구원 소장, 奎7714)은 1717년(숙종 43) 연잉군이 자기가 데리고 있던 박 상궁이 죽자 애도의 뜻을 적어 영구 앞에 보낸 제문이다.

157 『慶尙道安東縣毓祥宮奴婢戊戌條收貢成冊』(서울대학교 규장각한국학연구원 소장, 奎18724)은 같은 시기 육상궁에 사여되었던 안동부의 육상궁 소속 노비의 추쇄 결과를 屬寺별로 정리한 책이다. 1779년(정조 3)에 정리되었으며 『慶尙道所在(毓祥宮)各邑奴婢丙戌以後乙未至計推刷都案』(서울대학교 규장각한국학연구원 소장, 奎18725)과 관련한 자료이다.

표5　중앙각사 소속 노비의 분포 현황

소속	노비	각사	노비	각사	노비	각사	노비
군기시	26	사섬시	50	의빈시	12	장예원	44
내섬시	19	사재감	14	의영고	2	제용감	18
내자시	17	예빈시	51	인수부	8	종친부	19
사복시	3	의빈부	8	인순부	1	호조	8

※ 총합 300구

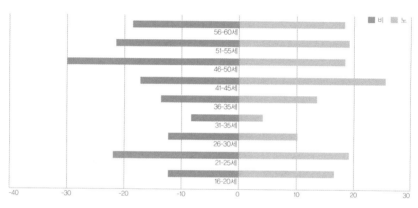

그림2　연령별 노비 분포도

오현(五晛)의 1소생인 비 미낭(米娘)과 비 미낭의 1소생 노 손돌(孫乭)이 사여되었다. 이러한 노비사여를 통해 육상궁에 대한 안정적인 향사를 도모하고자 했음을 알 수 있다. 이로 본다면 출합 군과 공주·옹주에 대해서도 이후 지속적인 노비의 사여를 통해 경제적 안정을 도모했음을 알 수 있다.

5) 토지 획급

출합 이전부터 왕자녀에 대한 토지 획급이 진행되었다. 영조가 태어나자 그에게 토지가 사급되었다. 1695년(숙종 21) 2월 내수사에서 최숙의방(崔

淑儀房)에게 전답 수조권을 인정한 내수사입안이 그 사례이다.

1695년(숙종 21) 2월 며칠 내수사에서 입안하는 것입니다. 이 입안은 사급하는 일입니다. 지금 계하하신 단자에 점련된 데 최숙의방 단자가 있었습니다. 궁속의 함평, 영광의 경계에 있는 진하산(珍下山) 전답 1곳, 금산, 무안, 예천, 영천, 장성, 충주, 영광, 함평, 양구 등의 고을에 있는 전답을 새로 태어난 왕자방(王子房)에 사급할 일이라는 전교가 있었습니다. 그러므로 예에 따라 계를 들여 시행하고자 수본(手本)을 올렸습니다. 앞에 든 전답을 전교에 의거해서 새로 태어난 왕자의 방에 사급한 후에 의례히 내수사에서 입안을 만들어 줌이 어떠한지 묻는 수본이었습니다. 1695년 2월 초7일에 정헌대부 내시부 상선인 신 김후백이 담당하여 계에 의거해서 시행하여 뒤에 고증하고자 왕패를 입안하여 발급하고 이에 입안합니다.[158]

1694년 9월 13일 최숙의가 왕자 이금(李昑, 영조)을 낳았다. 이 입안은 당시 최숙의방이 내수사에 올린 수본에 따라, 내수사가 국왕에게 재가를 받고 최숙의방에 발급하였다. 입안에 따라 내수사는 왕자방에 함평, 영광지경에 있는 진하산(珍下山) 전답 1곳과 금산, 무안, 예천, 영천(永川), 장성, 충주, 영광, 함평, 양구 등 읍에 있는 소속 전답을 왕자방에 사급하였다.

출합 왕자녀에게 토지의 사급이 이어졌으며, 이 경우 제한이 있었다. 1702년(숙종 28) 내수사가 김귀인방(金貴人房)에 사복시 소속의 둔전을 포전(圃田)으로 획급하려는 시도는 중단되었다. 사복시의 불가 주장에 따른 결과였다.[159] 사복시는 김귀인방이 이 둔전을 이용해서 제원(諸員)의 자생바탕으로 사용하고 있는 현실과 더불어 토지를 둔민에 나누어 주고 세를 받아

158 韓國精神文化研究院, 『古文書集成』 10-藏書閣篇I, 1992, 435쪽.
159 『승정원일기』, 숙종 28년 2월 13일(을축).

제1장 왕실출합(出閤)과 왕자녀(王子女) 후원

재원으로 활용하고 있다는 이유를 들어 불가함을 주장했다. 이에 따라 숙종은 출합한 왕자와 대군, 공주, 옹주 외에는 채전(菜田)을 획급하는 규례가 없는 것을 근거로 김귀인방에 대한 획급을 중단하도록 했다.

왕자녀의 출합과 관련하여 토지의 매득을 통한 경영이 이루어지기도 했다. 연잉군방에서는 1701년(숙종 27)에서 1720년(숙종 46)까지 매득 전답에 대한 지속적인 관리가 이루어졌다. 이와 관련해서는 타량성책을 통해 규모와 운영 실태를 살펴볼 수 있다.

1701년(숙종 27) 3월 연잉군방(延礽君房)의 평안도 가산군 남면 재송포(才公浦)에 위치한 토지에 대한 타량성책이 있다. 이 자료는 연잉군방에서 매득한 니생처(泥生處)에 대해 축언(築堰)을 조성하여 확보한 답을 가산군에서 내수사와 함께 타량하여 작성한 양안이다.[160] 토지는 답으로 구성되어 있으며 작부(作負)결과 14결 61부였다. 이에 대해 매 결당 6석 10두로 산정할 경우 모두 97석 6두락의 규모였다. 이들 토지의 사표(四標) 내에 니농(泥濃)이 심해 축언을 하지 못한 것이 또한 368석 3승락이었다. 이러한 토지에 대한 조사는 내수사 축동관(築垌官)과 더불어 가산군수와 함께 이루어졌다.[161]

1719년(숙종 45) 12월 경기도의 양주목 백석곶면(白石串面)에 위치한 연잉군방의 토지에 대한 타량성책이 있다. 이 자료는 우언리(牛堰里)와 광석면(廣石面) 삼고개(三古介)에 있는 연잉군방 매득 전답에 대해 타량하여 작성한 양안이다.[162] 백석곶면의 기주(起主), 진주(陳主), 가대주(家岱主)는 막산(莫山), 견이(堅伊), 논복(論卜), 신남(申男), 남이(男伊)였으며, 광석면은 기주로 노

---

160 『延礽君房買得平安道嘉山郡伏在南面在公浦泥生處可築新筒內打量成冊』(서울대학교 규장각한국학연구원 소장, 奎18874).

161 1704년(숙종 30)에는 진위군 炭面에 대한 연잉군방 매득 전답에 대한 타량이 이루어졌다. 이를 통해 경기도에 소재한 연잉군방의 토지 규모를 알 수 있다(『京畿道庄土文績』(서울대학교 규장각한국학연구원 소장, 奎19299), 「振威郡三炭面 安貞和 제출-導掌帖文(明禮宮)-延礽君房振威地炭頉面買得田畓改打量成冊」).

162 『楊州牧延礽君房買得田畓打量成冊』(서울대학교 규장각한국학연구원 소장, 奎18908).

막동(莫同)만 확인된다.[163] 백석곶면의 우언리의 기전(起田)은 2결 24부 6속, 가대전이 4부 3속, 진전(陳田)은 3부 9속이다. 광석면의 삼고개는 기전 9부 6속이다. 도이상(都已上)을 기준으로 할 경우 전답은 2결 33부 4속이며, 전은 1결 63부 3속, 답은 70부 1속이었다.[164]

1720년(숙종 46) 11월 함경도 영흥부 정변사(正邊社)의 필인포(弼仁浦), 평호(平湖) 일대에 소재한 연잉군방 매득전에 대해 영흥부에서 타량하여 성책한 양안이 있다.[165] 이들 토지의 성격과 구성은 표6과 같다.

표6　토지의 성격과 구성[166]

구 분	기 전	진 전	합 계
필인포	1결 13부	2결 36부 1속	3결 49부 1속
평 호	4결 47부 6속	7결 10부 1속	11결 57부 7속
합 계	5결 6부 6속	9결 46부 2속	15결 6부 8속

필인포의 경우 기시(起時)와 진시(陳時) 모두 김상국(金尙國)이었다. 평호는 기시와 진시에 대해 김상국, 조천석(趙千石), 함귀찬(咸貴贊), 정건(鄭巾), 박익경(朴益京)이었다. 이들이 경작, 관리하는 전의 성격별 현황을 정리하면 표와 같다. 영흥부 소속 연잉군방 매득전에 대한 1720년의 운영 실태는 전체 15결 6부 8속에 대해 기전이 5결 60부 6속, 진전이 9결 46부 2속이었다. 이

---

163 『楊州牧彰義宮買得田沓打量御覽成冊』(서울대학교 규장각한국학연구원 소장, 奎18867).

164 양안을 기준으로 할 경우 2결 42부 4속이다.

165 『咸鏡道永興府正邊社平湖弼仁浦伏在延礽君房買得田打量成冊』(서울대학교 규장각한국학연구원 소장, 奎18873). 1736년(영조 12)에는 황해도 안악에 소재한 和平翁主房의 전답에 대한 타량이 이루어졌다 (『黃海道安岳縣伏在自龍洞宮移屬和平翁主房蘆田成冊』-서울대학교 규장각한국학연구원 소장, 奎18334). 전체 전답은 75결 28부 3속이었다.

166 '도이상'의 전답 현황은 다소의 차이가 나타나고 있으며, 그 현황은 다음과 같다. "已上, 田拾陸結捌拾伍負貳束內, 起田肆結捌拾負柒束, 陳田拾貳結肆負伍束".

중 필인포가 3결 49부 1속이며, 평호가 11결 57부 7속이었다.

장토문적에 대한 정리 과정에서 경상도에 소재한 연잉군방의 무토면세지의 현황에 대한 기록이 조사되었다.[167] 이들 중 1707년(숙종 33)의 곤양군 소재 연잉군방 절수(折受) 무토전답(無土田畓) 타량성책과 1717년(숙종 43)의 곤양군 연잉군방 기경전(起耕田) 타량성책은 연잉군방의 무토면세지의 운영 실태를 담고 있다.[168]

1707년의 타량성책에는 전답 32결 33부 8속의 현황이 적기되었다. 이 중 전은 31결 31부 3속이며, 답은 1결 2부 5속이었다. 이 외에도 '가경질(加耕秩)'로 전답 5결 16부 7속을 조사했다. 가경질은 전이 1결 45부 4속, 답은 3결 71부 3속이다. '도이상(都已上)'은 양안의 무주가경전답을 포괄하여 전답 37결 57부 3속으로 조사했다. 이 중 전은 32결 76부 5속이며 진전이 21결 20부 8속을 제한 실수가 1결 55부 6속이었다. 답은 4결 73부 8속에 대해 진전이 73부 7속을 제한 실수가 3결 19부 1속이었다.

1717년의 타량성책에는 곤양군 양포면에 소재한 전답 5결 50부 7속의 위치, 규모, 경작자의 현황이 정리되어 있다. 이에 부기된 '상납전례(上納前例)'에는 원상납(元上納) 40냥, 농차(嚨嗟) 15냥, 집리(執吏) 5냥, 고직(庫直) 5냥, 최착(催捉) 5전, 민어(民魚) 2미(尾) 대전(代錢) 1냥, 종인군가(從人軍價) 9전 3푼, 종인세가(從人貰價) 3전을 제한 실납은 68냥 7전 3푼이었다.

왕자녀에게는 출합 이전부터 토지 획급이 개시되었으며, 출합 후에도 부분적인 제약이 있었음에도 전답의 절수가 지속되었다. 출합을 계기로 궁방은 토지의 매득이나 개간을 통해 전토 확장은 물론 관과 연계하에 타량을 실시하는 등 적극적으로 소유권을 수호했다.

---

167 『慶尚南道昆陽郡兩浦面所在庄土 趙永鎬提出圖書文績類』(서울대학교 규장각한국학연구원 소장, 奎19302)
168 「昆陽郡兩浦面延礽君房起耕量付田打量成冊」(서울대학교 규장각한국학연구원 소장, 奎19302)과 「昆陽郡延礽君房折受無主田畓字號庫員數打量成冊」(서울대학교 규장각한국학연구원 소장, 奎19302)이다.

가례와 도감,
그리고 각방(各房)과 각소(各所) 분장

왕실의례 중 가례운영과 관련한 재원의 조달과 지출의 실제는 『가례도
감의궤(嘉禮都監儀軌)』에 자세하게 기록되어 있다.[1] 『가례도감의궤』는 1627년
(인조 5)에 거행된 『소현세자가례도감의궤』에서부터 1906년(광무 10) 『순종
순종비가례도감의궤』에 이르기까지 279년간 20건이 현전하고 있다.[2] 18세
기, 특히 영조 때 『국혼정례』(1749년)와 『상방정례』(1752년)가 편찬된 뒤 가
례와 관련한 의식 절차가 체계화되었으며, 이에 따라 의궤의 내용도 상세
해지고 기록의 양도 늘어났다.[3] 이러한 배경에서 조선후기 가례의 전형은
18세기 사례에서 찾을 수 있다.

18세기 가례의 특징을 반영하고 있는 대표적인 의궤 중 하나는 1759년
(영조 35) 영조와 정순왕후의 가례를 정리한 『영조정순왕후가례도감의궤』
이다.[4] 이 의궤는 1759년(영조 35) 5월부터 6월까지 66세의 왕 영조가 당시

---

1   의궤는 국가 및 왕실의 각종 행사를 정리한 자료이며, 이들 중 왕실 행사와 관련한 기록을 별도로
    분류할 수 있다. 이영춘(「朝鮮時代의 王室 典禮와 儀軌─藏書閣 所藏本 儀軌類 文獻을 중심으로」, 『藏書閣』
    1, 한국정신문화연구원, 1995, 67~76쪽)은 가례, 존숭례, 상례와 장례, 복위례, 빈례, 효친례에 대해서
    는 왕실전례로 분류했다. 신병주(「조선왕실 의궤 분류의 현황과 개선 방안」, 『朝鮮時代史學報』 57, 朝鮮
    時代史學會, 2011, 253~254쪽)는 의궤를 '왕실의 일생'과 '왕실의 활동'이라는 범주로 분류할 것을 제시
    했다. 다만, 가례에 대한 정비에 있어 조선초기 대군, 왕자군, 옹주, 공주의 혼인에 대해 『세종실록』
    에 오례로 정비되고 국가의례로 정리했다는 지적도 있다(신명호, 『『연잉군관례등록』을 통해 본 조선왕
    실 관례의 성격」, 『英祖大王資料集』 1, 한국학중앙연구원출판부, 2012, 81쪽).
2   姜信沆, 「儀軌硏究 序說」, 『藏書閣所藏 嘉禮都監儀軌』, 韓國精神文化硏究院, 1994, 10쪽.
3   신병주·박례경·송지원·이은주, 『왕실의 혼례식 풍경』, 돌베개, 2013, 106쪽.
4   『가례도감의궤』의 현황과 소장 정보는 이미선(「肅宗과 仁顯王后의 嘉禮 考察─藏書閣 所藏 『嘉禮都監儀
    軌』를 중심으로」, 『藏書閣』 14, 한국학중앙연구원, 2005, 140~142쪽)의 논고에 자세히 나와 있다.

15세였던 김한구(金漢耉, 1723~1769)의 딸을 계비(繼妃)로 맞이하는 의식 전 과정을 수록하고 있다.

『영조정순왕후가례도감의궤』는 가례 의절과 더불어 그에 따른 재원운영 구조를 망라하고 있다. 내용은 가례와 관련한 영조의 지시 및 신하의 건의 사항에 대한 계사(啓辭)가 있었던 1759년(영조 35) 5월 6일부터 시작해 가례에 대한 상격(賞格)을 논의했던 그해 6월 23일까지 45일간의 기록이다. 의궤에는 가례 의절에 따라 갖추어야 할 물목 내역은 물론 장인(匠人)과 모군(募軍)에게 지급할 요포(料布)의 지급 등 재원운영의 특징을 담고 있다.

『가례도감의궤』를 활용하여 가례에서 재원운영의 다양성에 대한 추적이 가능하다. 가례와 관련한 연구는 의궤 내용에 대한 주해[5] 및 왕실의례에 대한 문화사적 접근이 중심을 이루고 있다.[6] 경제적 측면의 분석은 동원 인력의 임금에 대한 추이의 분석이 시도된 바 있다.[7] 그럼에도 불구하고 왕실의례의 일환으로 가례를 둘러싼 재원의 동원 및 지출과 연관된 운영 구조에 대한 추적은 조선 국가의 재원운영 특징을 검토하는 계기가 된다.

이 장에서는 왕실의례로서 가례의 설행을 가능하게 했던 물력과 인력 운영의 특징을 『영조정순왕후가례도감의궤』에 대한 분석을 바탕으로 접

---

5   申炳周, 「'英祖貞純王后嘉禮都監儀軌'의 구성과 사료적 가치」, 『書誌學報』 24, 韓國書誌學會, 2000, 108쪽. 의궤와 관련한 연구 성과는 다음과 같다. 한영우, 『조선왕조의궤』, 일지사, 2005; 서울대학교 규장각, 『규장각 소장 儀軌 종합목록』, 2002; 규장각 한국학연구원, 『조선 국왕의 일생』, 글항아리, 2009; 영건의궤연구회, 『영건의궤: 의궤에 기록된 조선시대 건축』, 동녘, 2010; 서울대학교 규장각, 『규장각소장 의궤 해제집』 1~3, 2003~2005; 황문환 외, 『정미가례시일기 주해』, 한국학중앙연구원 출판부, 2010.

6   신병주, 『66세의 영조 15세 신부를 맞이하다―'가례도감의궤'로 본 왕실의 혼례와 문화』, 효형출판사, 2001; 김상보, 『조선왕조 혼례연향 음식문화: '가례도감의궤'를 통해서 본』, 신광, 2003; 임민혁, 「왕비의 간택과 책봉」, 『조선의 왕비로 살아가기』, 돌베개, 2012; 이성미, 『가례도감의궤와 미술사: 왕실 혼례의 기록』, 소와당, 2008; 영건의궤연구회, 『영건의궤: 의궤에 기록된 조선시대 건축』, 동녘, 2010; 신병주·박례경·송지원·이은주, 『왕실의 혼례식 풍경』, 돌베개, 2013.

7   차명수, 「의궤에 나타난 조선 중·후기의 비숙련 실질임금 추세 1600~1909」, 『경제사학』 46, 경제사학회, 2009; 나영훈, 「〈의궤(儀軌)〉를 통해 본 조선후기 도감(都監)의 구조와 그 특징」, 『역사와 현실』 93, 한국역사연구회, 2014.

근하고자 한다. 이를 위해 먼저 도감의 구성과 물력의 운영 실태를 정리한다.[8] 이어 일방(一房)을 비롯한 각방의 사례, 그리고 별공작소(別工作所), 수리소(修理所)와 같은 각소(各所)에 있어서의 인력이나 물력과 같은 각종 재원운영 실태를 살펴본다.

---

8 『영조정순왕후가례도감의궤』는 다음의 자료를 참고했다. 박소동 역, 『국역 嘉禮都監儀軌: 영조 정순 왕후』, 민족문화추진회, 1997; 이정섭 역, 『국역 가례도감의궤』, 국립문화재연구소, 1999; 이성미 외, 『장서각 소장 가례도감의궤』, 한국정신문화연구원, 1994; 박병선, 『조선조의 의궤』, 1985.

1 가례도감과 중앙각사(中央各司)

가례를 논의할 당시 영조는 "혼례를 위해 사치한 것이 요즘보다 심한 적이 없었다. 도감이 중첩되고 경비의 탕갈이 또한 심하다"[9]라고 지적했다. 이러한 지침에 따라 가례에 소요되는 물력 규모를 줄이고자 했다.

[주원(廚院)에서는] 동뢰연상(同牢宴床) 외에 대탁상(大卓床)에 배설하는 연상(宴床)과 좌·우·면협(左·右·面挾)에 차리는 미수(味數) 중 원반(圓盤), 과반(果盤)의 초·이·삼미(初·二·三味)와 대소선(大小膳)을 준화(樽花), 상화(床花)와 함께 모두 제할 것.

교명·책보상(敎命·冊寶床): 신조(新造)하지 말고 보수하여 사용할 것.

교명·책궤(敎命·冊櫃): 금화(金畫)하지 말고 장식도 기화(起畫) 말 것.

연(輦): 나의 부연(副輦)을 수리하고 보수해서 쓰되 그것 대신으로는 덕응방(德應房)에 있는 것을 보수해 가져다 쓸 것.

옥대(玉帶): 내하(內下)한 것 사용.

패옥·규(珮玉·圭): 탁지(度支)와 상방(尙方)에 있는 것을 사용하며, 규는 대신 시헌서뢰자관(時憲書賚咨官)이 무역해서 온 것으로 이용해서 시민(市民)의 폐해를 없앨 것.

연여·의장(輦輿·儀仗): 수리하고 보수하지 않을 수 없는 것 외에는 곧 옛것

---

9   英祖-貞純王后『嘉禮都監儀軌』,「啓辭秩」, 己卯 同日(5月 初7日), 諭坤殿冊禮都監綸音. 한편, 1823년(순조 23) 명온공주의 가례는 혼례비용을 절감하려 노력하면서『국혼정례』를 준수하고자 했다(나영훈,「순조대 明溫公主 婚禮의 재원과 前例·定例의 준수」『朝鮮時代史學報』, 83, 朝鮮時代史學會, 2017, 391쪽).

을 그대로 쓸 것.

화룡준(畵龍樽): 번조하지 말 것.

화룡촉(畵龍燭): 홍촉(紅燭)으로 대용할 것.[10]

영조의 절검이라는 정치적 전제에 따라 가례에도 그 원칙이 적용되었다. 주원의 음식과 연상을 꾸미는 물종을 제감하도록 했다. 교명과 책보상, 그리고 연은 보수해서 사용하도록 했다. 패옥과 규는 호조와 상의원의 것을 쓰며, 옥대는 영조가 내하한 것을 사용하게 했다. 이 외에 연여와 의장은 부례(祔禮)에도 예전 것을 사용했다는 점을 지적하면서 보수도 하지 말고 사용하는 것을 원칙으로 했다. 이러한 영조의 전교에 따라 도감이 구성되고 운영되었다.

1) 인력과 요포 그리고 논상

가례도감 인력의 구성과 운영 방향은 1759년(영조 35) 5월 7일 승문원에서의 회동 결과가 반영된 '도감사목(都監事目)'으로 결정되었다. 가례에 동원된 인력은 반차도(班次圖)를 분석했을 때 총 1,188명이 확인될 정도의 규모였음을 알 수 있다.[11] 사목은 도감에 소속되는 인력과 그들에 대한 요포(料布) 지급 문제와 각방, 각소 그리고 수리소의 장인과 동원 인원에 대한 규정을 담고 있다.

도감사목의 여러 조목 중 인력의 동원과 물력의 마련, 그리고 요포 등의 지급을 위한 재원 지원에 대한 중요 내용은 다음과 같다.

10   英祖-貞純王后『嘉禮都監儀軌』,「啓辭秩」, 己卯 同日(5月 初7日), 論坤殿冊禮都監綸音.

11   보행 인물 797명, 승마 인물 391명이 그려져 있다(신병주, 앞의 책, 2001, 46쪽).

1. 각색(各色) 장인이 여염에 전혀 없는 경우에는 상의원, 관상감 소속의 장인과 상사아문(上司衙門)의 조예(皂隸)와 나장(羅將), 액정서의 하인, 여러 궁가(宮家)의 장인, 각 군문의 군사 중 합당한 사람을 전례에 따라 사환할 것.

1. 당상, 도청 및 각방의 수직군사(守直軍士)는 병조에서 전례를 살펴 정해 보낼 것.

1. 당상, 낭청(郎廳)과 각방의 다모(茶母)는 근래의 전례에 따라 각자 본 아문에서 정해 보낸나. 비록 직역이 있는 인원이라도 본 이문에 전복처(典僕處)가 없을 경우 형조로 하여금 전례에 따라 정해 보낼 것.[12]

사목에는 도감에 소속된 장인, 수직군사, 다모의 동원 구조를 밝히고 있다. 각색 장인의 경우 기본적으로 여염에서 조달하되, 부족한 경우 상의원, 관상감, 액정서는 물론 군문을 비롯한 궁가와 예조의 조예와 나장도 동원했다. 수직군사는 병조에서 지원하며, 다모는 예조와 형조로부터 동원되었다. 중앙각사를 통한 인력 동원이 실시되었다.

도감에서 사환할 사령(使令)들이 동원되었다. 이들 사령들은 각 아문에서 요포를 지급받는 이들이 대상이었다. 사환하는 사령들의 현황을 정리하면 아래와 같다.

선혜청 3명, 호조 2명, 공조 2명, 사도시 2명, 평시서 1명, 별영(別營) 1명, 광흥창 1명, 사복시 1명, 군기시 1명, 위장소(衛將所) 1명, 장악원 1명, 사재감 1명, 교서관 1명, 장흥고 1명, 사포서 1명, 군자감 1명, 의영고 1명, 와서(瓦署) 1명[13]

---

12 英祖-貞純王后『嘉禮都監儀軌』, 己卯 5月 初7日, 都監事目.
13 英祖-貞純王后『嘉禮都監儀軌』,「甘結秩」, 己卯 5月 初7日.

선혜청을 필두로 호조와 공조를 비롯하여 18개 아문에서 23명의 사령이 차출되어 사환되고 있었다. 이들에 대한 요포는 해당 아문에서 마련하여 지급하게 했다. 도감 운영을 위한 표면적 재원의 규모를 줄여 영조의 절검 의지를 실현하려는 의도가 있었다.

도감이 설치되자 운영 인력에 대한 재원의 지출이 있었다. 호조와 병조에 분차한 녹사 1인, 정원대령서리(政院待令書吏) 1인, 군사 1인 등에 대한 요포는 회동일로부터 날을 계산해서 마련하여 썼다.[14] 도청의 산원(算員), 녹사(錄事), 서리(書吏), 서사, 고직(庫直) 등에게 매달 점심을 위한 미 3두씩을 등록에 의거하여 지출했다.[15] 그리고 장인과 모군의 요포 지출에 대한 검토가 이어졌다.

본 도감의 장인과 모군 등에게 요포로 지출하기 위한 미(米)와 목(木)은 갑자년의 전례에 따라 호조의 미 370석, 병조의 목 35동을 우선해서 가져오는 것이 어떠합니까? 수본에 호조의 미 200석, 병조의 목 20동을 우선 가져오라 결정했다.[16]

갑자년, 즉 1744년(영조 20)의 가례에 대한 고증에 따라 가례도감은 호조에서 미 370석, 병조에서 목 35동을 도감에 지원하도록 건의했다. 이에 대해 조정에서는 호조와 병조로 하여금 쌀 200석과 목 20동을 지원하도록 조치했다. 그리고 지원된 미와 목이 소진된 후에도 재차 지원하도록 했다.

호조와 병조로부터 받은 목과 포의 전체 현황은 '목포취래수(木布取來數)'로 정리되어 있다.[17] 여기에 따르면 호조로부터는 미 270석, 병조로부터

14   英祖-貞純王后 『嘉禮都監儀軌』, 「移文秩」, 己卯 5月 日.
15   英祖-貞純王后 『嘉禮都監儀軌』, 「稟目秩」, 己卯 5月 初7日.
16   英祖-貞純王后 『嘉禮都監儀軌』, 「稟目秩」, 己卯 5月 初7日.
17   英祖-貞純王后 『嘉禮都監儀軌』, 「甘結秩」, 己卯 5月 初7日.

는 목 30동이 지원되었음을 알 수 있다. 특히 병조는 목 30동에 대해 17동 25필은 목으로 지출하였음에 반해 나머지 목에 대해서는 전문으로 환산하여 1,750냥을 지원했다. 그리고 각양공장(各樣工匠)을 위한 요포도 호조와 병조를 통해 마련했다. 전례를 근거로 미 200석, 목 20동을 호조와 병조로 하여금 수송하도록 했으며, 이에 따라 미 200석, 목 10동, 그리고 전 1,000냥이 준비되었다.[18] 그 후 부족한 요포와 요미(料米)도 호조와 병조에서 도감에 지원하도록 했다.

장인에 대한 농원과 요포 지출이 이루어졌다. 도감은 5월에 소속 장인 수가 증가하고 동시에 수리소 별공작 장인에게도 요포가 소요되는 문제에 대한 대안이 필요했다. 이에 따라 도감은 전례를 참고하여 호조와 병조로부터 목 15동과 미 70석을 지원받았다.[19]

본 도감에서 많은 공장과 모군을 사역하는 수가 전에 비하여 배 이상 되는데, 수리소 별공작의 장인에게 지급하는 요포도 역시 도감에서 지출하였다. 그러므로 전에 나누어 정해 준 미와 포로는 반이 넘도록 부족하여 계속 쓰기에 어렵기에 이렇게 다시금 이문(移文)한다. 그러니 목 15동과 미 150석을 대략 전례에 맞추어 먼저 나누어 정해서 빠르게 지출할 것.[20]

도감은 동원 공장과 모군의 규모가 늘어남에 따라 지출이 증대될 수밖에 없었다. 대안으로 목 15동과 미 150석이 제시되었으나 호조와 병조는 목 15동과 미 70석을 참반(參半)해서 지원했다. 이 과정에서 요미(料米) 지출

18 英祖-貞純王后『嘉禮都監儀軌』,「移文秩」, 己卯 5月 日. 병조는 가례에서 공장의 요포 지출에 소용되는 목 10동과 전 1,000냥을 수송했다(英祖-貞純王后『嘉禮都監儀軌』,「關文秩」, 己卯 5月 11日).
19 英祖-定順王后『嘉禮都監儀軌』,「移文秩」, 己卯 5月 日. 도감에서 사용할 정철(正鐵) 250근과 숯 40석에 대해 삼군문과 총융청에서 이송하도록 이문했다.
20 英祖-貞純王后『嘉禮都監儀軌』,「移文秩」, 己卯 5月 日.

을 준비하기 위한 운송에 소요되는 수레 6량도 배정했다.[21]

도감의 원역(員役)을 포함하여 가례 운영에 동원된 원역과 공장 등에 대한 한 달의 요포 지출 규정이 정비되었으며, 그 내역은 아래와 같다.

　미 6두, 목 2필: 도청과 각방의 무료 서리(無料書吏)

　미 9두, 목 1필: 제색공장(諸色工匠) 등

　미 6두, 목 1필: 도청의 무료 서리, 무료 서원(無料書員), 서원(書員)과 봉첩군
　　(奉貼軍), 침선비(針線婢)

　미 3두, 목 2필: 내조역(內助役)

　미 3두, 목 3필: 모조역(募助役), 모군(募軍), 인거군(引鋸軍)[22]

내역은 매달 지출할 요포에 대한 규정을 정리한 것이다. 이 외에도 별도의 인력별 지출 내역이 언급되었다. 서리, 공장, 모군 등에 대해 등급을 나누고 요포 명목으로 지급되는 미와 목에 차등을 두었다. 그리고 도청의 산원, 녹사, 서리, 서사, 고직 등에게는 식물(食物)을 비롯하여 미 각 2두와 목 1필을, 사령에게는 목 1필씩을 지출했다.[23] 각방에 대령한 변수(邊手), 장인 등은 습의(習儀) 날로부터 정일(正日)에 이르기까지 계산하여 매일 미 2되씩 지출했다.[24]

가례가 마무리되어 감에 따라 참여 및 동원된 인력에 대한 논상(論賞)이 있었다. 논상을 위한 재원도 가례도감의 영역에 속했다. 상격(賞格)으로 지출할 부분에 대해서 별도로 정리되었으며 그 내역은 다음과 같다.

21　英祖-貞純王后『嘉禮都監儀軌』,「甘結秩」, 己卯 5月 初7日. 당시 군자감의 米도 지원되었다.
22　英祖-貞純王后『嘉禮都監儀軌』,「甘結秩」, 己卯 5月 初7日, 員役及工匠等一朔料布上下式.
23　英祖-貞純王后『嘉禮都監儀軌』,「甘結秩」, 己卯 5月 初7日.
24　英祖-貞純王后『嘉禮都監儀軌』,「甘結秩」, 己卯 5月 初7日.

목(木) 각 2필: 도청의 산원 3인, 녹사 1인, 서리 7인, 서사 2인, 고직 1명

목 각 1필: 각방의 서리, 도청의 사령

목 각 반 필: 서원, 별공작의 서원[25]

상격 대상은 도청 소속의 인력뿐만 아니라 각방 서리와 사령 등 하급 관원도 포괄했다. 상격은 전례를 참고하여 등급에 따라 '목'으로 지출되었다. 이들은 모두 도감의 운영에 관련된 인력으로 지출 또한 도감을 통해 이루어졌다.

책례(冊禮)와 관련한 상격에 대한 논의가 별도로 있었다. 도제조 좌의정 신만(申晩, 1703~1765)에게 안구마(鞍具馬) 1필 지급을 비롯하여 제조 홍봉한(洪鳳漢, 1713~1778), 홍상한(洪象漢, 1701~1769), 조운규(趙雲逵, 1714~1774)에게 숙마(熟馬) 1필씩을 내려 주도록 했다. 뿐만 아니라 윤면동, 강윤을 비롯하여 산원 이하 원역, 공장, 의녀에게 해조(該曹)로 하여금 포목을 전례대로 제급토록 했다.[26] 같은 날 언급된 상전에 있어 가자(加資) 등을 제외한[27] 현물 상전의 내역은 표7과 같다.

가례도감에 대한 상격은 안구마, 숙마, 반숙마, 상현궁으로 구분되었으며, 각 역할에 따라 차등 지급되었다. 이 중 도감의 제조에 대해서는 안구마와 숙마를 각 1필씩 배정하였다. 그리고 같은 날 가례에 있어 육례(六禮) 절차에 기여한 정도에 따라 참여 관원에 대한 상격을 구분했다(표8).

가례에 기여한 내용을 고려하여 의례별로 구분하여 상격을 정했다. 상격 내용은 마(馬), 상현궁(上弦弓), 미포(米布)와 같은 현물은 물론 가자(加資), 승서(陞敍)와 같은 인사적 조치도 포함되었다. 가례도감에 참여한 인사들

25 英祖-貞純王后『嘉禮都監儀軌』,「甘結秩」, 己卯 5月 初7日.
26 英祖-貞純王后『嘉禮都監儀軌』,「甘結秩」, 己卯 6月 23日.
27 가자 대상은 教命差備 김성언·오준겸, 玉冊差備 정상하·전성음, 金寶差備 서행진·오명래, 命服差備 남궁집·김덕구였다.

표7 가례도감 상격 내용²⁸

상 격	내 용	비 고
안구마 1필	가례도감 제조 좌의정 신만	면급(面給)
숙마 1필	제조 판서 홍봉한·홍상한·조운규, 교명문제술관(敎命文製述官) 대제학 김양택, 서사관 참판 김치인, 옥책문제술관(玉冊文製述官) 유수 정휘량, 서사관 홍계희	
반숙마(半熟馬) 1필	교명전문(敎命篆文)과 금보전문(金寶篆文) 서사관(書寫官) 집안차비 겸 적석차비(執鴈差備兼赤舃差備) 연수장	
아마(兒馬) 1필	상전 겸 연시(尙傳兼輦侍) 신필휘, 거안차비(擧案差備), 양산선차비(陽繖扇差備)	
상현궁(上弦弓) 1장	욕석차비(褥席差備), 주장차비(朱杖差備), 귀유적(歸游赤) 이하	

표8 육례에 따른 상격²⁹

상 격	내 용	육례	비고
숙마 1필	정사(正使) 영부사 유척기, 부사(副使) 판서 조윤규 정사 유척기, 부사 조윤규 정사 영부사 유척기, 부사 판서 조윤규 정사 영부사 유척기, 부사 판서 조윤규	납채 납징 고기 책비	면급
아마 1필	봉교문관(捧敎文官) 교리 홍지해, 부사과 이성규 봉교문관 교리 홍지해, 부사과 이성규 봉교문관 교리 홍지해, 좌찬독(左贊讀) 정광한 봉교문관 교리 홍지해, 부사과 이후달, 　봉옥책관(捧玉冊官) 부교리 임준·부사과 남기로, 　봉금보관(捧金寶官) 부사과 원의손·박상철, 　전정집사(殿庭執事) 봉사 이익 등 8인, 　입시승지(入侍承旨) 이영휘·김광국·정상순·홍준해, 　분승지(分承旨) 안집·유한소, 찬의(贊儀), 　동뢰상미수찬화감조낭청(同牢床味數撰花監造郎廳)	납채 납징 고기 책례	
가자	진규도승지(進圭都承旨) 임집, 전교관(傳敎官) 우승기·구윤옥, 좌통례(左通禮) 성유열	책례	
반숙마 1필	우통례(右通禮)	책례	
승서(陞敍)	장휵서(掌畜者) 장원서별제 정석백, 빈자(儐者) 부사용 김한우	책례	

상 격	내 용	육례	비고
가1자(대가)	거안자(擧案者)~제집사(諸執事), 기사관(記事官) 이면, 검열(檢閱) 김보순, 주서(主書) 2원, 분편수관(分編修官), 분주서(分注書), 예모관(禮貌官), 인의(引義)	납채 ~ 책비	
상현궁 1장	안보관(安寶官), 상서(尙瑞) 직장 2인, 택일관(擇日官), 사알(司謁) 등 출입번내관(出入番內官), 사약(司鑰)		
불장궁(不粧弓) 1장	주시관(奏時官), 수가관(隨駕官)		
아마 1필	장번내관(長番內官)		
미포	대전중궁전(大殿中宮殿) 별감(別監), 가별삼(假別監), 중금(中禁) 등	가례	

중 한 사람이 여러 일을 겸했더라도 이에 대한 상전은 중복되지 않도록 했다.

관원 외에도 행렬에 동원된 의녀와 군사 등에 대한 상격도 있었다. 국왕의 친영 행렬은 창경궁의 홍화문을 나와서 이현고개 앞을 지나 별궁이 있는 어의궁으로 가 친영 의식을 행하고, 종묘 앞 동구와 파자전 앞 석교를 지나 창덕궁 돈화문으로 돌아왔다.[30] 행렬 인력의 동원은 『가례도감의궤』의 「계사질」에 의거해 가늠할 수 있다. 의장차비와 가의녀는 형조에서 지원되었다. 삼간택(三揀擇) 후 별궁에 갈 때 잡인을 막도록 병조와 도총부의 관리와 군사 40명이 동원되었다. 그리고 별궁에 이를 때 담배군(擔陪軍)은 사복시의 군인이 담당하도록 했다. 이러한 동원 인력에 대해서도 논상을 실시함으로써 비로소 가례가 마무리되었다.

---

28 英祖-貞純王后 『嘉禮都監儀軌』, 「甘結秩」, 己卯 6月 23日.
29 英祖-貞純王后 『嘉禮都監儀軌』, 「甘結秩」, 己卯 6月 23日.
30 신병주, 앞의 책, 2001, 67쪽.

2) 물력 운영

가례도감의 도감사목(都監事目)에는 도감에 소용되는 각종 물력의 지원에 대한 틀이 명시되어 있다. 사목 중 물력 운영과 관련한 중요 내용은 다음과 같다.

행용(行用)하는 각종 종이, 붓, 먹과 각종 잡물은 각기 해당 관사(官司)로 하여금 진배(進排)하게 한다. 그런데 포진(鋪陳)하는 여러 도구는 근래의 사례에 의거해서 각 본아문(本衙門)에서 가져다 사용할 것.[31]

사목에는 인력의 동원 사례와 동일하게 각종 물력에 대해서도 관사로부터 조달하도록 했다. 사용하는 문방구와 잡물에 대해서는 각 관아로부터 지원을 받도록 했으며, 포진에 대해서는 본아문에서 마련했다.

도감의 운영을 위해 진배되는 물목들도 사목에 별도로 규정했다. 이를 정리하면 아래와 같다.

1. 도제조·당상·도청[지의(地衣), 등매(登毎), 차장(遮帳)], 당상·도청[인신(印信) 각 1, 인판(印版) 2, 인주, 마렵잉자(馬鬣芿子), 요강 1, 대야 1, 타구·우산 각 2] 다모 1명[당보아·당대접(唐甫兒·唐大貼) 각 2, 도동해·소라(陶東海·所羅) 각 1, 담통(擔桶)·목과표자(木瓜瓢子)·사발·휘건(揮巾)·수건·유사용(鍮沙用) 각 1—환용(換用)], 서리[문서궤 2, 유오·유사(柳筽·柳笥) 각 1]

1. 당상·낭청[분판(粉板) 1, 분패(粉牌) 2, 계목서판(啓目書板) 2, 관·첩자(關·帖字) 각 1], 서리[소목(燒木), 등유(燈油) 3석(夕), 축목(杻木), 미추(尾箒), 교말(膠末), 공사하지

31   英祖–貞純王后『嘉禮都監儀軌』, 己卯 5月 初7日, 都監事目.

(公事下紙) 1권, 백휴지(白休紙) 2근, 계목지(啓目紙) 1권], 서리·서사[필·묵(筆·墨)

각 1, 동당낙폭지(東堂落幅紙) 1도(度), 후주지(厚油紙) 1장]

1. 도청[방석·요강·타구·북분토(北分土)·서안(書案) 각 1], 서리[필·묵 각 1, 백휴지

1권][32]

내용은 도감의 운영에서 도제조를 비롯한 관료와 그 수행 다모, 서리 등

이 사용할 물력을 규정하고 있다. 도제조와 당상, 도청이 좌기할 때 소요되

는 물품을 비롯하여 당상과 도청이 필요한 문방구와 긱종 집기, 그리고 다

모와 서리의 직무와 관련한 물품이 지원되었다. 서리에게는 도제조방, 당

상방, 양도청방(兩都廳房)에 거접하기 위한 소목, 등유, 축목 등을 정례에 따

라 매일, 혹은 10일 단위로 산정하여 지급하도록 했다.

도감 회동좌기(會同坐起)에는 좌기할 때 소용되는 물품 또한 별도로 정

했다.

1. 좌기: 행보석(行步席)·차일장(遮日帳)·죽삭(竹索)[의례거행(依例擧行)], 토화로

(土火爐) 2·백력(白曆) 1[당각진배(當刻進排)]

1. 미목전봉상차하[米木錢捧上上下]: 백휴지 1근, 공장패(工匠牌) 3, 곡자평목

(斛子枰木) 1

1. 회동좌기: 계목지·계초지(啓草紙) 각 10장, 공사하지·백휴지 각 1근, 황

필(黃筆)·진묵(眞墨) 각 5, 자연(紫硯) 3면(面) 등[33]

도감에서 좌기할 때 필요한 자리, 종이, 문방구 등에 대한 지출을 예상하

고 이를 별도로 정했다.

---

32 英祖-貞純王后『嘉禮都監儀軌』,「稟目秩」, 己卯 5月 初7日.
33 英祖-貞純王后『嘉禮都監儀軌』,「甘結秩」, 己卯 5月 初7日.

제2장 가례와 도감, 그리고 각방(各房)과 각소(各所) 분장

가례의 육례에 따라 소용되는 물력에 대한 마련은 관사별로 구분되었다. 5월 9일 도감은 가례에서 육례 절차에 따라 예상되는 소요 물력을 「도감거행물목별단(都監擧行物目別單)」에 열기했다.[34] 별단에는 납채, 납징, 친영 등의 육례에 소요되는 물목을 비롯하여 '수라간소용(水剌間所用)', '등촉방소용(燈燭房所用)' 등과 같이 가례도감에서 필요로 하는 물목을 밝혀 적었다. 육례에 필요한 재원은 '본방수송(本房輸送)'과 '내수사수송(內需司輸送)'으로 구분하여 기록했다.

표9 「도감거행물목별단」 중 본방과 내수사 수송 내용[35]

구분	본방 수송	내수사 수송
내용	은자(銀子) 500냥　―호조 전문(錢文) 150관(貫) 　― 75관 호조, 75관 병조 목면 15동　― 병조 면주(綿紬) 2동 포자(布子) 3동 미 100석 태(太) 50석　― 이상 호조	전문 300관[감(減)100관, 실(實)200관] 　― 100관 호조, 100관 병조 목면 30동(감10동, 실20동)　― 병조 유철(鍮鐵) 300근(감200근 실100근) 주철(鑄鐵) 800근(감500근 실300근) 동철(銅鐵) 300근(감150근 실150근) 유랍(鍮鑞) 200근(감100근 실100근) 　― 이상 호조 부대보(不待報) 수송

육례에 필요한 재원은 은자(銀子), 전문(錢文)과 면포, 미, 태 등과 같은 화폐는 물론 유철(鍮鐵), 유랍(鍮鑞)의 현물도 대상이었다. 본방 수송 내용 중 전문을 예로 들면, 전문 150관은 호조와 병조에서 각 75관씩 본방으로 수송하도록 했다. 이 외에도 은자, 목면, 포자, 미, 태도 본방 수송 내용으로 확인된다. 내수사 수송 내용 중 전문 200관도 호조와 병조에서 각 100관씩 담당했다. 그리고 목면, 유철, 동철 등도 내수사 수송으로 정리되었다.[36] 본

34　英祖-貞純王后『嘉禮都監儀軌』,「啓辭秩」, 己卯 5月 初9日, 都監擧行物目別單.
35　英祖-貞純王后『嘉禮都監儀軌』,「啓辭秩」, 己卯 5月 9日
36　이들 내역은 1749년(영조 25) 간행된『國婚定例』(권1,「王妃嘉禮」)를 준용한 것이었다.

방과 내수사에 수송할 물목은 호조와 병조를 통해 준비되었다.

상의원에서 준비하는 물목이 있었다. 대내법복(大內法服) 중 대홍광직(大紅廣織)은 상의원의 홍단(紅緞)으로 대신하도록 했으며, 의대에 소용되는 문단, 광직에 대해 모두 상의원에 있는 것으로 사용하도록 했다.[37] 기명 중에서도 상의원에서 준비하는 내역이 있었는데, 여기에는 좌의정 신만의 의견이 작용했다. 그가 "별궁 기명 중 은기(銀器) 5종은 『가례정례』와 『상방정례』에 따라 상의원에서 만든 전례가 있다"[38]고 제시하면서 이 물종은 상의원에서 조성하도록 했다. 그리고 기명의 제작은 경외에 분정(分定)되기도 했다. 호조판서 홍봉한은 대례 때 호조에서 마련해야 할 물력은 전례에 따라 경외의 각처에 분정해야 한다고 주장했다.[39] 이에 따라 도감에서 각종 기명 제작에 소요되는 물력에 대해 경외 각처에 분정했다.

경중각사의 경우 군영에는 기명의 제작 등에 소용되는 물력이 배정되었다. 도감은 소용되는 숯 50석, 정철(正鐵) 3백 근을 정식(定式)으로 삼군문에 분정하고 수송하도록 했다.[40] 이에 따라 5월 8일 훈련도감, 어영청, 금위영에서는 분정된 물종과 내용을 수송하였다.[41] 소진된 물종에 대해서 다시 분정하기도 했다. 5월 17일 도감은 각종 기명을 만들기 위해 분정했던 숯이 다하자 삼군문과 총융청에 이문(移文)했다. 이문의 내용은 정철 각 300근, 숯 각 50석씩을 다시 분정하고 수송하도록 한 조치였다.[42] 이러한 도감의 일련의 조치에 따라 5월 19일 삼군문과 총융청에서 수송한 내역을 정리하면 표10과 같다.

---

37 英祖-貞純王后 『嘉禮都監儀軌』, 「啓辭秩」, 己卯 5月 11日.
38 英祖-貞純王后 『嘉禮都監儀軌』, 「啓辭秩」, 己卯 5月 15日.
39 英祖-貞純王后 『嘉禮都監儀軌』, 「啓辭秩」, 己卯 5月 12日.
40 英祖-貞純王后 『嘉禮都監儀軌』, 「移文秩」, 己卯 5月 日.
41 英祖-貞純王后 『嘉禮都監儀軌』, 「關文秩」, 己卯 5月 初8日. 삼군문에 숯과 정철을 수송하도록 했다.
42 英祖-貞純王后 『嘉禮都監儀軌』, 「移文秩」, 己卯 5月 17日. 禁營의 鐵, 炭은 冊禮都監都廳으로 이송했다.

표10 삼군문과 총융청 정철, 탄(炭) 이송 내역

구 분	내 용	비 고
훈련도감	정철 300근, 탄 50석	
어영청	정철 300근, 탄 50석	
금위영	정철 300근, 탄 50석	책례도감도청(冊禮都監都廳) 이송
총융청	정철 250근, 탄 40석	
계	정철 1,150근, 탄 190석	

　　삼군문은 정철 300근과 탄 50석을 각각 준비했으며, 총융청은 정철 250근과 탄 40석을 준비했다. 정철 1,150근과 탄 190석은 도감에서 기명 제작을 위한 물력으로 이용되었다.

　　공상(供上)과 의장에 대한 운영도 도감은 각 관사별로 조정했다. 5월 24일 예조는 삼간택 날에 소요되는 내역에 대한 단자를 후록했다. 이에 의하면 공상 등의 일은 해조(該曹) 및 해사(該司)로 하여금 전례에 따라 마련하도록 했음을 알 수 있다.[43] 그리고 6월 5일 도감은 가례 때 쓰기 위해 마련된 의장을 사용 후 내사복시 및 의장고에 보관하게 했다.[44] 이와 같이 도감에서 가례를 위해 필요한 물종과 기명제작에 소요되는 물력은 경중각사에 분정되고 있었다.

43　英祖-貞純王后『嘉禮都監儀軌』,「禮關秩」, 己卯 5月 24日.
44　英祖-貞純王后『嘉禮都監儀軌』,「啓辭秩」, 己卯 6月 初5日.

2 각방(各房)과 육례

가례에 있어 역할 분담은 각방별로 그리고 육례에 따라 정해졌다. 먼저
도감은 각방에 대한 사례를 통해 대전가례에서의 각방별 분장 내역을 정
했다.

일방(一房): 교명, 의대, 포진, 의주(儀註), 상탁(床卓)·함(函)·궤(櫃)

이방(二房): 중궁전연여(中宮殿輦輿) 1, 백택기(白澤旗) 2 — 줄(긑) 4, 홍양산(紅
陽繖) 1, 홍개(紅蓋)·청개(靑蓋)·청선(靑扇) 각 2, 봉선(鳳扇) 8, 작선(雀扇) 6,
모절(旄節) 4, 금·은등자(金·銀鐙子) 각 4, 은장도(銀粧刀)·금장도(金粧刀)·
은립과(銀立瓜)·금립과(金立瓜)·은횡과(銀橫瓜)·금횡과(金橫瓜)·은부월
(銀鉞斧)·금부월(金鉞斧) 각 2, 은간자(銀盂子)·은관자(銀灌子)·은교의(銀交
倚)·은각답(銀脚踏) 각 1, 주장(朱杖) 20 — 군기시(軍器寺)

삼방(三房): 옥책(玉冊) 1건, 갑(甲) 1, 외궤(外櫃) 1, 금보(金寶) 1과(顆), 보통(寶
筒) 1, 주통(朱筒) 1, 보록(寶盝) 1, 주록(朱盝) 1좌, 호박(護匣) 1태(馱), 각양
기명(各樣器皿)·상(床)·탁(卓)·금은유주목물제구(金銀鍮鑄木物諸具)[45]

가례도감에서는 일방과 삼방에 대해 대례에 소용되는 기명과 여러 도
구에 대한 별단을 준비하도록 했다.[46] 그리고 별궁에 진배하는 각종 물력

---

45 英祖-貞純王后『嘉禮都監儀軌』,「一房·二房·三房儀軌」, 本房所掌.
46 英祖-貞純王后『嘉禮都監儀軌』,「啓辭秩」, 己卯 6月 初8日.

에 대한 별단도 포함시켰다.[47] 일방과 삼방은 교명과 옥책을 비롯하여 상탁, 함궤 등에 대한 준비를 담당했다.

일방의 내역은 세분화되고 추가되었다. 빙재(聘財)의 미(米), 두(豆), 목(木), 포(布)는 삼간택 이튿날 수송하므로 도감 일방의 낭청으로 하여금 진배하게 했다.[48] 간택 뒤 셋째 날 별궁에 진배하는 예물과 납채한 뒤의 예물도 일방에서 별단을 준비했다.[49] 이 외에도 납징 하루 전과 당일의 본방예물과 정친예물(定親禮物)도 일방에서 준비했다.[50]

일방, 삼방과 달리 이방은 정일(正日)의 습의(習儀)와 관련이 있었다. 이방에서 관장하는 채단(采緞), 주저(紬苧), 잡물을 두는 곳간(庫間)은 별공작으로 하여금 수리 및 보강하게 했다. 그리고 가례 준비 과정에서 필요한 궤자 3부, 50냥 칭자, 30근 칭자 등을 이방에서 갖추어 진배하도록 했다.[51] 각종 정일 습의에서 교명(敎命)은 이방에서, 그 외의 옥책, 금보, 연여는 이방과 삼방에서 준비하게 했다.[52] 이러한 소임은 6월 14일 각방의 공역(工役)이 완료되고 제색 공장을 해산하면서 마무리되었다.[53]

각방에 대한 분장에 있어 그 역할과 운영에 대한 상고가 있었다. 이를 위해 임오년(1702, 숙종 28)과 갑자년(1744, 영조 20)의 등록 자료가 참고되었다.[54] 검토 결과 납채, 납징, 고기(告期), 책비(冊妃) 등과 같은 육례의 의절에 따른 물종 준비와 의절 진행의 역할이 분담되었다. 육례에 따라 각 관사에 소임이 분정되었으며, 여기에 소용되는 물력은 각방의 역할과 관련이 있었다.

---

47 英祖-貞純王后『嘉禮都監儀軌』,「啓辭秩」, 己卯 6月 初5日.
48 英祖-貞純王后『嘉禮都監儀軌』,「啓辭秩」, 己卯 6月 初8日.
49 英祖-貞純王后『嘉禮都監儀軌』,「啓辭秩」, 己卯 6月 初8日·6月 11日.
50 英祖-貞純王后『嘉禮都監儀軌』,「啓辭秩」, 己卯 6月 12~14日.
51 英祖-貞純王后『嘉禮都監儀軌』,「一房儀軌」, 稟目秩, 己卯 5月 日.
52 命服과 舃襪은 尙衣院에서 대령하게 했다(英祖-貞純王后『嘉禮都監儀軌』,「一房儀軌」, 稟目秩, 己卯 5月 日).
53 英祖-貞純王后『嘉禮都監儀軌』,「啓辭秩」, 己卯 6月 14日.
54 英祖-貞純王后『嘉禮都監儀軌』,「一房儀軌」, 稟目秩, 己卯 5月 日.

납채의(納采儀) 사례이다. 액정서(掖庭署)는 하루 전 어좌, 보안, 향안, 교서 안의 설치를 담당했으며, 장악원은 헌현(軒懸)을 진열했다. 초엄(初嚴)에 병조는 여러 시위를 정돈하고, 사복시는 연여의 진열과 어마의 준비를, 그리고 예조는 요여(腰輿)의 정리를 담당했다. 이엄(二嚴)에 예조는 교서함을, 삼엄(三嚴)에 상서원이 금보를 안(案)에 놓도록 했다.[55] 왕비가 집에서 납채를 받기 전날 전설사(典設司)가 포막(布幕), 막차 등을 설치했다.[56]

납징의(納徵儀) 경우이다. 액정서는 하루 전 어좌, 보안, 향안, 교서안 설치를 담당했고, 장악원은 헌현을 전정(殿庭)에 빌였다. 초엄에 병조는 제위(諸衛)를 거느리고 노부, 의장을 진열하거나 군사를 벌여 세우는 등 납채 때의 소임과 같았다. 이엄에 예조는 교서함을 안에 놓아두었으며, 사복시는 말을 벌여 세웠다. 삼엄 때 상서원이 금보를 안에 놓았다. 왕비가 집에서 납채를 받기 전날 전설사는 포막, 막차 등을 설치했다.[57]

고기(告期)에서의 분장이다. 액정서는 하루 전에 어좌를 명정전(明政殿)에 설치하는 것은 물론 보안, 향안, 교서안을 설치했고, 장악원은 헌현을 담당했다. 초엄 때 병조는 의장과 군사를 벌여 세우는 등 납채의를 준용했다. 이엄에 예조는 교서함을 안(案)에 놓아두고, 사복시는 연여 및 장마(杖馬)를 전정에 벌였다. 상서원은 삼엄에 금보를 안에 놓았다. 고기 하루 전 전설사는 왕비의 집 대문 밖에 막차, 포막을 설치했다.[58]

책비의(冊妃儀)에도 여러 관사가 관여했다. 하루 전 액정서와 장악원이 어좌와 헌현을 설치했다. 초엄에 병조는 납징의 예에 따라 제위(諸衛)와 군사를 정열하고, 병조는 왕비의 연과 의장을 설치했다. 예조는 이엄에 교명함 등을 안에 두고 상서원은 삼엄에 금보를 안에 두었다. 왕비가 책명을 받

---

55 英祖-貞純王后『嘉禮都監儀軌』,「一房儀軌」, 儀註秩, 納采儀.
56 英祖-貞純王后『嘉禮都監儀軌』,「一房儀軌」, 儀註秩, 妃氏第受納采儀.
57 英祖-貞純王后『嘉禮都監儀軌』,「一房儀軌」, 儀註秩, 納徵依·妃氏第受納徵儀.
58 英祖-貞純王后『嘉禮都監儀軌』,「一房儀軌」, 儀註秩, 告期依·妃氏第受告期儀.

기 하루 전 전설사는 포막 등을 설치하고, 사복시는 연을 포막 남쪽에 올렸으며 병조에서 왕비의 의장을 담당했다. 상궁과 내시가 또한 수행했다.[59]

친영에서 궁을 나갔다가 돌아올 때, 당일 병조는 의장과 시위를 분장하고 장악원은 헌현을 벌여 놓았다. 초엄에 사복시는 연여를 담당하고, 이엄에 상서원은 금보를 준비했다.[60] 납비친영의(納妃親迎儀)에서 전날 전설사가 대차(大次)를 왕비집 앞에 설치했다.[61] 친영 뒤 왕비전이 별궁에서 대궐로 갈 때에는 병조가 의장과 시위를 진열하고 장악원이 고취를 진열하였으며, 사복시 관원이 연여를 진열했다.[62]

동뢰의(同牢儀)에는 상궁이 수행했다.[63] 교명과 책보를 대궐에 나가거나 들일 때 전설사가 교명과 책보의 악차(幄次)를 담당했다.[64] 선온의(宣醞儀)에서는 통례원 관원이 지영(祗迎)하고 내자시 관원이 선온을 탁자에 놓았다.[65]

가례에 따른 의례 절차에 따라 예조, 병조, 액정서, 장악원, 사복시, 상서원, 전설사 등이 의절에 따른 소임을 분정했다. 그리고 각 의절에 따른 잡물과 물력은 각방 분정과 관련이 있었다.

1) 일방과 육례

(1) 인력 구성과 동원

일방의 운영을 위한 인력 규모와 구성이 정리되었다.

59 英祖-貞純王后『嘉禮都監儀軌』,「一房儀軌」, 儀註秩, 冊妃依·妃氏第受冊妃儀.
60 英祖-貞純王后『嘉禮都監儀軌』,「一房儀軌」, 儀註秩, 親迎時出還宮儀.
61 英祖-貞純王后『嘉禮都監儀軌』,「一房儀軌」, 儀註秩, 納妃親迎儀.
62 英祖-貞純王后『嘉禮都監儀軌』,「一房儀軌」, 儀註秩, 親迎後王妃殿自別宮詣闕儀.
63 英祖-貞純王后『嘉禮都監儀軌』,「一房儀軌」, 儀註秩, 同牢儀.
64 英祖-貞純王后『嘉禮都監儀軌』,「一房儀軌」, 儀註秩, 教命冊寶詣闕內入儀·敎命冊寶內出儀.
65 英祖-貞純王后『嘉禮都監儀軌』,「一房儀軌」, 儀註秩, 外宣醞儀.

낭청(2): 호조정랑, 병조정랑(→ 상의원첨정 → 공조좌랑 → 공조정랑)

감조관(監造官)(2): 세자익위사 세마, 전참봉

서리(7): 공조, 병조(2), 호조(2), 한성부, 병조

서원(2): 제용감, 장흥고

고직(1): 병조

사령(6): 호조, 사도시, 위장소, 와서, 의영고, 군기시 각 1명

가사령(1): 예빈시

수직군사(2): 포노군사(捕盜軍士)(2)[66]

일방에는 낭청 2명을 비롯하여 감조관 2명 등 모두 23명이 선임되었다. 낭청의 경우 호조정랑 1인과 더불어 병조와 상의원, 공조 등에서 1인이 차출되었다. 이 외에 서리, 서원, 고직, 사령은 호조와 병조를 비롯한 각사에서 지원되었다. 일방 구성원을 위한 물력이 배치되었다. 서리 7인과 서원 2인이 소용하는 백필 각 1자루와 같은 사례가 있다.[67] 이 외에도 일방의 수직(守直)에 대한 보강이 있었다. 좌·우포도청의 군관과 군사가 전례에 따라 주야로 간호(看護)하도록 좌경일패(坐更一牌)를 구성했다.[68] 이로서 일방의 운영을 위한 구성이 갖추어졌다.

　일방은 가례에 따른 소임인 기명제작을 달성하기 위한 공장을 운영했다. 윤6월 호조에서는 일방 공장의 현황을 공장질로 정리했다. 공장들은 모두 92명으로서 사자관에서부터 수모에 이르기까지 22가지의 소임으로 구분되었다(표11). 이들 공장은 일방의 역할인 교명, 의대, 포진을 비롯하여 상탁과 함궤(函櫃)의 제작을 담당했다.

66　英祖-貞純王后『嘉禮都監儀軌』,「一房儀軌」, 甘結秩.
67　英祖-貞純王后『嘉禮都監儀軌』,「一房儀軌」, 稟目秩, 己卯 5月 日.
68　英祖-貞純王后『嘉禮都監儀軌』,「一房儀軌」, 稟目秩, 己卯 5月 日.

표11　일방 공장질 현황[69]

구분	내용	구분	내용	구분	내용	구분	내용
사자관 (寫字官)	10	소목장 (小木匠)	8	조각장 (彫刻匠)	1	은장(銀匠)	1
화원(畵員)	7	다회장 (多繪匠)	2	천혈장 (穿穴匠)	1	인장(茵匠)	2
칠장(漆匠)	7	온혜장 (溫鞋匠)	5	마경장 (磨鏡匠)	1	침선비	4
옥장(玉匠)	1	두석장 (豆錫匠)	1	관자장 (貫子匠)	1	수모(手母)	25
책장(冊匠)	1	우산장 (雨傘匠)	3	병풍장 (屛風匠)	3	합계	92
입장(笠匠)	3	가칠장 (假漆匠)	4	각수(刻手)	1		

　공장들의 역할 수행을 위한 물력이 배치되었다. 소요 물종에 대해 실입 (實入)을 지원하도록 한 원칙에 따른 물력 내역은 아래와 같았다.

소목장: 영일여석(迎日礪石) 2편(片), 상원여석(祥原礪石) 1괴(塊), 도관(陶罐) 2개, 사어피(沙魚皮) — 방(方) 5촌(寸) 10편, 목적(木賊) 5전(錢), 방문리(方文 里) 2개, 궤자(樻子) 1부(部)

칠장: 영일여석 1편, 고수(羔鬚) 1냥, 태말(太末) 4되(升), 골탄(骨灰) 2말(斗), 방문리 7개, 수건포(手巾布) 4척(尺), 수건주(手巾紬) 2척, 상면자(常綿子) 15냥, 마미사(馬尾篩) 1부, 초사(綃篩) 1부, 송탄(松炭) 1두, 송연(松烟) 3냥, 거재저포(去滓苧布) 5척, 고음목(高音木) 4개, 칠기(漆機) 10개, 사자완(砂磁 盌) 3개, 당사발(唐沙鉢) 2립(立), 당대첩(唐大貼) 1립, 백항(白缸) 2좌(坐), 세 저포(細苧布) 2척, 파지의(破地衣) 2부(浮), 전배유둔(前排油芚) 4번(番), 사유

69　英祖-貞純王后『嘉禮都監儀軌』,「一房儀軌」, 工匠秩, 己卯 閏6月 日.

둔(四油芚) 2번, 진유(眞油) 5홉(合), 파장(破帳) 2부, 소색(小索) 2간의(艮衣),

미추(尾箒) 1병(柄), 궤자(櫃子) 1부

두석장: 강여석(强礪石) 1괴, 영일여석 1편, 방문리 2개, 장피(獐皮) 반령(半

令), 궤자 1부, 양판(樑板) 1좌

가칠장: 가저모(家猪毛) 4냥, 방문리 3개, 명유소정(明油小鼎) 1좌

병풍장: 장배판(長褙板) 1좌, 대전판(大剪板) 1개, 소전판(小剪板) 1개, 전판

차박단판(剪板次薄緞板) 1립, 수건면주·저포·백포(手巾綿紬·苧布·白布) 각

2척, 영일여석 1편, 사자완 1개, 방문리 1개

침선비: 토화로(土火爐) 1개, 인도·전도·위도·목척(引刀·剪刀·熨刀·木尺) 각

1개, 대·소전판 각 1개[70]

장인들이 각각 담당하는 물종 제작에 소요되는 물력을 정리했다. 대상
장인은 소목장, 칠장, 두석장, 가칠장, 병풍장과 침선비였다. 일방은 이들
물종을 확보하고 장인을 동원하여 가례에 요구되는 물종을 확보했다.

일방은 가례에서 기명제작을 위한 공장과 더불어 의례를 위해 동원된
인력을 구성했다. 먼저 차비관(差備官)이 동원되었다. 납채, 납징, 고기, 책
례에 있어 정사, 부사 이하 각 차비관의 내역을 파악할 수 있다(표12).

납채에서 책례에 이르기까지 동원된 관원은 모두 73명이었다. 이들은
장원서, 전설사, 장악원, 통례원 등에서 선정되었다. 6월 20일 교명과 책보
를 대내(大內)에 들여 예를 행할 때 각 차비관은 이조에서 담당했다.[71] 그리
고 같은 달 22일 친영한 뒤에 왕비가 대궐에 나아갈 때 교명, 옥책, 금보,
명복 등에 대한 차비관을 대령하는 것 또한 이조의 일이었다.

군사들도 동원되었다. 1759년(영조 35) 6월 4일의 사습의(私習儀)에는 좌포

---

70 英祖-貞純王后『嘉禮都監儀軌』,「一房儀軌」, 稟目秩, 己卯 5月 日.

71 英祖-貞純王后『嘉禮都監儀軌』,「一房儀軌」, 甘結秩, 己卯 5月 日.

제2장 가례와 도감, 그리고 각방(各房)과 각소(各所) 분장

표12 의절에 따른 차비관 현황[72]

구 분	인 원	비 고
납채	정사(正使)·부사(副使) 각 1원, 봉교문관(奉教文官)·거안자(擧案者) 각 2원, 장흉자(掌畜者)·알자(謁者)·빈자(儐者)·장차자(掌次者)·협률랑(協律郞) 각 1원, 예모관(禮貌官) 2원	장원서(掌苑署), 전설사(典設司), 장악원(掌樂院), 통례원(通禮院) 13명
납징	정사·부사 각 1원, 봉교문관·거안자·속백함차비관(束帛函差備官)·거안자 각 2원, 알자·빈자·장차자·협률랑 각 1원, 예모관 2원	16명
고기	정사·부사 각 1원, 봉교문관·거안자 각 2원, 알자·빈자·장차자·협률랑 각 1원, 예모관 2원	12명
책비	정사·부사 각 1원, 봉교명관(捧教命官)·거안자·봉욕석관(捧褥席官) 각 2원, 봉석말함관(捧舃襪函官) 1원, 봉명복관(捧命服官)·거안자·봉옥책관·거안자 각 2원, 봉욕석관 1원, 거독옥책안자(擧讀玉冊案者) 2원, 봉욕석관 1원, 봉금보관(捧金寶官)·거안자 각 2원, 봉욕석관·알자·빈자·장차자·협률랑 각 1원, 예모관 2원	32명

도청과 우포도청 포교가 군사를 거느리고 대령했다.[73] 빙재(聘財) 수송에 필요한 수레를 비롯하여 마부와 금도군(禁道軍) 2명을 전례에 따라 한성부와 병조에서 정해 보냈다.[74] 별궁 시위를 위한 관원은 이조와 병조에서,[75] 각종 정일과 습의에 참여할 내시도 의주에 의거하여 준비했다.[76] 친영 때 봉거(捧炬) 2쌍(雙)을 담당할 군인은 위장소에서 담당했다.[77]

차비의녀(差備醫女)가 동원되고 이들에게 소임이 있었다. 전례를 참조하여 6월 4일을 전후해서 사습의가 실시되었으며, 정습의(正習儀)도 별도로 진

72 英祖-貞純王后『嘉禮都監儀軌』,「一房儀軌」, 稟目秩, 己卯 5月 日.
73 英祖-貞純王后『嘉禮都監儀軌』,「一房儀軌」, 甘結秩, 己卯 5月 日.
74 英祖-貞純王后『嘉禮都監儀軌』,「一房儀軌」, 稟目秩, 己卯 5月 日.
75 英祖-貞純王后『嘉禮都監儀軌』,「一房儀軌」, 稟目秩, 己卯 5月 日. 가례 때에 腰輿 수보 등에 대해서는 임오년과 갑자년의 등록을 상고하기도 했다.
76 英祖-貞純王后『嘉禮都監儀軌』,「一房儀軌」, 稟目秩, 己卯 5月 日.
77 英祖-貞純王后『嘉禮都監儀軌』,「一房儀軌」, 稟目秩, 己卯 5月 日.

행했다.[78] 6월 11일 납징, 고기의 삼습의(三習儀)가 설행되었다.[79] 6월 15일은 책비, 친영의 외습의(外習儀)에 대해 의정부에서 행했으며,[80] 16일에는 수책 (受冊), 친영, 동뢰연의 내습의를 통명전에서 겸행(兼行)했다. 이 과정에서 각 의절에 따른 차비의녀 현황이 정리되었다.

표13 의절에 따른 차비의녀 현황[81]

구 분	내 용	인 원
왕비 수책	왕비위(王妃位), 부모(傅姆), 상궁(尙宮), 상의(尙儀), 시녀(侍女), 상침(尙寢), 상복(尙服), 배설(排設), 상기(尙記), 전언(典言), 홍양산, 청선, 전찬(典贊), 사찬(司贊), 향로(香爐), 향합(香盒), 향곶지(香串之), 향안(香案), 상전(尙傳), 명복(命服), 거안(擧案), 교명(敎命), 욕석(褥席), 옥책(玉冊), 전책(展冊), 독책(讀冊), 금보(金寶), 교의(交倚), 답장차비(踏掌差備)	54
친영	대전위(大殿位), 상궁, 계청(啓請), 시녀, 상의, 상전, 주인(主人), 왕비위, 부모, 상궁, 시녀, 상전, 배설차비(排設差備), 주모(主母), 고족상 (高足床), 욕석, 금월부(金鉞斧), 수정장(水晶仗), 홍양산, 청선, 여(輿), 촉(燭)	29
동뢰	대전위 왕비위, 상궁수규(尙宮受圭), 상식(尙食), 근배(巹杯), 집촉(執燭), 찬안(饌案) 대전종자(大殿從者), 향동자, 상(床) 대전종자(中殿從者), 향곶지, 촉대(燭臺) 대전배위석급욕(大殿拜位席及褥), 중전욕차비(中殿褥差備), 미수상(味數床), 집사, 색장(色掌)	38

의례별 각 차비의녀는 소임별로 분장되었다. 차비의녀는 모두 121명이 었다. 왕비가 책을 받을 때 54명을 비롯하여 친영, 동뢰연 때 대전과 왕비 전의 차비의녀가 각각 29명과 38명씩 배치되었다.

차비관과 차비의녀 외에도 각종 담배군과 부지군(負持軍)도 분정되었다. 이들은 육례의 습의는 물론 정일에 옥책과 금보를 대내에 들일 때 대령하

---

78 英祖-貞純王后『嘉禮都監儀軌』,「一房儀軌」, 稟目秩, 己卯 5月 日.
79 英祖-貞純王后『嘉禮都監儀軌』,「一房儀軌」, 甘結秩, 己卯 5月 日.
80 사습의도 의정부에서 설행했다(英祖-貞純王后『嘉禮都監儀軌』,「一房儀軌」, 甘結秩, 己卯 5月 日).
81 英祖-貞純王后『嘉禮都監儀軌』,「一房儀軌」, 稟目秩, 己卯 5月 日.

는 임무가 부여되었다. 담배군은 모두 83명이었다.[82] 이들은 요(腰)와 채여(彩輿) 각 2부의 담배군 40명, 마목군(馬木軍) 8명, 우비군 4명을 비롯하여 영거부장(領去部將) 8명, 교명배안상에 대한 부지군 2명, 욕석부지군 1명, 우비군 1명, 함상(函床) 3부에 대한 부지군 6명과 우비군 3명, 포진잡물부지군(鋪陳雜物負持軍) 10명으로 구성되었다.

일방은 운영을 위한 낭청 이하의 관원과 서리들을 구성하고 각사에 배정된 가례의 의절에 따른 차비관, 차비의녀는 물론 각종 담배군 등을 운영했다.

(2) 물력 운영

일방은 낭청부터 수직 군사의 인력에 필요한 물품을 운영했다. 일방 운영을 위해 필요한 물품 내용은 아래와 같았다.

본방에서 소용하는 공사하지 1권, 서리 7명과 서원 2명이 사용하는 백필 각 1병, 진묵 5정, 자연 3면, 문서 넣는 유오(柳筽)·유사(柳笥) 각 1부, 문서를 치부하기 위한 백지 1권과 백휴지 1근, 지배공석(地排空石) 8립을 급히 진배하며….[83]

물품은 일방에 소요되는 종이를 비롯한 붓, 먹 등의 문방구와 문서함 등으로 구성되어 있었다. 이러한 일방 공사원이 행정에 필요한 물력 외에 시설 운영을 위한 소요 물력도 지출되었다.

---

82 英祖-貞純王后『嘉禮都監儀軌』, 「一房儀軌」, 稟目秩, 己卯 5月 日. 포진잡물에 대한 부지군 10명은 병조와 예조에서 담당했다.
83 英祖-貞純王后『嘉禮都監儀軌』, 「一房儀軌」, 稟目秩, 己卯 5月 日.

온돌을 위한 소목(燒木)은 매일 반단, 등유 3석, 용지(龍脂) 2병(柄)을 상직하는 날에만 진배하며, 등잔으로 쓸 종자 1개, 목광명대(木光明臺) 1개와 북분토(北分土) 1부는 용환차(用還次) 진배한다. 그리고 축목(杻木)은 매월 1속(束)씩 진배할 것.[84]

일방의 역사가 시작되자 숙직을 위해 필요한 내용이었다. 지원 물력은 일방의 감조관이 윤회로 숙직함에 따라 상직일을 기준으로 산정되었다. 난방과 조명을 위한 물력이 배성되었으며, 종자 등 일부 물종은 용환(用還)을 전제로 동원되었다.

일방 장인이 담당하는 교명, 의대와 상탁 등 제작에 필요한 물종이 지원되었다. 교명 제작의 사례에 따르면 교명뿐 아니라 봉과(封裹)하는 데에도 많은 물력이 소용되었다. '교명봉과식(敎命封裹式)'을 통해 봉과에 필요한 단적인 소요 물력의 내역을 알 수 있다.

교명 1건, 옥축(玉軸)을 싸는 면화(綿花)[실입(實入)], 안을 싸는 다홍광직(多紅廣織) 2폭(幅), 금전지(金箋紙)를 갖춘 겹복(裌袱) 1건, 허리를 묶는 자적초(紫的綃) 영자(纓子) 1건, 담는 왜주칠궤(倭朱漆櫃) 1부, 다홍광직 시가(匙家)를 갖춘 쇄약(鎖鑰) 1부, 공간을 메우는 설면자(雪綿子)[실입], 의향(衣香) 2봉(封), 밖을 싸는 홍주(紅紬) 5폭, 금전지를 갖춘 단복(單袱) 1건, 신근봉지(臣謹封紙) 1개, 대표지(大標紙) 1개, 왜주칠배안상(倭朱漆排案床) 1좌, 홍주 6폭, 금전지를 갖춘 복건(覆巾) 1건, 상배채화석(上排彩花席) 1건, 하배자적토주욕(下排紫的土紬褥) 1건[85]

84 英祖-貞純王后『嘉禮都監儀軌』,「一房儀軌」, 稟目秩, 己卯 5月 日.
85 英祖-貞純王后『嘉禮都監儀軌』,「一房儀軌」, 敎命封裹式.

교명의 직조는 일방 주관으로 전례에 의거해서 상의원에서 거행했다.[86] 교명 1건에 대해 이를 봉과하는 데 소요된 물력은 면화, 겹복, 영자, 칠궤, 쇄약을 비롯하여 각종 종이와 안상(案床), 복건(覆巾) 등이었다. 교명의 내·외부를 싸거나 궤를 제작하는 데 소요되는 물력이었다.

육례에 따른 절차별로 소용된 물품과 이들 물품에 대한 각 담당처가 정리되었다. 육례의 절차와 일정은 다음과 같았다.[87]

간택(6월 9일) → 납채(6월 13일) → 납징(6월 17일) → 고기(6월 19일) → 책비(6월 20일) → 친영(6월 22일) → 동뢰(6월 22일)[88]

납채에서 책비까지 의례는 창경궁 명정전에서,[89] 친영은 별궁인 어의궁에서 이루어졌다. 혼인과 관련된 의식이 끝난 뒤 영조가 6월 23일 창덕궁 인정전에 나아감으로써 가례가 마무리되었다. 육례에 따라 필요한 기명의 제작과 마련은 일방에서 각사를 통해 조치되었다.

간택에 필요한 물종이 있었다. 삼간택(三揀擇) 이튿날 수송하는 빙재 중 정포 250필, 백미 200석, 황두 200석은 호조에서 담당했다.[90] 삼간택 뒤에 별궁으로 갈 때 사용될 지가(支架)는 상의원의 사약방(司鑰房)에서 대령하게

---

86 英祖-貞純王后『嘉禮都監儀軌』,「一房儀軌」, 稟目秩, 己卯 5月 日.
87 삼간택을 통해 김한구의 딸로 택정했으며, 대혼을 6월 22일 오시로 정했다[『영조실록』 권93, 영조 35년 6월 9일(무오)].
88 신병주(앞의 책, 2011, 138쪽)의 논고를 참고로 보완했음. 『영조실록』 권93, 영조 35년 6월 9일(무오)·6월 13일(임술)·6월 17일(병인)·6월 19일(무진)·6월 20일(기사)·6월 22일(신미); 英祖-貞純王后『嘉禮都監儀軌』,「一房儀軌」, 甘結秩, 己卯 5月 日.
89 英祖-貞純王后『嘉禮都監儀軌』, 啓辭秩, 己卯 5月 11日. 납채, 납징, 고기, 책비는 명정전에서 친행하고 삼간택은 통명전에서 행하도록 했다.
90 英祖-貞純王后『嘉禮都監儀軌』,「一房儀軌」, 稟目秩, 己卯 5月 日.

했으며, 부지군의 복장은 사복시, 공조, 제용감에서 제공하게 했다.[91]

납채에 소용되는 종이와 함, 그리고 안상과 기러기 제작에 소요되는 물종과 담당 관서가 정해졌다. 소요되는 물종은 교문지(敎文紙) 1장, 흑칠중함 1부, 당주홍칠 안상 1좌, 생안(生雁) 1수(首), 답전문지 1장, 흑칠함 1부였다. 교문지의 경우 문지(文紙)는 조지서에서, 흑칠중함과 당주홍칠안상은 상방에서 만들도록 했다. 흑칠중함의 제작에는 내리홍초(內裏紅綃) 3폭 협보 1건과 외리홍주(外裏紅紬) 6폭 단보 1건이 소요되며 이것도 상방에서 제작해 만들도록 했다. 납채 때 소요되는 물종은 조지서, 승문원, 상의원의 협조가 있었다.[92]

납징에서 일방은 교문지 1장, 흑칠중함 1부, 당주홍칠안상 1좌, 현색모단 6필, 훈색광직 4입, 당주홍칠단상 1좌, 외주홍칠속백함 1좌, 승마 4필, 답전문지 1장, 흑칠함 1부를 준비했다. 이 중 흑칠중함과 당주홍칠안상은 상의원에서, 승마 4필은 사복시에서 마련했다.

일방은 고기에서 교문지 1장, 당주홍칠중함 1부, 당주홍칠안상 1좌, 답전문지 1장, 흑칠함 1부를 준비했으며, 이 중 당주홍칠중함과 당주홍칠안상은 상의원에서 만들었다. 책비 때 교명 1부, 왜주홍칠궤 1부, 홰주상칠배안상 1좌, 자적토주욕 1건, 당주홍칠안상 1좌를 일방에서 담당했다. 교명은 상의원에서 직조했다.

친영에서 일방은 생안 1수, 왜주홍칠전안상 1좌, 자적토주욕 2건, 홍주욕 1건, 화룡촉 1쌍, 당주홍칠촉함 1부, 마 1필, 전안배위만화단석 1건을 준비했다. 이 중 왜주홍칠전안상, 자적토주욕, 홍주욕은 상의원에서, 친영일 별궁에서 대궐로 갈 때 지가부지군(支架負持軍)의 복색은 사복시에서 담당했

---

91   英祖-貞純王后『嘉禮都監儀軌』,「一房儀軌」, 稟目秩, 己卯 5月 日.
92   英祖-貞純王后『嘉禮都監儀軌』,「一房儀軌」, 六禮時擧行秩.

다.[93] 그리고 친영일에 왕비가 대궐로 갈 때 시녀기마(侍女騎馬) 20필과 의녀기마(醫女騎馬) 2필, 향통·배기마(香桶陪騎馬) 1필은 구종(丘從)을 갖추어 외사복시(外司僕寺)에서 조치하게 했다.[94] 친영 때 소용되는 전안상(奠雁床) 1좌는 상의원에서 만들고,[95] 거(炬)는 공조가, 봉거(捧炬)하는 군인들이 착용하는 홍의(紅衣)는 제용감에서 준비하게 했다.[96]

동뢰(同牢)에서의 일방 조치 사항이다. 자적토주욕 1건, 홍주욕 1건, 화룡촉 2쌍, 당주홍칠촉함 1부, 홍사촉 5쌍, 당조홍칠촉함 1부, 홍육촉 40병, 홍팔촉 40병, 당주홍칠가함 1쌍, 요여 2부, 채여 2부가 준비되었다. 이 중 지적토주욕, 홍주욕은 상의원에서 만들도록 했다.

육례에 따른 기명의 준비와 더불어 일방은 예물도 담당하였다. 그 내용은 예물에 대한 별단에서 알 수 있다. 빙재, 별궁예물, 납채 및 납징과 관련한 본방예물, 정친예물, 납징예물이 해당되었다. 빙재 중 정포 250필은 제용감에서, 정목 250필은 호조, 백미와 황두 200석은 광흥창에서 마련하도록 했으며,[97] 이들을 일방의 낭청이 조검해서 수송했다. 납징예물 중 화은(花銀) 50냥은 공조에서 주조했다.[98]

일방은 의대를 상의원을 통해 조비했다. 「일방의궤」에 그 내역이 상기되어 있다. 상의원은 대전 법복과 의대, 중궁전 법복과 의대, 대내 진배, 별궁진배, 동뢰연 진배, 별궁기명을 비롯하여 상궁 4인, 시녀 4인과 유모 1인, 기행 나인 4인, 보행 나인 4인, 귀유적 나인 20인의 착용 의복을 준비했다.[99] 중궁전 의대에 대해서는 소용되는 물목이 별도로 정리되었다.

93   英祖-貞純王后『嘉禮都監儀軌』,「一房儀軌」, 稟目秩, 己卯 5月 日.
94   英祖-貞純王后『嘉禮都監儀軌』,「一房儀軌」, 稟目秩, 己卯 5月 日.
95   英祖-貞純王后『嘉禮都監儀軌』,「一房儀軌」, 稟目秩, 己卯 5月 日.
96   英祖-貞純王后『嘉禮都監儀軌』,「一房儀軌」, 稟目秩, 己卯 5月 日.
97   英祖-貞純王后『嘉禮都監儀軌』,「一房儀軌」, 各樣禮物依點下擧行別單秩.
98   英祖-貞純王后『嘉禮都監儀軌』,「一房儀軌」, 各樣禮物依點下擧行別單秩, 納徵禮物.
99   英祖-貞純王后『嘉禮都監儀軌』,「一房儀軌」, 尙衣院依點下擧行別單秩. 이와 관련해서는 『尙房定例』(권

겹장삼(袷長衫) 1[대홍광직(大紅廣織) 1필], 개오(蓋襖) 1(대홍광직 30척), 경의(景衣) 1[남광사(藍廣紗) 12척] 겹면사(袷面紗) 1[자적광사(紫的廣紗) 10척], 댕기(首沙只) 1[자적라 사조리(紫的羅 四條里)], 고쟁이(串衣) 1[초록토주(草綠吐紬) 1필], 핫저고리(襦赤古里) 1(초록토주 1필), 겹저고리(袷赤古里) 1(자적초 16척), 유호수(襦胡袖) 1[자적토주(紫的吐紬) 1필], 겹치마(袷赤亇) 1(대홍광직 1필), 핫치마(襦赤亇) 1[남광직(藍廣織) 1필], 핫치마 1(자적토주 1필), 세수장삼(洗手長衫) 1[초록정주(草綠鼎紬) 1필], 노의대(露衣帶) 1(자적라 6척7촌), 자초립(紫綃笠) 1(자적초 1척5촌), 겹나올(袷羅兀) 1(자적라 8척5촌), 흑웅피화온혜(黑熊皮花溫鞋) 1부, 각양의대에 쓰는 보자기(各樣衣襨所裹袱)[대홍주(大紅紬) 1필][100]

일방에서는 육례에 따른 의대를 상의원을 통해 확보했다. 이 중 중궁전 의대 제작에 소요되는 물력을 파악하고 준비했다. 일방은 각사와의 관계 속에서 가례에서 분장된 내역에 대한 운영을 담당했다.

일방은 상의원 외의 여러 각사로 역할을 다시 분정하였다. 납채와 친영에 장휵자(掌畜者)가 타는 말 1필은 사복시에서,[101] 친영 및 동뢰연에 소요되는 금홍촉, 심홍촉, 홍사촉, 홍육촉, 홍팔촉 등은 의영고에서 담당했다.[102] 습의에서 침속향(沈束香), 부용향(芙蓉香), 향탄(香炭) 등은 각사의 관원이 몸소 진배하도록 했으며, 향용정(香龍亭) 1부는 의장고(儀仗庫)에 있는 것으로 대령하게 했다.[103]

3, 別例下, 國婚-王妃嘉禮時) 참조. 의대에 대해서는 다음의 논고가 참고된다. 심승구, 「조선시대 왕실혼례의 추이와 특성」, 『朝鮮時代史學報』 41, 朝鮮時代史學會, 2007; 황문환 외 『정미가례시일기 주해』, 한국학중앙연구원출판부, 2010.

100 英祖-貞純王后 『嘉禮都監儀軌』, 「一房儀軌」, 尙衣院依點下擧行別秩, 中宮殿衣襨.

101 英祖-貞純王后 『嘉禮都監儀軌』, 「一房儀軌」, 裏目秩, 己卯 5月 日.

102 英祖-貞純王后 『嘉禮都監儀軌』, 「一房儀軌」, 裏目秩, 己卯 5月 日.

103 英祖-貞純王后 『嘉禮都監儀軌』, 「一房儀軌」, 裏目秩, 己卯 5月 日.

2) 이방

(1) 인력 구성과 동원

이방의 인력 운영도 일방의 사례에 따라 관원과 공장으로 구성되었다. 이방 운영을 위한 관원은 모두 22명으로 표14와 같다.

표14 이방의 구성[104]

구분	인원	구분	인원	구분	인원
낭청	2	서원	2	수직군사	2
감조관	2	고직	1	연여수직군사 (輦輿守直軍士)	2
서리	4	사령	5	포도군사	2

낭청은 의빈부도사 어석정(魚錫定, 1731~1793)과 예조정랑 강윤(姜潤, 1701~1782)[105]이었으며, 감조관은 세자익위소시직(世子翊衛所侍直) 서명부와 부사용 임매였다. 서리는 한성부, 병조, 호조, 장예원에서 각 1명씩 차출되었고, 서원도 사도시와 군기시에서 동원되었다. 고직은 사복시에서, 사령은 공조, 장악원, 사재감, 군기시, 위장소에서 지원되었다.[106]

이방의 소임과 관련한 기물의 제작을 목적으로 공장이 운영되었다. 공장은 지방에서도 동원되었다.

본 도감에서 일하고 부리는 것이 매우 많고 때가 급하다. 그러므로 주렴장(朱簾匠) 강민(姜民) 등 8명이 고양관에 있으니 빨리 보내라. 그런데 혹시 탈

---

104 英祖-貞純王后『嘉禮都監儀軌』,「二房儀軌」, 己卯 6月 日, 本房所掌.
105 강윤은 5월 9일에 부사과 신확으로 교체되었다.
106 수직군사 2명, 포도군사 2명도 정해서 보내도록 했다(英祖-貞純王后『嘉禮都監儀軌』,「二房儀軌」, 稟目秩).

이나 사고가 있으면 숙련된 장인으로 대신 보내라는 뜻으로 알릴 것.[107]

　장인의 경우 소재관에서 차출되어 지원되었으나, 유고가 발생하면 선수
장인으로 대신 기송하도록 했다. 이러한 근거에 따라 1759년(영조 35) 5월
12일 이방은 경기 감영에 이문했다. 그 결과 강민 등 8명의 장인을 대신하
여 고양관에서 김세건, 정석주, 이시택, 정만재, 양두거비 등 5명이 주렴장
으로 차출되었다.[108]

　이방은 언여를 비롯하여 기(旗), 양산(陽繖), 선(扇), 도(刀), 괴(瓜), 부(斧) 등
가례에 필요한 물종을 담당했다. 운영 공장 현황은 표15와 같았다.

　이방에서 운영하는 공장질은 화원, 은장, 야장, 목수를 비롯하여 조각장,
마조장, 도자장 등으로 구성되었다. 이와 같은 전체 장인 규모는 29종의
71명과 소조리장 1패였다. 일방의 공장 92명과 유사한 규모로 구성되어 있
었다. 일방과 이방의 공장 차이는 각방에 분정된 소임의 상이함에서 기원
한다.

　이방에 분정된 의절에 따른 인력 중 차비의녀도 있었다. 차비의녀는 대
전(大殿) 의장차비의녀(儀狀差備醫女) 115명, 왕비 의장차비의녀 60명으로 모
두 175명이었다. 이방은 이들을 공조를 비롯하여 상의원의 침선비, 각사의
비자(婢子) 중에서 가려 습의에 동원했다.[109] 의녀 외에 의장차비에 필요한
인력은 이전 등록을 상고하였다. 그 결과 대전과 중궁전의 의장차비 수효
가 185명으로 확인되었으며, 이 내용에 대한 절충이 이루어졌다. 의장차비

107　英祖-貞純王后『嘉禮都監儀軌』, 「二房儀軌」, 移文秩, 己卯 5月 12日 畿營.
108　英祖-貞純王后『嘉禮都監儀軌』, 「二房儀軌」, 工匠秩. 이러한 관례에 따르면 실록의 인간(印刊)에 있어
　　지방에 소속된 균자장(均字匠)이 동원되었으며, 이들은 팔도 감영의 각읍과 소속 군현뿐만 아니라
　　사찰도 대상이었다(김상호, 「肅宗實錄儀軌의 本廳文書에 관한 硏究」, 『書誌學硏究』 52, 韓國書誌學會, 2012,
　　147~148쪽).
109　英祖-貞純王后『嘉禮都監儀軌』, 「二房儀軌」, 工匠秩.

표15 이방 공장질 현황[110]

구분	인원	구분	인원	구분	인원	구분	인원	구분	인원
화원	7	피장	1	모절장	2	개아장 (蓋兒匠)	2	모의장	2
은장	2	시장	2	양산장	2	사립장 (斜笠匠)	1	소조리장	1패
야장(冶匠)	1	진칠장	5	원선장 (圓扇匠)	1	가칠장	2	안자장	1
목수(木手)	2	두석장	4	조각장	4	매집장 (每緝匠)	4	마조장	1
줄장(乼匠)	2	소목장	6	조과장	3	마경장	2	도자장	2
기장(旗匠)	2	천혈장	2	다회장	4	입사장	2	합계	71+1패

는 대전 의장은 소가(小駕) 53명, 중궁전의 의장은 50명에 교체를 고려하여 예차(預差) 10명을 더 정한 결과 모두 113명으로 결정되었다. 이들은 의녀, 침선비 및 각사의 여종 중에서 정해졌다.[111]

공장과 의녀 외에도 인력에 대한 운영이 있었다. 삼간택 뒤 별궁으로 나아갈 때 옥교군 20명은 병조와 위장소에서 정하여 대령했다.[112] 연여는 모시고 온 뒤로 예조의 대청에 봉안하고, 연직(輦直) 2명을 등록에 근거하여 배정했다.[113] 그리고 각종 의장을 만들 때 취색군(取色軍) 20명을 위장소에서 정해 보내도록 했다.[114]

(2) 물력 운영

일방의 사례에 따라 이방도 운영을 담당한 관원과 서리에게 소요되는

---

110 英祖－貞純王后『嘉禮都監儀軌』,「二房儀軌」, 稟目秩.
111 英祖－貞純王后『嘉禮都監儀軌』,「二房儀軌」, 稟目秩.
112 英祖－貞純王后『嘉禮都監儀軌』,「二房儀軌」, 稟目秩.
113 英祖－貞純王后『嘉禮都監儀軌』,「二房儀軌」, 稟目秩.
114 英祖－貞純王后『嘉禮都監儀軌』,「二房儀軌」, 稟目秩.

물력이 마련되고 지출되었다. 이방 소속의 관원 22명 중 낭청에서 서원에 이르는 10명이 운영을 위해 소용하는 물력은 다음과 같았다.

낭청·감조관: 좌기(坐起) 때 점화목(點火木)[매일 반의반 단], 축목(杻木)[매월 1단]

서리·서원: 거접방(居接房) 온돌목(溫突木)[매일 반의반 단], 등유(3석)

서리(4)·서원(2): 백휴지(2근), 공사하백지(公事下白紙) 1권, 백필·진묵 각1, 자연 2면, 지대차후유시(紙帒次厚油紙) 1장, 등록가의차동당낙폭지(謄錄假衣次東堂落幅紙) 1사(事), 문서입성유사(文書入盛柳笥) 1부, 잡물상하봉상시 소용분칭(雜物上下捧上時所用分稱) 1, 오십냥칭자(五十兩稱子) 1, 삼십근칭자(三十斤稱子) 1, 유승합(鍮升合)·목두승(木斗升) 각1, 망석(網席) 2립, 공장패(工匠牌) 2[115]

낭청, 감조관은 물론 소속 서리와 서원에 대해 공동으로 혹은 소관 임무에 따라 사용되는 물력이 대상이었다. 감조관에게는 직숙(直宿)에 대한 지원을 위해 등잔에 소용되는 종자 1, 광명대 1을 용환차(用還次) 진배하였으며, 상직하는 날에는 등유 3석을 진배했다.[116] 이들 이방 소속 관원 등을 지원하는 물력에 대한 정식이 확립되고 난방과 조명 그리고 문방구에 대해서도 등급에 따라 구분했다.

관원과 서리 외의 인력이 소용하는 물종에 대한 지원도 있었다. 군직 감조관 1원이 매일 좌기할 때 소용되는 지의, 등매, 초방석, 북분토, 우산, 요강, 대야, 타구, 벼룻돌, 서안, 붓과 먹 등이 준비 되었다. 다모와 장인들에 대한 소용 물력의 현황은 다음과 같다.

115 英祖-貞純王后『嘉禮都監儀軌』, 「二房儀軌」, 稟目秩.
116 英祖-貞純王后『嘉禮都監儀軌』, 「二房儀軌」, 稟目秩.

다모(茶母) 1명: 도동해(陶東海)·소라(所羅)·다보아(茶甫兒)·사대첩(沙大貼)·
휘건(揮巾)·안식(安息) 각 1

제색장인(諸色匠人): 공석(公席) 35립(立), 토화로(土火爐) 6, 봉로(烽爐) 2, 각양
채단입성궤(各樣綵緞入盛櫃) 3부 ― 구쇄약(具鎖鑰), 가함(假函) 2부, 홍주사
폭복(紅紬四幅袱) 2건, 홍목사폭복(紅木四幅袱) 2건, 문서입성궤자(文書入盛
櫃子) 1부 ― 구쇄약[117]

다모가 사용하는 그릇들을 비롯하여 장인에게 필요한 자리와 화로 그리
고 궤와 함 등이 조치되었다. 이들은 이방의 소임 중 습의 준비 및 그와 관
련한 기명, 도구의 제작을 위한 인력에게 필요한 물종이었다.

이방의 물력 운영을 위해 전례에 대한 분석이 선행되었다. 연여의 제작
을 담당한 이방은 장인의 운영은 물론 가례에 소요되는 물력의 준비를 위
해 등록을 참고했다.

연(輦)과 여(輿)의 익장(翼帳)을 싸는 자적오폭보(紫的五幅袱) 1건은 임오년 등
록에 [기록이] 없습니다. 그런데 갑자년 등록에는 해당 도감이 만들고 제작
해서 바치도록 할 일이라고 수록되어 있습니다. 이는 마땅히 들여야 할 물
종이니 갑자년의 전례에 의거해서 준비하는 일로 감결을 받드는 것이 어
떠합니까?[118]

연여를 장식하는 데 소요되는 보에 대한 검토였다. 임오년, 즉 1702년(숙
종 28)과 갑자년인 1744년(영조 20)의 등록을 대상으로 상고한 결과 갑자년의
전례가 준용되었다. 전례에 대한 검토가 있은 후 자적오폭보를 이방에서

117 英祖-貞純王后『嘉禮都監儀軌』,「二房儀軌」, 稟目秩.
118 英祖-貞純王后『嘉禮都監儀軌』,「二房儀軌」, 稟目秩.

차비할 물종으로 정리되었다.

등록을 참고하여 전례에 대한 검토 결과가 정리되었다. 일례로 이방에서 대전가례때 담당하는 물종 중 중궁전을 대상으로 한 내역은 아래와 같았다.

연여 1좌, 백택기 2, 홍양산 1, 홍개 2, 청개 2, 청선 2, 봉선 8, 작선 6, 모절(旄節) 4, 금등자(金鐙子) 4, 은등자(銀鐙子) 4, 은장도 2, 금장도 2, 은립과 2, 금립과 2, 은횡과 2, 금횡과 2, 은부월(銀斧鉞) 2, 금부월 2, 은간자(銀乫子) 1, 은관자 1, 은교의(銀交倚) 1, 은각답 1, 주장(朱杖) 20[119]

이들 물종들은 이방 주관으로 별공작을 통해 조달했다. 이 외에도 별공작의 역할이 있었다. 목물시탄고 3칸, 의장장치고 3칸을 비롯하여 제색공장이 거접하는 가가(假家)에 대해서도 별공작의 임무였다. 이 과정에서 설정된 각 장인별 가가의 칸수가 확인되었다.

소목장 3, 야장 2, 피장(皮匠) 1, 다회장(多繪匠) 1, 마경장·천혈장·주장(注匠) 2, 궁장(弓匠)·관자장(貫子匠) 2, 모절장(毛節匠)·입사장(入絲匠)·납장(鑞匠)·안자장(鞍子匠) 등 3, 두석장·도자장(刀子匠)·은장·마조장(磨造匠) 2, 연여장 횡강착칠토우(輦輿長橫杠着漆土宇) 2칸 반[120]

장인들에게는 모두 18칸 반의 가가 조성이 이루어졌다. 이 또한 이방에서 별공작을 통해 마련했다. 이러한 가가의 마련과 조치도 이방의 소임으로 그 과정에서 물력 운영이 검토되고 있었다.

119 英祖-貞純王后『嘉禮都監儀軌』,「二房儀軌」, 本房所掌.
120 英祖-貞純王后『嘉禮都監儀軌』,「二房儀軌」, 稟目秩.

연여의 의장을 만들 때 참여하는 장인과 이들이 소요하는 잡물의 소요 내역이 정리되었다. 장인의 구성은 다음과 같았다.

은장, 천혈장, 납장, 칠장(漆匠), 소목장, 주장(鑄匠), 기장, 시장(匙匠), 줄장(乷匠), 입사장, 마경장, 남염장(鑞染匠), 모절장, 화원, 침선비, 두석장, 동장(銅匠), 피장, 피립장(皮笠匠), 월내장(月乃匠), 목수, 주렴장, 야장, 도자장, 병풍장, 부금장(付金匠), 궁장, 마조장, 소로장(小爐匠), 대인거군(大引鉅軍), 제색장인등(諸色匠人等)[121]

은장, 소목장, 두석장, 동장, 도자장 등 32종의 장인이 동원되었다. 이들 장인 중 동장이 소용하는 내역의 사례를 살펴보면 아래와 같았다.

소로(小爐)(1좌), 수건포(2척), 백휴지(1양), 교철(橋鉄)[4개(箇)], 모로대(毛老臺)(2부), 자작판(自作板)[반립(半立)], 궤(1부, 구쇄약), 파유둔(破油芚)(1부), 강려석(强礪石)(1괴)[122]

이방은 동장이 연여의 의장 제작에 소용하는 물종으로 화로, 모로대와 여석 등을 파악했다. 그 외 여러 장인이 소용하는 물품을 항목별로 정리하고 준비했다.

가례에 대한 지출 절검조치에도 이방이 담당한 물종의 지출항목이 사라진 것은 아니었다. 연여는 대전의 부연(副輦)을 수보해서 사용하고 대전의 부연은 덕응방(德應房)에 있는 것을 수보해서 사용하도록 했다.[123] 그럼에도

---

121 英祖-貞純王后『嘉禮都監儀軌』,「二房儀軌」, 稟目秩.
122 英祖-貞純王后『嘉禮都監儀軌』,「二房儀軌」, 稟目秩.
123 英祖-貞純王后『嘉禮都監儀軌』,「二房儀軌」, 稟目秩.

불구하고 수비(修備)과정에서 개비(改備)가 불가피한 항목이 있었다.[124] 연여의 장식철물 중 새로 준비하는 데 소요되는 물력을 확인하고 이들을 두석장식소입(豆錫粧飾所入), 정철장식소입(正鐵粧飾所入), 연추정철장식소입(椽樞正鐵粧飾所入)으로 정리했다.[125] 이 경우 철탄은 도청의 것으로 지급하도록 했으나 여전히 이방 소임을 위한 물력에 포함되었다.

이방에서는 등록을 상고하여 연 안에 까는 초록대단좌(草綠大緞座), 적호피좌자(赤狐皮座子), 만화방석(萬花方席), 자적선구(紫的縇具)를 상의원과 장흥고에서 만들어 간품하여 사용하려 했다.[126] 금전지의 제직 과정에서 필요한 물품의 마련과 운영에 계인(契人)을 이용하거나 호조의 지원을 받았다.[127] 등록을 참고하여 새로 만드는 의장에 소요되는 물력 중 의장 신조에 소요되는 물력에 대해 정리했다. 철탄은 도감에서 담당하도록 했기 때문에 제외했다. 신조 대상 의장의 현황은 아래와 같았다.

백택기(2), 홍양산(1), 은등자(4), 금등자(4), 은장도(2), 금장도(2), 은립과·금립과(각2), 모절(4), 청선(2), 청개(2), 작선(6), 홍개(2), 은횡과·금횡과(각2), 은월부(銀鉞斧)·금월부(각2), 은관자(1), 은우자(銀盂子)(1), 은교의(銀交椅)(1), 은각답(1), 좌자(座子)·의자(倚子)(각1), 봉선(8), 백택기·홍개·청개·홍양산(합7), 담통(7)[128]

24종의 의장은 백택기, 은립과, 금월부를 비롯하여 은교무, 의자 등이었

124 英祖-貞純王后『嘉禮都監儀軌』,「二房儀軌」, 稟目秩.
125 英祖-貞純王后『嘉禮都監儀軌』,「二房儀軌」, 稟目秩.
126 英祖-貞純王后『嘉禮都監儀軌』,「二房儀軌」, 稟目秩. 輦의 안에 까는 赤狐皮座子와 草綠座子를 덮는 자적오폭보도 該司에 담당하게 했다. 특히 자적오폭보에 대해서는 숙종조와 영조조의 가례등록을 살핀 결과 1744년(영조 20) 갑자년의 기록을 준용하도록 했다.
127 英祖-貞純王后『嘉禮都監儀軌』,「二房儀軌」, 稟目秩.
128 英祖-貞純王后『嘉禮都監儀軌』,「二房儀軌」, 稟目秩.

다. 이들 중 백택기 2건, 홍개 2건, 청개 2건, 홍양산 1건, 담통 7건에 소요
되는 주장(朱杖) 20개는 군기시에서 담당하도록 했다.

의장과 더불어 의장병목(儀仗柄木)도 이방에서 조비해야할 부분이었다.
의장병목에 소용되는 가시목(加時木)에 대해 군기시에 감결하여 간품한 결
과 쓸 만한 것이 9그루뿐이었다. 이에 따라 부족한 36그루는 훈련원에 저
축한 창병목(槍柄木)을 사용했다.[129]

가례에 참여하는 옥교군, 담배군 등의 복식에 대한 조치가 있었다. 삼간
택 뒤 별궁으로 나아갈 때 유옥교(有屋轎)는 대내에서 내어 쓰도록 했다.[130]
그리고 옥교군이 착용하는 의복은 의장고(儀仗庫)에 있는 것으로 간품하였
으며, 색이 변했을 경우에는 관사로 하여금 보수하게 했다.[131] 옥교군과 더
불어 담배군에 대한 조치가 있었다.

삼간택 후 별궁에 이를 때 담배군이 착용하는 의복 등의 물품은 각사에서
거행하는 일로 감결을 받들었습니다. 전교의 내용 중에 "삼간택과 별궁에
이를 때에 담배를 호연대(扈輦隊)로 하는 것은 바람직하지 않다. 일의 모양
새가 다름이 있어 사복의 군인이 청의(靑衣)와 청건(靑巾)으로 담배하게 해
서 이 뒤로는 법을 정해서 시행하는 것이 합당하다"고 또한 이르셨습니다.
군인의 복색을 새로이 만들어 거행하는 일에 대한 감결을 해당 감영에 내
는 것이 어떻습니까?[132]

이방은 담배군의 의복을 각사를 통해 조치하는 데 대한 감결을 받아 시
행하였다. 다만 이 중 사복시에서 동원된 인력들은 청색 의건(衣巾)으로 복

---

129 英祖-貞純王后『嘉禮都監儀軌』,「二房儀軌」, 稟目秩.
130 英祖-貞純王后『嘉禮都監儀軌』,「二房儀軌」, 稟目秩.
131 英祖-貞純王后『嘉禮都監儀軌』,「二房儀軌」, 稟目秩.
132 英祖-貞純王后『嘉禮都監儀軌』,「二房儀軌」, 稟目秩.

색을 갖추고 담배군으로 참여하도록 했다. 이들 의견에 대해서는 새로 제작하되 감영을 통해 준비하도록 했다. 그리고 정련배(正輦陪) 및 의장군(儀仗軍)이 입을 옷이 규정되었다.

> 정련배 40명: 홍의(紅衣), 두건(頭巾), 홍목대(紅木帶), 청행전(靑行纏), 운혜(雲鞋), 학창(鶴氅)[이상 각 40건]
>
> 의장군 57명: 홍의, 청의(靑衣)[합 57건], 피립(皮笠) 50건, 청두건(靑頭巾)·홍목대[각 7건][133]

정련배 40명을 비롯하여 의장군 57명이 갖추는 복식을 위한 물종을 전례에 따라 실수대로 시행하도록 했다. 그리고 귀유적(歸遊赤) 20명이 착용하는 홍의, 자의 각 10벌씩과 흑단운혜 20, 다회 20, 청목행전 20, 감두 20, 두석토환자 20 등의 물목은 상의원, 제용감에서 만들어 간품한 다음 내시부에 진배하도록 했다.[134]

대전과 중궁전의 내·외습의에 있어 가의녀가 착용하는 의복은 수효에 맞추어 동·서활인서(東西活人署)에서 준비하도록 했다.[135] 대전의장(大殿儀仗)의 각양우비(各樣雨備)는 장흥고에서 마련하게 하고 그 수효를 확인하여 의장고에 맡겼다. 더불어 중궁전 연여의 의장이 완비되자 전례에 따라 내사복시(內司僕寺) 및 의장고에 보관했다가 책례날을 대비하게 했다.[136]

---

133 英祖-貞純王后『嘉禮都監儀軌』,「二房儀軌」, 稟目秩.
134 英祖-貞純王后『嘉禮都監儀軌』,「二房儀軌」, 稟目秩.
135 英祖-貞純王后『嘉禮都監儀軌』,「二房儀軌」, 稟目秩.
136 英祖-貞純王后『嘉禮都監儀軌』,「二房儀軌」, 稟目秩. 새로 만든 연여의 의장이 완비되고 내사복시 및 의장고에 모시는 문제에 대한 윤허가 있은 후 이와 관련하여 6월 12일 인력의 동원에 대해 감결했다(英祖-貞純王后『嘉禮都監儀軌』,「二房儀軌」, 甘結秩, 己卯 6月 12日).

제2장 가례와 도감, 그리고 각방(各房)과 각소(各所) 분장

3) 삼방

(1) 인력 구성과 동원

삼방도 일방과 이방의 사례에 따라 소임 달성을 위한 인력이 배치되어 운영되었다. 삼방의 낭청은 공조정랑 김치량과 한성부 서윤 이식을 중심으로 구성되어 있었다. 삼방 운영을 위한 인력은 25명으로 표16과 같았다. 감조관은 종부시직장 박통원과 의금부도사 김희였는데, 1759년(영조 35) 6월 11일 김희는 부사용 김택현으로 교체되었다. 서리는 형조, 병조, 장예원, 병조에서 각 1명씩 모두 4명이 차출되었으며, 서원은 사재감과 전생서에서 각 1명씩 차출했다. 고직 1명은 선혜청에서 지원되었다.[137] 이 외에도 옥책문과 금보의 제작과 관련한 소임도 분정되었다. 옥책문은 제술관 광주부유수 정휘량(鄭翬良, 1706~1762)이 담당하며, 금보는 서사관 호조판서 홍봉한이, 그리고 예차(預差)·서사관(書寫官)으로 행사직 홍계희(洪啓禧, 1703~1771)가 담당했다.[138]

삼방은 각종 잡물의 관리를 위한 인력을 운영했다. 삼방의 잡물들을 간호(看護)하는 포도군관이 증액 배치되는 것은 물론, 각종 기명과 능자, 유철 등의 물종을 관리할 수직군사 2명도 전례에 따라 적용했다.[139]

표16 삼방의 낭청 구성

구분	인원	구분	인원	구분	인원
낭청	2	서원	2	수직군사	2
감조관	1	고직	1	은기수직군사	2
서리	4	사령	5	포도군사	2

137 英祖-貞純王后『嘉禮都監儀軌』,「三房儀軌」, 己卯 6月 日.
138 英祖-貞純王后『嘉禮都監儀軌』,「三房儀軌」, 己卯 6月 日.
139 英祖-貞純王后『嘉禮都監儀軌』,「三房儀軌」, 稟目秩.

가례의절을 위해 삼방을 중심으로 동원된 인력이 있었다. 예를 들면, 왕의 수책을 위한 습의에서 차비 6원은 병조에서 마련하도록 했다.[140] 또한 옥책차비 2명, 거안차비 2명, 봉욕석 1명, 봉독책상 2명, 금보차비 2명, 거안차비 1명, 봉욕석차비 1명, 봉독보상 2명도 병조에서 습의 및 정일(正日)에 맞추도록 했다.[141]

삼방을 담당하는 옥책, 금보, 상탁 등의 각종 기명 마련을 위한 공장을 운영했다. 삼방에 동원된 공장 현황은 표17과 같다.

표17 삼방의 공장 구성[142]

구분	인원	구분	인원	구분	인원	구분	인원	구분	인원	구분	인원
옥장 (玉匠)	15	소목장 (小木匠)	2	변철장 (邊鐵匠)	2	박배장	1	석수 (石手)	2	보통장	1
각수 (刻手)	7	호갑장 (護匣匠)	2	천혈장	2	쇄약장 (鎖鑰匠)	1	납장	1	보통 시장	2
도자장 (刀子匠)	12	조각장	4	연마장	1	마조장	1	책장	1	주통 시장	2
사자관	4	관자장	2	모전장	1	동장	3	인장 (茵匠)	1	두석 쇄약장	1
다회장	3	이지장 (耳只匠)	2	단추장	1	칠장	3	줄장	1	침전비	4
두석장	3	권로장 (權爐匠)	2	모의장	1	화원	4	보장	2	합	107
마경장	2	소은장 (小銀匠)	2	병풍장	1	유장 (鍮匠)	4	보시장	1		

옥장을 비롯한 장인의 종류는 40종에 이르렀다. 공장은 모두 107명이 동원되었다. 공장 중 도망이나 사고가 있을 경우 다른 선수공장으로 대신했

---

140 英祖-貞純王后『嘉禮都監儀軌』,「三房儀軌」, 稟目秩.
141 英祖-貞純王后『嘉禮都監儀軌』,「三房儀軌」, 己卯 6月 日.
142 英祖-貞純王后『嘉禮都監儀軌』,「三房儀軌」, 工匠秩.

다.[143] 삼방은 일방과 이방의 사례와 같이 관원은 물론 가례의절에 필요한 인력과 기명 마련을 위한 공장들을 각사를 통해 준비했다.

(2) 물력 운영

삼방 인력 25명의 공사(公事) 행정을 위한 소모품이 있었다. 삼방의 공사를 위한 하지(下紙) 1권을 비롯하여 서리 4명, 서원 2명이 문서 작성과 관리 등을 위해 쓰는 황필과 진묵 각 1개씩, 백휴지 2근, 자연 3면, 유사(柳笥) 1부, 궤자(樻子) 2부, 교말(膠末) 5합, 서판 1개가 진배되었다.[144] 근무 환경에 대한 지원도 있었다. 낭청과 감조관이 좌기(坐起)하는 곳의 난방을 위한 온돌목(溫突木)을 매일 반 단씩, 축목(杻木) 매달 한 단씩을 비롯하여 등유 등을 지원했다. 그리고 다모가 쓰는 보아대구(甫兒臺具) 2, 도동해(陶東海)와 소라(所羅) 각 1, 미추(尾箒) 2병에 대해서는 용환을 전제로 진배했다.[145] 삼방의 감조관이 상직하는 날 소용하는 등유 3석(夕), 소목 반의반 단, 농지 2자루를 비롯하여 원역이 상직하는 방의 점화를 위한 나무 반의반 단과 등유 2석이 원역별로 산정하여 또한 진배되었다.

삼방의 기명제작과 검품 운영에 필요한 집물이 있었다. 각종 잡물 받자 차하[捧上上下]에 필요한 50냥·30냥·100근 칭자(秤子)와 분칭(分秤) 각 1개를 비롯하여 은자(銀子)를 칭량할 때 소용되는 천평칭자(天平秤子) 1개가 지원되었다. 그리고 목두, 목승, 목척(木尺) 각 1, 지배공석(地排空石) 8립을 진배했다.[146] 소속 장인들이 물을 긷는 데 필요한 담통(擔桶) 1부, 목표자(木瓢子) 1, 사발 3립은 용환을 전제로 삼방에 제공했다.[147]

---

143 英祖-貞純王后『嘉禮都監儀軌』,「三房儀軌」, 稟目秩.
144 英祖-貞純王后『嘉禮都監儀軌』,「三房儀軌」, 稟目秩.
145 英祖-貞純王后『嘉禮都監儀軌』,「三房儀軌」, 稟目秩.
146 英祖-貞純王后『嘉禮都監儀軌』,「三房儀軌」, 稟目秩.
147 英祖-貞純王后『嘉禮都監儀軌』,「三房儀軌」, 稟目秩.

가례 중 대내 및 별궁에 진배를 위한 물력의 운영이 있었다. 별궁에 진배하는 기명 중 은바리, 은시접, 은사발, 은시, 은저는 상의원에서 진배하게 했다. 유제등(鍮提燈) 1좌의 제작 과정에서 왜주칠궤경대 1부를 위한 단보는 상방에서, 거울은 공조에서 진배하게 했다.[148] 삼방은 상의원, 공조 등을 통해 진배 물력을 조치했다.

동뢰연과 습의 때 소용되는 물종의 분정 내용은 전례가 상고되었다. 유대개아, 중개아, 소개아 조성 문제는 문헌을 참고했다. 그 결과 예전의 등록에는 삼방의 담당 사항이었으나 『국혼정례』에서 공조가 별도로 진배하도록 규정됨에 따라 이를 준수하도록 했다.[149] 그리고 등록이 준수되어 삼방에서 조정하기도 했다. 동뢰연에 소용되는 찬안상 및 대소선상은 상의원, 상건은 제용감에서 진배한 전례에 대해 등록의 점하(點下)를 참고하여 이들 내역은 사옹원과 상의원으로 결정되었다.[150]

삼방에서 동뢰연에 소용되는 집물을 준비하는 것은 위의 사례와 같이 각사와 연결되었다. 옥동자(玉童子), 가근배(假졸杯)를 비롯하여 초계에 쓰는 작(爵)은 기존의 등록을 참고하여 삼방에서 평시서와 공조를 통해 진배하도록 했다. 다만 이 과정에서 옥동자의 신속한 제작을 평안 감영에 관문했으며, 사동자는 사옹원에 분정했다.[151] 전배(前排)하던 배안상과 독책상은 호조의 것을 가져다가 보수하여 사용하게 했다.[152] 별궁에 진배하는 소정(小鼎), 별당장, 30근 칭자, 7근 칭자 등은 공조에서 진배하고, 사반, 사소용 등은 사옹원에서 지배하게 했다.[153] 삼방에서 담당하는 동뢰연에 소용되는 근

148 英祖-貞純王后『嘉禮都監儀軌』,「三房儀軌」, 稟目秩.
149 英祖-貞純王后『嘉禮都監儀軌』,「三房儀軌」, 稟目秩.
150 英祖-貞純王后『嘉禮都監儀軌』,「三房儀軌」, 稟目秩.
151 英祖-貞純王后『嘉禮都監儀軌』,「三房儀軌」, 稟目秩.
152 英祖-貞純王后『嘉禮都監儀軌』,「三房儀軌」, 稟目秩.
153 英祖-貞純王后『嘉禮都監儀軌』,「三房儀軌」, 稟目秩.

제2장 가례와 도감, 그리고 각방(各房)과 각소(各所) 분장

배표자는 평시서에서 준비하도록 했다. 옥책전안상을 상건과 함께 간품하고 진배하는 일은 상방과 제용감에서 수행했다.[154]

삼방은 각사별로 별궁을 비롯한 관련 방에 사용할 기명을 마련하는 데 대한 물목을 정리했다.

표18 각사 마련 물목 현황[155]

구 분	관 사	물 목
동뢰기명 (同牢器皿)	상의원 별공작	왜주홍칠안안상 당주홍칠소궤
별궁기명 (別宮器皿)	공조 사기계 별공작	대정(大鼎), 두모, 부(釜), 노구, 중옹, 바문리, 30근칭자 주칠대원반, 주칠중원반, 주칠소원반 세수탁자(洗手卓子), 대적금(大炙金), 화금, 철대화저(鐵大火箸), 철중화저(鐵中火箸), 목로(木爐), 도자, 석려, 안관(案板), 중탁자(中卓子), 이층탁자, 철화통(鐵火桶), 은기입성중궤(銀器入盛櫃), 다식판, 대두지, 마요
	사도시	대표자, 초성
수라간소용 (水刺間所用)	공조 별공작 제용감	대화정, 중화정 도마(跳馬), 목록, 대탁자(大卓子), 이층식장 백저포삼폭보, 목면사척대, 정포사척대, 정포칠척포개, 박저포포개
	선공감	마총사, 죽사
별궁장무내관소용 (別宮掌務內官所用)	공조	백근칭자, 삼십근칭자
별무장방내관소용 (別宮長房內官所用)	별공작	문서궤, 목괵
승전색내관소용 (承傳色內官所用)	공조	유대야, 유소라
장방내관소용 (長房內官所用)	공조	유대야, 유소라
등촉방소용 (燈燭房所用)	공조	주동해, 주사용, 주병, 주전촉기, 유자, 유두, 주승, 주합
사약별감방소용 (司鑰別監房所用)	공조	식정, 탕정

154 英祖-貞純王后『嘉禮都監儀軌』,「三房儀軌」, 稟目秩.

동뢰연에 소용되는 기명을 포함하여 별궁, 수라간과 등촉방 등에 필요
한 집물이 각사별로 분정되었다. 이들 물종은 별공작과 공조를 비롯하여
상의원, 사도시, 제용감, 선공감의 각사와 사기계(沙器契)도 동원되었음을
알 수 있다.

중앙각사와 지방으로부터 삼방에 대한 지원이 있었다. 삼방에서 기명을
조성할 때 소용되는 토목(吐木)은 외방에 복정(卜定)하는 것이 전례였다. 그
러나 조달 과정의 폐단을 고려하여 훈련도감으로 하여금 토목 2거내(迲乃)
를 급가(給價)하여 수송하도록 했다.[156] 평안 감영은 가례에 소용되는 옥동자
1쌍을 준비했으며, 성천부에서 담당하도록 이문했다.[157] 옥역(玉役)에 소요
되는 정옥사(碇玉砂) 30두는 경기 감영이 도내의 고을에 전례에 따라 분정하
여 준비했다.[158]

삼방에서 주관하는 물종에 대하여 각사별로 가례에 필요한 물력을 할당
한 배경은 아래의 인용문에서 단적으로 살펴볼 수 있다.

"등록을 가져다 상고해 보았습니다. 그랬더니 본방에서 쓰는 백토(白土)
2태(馱)와 정옥사(碇玉沙) 20말은 생산하는 고을에 부담 지워 가져다 썼고,
송명(松明) 100근은 경기 감영에 나누어 정하였었습니다. 그리고 각종 기
명을 만들고 제작할 때에 소로장(小爐匠)이 사용하는 흙과 나무는 선혜청
에 이문하여 값을 지급하고 가져다 썼었습니다. 지금은 곧 백토와 정옥사
를 호조로부터 배분하여 바치도록 하며, 흙과 나무는 전례에 의거해서 이
문하고 가져다 씁니다. 그리고 송명은 요즘 사례에 따라 삼군문에 나누어
시킬지 여부를 하나로 정해서 분부하는 것이 어떠합니까?" 이러한 논의에

155 英祖-貞純王后『嘉禮都監儀軌』,「三房儀軌」, 稟目秩.
156 英祖-貞純王后『嘉禮都監儀軌』,「三房儀軌」, 移文秩, 己卯 5月 日.
157 英祖-貞純王后『嘉禮都監儀軌』,「三房儀軌」, 移文秩, 己卯 5月 日.
158 英祖-貞純王后『嘉禮都監儀軌』,「三房儀軌」, 移文秩, 己卯 5月 日.

제2장 가례와 도감, 그리고 각방(各房)과 각소(各所) 분장

대한 수결의 내용은 다음과 같았다. "모두 의거해서 시행하라. 그런데 송명에 이르러서는 호조의 주전소(鑄錢所)에 있는 것을 필요한 양만큼 취해서 쓰라. 그러면서 흙과 나무는 값을 지급하고 훈련도감에 있는 것으로 우선 이문하고 가져다 쓸 것."[159]

전래의 등록에는 경기 감영, 선혜청에 필요한 물력을 분정하거나 값을 지불하고 가져다 쓰도록 하고 있었다. 그러나 삼방은 본 가례에 있어 백토와 정옥사를 호조로부터 지원받아 쓰도록 결정했다. 특히 송명은 호조와 주전소의 것을 가져다 쓰도록 했다.[160] 소로장이 소용하는 흙과 나무는 선혜청으로부터 대가를 지불하고 쓰던 관행에서 훈련도감의 것을 사용하였다.

삼방은 가례 때 왕비가 수책친영(受冊親迎) 때 외습의 및 책비, 친영, 동뢰연 때 내·외습의에 소용되는 잡물을 담당할 관사를 정했다. 각 관사별 분담 내역을 정리하면 표19와 같다.

각종 습의와 친영에 필요한 물력에 대해 별공작을 비롯하여 9개 관사에서 마련되었음을 알 수 있다. 물종은 목책, 급보에서 촉대와 향로까지 망라하고 있었다. 이 외에 친영으로 왕비가 별궁에서 대궐로 들어갈 때 전도하는 촉롱(燭籠)을 각궁의 별감이 집지했다. 이 경우 습의 때에 소용되는 촉자(燭子)는 의영고에서 분담했다.[161] 삼방을 중심으로 각사에 물력이 분정 및 동원되었다.

시민(市民)을 대상으로 한 가례 동원 내역이 있었다. 삼방에서는 동뢰연에서 소용되는 근배표자(졸杯瓢子)에 대한 진배를 평시서에 담당시킬 예정

159 英祖-貞純王后『嘉禮都監儀軌』,「三房儀軌」, 稟目秩.
160 권로장, 소로장에게 소용되는 백토를 호조를 통해 조달하려던 계획을 품질을 담보하기 위해 주전소로에서 확보하도록 했다.
161 英祖-貞純王后『嘉禮都監儀軌』,「三房儀軌」, 稟目秩.

표19 각사별 잡물 분배 내역[162]

구분	별공작	병조	장흥고	공조	내 사복시	선공감	상의원	제용감	사옹원
비 수책습의	가옥책 (假玉冊), 가금보 (假金寶), 독책상 (讀冊床), 독보상 (讀寶床)	차비 (差備)· 충찬위 (忠贊衛), 홍전 (紅氈)	가욕석 (假褥席), 안롱 (鞍籠)	보안 (寶鞍), 황초립 (黃草笠), 가함	보재마 (寶載馬)	배안상 (排案上)		홍주건 (紅紬巾), 가욕석, 홍목, 청목대 (靑木帶)	
책비, 친영, 동뢰연 내외습의	가옥책, 가금보, 독책상, 독보상		가욕석				배안상, 가함	홍주보 (紅紬褓), 홍주건, 가욕석	
친영				촉대					
동뢰연 습의	광두정 (廣頭釘)		좌면지 (座面紙)	촉대, 향로, 향합				찬안상(饌案床), 고족상, 소 반각양기명(小盤各樣器皿), 향안상(香案床), 준대(樽臺), 주정(酒亭), 향좌아(香佐兒), 은잔(銀盞), 세승(細繩), 은 병(銀瓶), 화준(畵樽), 각양 상건보(各樣床巾褓) *탁의(卓衣)-제용감	

이었다. 그러나 별도의 신칙하교(申飭下敎)에 따라 시민을 통해 마련했다.[163]
시민을 통해 확보한 근배표자는 도감에서 절가[折價]한 후 차하[上下]했다.

---

162 英祖-貞純王后『嘉禮都監儀軌』,「三房儀軌」, 稟目秩.
163 英祖-貞純王后『嘉禮都監儀軌』,「三房儀軌」, 稟目秩.

3 각소 장인(各所匠人)과 물력

1) 별공작소

별공작소의 역할은 각방에 진배하는 목기명(木器皿)과 철기명(鐵器皿)을 타조하거나 별궁에 진배하는 기명을 제작하는 데 있었다.[164] 도청 이하 세 개의 방에서 소용하는 기명과 가가(假家), 토우(土宇)를 제작하는 임무가 여기에 해당한다. 이 과정에서 야역(夜役)에 소용되는 물력도 함께 지원되었다.[165]

별공작소는 일방, 이방, 삼방과 연계하여 운영했다. 세 개의 방에서 사역하는 공장들이 사용하는 연장(鍊粧) 및 대소철정(大小鐵釘)을 벼리는 일이 번다했다.[166] 한 가지 사례로 일방에서는 별공작소에 습의 때 도로와 교량을 설치하도록 했다. 이러한 일방의 요청에 대해 별공작소는 예조 대문 밖의 교량에 대해서는 수용하였으나 의정부 대문 밖이나 한성부 대문 밖에 교량을 만들어 배설하는 일은 한성부에서 거행하는 것이 전례라는 점을 들어 조정하기도 했다.[167] 별공작소도 각방의 운영 사례에 따라 인력과 물력을 운영했다.

---

164 英祖-貞純王后『嘉禮都監儀軌』,「別工作儀軌」, 手本秩, 己卯 6月 日.
165 英祖-貞純王后『嘉禮都監儀軌』,「別工作儀軌」, 手本秩, 己卯 6月 日. 제작하는 기명에 대한 조정이 있었다. 일례로 銀鳳瓶을 담는 樻의 경우 별공작의 등록에는 唐朱紅漆에 鍮鑞이 정식이었으나, 삼방의 銀器를 담는 궤는 당주홍칠에 두석이 정식이었다. 이에 따라 삼방의 정식으로 정리되었다.
166 英祖-貞純王后『嘉禮都監儀軌』,「別工作儀軌」, 手本秩, 己卯 6月 日.
167 英祖-貞純王后『嘉禮都監儀軌』,「別工作儀軌」, 手本秩, 己卯 6月 日.

(1) 인력 운영

별공작소 운영을 위한 소요 인력이 있었다. 대전가례 때 별공작의 인적 구성은 감역관(監役官)으로 선공감봉사 1명을 중심으로 서원 2명, 고직 1명, 사령, 포도군사, 수직군사 각 2명이었다.[168] 이 중 감역관 이언중(李彦中, ?~?)은 공회(公會)참석에서 제외하고 제관에 차출되지 않아 별공작 감역에 전일하도록 했다.[169] 소용되는 각종 잡물을 지키기 위한 수직(守直)으로 좌경(座更) 1패, 수직군사와 포도군사 각 2명이 정해졌다. 이들 인력에 대한 요포는 각방의 전례에 따라 별공작소의 서원 1명과 고직, 사령 각 1명 등에 대해 도감에서 지급했다.[170]

별공작소는 공장을 운영했다. 도청을 비롯한 삼방에서 소용하는 각종 기명이나 대소가가(大小假家)와 토우 등을 만들 때 별공작에서 사역하는 각색 공장이 있었다. 이들은 회동일부터 순번대로 부역했다.[171] 공장 구성도 다양했다.

세 개의 방에서 사용하는 연장과 대소철정을 벼리기 위한 야장(冶匠) 2패가 있었다. 은봉병(銀鳳瓶)을 담는 궤 및 철촉롱(鐵燭籠)을 바르는 데 소요되는 도배군(塗褙軍) 4명이 지원되기도 했다.[172] 이들 외에 별공작소의 공장은 표20과 같이 구성되어 있었다. 별공작소는 목수와 야장을 비롯하여 24종 총 49명으로 공장을 구성하고 운영했다.

원역과 공장 외의 인력도 별공작소에 지원되었다. 가보(假寶), 가책상(假冊床), 가독상(假讀床), 목안(木雁) 등을 습의할 곳으로 운반하기 위한 위군(衛軍) 5명을 습의하는 날에만 대령하도록 했다.[173] 각종 목기명, 철기명 등을

---

168 英祖-貞純王后『嘉禮都監儀軌』,「別工作儀軌」, 己卯 6月 日.
169 英祖-貞純王后『嘉禮都監儀軌』,「別工作儀軌」, 手本秩, 己卯 6月 日.
170 英祖-貞純王后『嘉禮都監儀軌』,「別工作儀軌」, 手本秩, 己卯 6月 日.
171 英祖-貞純王后『嘉禮都監儀軌』,「別工作儀軌」, 手本秩, 己卯 6月 日.
172 英祖-貞純王后『嘉禮都監儀軌』,「別工作儀軌」, 手本秩, 己卯 6月 日.

표20 별공작소 공장 구성174

구분	인원	구분	인원	구분	인원	구분	인원	구분	인원
목수 (木手)	11	소목장 (小木匠)	3	박배장 (朴排匠)	1	두석장 (豆錫匠)	1	걸거군 (乬鉅軍)	2
야장 (冶匠)	3	조각장 (彫刻匠)	1	천혈장 (穿穴匠)	1	제각장 (蹄刻匠)	1	기거군 (岐鉅軍)	4
주장 (注匠)	3	조과장 (造戈匠)	1	관자장 (貫子匠)	1	석수 (石手)	1	소인거군 (小引巨軍)	2
납장 (鑞匠)	1	마조장 (磨造匠)	1	도자장 (刀子匠)	1	피장 (皮匠)	1	대인거군 (大引巨軍)	5
칠장 (漆匠)	1	쇄약장 (鎖鑰匠)	1	목혜장 (木鞋匠)	1	침선비 (針線婢)	1	합	49

대내에 들일 때, 이들을 운반하기 위한 부지군 40명이 별공작소로 지원되었다.

(2) 물력 운영

별공작소 운영을 위해 소요되는 물력이 있었다. 감역의 거접(居接)을 위해서는 온돌에 소요되는 소목이 반의반 단, 등유 3석이 회동일부터 역이 끝나는 날까지 진배되었다.[175] 감역과 서원의 공사에 필요한 문방구가 지원되었다. 감역에게는 공사하지 1권, 황필과 진묵 각 1, 자연 1면을 비롯하여 각종 잡물을 치부하기 위한 백휴지 8냥이, 그리고 서원에게는 백필과 진국 각 1개, 유사 1부 등이 있었다.[176] 별공작소는 잡물을 운영할 때 필요한 30근, 50냥 칭자, 분칭 각 1부를 용환을 조건으로 사용했다.

173 英祖-貞純王后『嘉禮都監儀軌』,「別工作儀軌」, 手本秩, 己卯 6月 日.
174 英祖-貞純王后『嘉禮都監儀軌』,「別工作儀軌」, 工匠秩.
175 英祖-貞純王后『嘉禮都監儀軌』,「別工作儀軌」, 手本秩, 己卯 6月 日.
176 英祖-貞純王后『嘉禮都監儀軌』,「別工作儀軌」, 手本秩, 己卯 6月 日.

각방에 진배해야 하는 목기명과 철기명의 제작을 위한 물력 지원이 있었다. 그 내역은 육고(肉膏) 5사발(沙鉢), 용지(龍脂) 20병(柄)이었으며, 기간은 역의 시작에서 끝날 때까지였다.[177]

별공작소는 각방과 가례 운영을 위한 물력을 조율했다. 일방은 별공작소에 습의에 소용되는 소목패(小木牌) 160개와 가홀(假笏) 2개를 만들어 보내도록 했다. 이에 대해 별공작소에서는 새로 제작할 필요성에 의문을 제기하고 전배에 사용하던 것을 진배하도록 선공감에 조치하기도 했다.[178] 그리고 소용 물력에 대한 조정도 있었다. 세 개의 방에서 사용하는 연정과 대소 철정을 벼리는 데 필요한 별음탄(別音炭) 2석은 도감의 탄을 받아 쓰도록 했다.[179] 대내에 들이는 대령(大鈴) 2개와 별궁의 방울을 달아매는 동사(銅絲)는 호조에서 담당하도록 했다.[180]

각사로부터 별공작소에 대한 물력 지원이 있었다. 옥역(玉役)에 필요한 철물을 만들기 위한 정철 500근과 강철 200근, 숯이 필요했다. 이들 중 정철 200근은 도감에서 차하[上下]하고 강철 100근은 선공감으로부터 지원되었다.[181] 별공작소에는 별궁 진배를 위한 주인령(鑄引鈴) 2개와 더불어 다른 물종을 조성하는 데 과도한 비용이 소요되는 문제가 있었다. 이에 따라 동대령(同大鈴) 2개는 호조의 것으로 조치되었다. 이 외에도 별공작의 실입질(實入秩) 물력 중 정철 993근은 도감으로부터 지원되었으며, 강철(强鐵) 115근은 선공감, 대령(大鈴) 2개 그리고 정철 40근은 호조에서 담당했다.[182]

별공작소는 별궁 진배를 위한 물력을 준비했다. 별궁에 진배하는 물종

---

177 英祖-貞純王后『嘉禮都監儀軌』,「別工作儀軌」, 手本秩, 己卯 6月 日.
178 英祖-貞純王后『嘉禮都監儀軌』,「別工作儀軌」, 手本秩, 己卯 6月 日.
179 英祖-貞純王后『嘉禮都監儀軌』,「別工作儀軌」, 手本秩, 己卯 6月 日.
180 英祖-貞純王后『嘉禮都監儀軌』,「別工作儀軌」, 手本秩, 己卯 6月 日.
181 英祖-貞純王后『嘉禮都監儀軌』,「別工作儀軌」, 手本秩, 己卯 6月 日.
182 英祖-貞純王后『嘉禮都監儀軌』,「別工作儀軌」, 實入秩, 己卯 6月 日.

은 철촉롱(鐵燭籠), 철중화저, 은봉병입성궤(銀鳳甁入盛樻), 대적금(大炙金), 미금
(味金), 철대화저, 목로, 각색도자(各色刀子), 석연(石硯), 안판, 중탁자, 세수탁
자, 은기입성궤, 다식판, 철화통, 대두지, 마요제구(馬腰器具), 도마(跳馬)였다.
별궁 수라간에 진배하는 것으로는 대탁자, 이층장(二層欌), 목로, 도마, 목곡
(木斛), 궤(樻)였다.[183] 이들 별궁에 진배하는 기명은 「별궁진배기명조작질(別
宮進排器皿造作秩)」로 정리되었으며, 이 물목 중 중석연(中石硯) 2부는 '사저취
용(私儲取用)'으로 밝히고 있다.[184]

2) 수리소

수리소는 가례 때 본궁(本宮)의 수리는 물론 본방(本房)의 역사도 담당했
다. 내용은 공장을 위한 가가 설립, 정당(正堂) 이하 보계(補階)의 배설, 각종
기명의 제작 등이었다. 수리소 담당 소임 중에는 아래와 같은 사례가 포함
되었다.

본궁의 정당 이하의 여러 곳과 내당, 외당과 후당(後堂)의 온돌, 토벽, 계체
(階砌)와 연목(椽木)의 썩거나 상한 곳, 기와 없이 떨어져 나간 곳, 비가 새는
여러 곳, 안팎의 기울거나 무너진 담장 등을 수리하고 보수하는 데 들어가
는 것과 담 위를 두르는 데 들어가는 물력은 실제로 사용하는 것을 정확히
계산해서 내어 줄 것이다. 그런데 그 가운데 전석(磚石)이 드문드문 깨어지
거나 상한 것이 많이 있어서 쓰지 못하는 것이 많으므로, 그 수를 계산해

183　英祖-貞純王后『嘉禮都監儀軌』, 「別工作儀軌」, 己卯 6月 日.
184　英祖-貞純王后『嘉禮都監儀軌』, 「別工作儀軌」, 別宮進排造作秩, 己卯 6月 日. 왕실 서화수장의 경우
　　16세기 선조조부터 시작되었으며, 이후 영조가 잠저인 일한재(日閑齋)에 서적과 서화를 별도로 모
　　아 관리한 점(황정연, 「헌종과 19세기 궁중 서화수장」, 『내일을 여는 역사』 41, 2010, 서해문집, 169쪽)에
　　서 보듯이 국왕 별도의 공간이 존재했음을 알 수 있다.

보니 21립이 깨어지고 상했으니 전석 21립을 먼저 지급할 것. (이하 생략)[185]

본궁을 비롯하여 가례와 관련한 주요 건물에 대한 유지 및 관리가 수리소의 주요 임무였다. 건물의 벽채는 물론 기둥을 비롯하여 여석에 대한 관리도 포괄하고 있었다.

(1) 인력 운영

수리소의 운영을 위한 인력이 있었다. 선공감감역 이숙(李潚, ?~?)을 중심으로 산원 1명, 서원, 고직, 사령, 수직군사 각 2명이 배속되었다.[186] 감역관 이숙은 모든 공회에 참여하지 않는 것은 물론 제관 차임도 보류되면서 수리소 임무에 집중했다.

수리소 소임의 중대에 따른 인력 증원이 있었다. 본궁과 본방의 역사를 동시에 진행함에 따른 조치였다. 감역은 별궁에 수개(修改)를 살펴야 하는 이유로 서원, 고직, 사령을 각 1명씩 가출(加出)하는 조치를 했다.[187] 그리고 수리소의 각종 물품을 지키기 위해 좌경 2패(牌), 수직군사 2명, 포도군사 2명이 배정되었다.[188]

수리소의 소임에 따른 공장들이 배치되었으며, 그 현황은 표21과 같았다.

---

185 英祖-貞純王后『嘉禮都監儀軌』,「修理所儀軌」, 手本秩, 己卯 5月 日.
186 英祖-貞純王后『嘉禮都監儀軌』,「修理所儀軌」, 手本秩, 己卯 5月 日.
187 별궁의 조성과 관련해서 영·정조조의 궁궐 건축의 특징을 참고할 수 있다. 영조가 왕실 내의 공간을 사적인 영역으로 간주하고 편액을 그에 따라 작명한 것의 연장선[안장리,「영조(英祖) 궁궐 인식의 특징」,『정신문화연구』104, 한국학중앙연구원, 2006, 62~64쪽]상에서 정조도 왕실의 존엄성 강화를 목적으로 후원을 보강하거나 높은 기단을 바탕으로 건물을 구성했다(金東旭,「朝鮮 正祖朝의 昌德宮 建物構成의 變化」,『大韓建築學會論文集』12-11, 大韓建築學會, 1996, 93쪽).
188 英祖-貞純王后『嘉禮都監儀軌』,「修理所儀軌」, 手本秩, 己卯 5月 日.

제2장 가례와 도감, 그리고 각방(各房)과 각소(各所) 분장

표21 수리소 공장의 구성[189]

구분	인원	구분	인원	구분	인원
목수	13	개장(蓋匠)	3	조각장	2
줄장	4	석수	2	기거군	2패
칠장	2	니장(泥匠)	7	대인거군	10
야장	2	쇄약장	2	소인거군(小引鉅軍)	4

공장은 목수를 비롯한 12종으로, 모두 51명이었다. 목수 13명 중 12명은 선공감, 1명은 상의원 소속이었다. 줄장 4명은 훈련도감에서 지원되었다. 이 외에 칠장 2명과 니장 7명은 모두 선공감 소속이었다. 수리소의 공장은 각사에서 지원되고 있었다.

(2) 물력 운영

원역 등 수리소의 운영을 담당하는 인력이 사용하는 물력이 있었다. 의막(依幕)에 소용되는 소목 매일 반의반 단, 등유 3석씩을 회동일(會同日)에 맞추어 진배했다. 수리소의 감역은 공사하지 1권과 황필·진묵 각 2개를 받았다. 그리고 서원은 백필·진묵 각 1개, 각종 잡물 받자차하치부[捧上上下置簿]를 위한 백휴지 8냥, 자연 1면, 유사(柳笥) 1부를 진배받았다.[190] 또한 장인은 정당의 보계를 배설하는 데 소용하는 물력을,[191] 역군은 정당을 비롯한 내·외 행각 온돌, 토벽 등을 수개하는 데 필요한 물력을 조치받았다.[192]

189 英祖-貞純王后『嘉禮都監儀軌』,「修理所儀軌」, 移文秩, 己卯 6月 日(工匠秩).
190 英祖-貞純王后『嘉禮都監儀軌』,「修理所儀軌」, 手本秩, 己卯 5月 日.
191 英祖-貞純王后『嘉禮都監儀軌』,「修理所儀軌」, 手本秩, 己卯 5月 日. 正絃·綿絲·松烟 각 5전, 方亇赤次眞椽木 3개, 연일려석·강중려석 각 2괴, 30斤秤子·50兩秤子 각 1부, 가저모 3냥, 白苧布·生布 각 1尺, 食鼎 1좌, 방문리·소라·동이 각 5개, 鍮鑞 3근, 송진 3근, 炭 1石, 鑞釜 1좌, 파유둔 1부 등 用還次.
192 英祖-貞純王后『嘉禮都監儀軌』,「修理所儀軌」, 手本秩, 己卯 5月 日. 담·소통 각 2부, 木·果瓢子 각 3개, 三甲所 2艮衣, 網具空石 20립, 加乃·光伊·錘 각 5개 등 用還次.

수리소는 각종 기명 제작에 물력을 소용했다. 이들 중 공장들이 제작하는 물종들이 정리되고, 이들에 대해 수리소는 제작에 사용되는 실제 내용을 확인했다. 수리소 제작 물종 중 실입(實入)을 정리한 대상은 아래와 같았다.

좌판(坐板) 2부(部), 대두지(大斗之) 4부, 중두지(中斗之) 3부, 공상탁자(供上卓子) 4부, 상배탁자(床排卓子) 5부, 대목화로(大木火爐) 4부, 대도마(大刀磨) 6부, 대식도(大食刀) 25개(箇), 중쇄약(中鎖鑰) 38부, 가자(架子) 8부, 서안(書案) 12부, 대안판(大案板) 6부, 소식정개(小食鼎盖) 12개, 중도마(中刀磨) 5부, 목촉대(木燭臺) 5쌍(雙), 목두(木斗) 5개, 고족상(高足床) 15부, 이층홍탁자(二層紅卓子) 8부, 광장상(廣長床) 4부, 대궤자(大櫃子) 12부, 연갑(硯匣) 12부, 의거리(衣巨里) 4부, 홍칠우판(紅漆隅板) 30부, 중안판(中案板) 20부, 단탁자(單卓子) 4부, 광명대(光明臺) 27개, 소궤자(小櫃子) 2부, 대쇄약(大鎖鑰) 14부, 중목화로(中木火爐) 6부, 중식도(中食刀) 18개, 중궤자(中櫃子) 14부, 등상(登床) 12부, 목걸레[木틀乃] 15개, 대중소금(大中小金)·대중소설금(大中小鑷金) 각 1부, 모로대(毛老臺) 10부, 목승(木升) 5개, 홍두깨[弘道箇][193]

실입 물력이 파악된 물종은 좌판을 비롯하여 37건이었다. 좌판 2부를 제작하는 사례에서, 실입은 매 부당(部當) 박송판(薄松板) 2립, 소조리목(小條里木) 1개, 박지삼촌정(朴只三寸釘) 8개로 규정되었다. 목촉대 5쌍은 매쌍(每雙)별로 소조리목-주(小條里木-柱) 반 개, 단판-소탕(椴板-所湯) 5촌, 단판반골-첩시(椴板半骨-貼匙) 3촌, 반주홍-칠(磻朱紅-漆) 2전을 비롯하여 횟간에 의거해 명유(明油) 2석이 소용되었다.

193 英祖-貞純王后『嘉禮都監儀軌』,「修理所儀軌」, 手本秩, 己卯 5月 日.

수보(修補)에 소용되는 물력이 있었다. 먼저 본궁의 수보에 소요되는 각종 철물이 있었다. 철물은 1702년(숙종 28) 등록 상고 결과 1,000여 근을 상회하고 있었으나, 그 양을 줄여 정철(正鐵) 200근과 탄을 사용했다.[194] 수리소의 역사에 부족한 철탄에 대해 실입 정철 500근과 숯을 횡간에 따라 지출하기도 했다.[195]

본궁과 정당 각처의 수리를 위한 물력이 있었다. 온돌, 서까래, 기와와 담장의 보수를 위해 손상된 전석(磚石) 21립이 지출되었다. 그리고 소목은 방 41칸 중 19칸을 개배(改排)할 때 매 칸별로 30개씩을 정식으로 지출했다. 그 외의 22칸은 모래로 벽을 다시 바를 때 필요한 소목에 대해 매 칸당 10개씩 사용했다.[196]

본궁과 정당의 수리뿐만 아니라 주위 정비를 위한 물력도 정리했다. 본궁 주위에 담을 설치하는 데 소용되는 물력이 있었다.

본궁의 정당을 통해서 바라보이는 곳의 담 위를 둘러서 벌이는 데 들어가는 것은 남장(南墻) 15칸, 북장(北墻) 5칸, 본방의 북장 10칸이다. 매 칸에 싸리바자[杻把子] 1부(浮)씩을 사저(私儲)에서 골라 쓴다. 그런데 기둥을 위한 진장목(眞長木) 2개, 두르기 위한 잡장목(雜長木) 2개, 생갈(生葛) 2사리(沙里)씩을 실제 들어가는 것으로 줄 것.[197]

담장 30칸에 대해 매 칸당 소요되는 내용이 파악되고 있었다. 이들 중

---

194 英祖-貞純王后『嘉禮都監儀軌』,「修理所儀軌」, 手本秩, 己卯 5月 日. 처음에는 500근과 숯을 내릴 것을 고려했으나 이 또한 조정되었다.

195 英祖-貞純王后『嘉禮都監儀軌』,「修理所儀軌」, 手本秩, 己卯 5月 日. 도청에 있는 것으로 實入에 따라 假下했다.

196 英祖-貞純王后『嘉禮都監儀軌』,「修理所儀軌」, 手本秩, 己卯 5月 日.

197 英祖-貞純王后『嘉禮都監儀軌』,「修理所儀軌」, 手本秩, 己卯 5月 日.

싸리바자는 사저에서 지원되기도 했지만 그 외의 목재 등은 실소용에 따라 지출했다.

수리소는 본궁의 내외에 진배 대상이 되는 각종 가가를 설치했다. 이들 가가의 내액은 아래와 같이 정리되었다.

수궁내관 입접(守宮內官入接)가가, 수라간(水刺間)가가, 사약방(司鑰房)가가, 별관 입접(別監入接)가가, 창차비나인 입접(窓差備內官入接)가가, 각궁하인 등 입접(各宮下人等入接)가가, 중사별감(中使別監)가가, 등촉방(燈燭房)가가, 오정고(午正皷)가가, 사약방 배설입직고(排設入置庫), 별송 등 입직(別送等入接)가가, 분정원당상(分政院堂上)가가-측간(厠間)-서리가가-사령 입접(使令入接)가가, 분정원낭청(郞廳)가가-측간-사령입접가가, 분도총부(分都總府)가가-측간-서리가가-사령가가, 분병조(分兵曹)가가-측간-서리가가-사령가가, 분사옹원 공상(分司饔院供上)가가-서리가가, 근장군사(近仗軍士)가가, 내삼청(內三廳)가가, 수문장청가가, 오위장청가가-측간, 군보(軍保) 4처 매처(每處)가가, 본방원상(本房苑上) 북변-서변-측간-내상배(內床排)-내입조과청(內入造果廳), 사송마(賜送馬)가가, 숙설소(熟設所)가가, 숙수(熟手)가가-잡물고, 전유(煎油)가가, 빙가가(氷假家), 상배가가-시탄고, 칠장가가-토우(土宇)-어물고, 조과청(造果廳)가가, 탕소부정(湯所釜鼎)가가, 미곳간사립(米庫間沙立) 박이(朴只)·전문고(錢文庫) 박이, 반사기(盤沙器)-당사기고(唐沙器庫), 피장(皮匠)가가, 장원서작실군(掌苑署作室軍)가가, 사휵서가가-외가문대사립(外假門大沙立), 분내자시조과청(分內資寺造果廳)가가-측간-유기고, 탕소부정가가, 본소문서청(本所文書廳)가가, 야장가가, 목수가가-잡물고, 상탁가가, 칠장가가, 줄장(乽匠)가가, 사궁격기(四宮役只)가가, 상배가가[198]

198 英祖-貞純王后『嘉禮都監儀軌』,「修理所儀軌」, 手本秩, 己卯 5月 日.

수리소에서 설치하는 가가는 약 192칸 내외였다. 이들 가가는 관원의 활동과 기물의 관리와 운영을 목적으로 설치되었다. 가가와 더불어 창고, 측간, 조과청, 숙설소, 잡물고, 시탄고, 어물고, 유기고 등 45칸이 마련되었다. 이들 가가 및 부속 시설의 마련 과정에서 소요되는 물목이 소용처별로 정리되었다.

매칸(每間): 주도리(主道里)·양보(樑褓)-중연목(中椽木) 9개, 대공(大工)-소연목(小椽木) 반개, 연(椽)-진장목 9거리(巨里), 서살(西乥)-잡장목 8거리, 개복(蓋覆)-초비내(草飛乃) 1태(馱), 용마름(龍舍音)-곡초(穀草) 5속(束), 망올(網兀) 1개

매면(每面): 위배(圍排)-초파자(草把子) 6립, 주대(柱帶)-진(眞)·잡장목 각 3개, 망올 반 개

사립문(沙立門) 매척(每隻): 좌우기(左右機)-소연목 2개, 주목(柱木)-중연목 2개, 삭(槊)-진장목 2개, 초파자 4립, 마요걸쇄양배구(馬要乬鎖兩排具) 3개

가마루(假抹樓): 장박송판(長薄松板)+둔태변판(屯太邊板) 종기소입(從其所入), 족(足)-소연목 종기입(從其入)[199]

수리소는 가가 조성에 필요한 물력을 정리할 필요가 있었다. 이에 따라 매 칸, 매 면별로 소요되는 물력은 물론 사립문의 설치에 필요한 물종을 구분해서 열기했다.

가례와 관련이 있는 건물과 설비에 필요한 내용이 정리되었다. 각종 건물의 수보(修補)는 물론 신조(新造)에 소요되는 항목 72개에 대한 물력이 마련되었다.

---

199 英祖-貞純王后『嘉禮都監儀軌』,「修理所儀軌」, 手本秩, 己卯 5月 日.

남퇴(南退) 4칸 수보, 정당내(正堂內) 남북행각·동행각 우루(雨漏) 수보, 정당·낙선재(樂善齋)·조양루(朝陽樓)우루 수보, 남행각 전면차양(南行閣全面遮陽) 4부(浮), 정당 남북변·동변 계상방전(階上方甎) 수보, 남행각 계상방전 수보, 내동중판문(內東中板門) 1척(隻) 수보, 북퇴(北退) 6칸 수보, 서변주연개판(西邊廚烟盖板) 1부 신조(新造), 북행각 후면차양 7부, 북행각 온돌 1칸 수보, 조양루 수보, 남북동변 계상방전 수보, 낙선재 수보, 북변연개판 신조, 남북변·서변 계상방전 수보, 매화칸(馬要間) 1칸(間) 신조, 반자(班子) 1부, 누하 소주방 가마루(樓下燒廚房假抹樓) 3칸, 동행사 세수산(洗手間) 가마루 1칸, 차양 1부, 전면차양 6부, 후면차양 2부, 연개판 1부, 내외북행각 온돌(內外北行閣溫突) 2칸 수보, 외북행각(外北行閣) 8칸 기경(起頃), 8칸(八間) 수보, 동내행각(東內行閣) 전면차양 4부, 동중행각 연통(東中行閣煙筒) 1부(部), 전배목화로(前排木火爐) 1부 수보, 외연주방(外燒廚房) 기마루, 삼층층교(三層層橋) 2부, 남북행각 차양 4부, 외소동문 창차비 공상탁자(外小東門窓差備供上卓子)·차일 1부, 계경헌퇴청판(啓慶軒退廳板) 수보, 동변정문연(東邊正門椽) 2수보, 판문짝[板門隻] 수보, 서변정당-어로(西邊正堂-御路) 방전 수보, 계경헌 우루처·내삼문장원(內三門墻垣) 등 수보, 내중문장부(內中門丈扶) 수보, 마랑판장(馬廊板墻) 수보, 중문중반(中門中防) 수보, 풍차(風遮) 수보, 동변가마루 3칸, 오층층교 1부, 서변중문 큰돌쩌귀[大乭迪耳] 1부, 연지보계(蓮池補階), 남퇴(南退) 3칸, 북퇴(北退) 1칸, 양방(凉房) 1칸, 대청 4칸, 동판중문 장첩목(東板中門帳貼木) 2개, 협중문(挾中門) 장첩목 1개, 서변중문 장첩목 1개반, 북변중문 장첩목 1개·중원환배구(中圓環排具) 8개·박이(朴只) 1촌정(寸釘) 24개, 남북서 지의첩목(地衣貼木) 5개·박이 1촌정 17개, 수궁내관 입접처 수보, 외행랑 15칸 수보, 누상청판(樓上廳板) 15립(立) 수보, 정당·계경헌·조양루 내외행각전차(內外行閣箭次) 수보, 화로 3좌(座), 홍마복(紅馬木) 2부, 본방이하제처(本房以下諸處) 일신 수보(一新修補), 청판 수보, 사랑 수보, 동변중문 수보, 곳간 수

보, 서북변 추녀(春舌) 수보, 행랑 수보, 합창호 분합(合窓戶分閣) 등 전(箭) 수
보, 보계조배(補階造排), 3층 층교 2부[200]

수리소는 정당, 행각, 낙선재, 계경헌과 같은 건물의 누수 보수 물론 계
단, 풍차, 현판의 제작에 소용되는 물종을 각각 정리했다. 이들 중 낙선
재의 수보 사례에서는 소광두정(小廣頭釘) 93개, 첩목(貼木) 1개, 일촌정(一寸
釘) 5개, 중원환배구(中圓環排具) 3개, 압정(鴨頂) 1개가 소요되는 것으로 파
악되었다. 이로써 전체 보수와 신조에 소요되는 물력의 규모를 가늠할 수
있다.

1759년(영조 35) 윤6월 호조에서는 영조-정순왕후 가례에 있어 수리소에
서 관장하는 데 대한 실입과 환하(還下)의 내역을 밝혀 도감으로 이문했는
데, 여기서 수리소에서 소용한 물력의 규모를 알 수 있다. 호조에서 이문한
실입의 예상 규모는 아래와 같았다.

황·백필 각 3병, 백지 2권, 후백지 1권, 진묵 3정, 정현면사(正絃綿絲) 5전
(錢), 송연(松烟) 5홉(合), 가저모(家猪毛) 3냥(兩), 대연목(大椽木) 4개 3척(尺),
대조리목(大條里木) 2척, 세겹바[三甲所] 2간의(艮衣), 목·과표(木果瓢) 각 1개,
소조리목 295개 8척, 장첩목(帳貼木) 24개 반, 소꼬리[牛尾] 10개, 수청목(水青
木) 2단(丹), 진장목(眞長木) 300. 납탄(鑞炭) 1섬, 송지(松脂) 3근, 주토(朱土)
7되, 박송판(薄松板) 150립 1척 5촌, 소소조리목(小小條里木) 8개 반, 세승(細
繩) 5냥, 육촌두정(六寸頭釘) 38개, 오촌두정 25개, 이촌오푼정 39개, 압정못
[鴨項釘] 42개, 대원(大圓)환배구 8개, 중조리목 85개 2척, 진연목(眞椽木) 4개,
뇌록(磊碌)·정분(丁粉) 각 1되, 생마(生麻) 1냥 5전, 백휴지 14냥 5전+1권, 송

200 英祖-貞純王后『嘉禮都監儀軌』,「修理所儀軌」, 手本秩, 己卯 5月 日.

판 44립 4척 4촌, 지의첩목 27개 반, 일촌오푼정 37개, 중돌쩌귀 16부, 태말(太末) 4되, 붙박이쇄약[䇛朴只鎖鑰] 10개, 단원(單圓)환배구 3개, 외목(椳木) 26동(同) 20개, 중사걸쇄양배구(中沙乬鎖兩排具) 5개, 곡초(穀草) 28동 5속, 잡장목(雜長木) 120개, 사촌두정 289개, 곡쇄(曲釗) 1개, 중식도(中食刀) 18개. 장도리(掌道里) 1개, 장소조리목(長小條里木) 78개, 장중조리목 4개, 아교 3근 3냥 6전, 큰수키와[大夫瓦] 20장, 재목 2개 6척 5촌, 싸리바자한칸거리[杻把子一間巨里] 30부(私儲), 큰돌쩌귀 1부, 납염국화동(鑞染菊花童) 25개, 대녀부방초(大女夫防草) 18장, 칠촌광두징(廣頭釘) 18개, 이교 14장 반, 후판 28립 3척 5촌, 납염큰비녀못[鑞染大釵釘] 32개, 대·중·소·석쇠[大·中·小鏰金] 각 1부, 수건포 2척 5촌, 소안(小案) 2간의, 전석 37립, 긴송판 170립 5척, 번주홍(燔朱紅) 10근, 걸가막쇠양배구(乬加莫金兩排具) 11개, 도끼(斧子) 2개, 큰쇄약(大鎖鑰) 5개, 등유 1승 2합 3석, 온돌건정소목(溫突乾正燒木) 150개, 점화소목 11단, 중연목 100개 반, 큰암키와[大女瓦] 53장, 가래·괭이·삽(加乃·光伊·鍤) 각 3개, 대원환배구 3개, 중가막쇠양배구(中加莫金兩排具) 1개, 납염서목정(鑞染鼠目釘) 1,400개, 소연목 95개, 변판(邊板) 55입, 궁재(宮材) 2개, 마요걸쇄양배구(馬腰乬鎖兩排具) 44개, 광후판 28입, 삼배목(三排目) 5개, 대·중·소적쇠(大中小炙金) 각 1부, 3촌정 132개, 사벽(沙壁) 137태(馱), 1촌정 1,457개, 중쇄약 25개, 소갑잡이(小甘佐非) 650개, 긴준덕끼[長邊板] 5입 반, 명유(明油) 2말, 동철 1근 6냥, 유랍(鍮鑞) 1근 3냥, 중락목양배구(中落目兩排具) 38개, 중갑잡이 82개, 방전(方甎) 1눌(訥) 352장, 3촌 두정 3,709개, 2촌정 1,378개, 중원환배구 201개, 납엽소광두정(鑞染小廣頭釘) 773개, 상와(常瓦) 1눌 817장, 대식도 25개, 중거물못(中巨勿釘) 808개, 생갈(生葛) 60사리(沙里), 용쇄약(龍鎖鑰) 1부, 도청정철(都廳正鐵) 650근·탄(炭), 의대건정장죽(衣帶乾正長竹) 32개[201]

---

201 英祖-貞純王后『嘉禮都監儀軌』,「修理所儀軌」, 移文秩(實入秩).

109개 물종에 대한 내역이 정리되었다. 여기에는 황필 등의 문방구에서 시작하여 장죽에 이르기까지 수리소에서 사용하고 소비한 물력의 내용이 망라되었다. 이 외에도 호조에서 파악한 환입을 전제로 수리소에 지원되었던 물종 내용은 아래와 같다.

> 유사(柳笥)(1부), 자연(1면), 담(擔)·소통(小桶)(각2부), 진장목(2,895𤲒里 1개), 초비내(232駄), 마미사(1부), 파유둔(2부), 선판(船板)(17립), 장송판(長松板)(863립), 사발·탕기(湯器)·첩시(각2죽), 초파자(2,448립), 잡장목(1,813거리 1개), 중갈줄(中葛줄)(66거리), 사(沙)·자완항(磁碗缸)(각2개), 대연목(大椽木)(27개), 중연목(1,306개), 소갈줄(小葛줄)(71거리), 장죽(長竹)(326개), 박송판(261립), 소연목(136개), 전배대연목(前排大椽木)(32개)[202]

수리소는 운영을 위한 각종 집물을 호조 등을 통해 사용 후 반환을 전제로 확보하고 활용했다. 25개 물종 중에는 유사, 사발, 탕기와 같은 보관 용기에서부터 목판, 연목, 장죽 등의 부재도 포함하고 있었다. 이와 같이 수리소에서 소용한 물력이 실입과 환입으로 정리되었다. 이들 물종은 가례에 있어 중요한 공간인 본궁의 마련과 수리를 위해 지출되었으며 수리소 운영을 위한 재원의 범위와 규모를 보여 준다.

---

202 英祖-貞純王后『嘉禮都監儀軌』,「修理所儀軌」, 移文秩(用還秩).

제 3 장

연회를 위한 인력과 물력

17세기와 18세기의 가례, 그리고 이와 연결된 출합의 문제를 살펴보았
다. 이번 장에서는 왕실의례와 관련한 재원운영의 변화를 보완하기 위한
목적으로 진연(進宴) 및 진찬(進饌)에서의 재원운영의 실태를 살펴보고자 한
다. 진연 및 진찬과 같은 왕실 연회에 대한 연구는 자료에 대한 역주가 진
행되고 있으며,[1] 왕실의례와 관련하여 무용이나 음악과 관련한 문화사적
시각에서 진행되었다.[2] 이러한 배경에서 왕실연회 운영의 토대가 되는 재
원의 측면을 살펴볼 필요가 있다.

　진연과 진찬에 대한 분석은 왕실행사 중 왕실연회와 관련한 부분을 조
명함으로써 왕실의례에서의 재원운영의 다양한 모습을 살펴보는 데 목적
이 있다. 이를 위한 연구 자료는 17세기와 18세기의 의궤이다. 17세기 자
료는 경오년(1630, 인조 8)『풍정도감의궤(豊呈都監儀軌)』이고, 18세기 것으로는
기해년(1719, 숙종 45)『진연의궤(進宴儀軌)』와 갑자년(1744, 영조 20)『진연의궤』
이다.

1　송방송,『國譯 豊呈都監儀軌』, 민속원, 1999; 송방송,「豊呈都監儀軌의 文獻的 再檢討」,『이화음악논
　　집』 3, 이화여자대학교 음악연구소, 1999.
2　이희병,「조선 中期의 樂舞政策과 실현과정—宮中舞踊을 중심으로」,『한국무용사학』 1, 한국무용
　　사학회, 2003; 송상혁,「朝鮮朝 賜樂의 對象에 관한 一考察」,『韓國音樂史學報』 30, 한국음악사학회,
　　2003; 신병주,「仁祖代 "豊呈"儀式의 추진과 관련 儀軌연구」,『韓國學報』 30-1, 2004; 조경아,「조선후
　　기 妓女의 정재 연습 풍경」,『한국예술연구』 4, 한국예술종합학교 예술연구소, 2011.

1 17세기 진풍정(進豊呈)과 진연진찬(進宴進饌)

　조선후기 왕실 연회에 있어 17세기의 사례는 1629년(인조 7)부터 이듬해까지 행해진 진풍정을 분석한다. 풍정은 진연보다는 규모가 큰 궁중 잔치를 이른다. 17세기 진풍정 분식은 풍정과 관련한 일체의 과정을 정리하고 기록한 숭정경오(崇禎庚午) 『풍정도감의궤(豊呈都監儀軌)』를 대상으로 한다. 이 의궤는 1630년(인조 8) 정전에서 왕, 왕비를 비롯한 왕실인사들이 대왕대비 [인목대비]에게 수주(壽酒)와 치사(致詞)를 올린 연회의 모든 내용을 수록한 기록이다. 진풍정이 종료된 후 의궤로 정리되었으며, 진풍정과 관련한 의례를 정리한 유일한 의궤로 알려져 있다.[3]

　1630년의 진풍정은 1629년(인조 7) 인조가 비망기를 통해 이듬해 봄에 풍정을 실시할 것을 예조에 알림으로써 비로소 착수되었다.[4] 예조에서는 택일의 필요성에 대해 계(啓)를 올려 3월 중으로 택일하라는 전교를 받게 되었다.[5]

　인조가 준비한 진풍정 일정은 시의성을 강조한 자전(慈殿)의 언급으로 조정하게 되었다. 자전은 언서(諺書)를 통해 3공(公) 6경(卿)에게 준비 중인 수연의 어려움을 밝히고 그 사실을 극력 계달(啓達)할 것을 당부했다. 자전의 의견은 호란 이후 농황이 좋지 않고 더욱이 군향(軍餉)을 준비하는 상황에

3　『春官通考』에 수록된 大王大妃 進宴儀와 헌종 14년(1848)의 『戊申進饌儀軌』는 내용이 비록 진풍정의 궤와 대동소이하지만 進宴과 進饌으로 표현하고 진풍정으로 표기하지 않은 점에서 진풍정과 차이가 있다(李惠求, 「豊呈都監儀軌 解題」, 『韓國音樂學資料叢書』 13, 國立國樂院, 1988, 3쪽).

4　崇禎庚午 『豊呈都監儀軌』, 己巳 9月 初9日.

5　崇禎庚午 『豊呈都監儀軌』, 己巳 9月 17日.

서 풍정의 설행은 불편한 현실이라는 점을 강조한 측면이 있었다.[6] 이에 신료들은 그해 농황이 풍족하지 못함을 인정하고 봄이 아닌 가을에 설행하는 방안을 한 번 더 품달(稟達)하였다.[7] 자전은 다시금 구체적으로 왕실의 재정적 입장을 피력하면서 연기론에 무게를 실었다.

> 효성을 간섭해서 막는 것 같아 [왕의 의지를] 마땅히 따라야겠지만, 최근에 백성들의 생활이 굶주려서 대전과 중궁전의 공선(供膳)도 오히려 폐지하여 시행되지 않고 있다. 이러한 시기에 내가 풍정을 받는 것은 즐겁게 여길 것이 없으니 결코 해서는 안 된다. 천천히 각도의 공선이 예전으로 회복됨을 기다려서 시행해도 늦지 않을 것이고, 그렇게 한다면 내 마음도 더욱 편안하겠다.[8]

인목대비(仁穆大妃, 1584~1632)자전은 효에 바탕한 인조의 의중을 반대하지는 않지만 당시의 상황이 여의치 않음을 들어 풍정을 사양했다. 농황이 좋지 않고 궁중에 대한 공선이 갖추어지지 못함에 따라 왕실과 조정의 살림이 풍족하지 못한 배경을 구체적으로 언급하면서 이듬해 가을로 연기할 것을 백관들에게 종용했다. 당시 중앙정부의 재원이 충분하지 못했다. 공청감사 남이웅(南以雄, 1575~1648)은 국비를 위한 적곡(積穀)과 군향(軍餉)이 부족한 현실을 지적하기까지 했다.[9] 그는 공청도의 전세를 상납하지 않고 지방에서 전용할 수 있도록 조처해 줄 것을 요청하였지만, 호조는 흉년으로 세입 감소와 더불어 풍정이 예정되어 있으므로 참작해 줄 수 없다는 강한

---

6 崇禎庚午『豊呈都監儀軌』, 己巳 9月 22日; 『인조실록』 권21, 인조 7년 9월 21일(임인).
7 崇禎庚午『豊呈都監儀軌』, 己巳 9月 22日. 좌의정 김류를 비롯한 六卿 신료들이 함께 아뢰었다[『인조실록』 권21, 인조 7년 9월 23일(갑진)].
8 『인조실록』 권21, 인조 7년 10월 11일(임술).
9 『인조실록』 권21, 인조 7년 11월 29일(경술).

입장을 견지했다.

호조는 풍정에 소요되는 물력을 마련하고자 하였으나 연이은 흉년으로 어려움에 봉착했다. 외방에 분정하는 것도 지방 또한 재정 상황이 넉넉하지 못하여 한계가 있었다. 뿐만 아니라 진휼청의 목면 30동을 획급받아 보충하려 했지만 이도 성사되지 못했다.[10] 결국 호조는 풍정을 위한 물력을 준비하면서 지방에 대한 공물의 적기 납입을 독려하는 방향으로 대책을 논의했다. 이러한 진풍정 일정의 연기와 재원 조달의 복잡한 사정은 풍정의 설행을 둘러싼 왕실과 조정의 의론 추이에 따른 대응을 잘 보여 주고 있다.

빈청(賓廳)에서는 인조의 근본적인 정치적 의지인 효(孝)라는 명분을 인정하면서도, 자전에서 거듭 절용을 강조한 사실을 고려하여 절충안을 마련했다. 풍정 시기는 봄에서 가을로 연기하면서도 행례(行禮)의 풍모는 갖추는 방안이었다.[11] 하지만 인조는 미루어 시행할 수 없다는 강행의 뜻을 밝히고 이를 자전에도 알리도록 했다.[12] 이로써 그간의 논란은 일단락되고 이듬해, 즉 1630년(인조 8) 봄에 풍정을 설행하기로 결정되어 예조를 중심으로 준비에 착수하게 되었다. 풍정 설행일은 3월 20일로 정해지고 전교가 바로 내려졌다.[13]

1) 풍정도감 전례 상고와 설치

예조는 대비전 진풍정 설행일이 1630년(인조 8) 3월 20일로 확정됨에 따라 행례와 관련한 여러 사항을 전례참작(前例參酌)하여 준비했다. 참작할

---

10 『인조실록』 권21, 인조 7년 12월 29일(기묘).
11 崇禎庚午 『豊呈都監儀軌』, 己巳 10月 初3日; 『인조실록』 권21, 인조 7년 10월 3일(갑인).
12 崇禎庚午 『豊呈都監儀軌』, 己巳 10月 初3日.
13 崇禎庚午 『豊呈都監儀軌』, 己巳 12月 25日.

전례로 기존의 등록과 의궤가 집중 검토되었으나 자료에 문제가 있었다. 1611년(광해군 3)과 1624년(인조 2)의 진풍정 등록은 호란 때 왕실과 조정이 도성을 버리고 피난하게 되면서 보존되지 못했다는 문제를 안고 있었다.[14]

진풍정 준비를 위한 '의주(儀註)'를 상고하기 위해 이른바 '갑자년문서(甲子年文書)', 즉 1624년(인조 2)의 진풍정 등록을 찾기 위해 노력했다. 그러나 호란 당시 공성(空城) 과정에서 산실되어 확인할 수 없었다. 또한 1611년(광해군 3)의 '신해년(辛亥年) 등록'은 손상이 심하여 상고하기 힘든 현실이었다.[15] 이러한 전례 상고가 어려웠던 경험은 나중에 진풍정이 마무리되고 의궤와 등록에 대한 정리를 실현하게 된 계제가 되었다. 전례 상고가 힘든 상황에서도 거행사목이 마련되었으며, 이는 「도감감결사목(都監甘結事目)」[16]으로 지칭되었다. 예조에서 마련한 행례에 필요한 사항은 물력과 인력으로 구분되었다.[17]

진풍정 일정이 확정됨과 동시에 이를 위한 도감이 설치되고, 도감에서는 행례를 위한 사목을 마련하였다. 도감의 활동을 위한 장소 및 세부 인력의 구성은 다소 지연되었다. 도감의 구성은 제조, 도청 그리고 낭청이었다. 풍정도감 제조는 당상으로 병조판서 이귀(李貴, 1557~1633)[18]와 예조판서 서성(徐渻, 1558~1631)[19]이었다. 도청은 장악원에서 그리고 낭청은 장악원과 호조, 병조에서 지원되었다.[20] 이로써 도감은 제조 2인과 도청 1인, 낭청

---

14 李惠求, 앞의 책, 1988, 3쪽.

15 崇禎庚午『豊呈都監儀軌』, 庚午 3月 17日 禮書·25日 都監.

16 崇禎庚午『豊呈都監儀軌』, 庚午 3月 初5日.

17 崇禎庚午『豊呈都監儀軌』, 己巳 12月 25日 禮書.

18 『인조실록』 권21, 인조 7년 8월 3일(을묘).

19 예조판서 서성은 명나라 황성이 포위당하는 변괴가 발생한 점과 자전에서 두 차례나 풍정을 가을로 연기할 뜻을 보인 점을 이유로 풍정을 가을이나 겨울로 연기할 것을 건의하였다[『인조실록』 권22, 인조 8년 2월 29일(기묘)].

20 崇禎庚午『豊呈都監儀軌』, 庚午 3月 初4日 吏曹.

3인으로 결정되었다.[21] 도감은 풍정에 있어 예조의 1원을 오로지 낭청에 찰임(察任)하도록 건의하여 계하(啓下)받았다.[22] 도감의 처소는 장악원에 설치하도록 하고 이에 필요한 사목은 별도로 구성했다.[23] 도감의 도청과 낭청은 전례에 따라 본사(本司)에서 제하여 상직(上直)하도록 하고 그 외의 공회(公會)에는 참석하지 않도록 했다. 도감의 구성을 위한 조치가 마무리되자 남별궁에서 도감회동을 실시한 후 사목(事目)을 마련하였다.[24]

도감의 운영을 위한 물품과 요포(料布) 등이 조치되었다. 도감당상과 도청의 인신 각 1과는 예조에서 담당했다. 서사(書寫)는 1인으로 호조와 예조에서 윤회하여 봉직하게 했다. 도감 운영 동안 서리 3인에 대한 요포는 지급을 원칙으로 하되, 이미 소속이 있어 요포를 받는 서리는 그 대상에서 제외했다. 사령 4인은 병조로 하여금 가포(價布)를 제급(除給)받도록 했다. 도감의 운영에 소용되는 지필묵은 해당 각사에서 감결을 받들어 진배하게 했다. 그리고 도감이 문서 보관을 위해 필요한 중궤(中櫃) 1부까지도 즉시 갖추게 했다. 이후 도감에서 소요되는 물력에 대한 구체적 현황이 제시되었다.

도감소용(都監所用) 문서입성(文書入盛) 중궤(中櫃) 1부, 서사소용(書寫所用) 협판(梜板) 2부·황필(黃筆) 1병(柄)·진묵(眞墨) 1정(丁), 당상 낭청(堂上郎廳) 백교필(白膠筆) 6병, 서리소용(書吏所用) 백필(白筆) 3병·소절(小節) 현지묵(玄芝墨) 9정·교말(膠末) 1승(升) 등[25]

---

21 제조는 병조판서 세자좌빈객 이귀와 예조판서 서성이었다(崇禎庚午『豊呈都監儀軌』).
22 崇禎庚午『豊呈都監儀軌』, 庚午 2月 29日.
23 崇禎庚午『豊呈都監儀軌』, 庚午 3月 初5日.
24 崇禎庚午『豊呈都監儀軌』, 庚午 3月 初6日.
25 崇禎庚午『豊呈都監儀軌』, 庚午 3月 初7日.

도감에 필요한 문서함과 문방구로 구성된 이들 물력은 3월 8일 예정된 사습의(私習依)에 앞서 준비된 내역에 따라 호조, 공조, 선공감, 예빈시에서 준비했다. 도감은 장악원에 설치되고 도청과 낭청이 배치되었다.[26] 도감을 지원하는 인력으로는 서사 1인, 서리 3인, 사령 4인 등이었으며, 운영을 위한 소소한 물력은 도감의 필요에 따라 각사에서 지원하는 구조였다. 이러한 도감의 운영과 관련된 아문은 육조를 비롯하여 위장소, 풍저창(豊儲倉), 선공감(繕工監), 장흥고, 사옹원(司饔院), 예빈시(禮賓寺), 전옥서(典獄署)였다.

도감의 운영을 위한 인력을 둘러싸고 예조와 관련 부서 사이에 논란이 있었다. 예조를 제외한 각사는 예조에서 마련한 사목에 별도로 도감이라 칭한 사실이 없다고 지적하면서 이른바 '장악도감'에 대해 부인했다.[27] 여기에 대해 예조는 장악원에서 담당할 정재 기생, 관현장인(管絃匠人)의 관리와 습열(習閱)만을 주관하고, 그 외의 예의 의물과 의장, 의녀와 각사노비[各司婢子]에 대한 감독과 사용하는 물력에 대해서는 논외로 하고자 했다. 또한 예조는 장악원의 입장을 경청하고 주관할 관원이 필요함을 인정했다. 그리고 풍정을 위한 비자(婢子)와 의장(儀仗)의 동원을 위해서는 형조와 병조 등의 협조가 필요하다고 지적했다. 이러한 조정을 거쳐 장악원에서 도청을 정하고, 호조와 예조에서 낭청 각 1원을 차하(差下)하는 방향으로 절충되어 예조가 3월 초3일 계하받았다.[28] 도감을 예조판서와 장악원 제조당상을 중심으로 조직화하여 각 아문에 대한 호령을 위한 조직을 갖추고자 했다.

기생의 정재를 준비하는 과정에서 장악원은 갑자년(1624, 인조 2)의 전례를 검토하여 준비했다. 장악원은 전례에 도감이 설치되고 그 호령에 따라 각사의 예모관(禮貌官)과 의녀 등을 소집해 습열했던 점을 강조했다.

---

26 도감은 '장악도감'이라 호칭되기도 했다(崇禎庚午『豊呈都監儀軌』, 庚午 2月 2日).
27 崇禎庚午『豊呈都監儀軌』, 庚午 2月 初2日.
28 崇禎庚午『豊呈都監儀軌』, 庚午 3月 初2日.

하지만 도감의 설치가 지연되자 장악원 예관과 의녀의 습열에 어려움을 겪으면서 예모관이 의녀를 거느리고 빈터에 모여 습열하게 되었다. 이러한 현실에 장악원은 기생이 습의에 전념할 수 있도록 지원하고자 했다.[29] 예조에서는 장악원의 상황에 대한 대응 차원에서 통례원의 습의 운영에 준하여 장안원의 습의를 지원하도록 통례원과 혜민서에 감결했다.[30]

풍정을 설행하기에 앞서 별도의 삼도습의(三度習儀)는 예조 주관으로 인경궁의 내부에서 3월 8일 실시하기로 결정되었다.[31] 이를 위해 예조는 도감 인원이 인경궁에 머물 경우 수직군사 4명과 도김에서 소용하는 초패(招牌) 2부(部)에 대한 제작과 서리 3인의 수록(受料)을 지원할 인력을 정송하도록 이조와 병조에 알렸다. 동시에 3월 8일 예정된 인경궁에서의 초도 사습의를 위한 인력 지원과 필요한 물력 배설에 차질이 없도록 호조, 병조, 예조, 공조, 상의원, 사옹원, 제용감, 내섬시, 장흥고, 전설사, 예빈시, 의장고, 위장소에 감결했다.[32] 그리고 3월 10일의 사습의에서는 초도습의 당시 잡인 출입 문제가 대두하자 병조와 포도청으로 하여금 습의 및 행례에 잡인의 출입을 엄금하도록 했다.[33] 습의와 관련한 관서는 아들 외에도 형조, 내자시(內資寺), 평시서, 선공감이 관련 각사로 거론되었다.

3월 20일 풍정행사를 위한 삼도습의가 3월 14일, 18일과 19일 각각 설행되었다.[34] 도감은 행례 준비에 차질이 없도록 호조, 예조, 병조, 형조, 공조,

29 崇禎庚午 『豊呈都監儀軌』, 庚午 2月 22日.

30 崇禎庚午 『豊呈都監儀軌』, 庚午 2月 22日.

31 崇禎庚午 『豊呈都監儀軌』, 庚午 3月 初6日. 이에 앞서 예조는 장악원이 다른 각사청에 비해 초라하여 군대로 의장을 주선해서 배열하는 것이 충분하지 못하다고 보았다. 이에 따라 3월 3일 인경궁에서 예정된 습열을 장악원이 오로지 담당해서 실행하도록 감결을 내렸다(崇禎庚午 『豊呈都監儀軌』, 庚午 2月 初2日). 이러한 주장은 예조판서 서성의 건의에 따른 것이었다[『인조실록』 권22, 인조 8년 3월 2일(임오)].

32 崇禎庚午 『豊呈都監儀軌』, 庚午 3月 初6日. 이에 앞서 인경궁에 대한 수리가 진행되고 있었다[『인조실록』 권22, 인조 8년 2월 14일(갑자)].

33 崇禎庚午 『豊呈都監儀軌』, 庚午 3月 初8日.

34 진풍정을 위한 본격적인 삼도습의는 처음 예조에서 올린 첩정에 3월 14일, 16일, 그리고 18일로 예

제용감, 상의원, 선공감, 내자시, 장흥고, 전설사, 혜민서, 좌우포도청에 준비하라는 감결을 내렸다.[35] 이들 각사가 풍정 행례 당일 실질적으로 인력과 물력이 동원되던 곳이라 볼 수 있다.

2) 기물(器物)과 찬물(饌物)

풍정 행례를 위한 물력은 내자시에 부여된 항목이 가장 많았으며, 필요 사항에 따라 내자시를 포함하여 사옹원, 내주방, 내섬시, 사흉서, 예빈시를 비롯하여 공조와 호조에도 할당되었다. 각사별 물력의 배분 현황이 정리되었다.

> 내자시: 삼전(三殿)·왕세자 및 세자빈 상배(床排) 의횡간대연도(依橫看大宴
> 圖), 주미(酒味), 사화봉(絲花鳳)
>
> 사옹원: 별행과(別行果), 미수(味數)
>
> 내주방: 주미
>
> 내섬시·예빈시: 참연(參宴) 내외명부(內外命婦) 상배, 주미, 미수 [→ 사옹원 전
> 장차지(專掌次知)]
>
> 사흉서: 대소선(大小膳), 외명부선(外命婦膳)
>
> 예빈시: 근화(勤花)
>
> 공조: 화군(花裙)
>
> 호조·공조·의영고: 거촉(炬燭)[36]

정되었다(崇禎庚午 『豊呈都監儀軌』, 庚午 3月 11日).
35 崇禎庚午 『豊呈都監儀軌』, 庚午 3月 12日.
36 崇禎庚午 『豊呈都監儀軌』, 己巳 12月 25日 禮曹.

진풍정을 위한 각사별 분담에 대해서는 행례 한 해 전인 1629년(인조 7)에 구상되었으며, 위 내용은 그 결과이다. 진풍정 이전부터 소용되는 물력에 대한 각사 분정이 이미 논의되고 있었다. 이러한 조정을 거친 결과 사용원은 별행과와 미수를 담당하였으며, 내섬시에 분정되었던 미수도 전담하였다. 각사는 각기 거촉, 상 등의 기명과 주미 등의 찬물 준비의 역할을 분담했다.

진풍정을 몇 달 앞두고도 도감은 장악원 전례를 살펴 행용기생(行用妓生)이 사용할 기물 제조 문제를 점검했다. 먼저 기생의 수화(首花) 문제는 갑자년(1624, 인조 2)의 풍정을 살펴본 결과 장악원에서 풍물(風物)과 악기 등의 제작을 위해 설국(設局)하고 각종 장인을 불러 모아 활용했다는 전례를 확인했다.[37] 이에 따라 도감은 호조의 지원을 바탕으로 기생의 수화를 비롯한 처용가면을 장악원에서 조작(造作)하도록 했다. 이러한 조치를 근거로 장악원은 기생과 동기의 수화, 처용가면 5건의 제조에 소요되는 물종을 각 지방관 및 관사에 요청하였으며, 그 내역은 아래와 같았다.

1. 기생수화(妓生首花) 83, 동기수화(童妓首花) 2에 들어가는 것
   제주감(濟州監): 저사(苧絲) 2전(戔), 설면자(雪綿子) 1냥(兩) 4전 6분(分), 태곡회(太穀灰) 5두(斗), 황라아목(黃羅兒木) 2동(同), 생저(生苧) 1근(斤)

   풍저창(豊儲倉): 초주지(草注紙) 7권(卷), 悉米 1말 4되(升)

   호조: 해장죽(海長竹) 75개(介), 유색진용(有色眞茸) 은 유두정향(有頭丁香) 365개대(代), 저주지(楮注紙) 3권, 황밀(黃蜜) 7근 8냥 2전 5분, 중철사(中鐵絲) 166자(尺), 세동사(細銅絲) 1근 15냥 2전-20자, 첩은(貼銀) 100장(張), 금(金) 1속(束), 단목(丹木) 1근, 백반(白磻) 12냥, 당동사(唐銅絲) 2근

37 崇禎庚午『豊呈都監儀軌』, 庚午 正月.

11냥, 동황(同黃) 7냥 3전, 주홍(朱紅) 4냥, 다홍진사(多紅眞絲) 2냥, 황진

사(黃眞絲) 2냥, 남진사(藍眞絲) 2냥, 초록진사(草綠眞絲) 2냥, 묵진사(墨眞

絲) 2냥, 지초(芝草) 1근, 아교(阿膠) 3냥, 백저포(白苧布) 1자, 줄포(㡤布)

3자, 괴화(槐花) 1말

선공감: 편죽(片竹) 73개, 송지(松脂) 2근 14냥 5전, 탄(炭) 19말 6되, 단목

(椴木), 정분(丁粉) 1되

사복시: 곡초(穀草) 1동

사재시: 소목(燒木) 1단(丹)

사섬시: 휴지(休紙) 2근

예빈시: 진말(眞末) 1되 4홉(合) 6석(夕)

사휵시: 백당아우(白唐鴉羽)

사도시 용-후환하(用後還下): 표자(瓢子) 2개

내섬시, 예빈시(용-후환하): 대반(大盤) 3립(立), 사발(沙鉢) 7립, 접시(貼匙)

1죽(竹)

1. 처용(處容) 5건(件)에 들어가는 것

옥색저포(玉色苧布) 7자, 홍저포(紅苧布) 4자, 황밀(黃蜜) 10냥, 주홍 1냥, 동

황(同黃) 5전, 동사(銅絲) 2냥 5전, 저주지(楮注紙) 2장 반, 송지(松脂) 5냥

5전반(半), 탄(炭) 2말, 단목전조(椴木全條) 3자, 해장죽(海長竹) 2개, 모단(帽

段) 4자, 주홍(朱紅) 1냥 5전, 청화(靑花) 1냥, 하엽(荷葉) 2냥, 삼록(三綠) 1냥

5전, 진분(眞粉) 3냥, 석자황(石紫黃) 5전(全), 황단(黃丹) 1냥 5전, 상포(常布)

5되, 아교(阿膠) 5냥, 진묵(眞墨) 1정(丁), 황모(黃毛) 1조(條)

1. 가면(假免) 5 부칠(部漆)에 들어가는 것

공조: 주홍(朱紅) 2냥 5전, 아교 3냥, 진분 1냥, 두석(豆錫) 2냥, 도소라중·

소(陶所羅中·小) 각 3

이환소입(耳環所入)−선공감(용-후환하): 마모(馬毛) 11, 죽사(竹篩) 1

와서(瓦署): 토화로(土火爐) 2, 토봉로(土烽炉) 2[38]

기생과 동기의 수화 85개 제작에 소요되는 물력은 외방으로 제주를 비롯하여 중앙관서로 호조를 중심으로 한 10개의 각사에 배당되었다. 처용복식 5건에 대해서는 별도의 각사에 대한 물력 지원 사항을 밝히지 않는 것으로 미루어 장악원에서 장인을 활용하여 제작했을 것으로 추정된다. 다만 처용가면의 칠(漆)을 위한 재료는 공조로부터 지원받았고, 가면의 이환 제작에 소용되는 물품은 구분하여 별도로 선공감, 와서, 공조에 요청했다.

도감은 기생과 동기 등의 관복(冠服) 제작 및 보수를 논의했다. 기생의 관복 73건 중 색이 바랜 23건을 새로 갖추도록 했다. 그럼에도 기생이 착용하는 보로(甫老) 73건 중 상태가 좋지 않은 10건은 새로 마련한 관복과 조화가 이루어지지 않았다. 이에 따라 호조로 하여금 이들을 새로 갖추어 준비하게 했다.[39] 이로써 기생 관복 23건과 동기 관복 2건, 보로 10건, 포색지 70건, 수화 90건도 새것으로 제작했다. 이처럼 풍정을 위한 물력의 준비에 재원의 지출이 지속됨에 따라 조정에서는 풍정을 연기하는 논의에서 나아가 정지할 필요성이 제기되기도 했다. 풍정을 위한 인경궁의 수리를 비롯하여 의물(儀物)의 보수와 제작에 많은 비용이 소용됨에 따라 조정의 재력이 고갈되었다는 하소연이었다.[40]

도감은 습의 당시 장표황염지(章標黃染紙) 3장에 대해 호조와 장흥고에서 진배하도록 했다.[41] 습의뿐만 아니라 풍정 당일에 사용할 주장(朱杖) 16병을

---

38 崇禎庚午『豊呈都監儀軌』, 庚午 正月, 呈才色.

39 崇禎庚午『豊呈都監儀軌』, 庚午 2月 初9日.

40 崇禎庚午『豊呈都監儀軌』, 庚午 2月 20日. 풍정이 인경궁에서 진행되는 데 있어서도 수리비용이 점차 증가하면서 전체 지출이 증대될 것을 경계하는 분위기가 있었다(崇禎庚午『豊呈都監儀軌』, 庚午 2月 22日).

41 崇禎庚午『豊呈都監儀軌』, 庚午 3月 初10日. 이에 앞서 3월 8일에는 南別宮에서 예정된 私習儀에 진배 물품을 대령하도록 했다(崇禎庚午『豊呈都監儀軌』, 庚午 3月 初8日). 사습의 지원을 위해 관여한 관서는

병조와 군기시에서 진배하게 했다.[42] 장악원은 풍정에 참여하는 기녀가 쓸 보로 73건, 석자황 개칠과 처용 5소(所)가 착용할 금대의 도금을 위한 아교 등을 요청했다. 이에 따라 도감은 물력은 호조에서, 가공은 도화서에서 담당하도록 했다.[43] 진풍정을 이틀 앞둔 3월 18일에 장악원은 호조에 추가로 필요한 의복 등을 요청하는 수본(手本)을 올렸다.

> 처용기(處容妓) 다섯 명이 입는 백피(白皮) 초혜(草鞋)와 채색 단의(段衣)는 섞어 입는 것이 아주 합당하지 않다. 동기 두 사람은 궁핍하여 스스로 단혜(段鞋)를 갖출 수 없어 지저분하고 궁벽하니 모두 다시 장만할 일이다. 도감의 감결에 의거해서 위의 7명의 기녀에게 각기 당혜(唐鞋) 1부를 줄 것.[44]

장악원은 처용기와 동기의 복식을 지원하는 문제를 호조에 요청했다. 처용기의 경우에는 복식이 맞지 않은 데 따른 문제, 동기에게는 혜(鞋)를 마련해 주는 것이 논의되었다. 뿐만 아니라 장악원은 이들 처용기와 동기 같은 기녀들에게 각기 당혜 한 켤레를 주어 원활한 풍정을 도모했다.

풍정을 위한 물력 중에는 복식 외에도 찬물이나 찬기 등과 같은 각종 물종이 소요되었다. 찬물에 대한 동원과 운영은 의궤의 말미에 별도로 정리했다.[45] 대표적인 사례로 삼전연상(三殿宴床), 왕세자연상(王世子宴床), 빈궁연상(嬪宮宴床)과 같은 연상과 더불어 찬안상(饌案床)이 각기 마련되었다. 삼전연상은 좌우협상을 포함하여 모두 4행으로, 왕세자연상, 빈궁연상은 3행

호조, 예조, 병조, 형조, 공조, 상의원, 제용감, 장흥고, 전설사, 내자시, 내섬시, 예빈시, 평시서, 선공감, 의장고, 위장소(이상 16개소)였다.
42 崇禎庚午『豊呈都監儀軌』, 庚午 3月 初10日.
43 崇禎庚午『豊呈都監儀軌』, 庚午 3月 初10日.
44 崇禎庚午『豊呈都監儀軌』, 庚午 3月 18日, 呈才色.
45 崇禎庚午『豊呈都監儀軌』, 饌膳色.

으로 구성했다. 이들 중 삼전상안은 4행, 왕세자와 빈궁에 대해서는 2행까지 사화봉(絲花鳳)을 갖추도록 했다. 찬안상은 삼전에 대해 모두 4행을 갖추되 왕세자와 빈궁의 면협상은 3행으로 구성했다.[46]

찬물 준비에 소요되는 물종 중 각사에 대한 분담현황은 삼전양궁(三殿兩宮)의 내역에서 확인된다.[47] 소선(小膳)에 소용되는 내역은 양(羊) 1구(口), 당안(唐鴈) 1수(首), 갈비(乫非) 1척(隻)이었다. 대선(大膳)은 저(猪) 1구, 당안 1수, 우후각(牛後脚) 1식(式)이 적용되었다. 그 외에 명부(命婦) 대육(大肉)은 각기 저육(猪肉) 3근과 치아(稚兒) 반수(半首)로 구성하고, 이들 찬물은 사휵서에서 준비하도록 했다. 이들 외 안상(案上)의 마련을 위한 물품 내역과 소관 각사의 현황은 아래와 같다.

내주방: 삼전양궁진(三殿兩宮進) 어향촉(御香燭)

내자시: 명부소용(命婦所用) 주(酒)

예빈시: 삼전양궁(三殿兩宮) 사권화(絲勸花) 각 1타(朶), 내외명부 지권화(紙勸
　　花) 각 1타

공조: 삼전양궁 은화군(銀花裙) 각 1

서빙고: 빙(氷) 매일 2장식(丈式)[내자시 생물조빙(生物照氷)], 빙 매일 2장식[사휵
　　서 육물조빙(肉物照氷)]

제용감: 찬안개복보(饌案盖覆袱)

장흥고: 평리과유지(平里裏油紙)

풍저창: 과격지초주지(果隔紙草注紙)

별공작: 과기담지가자상탁(果器擔持架子床卓)

46　삼전, 왕세자, 빈궁의 상은 내자시에서, 명부의 선상은 내섬시 그리고 삼전과 양궁의 소반은 사용원에서 조처했다.

47　崇禎庚午『豊呈都監儀軌』, 饌膳色.

위장소: 부지군사(負持軍士)[48]

　향촉을 비롯한 술, 권화, 얼음 등의 물력은 도감을 중심으로 내주방, 내
자시, 공조, 빙고 등 9개 각사에서 준비하며, 상탁과 상탁장식 및 보관을 위
한 물력은 도감의 별공작(別工作)에서 마련하거나 제작하도록 했다. 뿐만 아
니라 행례를 위한 인력도 배치되었다.[49] 안상을 장식하고 갖추기 위한 물력
동원과 같이 전내 상탁에 대한 장식과 물종의 준비는 상의원, 상건은 제용
감, 곡수좌면지(曲水座面紙)는 장흥고에서 준비하였으며, 명부 주탁과 계단
아래 상탁은 별공작에서 마련했다.

3) 기생과 의녀

　진풍정에 있어 진연에 소요된 물력 못지않게 중요한 것이 원활한 인력
동원이었다. 진연의 입참 범위가 먼저 정해졌다. 외명부는 동서반 정2품
이상, 공삼사장관(工三司長官), 육승지 부인이 입참하도록 하되, 참석 여부에
대한 단자는 각 아문에서 입계하도록 했다.[50] 외명부의 출입문에 대한 통제
는 병조에 부여되었다.

　도감 설치가 논의되는 과정에서 기생과 의녀의 동원을 위한 지침으로
「계하사목(啓下事目)」이 논의되었다. 예조 주관으로 마련된 계하사목에는 의
장을 봉지(捧持)하는 여기(女妓)와 여의(女醫)의 부족한 수는 장악원에서 마련
하도록 했다.[51] 풍정에 동원되는 인력 중 각사의 비자(婢子)는 형조가, 의장
(儀仗)은 병조에서 담당하게 했다. 이 중 각사 비자는 100여 인으로 그 수가

48　崇禎庚午『豊呈都監儀軌』, 饌膳色.
49　崇禎庚午『豊呈都監儀軌』, 排設色.
50　崇禎庚午『豊呈都監儀軌』, 己巳 12月 25日 禮曹.
51　崇禎庚午『豊呈都監儀軌』, 庚午 2月 29日.

많음에 따라 형조에서 기일에 맞추어 준비하기 힘든 상황이 발생하기도
했다.[52]

도감은 풍정 당시 의장을 수행할 인력의 수효를 계산했다. 전체 인원은
176명이었으며, 이미 정한 가의녀(假醫女) 150명 외에 20명을 더 정해서 형
조에 감결했다.[53] 그리고 3월 14일로 예정된 초도습의에는 형조로 하여금
가의녀 176명을 대령하도록 했다.[54] 한편 풍정할 때 집사의녀(執事醫女) 1명
에 대해서는 호조와 군자감에서 산료(散料)를 지급하도록 하고,[55] 3월 7일부
터 양시공궤(兩時供饋)를 선례에 따라 풍정이 이루어지는 동안 적용 했다.

장악원은 악기와 정재를 담당했다. 이 외에도 의장을 담당하는 여기와
의녀에 대한 차정이 부족한 부분에 대해서도 장악원에서 마련하도록 했
다. 장악원을 지원하는 뜻에서 각사의 여자종을 형조낭청에서 명해 불러
올리도록 했다.

장악원은 풍정을 위한 인력의 차출에 있어 공신들에게 사패한 노비를
차정하려 했다. 이를 둘러싸고 소유 노비를 동원하는 문제의 적절성 대한
논쟁이 발생했다. 정재색(呈才色)이 올린 계목 내용은 다음과 같다.

공신사패 노비는 각사의 소속으로 채워 주되, 관노비를 정해서 주는 것을
허가하지 않을 것이라는 왕의 전교는 정녕 다시 말할 필요가 없습니다. 그
러므로 신공신(新功臣) 등은 이를 존중하고 거행하여 감히 어긋나거나 지나
치지 않게 했습니다. 그런데 충훈부의 도사 윤인연(尹仁演)은 그 아버지 윤
형(尹泂)이 광국공신에 참여해서 기록되자 감히 관속을 함부로 차지하여
사패를 받았습니다. 그러고는 기녀 여러 명을 선발해서는 가비(家婢)로 삼

52 崇禎庚午『豊呈都監儀軌』, 庚午 3月 初2日.
53 崇禎庚午『豊呈都監儀軌』, 庚午 3月 12日.
54 崇禎庚午『豊呈都監儀軌』, 庚午 3月 13日.
55 崇禎庚午『豊呈都監儀軌』, 庚午 3月 19日.

으려는 데 이르렀습니다. 이번 풍정에 열악일(閱樂日)이 되자 장악원 관원으로 하여금 손쓸 수 없게 하여 그사이에 자기 마음대로 하고 거리낌이 없었습니다.[56]

공신에게 사패된 노비를 정재를 위해 동원한 데 대한 반발이 있었다. 이와 관련한 논란은 기녀 사패 과정의 정당성으로 확산되면서 장악원의 차정에 협조하지 않는 데 따른 문제로 이어졌다. 그럼에도 불구하고 정재를 위한 선기(選妓)를 차정하는 과정에서 공신에 대한 사패노비가 포함된 경우에는 각사 소속의 노비보다는 일반 관노비로 대신 주도록 했다. 사패노비가 선기로 차정될 경우에도 숙련도가 높지 않은 노비로 대신하게 되는 문제가 발생하기도 했다. 뿐만 아니라 지방 기생을 대상으로도 풍정을 위한 추심이 이루어졌다.

진풍정의 대례에 소용되는 영광의 기생 순개(順介)는 평산에 사는 전 만호 채신(蔡紳)이 거두어 기르고 있으며, 함종의 기생 임생(林生)은 관향사 군관 전 현감 이정길(李井吉)이 거두어 기르고 있는데 안악 땅에 묶어 두고 올려 보내지 않고 있습니다. 예로부터 이러한 풍정 대례를 당해서는 비록 왕자, 재상이 거두어 기르는 자녀가 있는 기생이라도 감히 빠질 것을 도모하지 않았는데도….[57]

지방의 기생인 경우에도 풍정을 위해 선정되었다. 그런데 풍정에 차출된 지방관청 소속 선기가 사족이나 세가에 의해 무단 점거되는 문제가 있었다. 장악원 제조가 평산 및 안악과 같이 점거 사례가 발생한 지역에 관문

---

56   崇禎庚午『豊呈都監儀軌』, 庚午 正月 29日, 呈才色.
57   崇禎庚午『豊呈都監儀軌』, 庚午 2月 12日, 呈才色.

을 보내어 착송할 것을 지시했다. 결국 평산, 함종, 안악 등지에 관원들이 점유하고 있는 노비들은 진연을 위해 선상하도록 조치되었다. 진풍정에 노비의 차출이 있을 경우 관노비뿐 아니라 사노비도 응해야 했던 전례가 강조된 결과였다.

4) 논상

진풍정의 설행 선과 후에도 각각 지출이 있었다. 행사 준비는 물론 진풍정 종료 후 등록의 간행 및 논상에 있어서의 지출이었다.

진풍정의 설행을 위한 물종이 있었다. 풍정을 앞두고 3월 11일 자전이 인경궁으로 행차하자 인조는 금천교에 나가 전송하는 등 풍정을 위한 준비에 착수했다.[58] 그리고 3월 20일 인조가 인경궁에 거둥하여 자전을 문안하는 것을 계획하고 진풍정에 착수했다.[59] 진풍정 당일에 동원 예정이었던 대비전 의장의 수는 아래와 같다.

> 백택기(白澤旗) 2건, 은등자(銀燈子) 4건, 금등자(金鐙子) 4건, 은장도(銀粧刀) 2건, 금장도(金粧刀) 2건, 은립과(銀立瓜) 2건, 금입과(金立瓜) 2건, 은횡과(銀橫瓜) 2건, 금횡과(金橫瓜) 2건, 모절(旄節) 4건, 은월부(銀鉞斧) 2건, 금월부(金鉞斧) 2건, 작선(雀扇) 6건, 봉선(鳳扇) 8건, 청개(靑蓋) 2건, 홍개(紅蓋) 2건, 홍양산(紅陽傘) 1건, 청선(靑扇) 2건, 은개(銀盖)·관자(灌子) 각 1건, 은교의(銀交倚) 1건, 각답(脚踏) 1건, 좌(坐)·의자(衣子) 각 1건[60]

---

58   崇禎庚午『豊呈都監儀軌』, 庚午 3月 11日.
59   崇禎庚午『豊呈都監儀軌』, 庚午 3月 20日.
60   崇禎庚午『豊呈都監儀軌』, 庚午 3月 19日, 儀仗數.

진풍정에 동원된 의장은 57개이고 모두 의장고(儀仗庫)에서 준비하게 했다. 대전과 중궁전의 의물은 이도습의에 준하여 준비하게 했다. 그러나 진풍정 일정이 갑작스런 궐내의 유고를 이유로 3월 20일 이후로 순연됨에 따라 도감과 예조에서는 습의 일정 퇴행(退行)을 결정했다.[61] 이로 인해 풍정은 3월 22일 거행되었으며, 풍정이 있는 다음 날 인조는 환궁했다.[62]

진풍정이 연기되었다가 설행된 이후 이에 관여했던 관원 등에 대한 상격(賞格)이 논의되었다. 이에 앞서 내전에서 별도의 포상을 내렸다.

중전에서 두 명의 당상에게는 각기 필단(匹段) 1필과 홍주(紅紬) 1필을, 도청정과 낭청첨정에게는 각기 토사주(吐絲紬) 1필을 사급했다.[63]

논상을 위한 내전의 사급 물력은 중앙관사의 재원이 아닌 왕실의 별도 재원에서 마련된 것이었다. 이러한 내전의 움직임이 있자 예조에서는 본격적인 상격을 논의하기 시작했다. 여기에는 1624년(인조 2) 갑자년의 진풍정이 참조되었다. 당시 별도의 도감설치 없이 행례를 진행하게 되면서 사용한 악기를 상격으로 지급함으로써 진풍정 참여 인력 자체에 대해서는 별도의 상격이 없었다.[64] 다만 풍정이 끝난 후 선온(宣醞)이 있었다고 확인되었다.

1630년(인조 8) 진풍정에서는 전례 참조 결과에 따라 선온을 실시하는 과정에서 일부 상격이 있었다. 4월 11일 숭정전(崇政殿) 동월랑(東月廊)에서 선온을 한 후 당상 2원과 도청 1원에게 각기 호피(虎皮) 1령(令)을 내리고, 낭청

---

61 崇禎庚午『豊呈都監儀軌』, 庚午 3月 15日.
62 崇禎庚午『豊呈都監儀軌』, 庚午 3月 22日 壬寅. 의궤에는 '國家大本備設立'을 이유로 진풍정을 정파했다고 적고 있다(崇禎庚午『豊呈都監儀軌』, 庚午 3月 25日).
63 崇禎庚午『豊呈都監儀軌』, 庚午 3月 24日, 뫃才色.
64 崇禎庚午『豊呈都監儀軌』, 庚午 4月 初4日 禮曹.

3원에게는 상현궁 1장(丈)을 각기 사급했다. 전악 서리, 사령에게 궤주(饋酒)한 다음 서리 3인에게는 선자(扇子) 2병을, 사령 4명에게는 선자 1병을 각기 상으로 주었다. 전악(典樂) 외에는 이미 상포(賞布)를 주었으므로 궤주만 했다. 뿐만 아니라 풍정을 위해 동원되었던 여무(女舞)와 악동들도 풍정 후 논상했다.[65] 이들은 한양에 머물게 하지 않고 지방으로 돌려보냈다.

---

65 崇禎庚午『豊呈都監儀軌』, 庚午 3月 26日.

제3장 연회를 위한 인력과 물력

2 18세기 초 진연과 경외(京外) 물력

　17세기 경오년(1630, 인조 8) 진풍정에 대한 분석을 통해 조정과 왕실은 왕실의 진연과 진찬의 준비 과정을 비롯하여 의제에 대한 정리를 달성했다. 이후 비로소 진연 및 진찬과 관련한 왕실의례가 의궤의 형태로 정리되었다. 이러한 배경에서 18세기부터 의궤를 바탕으로 진연, 진찬이 준비되고 설행되었다.

　18세기 초 진연의 실상은 숙종 기해년 『진연의궤』 사례[66]를 바탕으로 비교 및 분석할 수 있다. 숙종 기해년은 곧 1719년(숙종 45)으로 인조 때 행해진 진풍정 이후 약 100년이 경과한 뒤였다. 숙종 기해년의 진연은 이러한 시차를 두고 설행된 왕실 진연 행사라는 의미가 있다.[67] 이러한 측면에서 이 사례는 17세기와 18세기 왕실의례와 경제적 측면에서 물력 운영의 변화상을 살피기 용이한 자료이다.

　진연 논의가 발의되면서 이를 위한 도감의 설치가 준비되었다. 진연은 1719년(숙종 45) 4월 3일 영의정 김창집(金昌集, 1648~1722)에 의해 건의되었다.[68] 그는 국왕으로서 숙종이 기로소에 들어가는 사례는 300년 만에 있는

<hr />

66　서울대학교 규장각한국학연구원 소장(奎14358).

67　숙종조 진연 및 진찬과 관련한 연구 성과는 다음과 같다. 송방송, 「숙종조 기해 '진연의궤'의 공연사료적 가치」, 『韓國學報』 27-4, 일지사, 2001; 한국학중앙연구원, 「조선후기 궁중연향문화」, 민속원, 2003~2005; 박정련, 「숙종조 진연의 공연문화에 관한 연구—'숙종실록'과 숙종조 '기해진연의궤'를 중심으로」, 『한국음악사학보』 38, 한국음악사학회, 2007; 조경아, 「조선, 춤추는 시대에서 춤추지 않는 시대로—왕의 춤을 중심으로」, 『한국음악사학보』 40, 한국음악사학회, 2008; 송혜진, 「조선조 왕실악기 수요와 대응의 역사적 전개양상」, 『한국음악연구』 54, 한국국악학회, 2013.

68　肅宗己亥『進宴儀軌』, 「都廳所掌」, 己亥 4月 初3日.

경사라는 의미를 부여하고, 비록 숙종의 환후가 염려되지만 이 부분을 일소하고 단행할 것을 요구했다. 판부사 이이명(李頤命, 1658~1722)과 조태채(趙泰采, 1660~1722) 등의 거듭된 건의에 따라 숙종 안환(眼患)의 차도와 그해의 농황을 살펴 가을에 다시 논의하기로 했다.

진연에 대한 설행 결정이 9월에 있었다. 9월 2일 약방입진(藥房入診)이 있은 후 영의정과 우의정은 함께 농황이 풍년인 점과 숙종의 환후에 차도가 있다는 점을 들어 진연을 재차 건의했다. 숙종은 가을에 간소하게 진연을 행하라는 윤허를 내렸다.[69] 이튿날 예조에서는 바로 계를 올려 9월 중에 진연 설행을 확인했다.[70] 뿐만 아니라 내연(內宴)도 전례에 따라 행하기로 했다.[71] 이러한 논의를 거쳐 최종적으로 예조는 일관(日官)의 택일에 따라 대전 진연은 9월 28일로, 중궁전 진연은 30일로 결정했다.[72] 그에 따라 설행 장소는 경현당(景賢堂)으로 지정되었으며 내전 진연은 광명전(光明殿)이 설행처로 지정되었다.

진연 일정이 확정되자 진연을 위한 습의 일정 등도 정해졌다. 도청은 대전 진연이 9월 28일 경현당에서 예정됨에 따라 초도(初度)와 이도습의(二度習儀) 그리고 삼도습의를 진행했다.[73] 예조는 일관의 택일에 따라 초도는 9월 18일, 이도는 9월 21일에 습의를 주관하고, 삼도습의는 24일 경현당에서 실시하도록 했다. 진연 규모는 본래의 구작(九爵)에서 일기의 영향을 고려하여 칠작(七爵)으로 조정되었다.[74] 진연에 참가하는 관원은 모두 흑단령을

---

69 肅宗己亥『進宴儀軌』,「都廳所掌」, 己亥 9月 初2日.

70 肅宗己亥『進宴儀軌』,「都廳所掌」, 己亥 9月 初3日.

71 肅宗己亥『進宴儀軌』,「都廳所掌」, 己亥 9月 初3日.

72 肅宗己亥『進宴儀軌』,「都廳所掌」, 己亥 9月 初3日.

73 肅宗己亥『進宴儀軌』,「都廳所掌」.

74 張師勛,「肅宗 己亥 進宴儀軌 解題」,『韓國音樂學資料叢書』13, 國立國樂院, 1988, 12쪽. 七爵의 내역은 제1작 왕세자, 제2작 영의정 김창집, 제3작 연령군, 제4작 행판중추부사 이이명, 제5작 금평위 박필성, 제6작 영돈령부사 김주신, 제7작 행호조판서 송상기였다. 한편, 진연 이틀 전 승정원은 종친부에서 연령군의 신병을 이유로 대체를 청하자 金城君 混으로 개차했다(肅宗己亥『進宴儀軌』, 都廳所掌,

입도록 했다.[75]

1) 진연청 구성과 운영

(1) 인적 구성

도감 및 도청의 구성과 운영에 대한 검토가 있었다. 숙종의 윤허에 따라 가을 택일을 전제로 도감이 설치되었다. 도감의 설치를 위해 진연청 당상과 낭청을 각 아문으로부터 차출받아 진연청을 설치하도록 했다. 예조를 중심으로 '진연절목(進宴節目)'도 마련했다.[76] 이조에서는 도감을 진연청 당상 3명, 낭청 3명, 별공작 1명, 감조관 5명으로 구성하였으며, 도감의 설치와 구성은 9월 3일 당일에 모두 이루어졌다.

본청당상(本廳堂上) 3: 영돈녕부사 김주신(金柱臣), 행예조판서 민진후(閔鎭厚), 행호조판서 송상기(宋相琦)

본청낭청(本廳郎廳) 3: 장악원첨정 박필진(朴弼震), 호조정랑 정혁선(鄭赫先), 예조정랑 신척(申滌)

별공작(別工作): 선공감감역관 임정원(任鼎元)

감조관(監造官): 내자시봉사 원명직(元命稷), 내섬시봉사 이정설(李挺卨), 예빈시직장 김조택(金祖澤), 사옹원봉사 이영보(李英輔), 사훅서별제 정건주(鄭建柱)[77]

己亥 9月 26日)". 이후 확정된 7작은 제1작 왕세자, 제2작 영의정 김창집, 제3작 판부사 김이명, 제4작 금성군, 제5작 금평위 박필성, 제6작 영돈녕부사 김주신, 제7작 호조판서 송상기로 구성했다(肅宗己亥『進宴儀軌』,「都廳所掌」, 己亥 9月 28日).

75 肅宗己亥『進宴儀軌』,「都廳所掌」, 己亥 9月 13日.
76 肅宗己亥『進宴儀軌』,「都廳所掌」, 己亥 9月 初3日.
77 肅宗己亥『進宴儀軌』,「都廳所掌」, 己亥 9月 初3日.

도청은 당상, 낭청, 별공작, 감조관으로 구성하였다. 효율적인 운영을 위해 예조와 호조, 이조를 비롯하여 장악원, 선공감, 내자시, 내섬시 등 진연을 위한 물력 동원과 연관된 각사의 인사들의 배치가 결정되었다.[78] 이러한 조치에 따라 예빈시, 내섬시, 내자시, 선공감, 사축서 등은 도청에 이들이 진연 시 감조관과 별공작으로 분차된 사실을 확인하고 분정했다.[79]

도감의 운영을 위한 '회동절목(會同節目)'이 계하되었다.[80] 절목에는 도감의 처소를 장악원에 설치하는 문제와 인신(印信) 관리 등에 대한 내역이 정리되었다. 뿐만 아니라 도감의 실제적인 운영을 위한 하부 인력 구조도 조직되었다.

> 서사(書寫) 1인, 서리(書吏) 7인, 고직(庫直) 4명, 사령(使令) 9명, 수직군사(守直軍士) 15명, 다모(茶母) 2명, 제색공장(諸色工匠)[81]

서사는 각 아문별로 윤회하며 대령하도록 했으며, 서리, 고직, 사령은 요포(料布)를 주는 아문에서 차출하도록 했다. 수직군사와 다모는 해당 아문에서 정해 보내고, 공장들은 각사와 군문에 소속된 인력을 사환하도록 했다. 도청 원역의 요포는 등록의 전례에 따라 소속 아문에서 조치하도록 했다. 따라서 선혜청의 고직 1명과 사령 2명, 호조로부터 사령 3명과 평시서에서 사령 1명에 대해 요포 지급을 해당 아문에서 지급하도록 했다.[82]

---

78 三房郎廳은 예조좌랑 李時恒으로 차정했으나 그가 병조좌랑으로 이임함에 따라 예조정랑 申濂으로 차대했다(肅宗己亥『進宴儀軌』,「都廳所掌」, 己亥 9月 初4日, 會同節目).

79 肅宗己亥『進宴儀軌』,「來關秩」, 己亥 9月 初4日.

80 肅宗己亥『進宴儀軌』,「都廳所掌」, 己亥 9月 初4日, 會同節目.

81 肅宗己亥『進宴儀軌』,「都廳所掌」, 己亥 9月 初4日, 會同節目. 회동절목에 명기된 사항에 대한 운용을 위해 협조가 필요한 아문은 이조, 호조, 예조, 병조, 형조, 장악원, 상의원, 장흥고, 풍저창, 선공감, 전옥서, 사도시, 내수사, 위장소, 양창, 5군문이었다.

82 肅宗己亥『進宴儀軌』,「甘結秩」, 己亥 9月 初5日.

진연의 운영 경과에 따라 원역과 공장들이 동원 및 참여했다. 이들에 대한 내용은 진연이 끝난 후 진연청에서 관여한 인사들에 대한 논상 보고에서 참조할 수 있다.[83] 여기에는 진연청 당상 이하 원역(員役)과 공장의 별단이 정리되었다. 이에 의하면 진연청 당상과 낭청, 별공작은 최초 설청(設廳) 이후 변함이 없으며, 감조관도 사용원 봉사 이영보가 제외된 것을 빼면 변동이 없었다. 도청에는 녹사, 서리, 고직, 사령을 비롯하여 전정과 전후 집박이 배치되었으며, 각방에는 서리 3인과 고직 1인, 사령 2인이 있었다. 단, 일방에는 풍물감조관과 무동색, 악공색이 별도로 배치되었다. 도청에 대한 논상 과정에서 도청과 각방의 서리 등의 인적 구성 현황에 대한 최종 보고 내역은 아래와 같았다.

도청
    산원(算員): 최시현(일방 별공작 겸찰)   녹사(錄事): 박인달
    서리: 이시홍(예조), 마치운(호조), 조희벽(공조), 최효징(장악원)
    고직: 이지번(선혜청)
    사령: 박탁선, 엄귀산(호조), 박춘남, 장사돌(선혜청), 이봉(평시서)
일방
    감조(監造): 전악 권신
    서리: 권석량, 송세빈(장악원), 정세징(공조)
    고직: 김재홍(장악원)   사령(使令): 구철(호조), 성만립(장악원)
이방
    산원: 최석창(삼방 겸찰)   서리: 김천기, 문홍벽, 이시담(호조)
    고직: 이진억(호조)   사령: 김류신, 김동이(호조)

---

83   肅宗己亥『進宴儀軌』, 「都廳所掌」, 己亥 9月 29日.

삼방

　　서리: 최천건(병조), 윤홍달(예조), 마세준(예조), 성우문(병조)

　　고직: 이동번(병조)　　　　　사령: 윤억령(병조), 김오장(공조)

별공작

　　서원(書員): 임지무, 임세무　　고직: 김무적

내자시

　　서원: 윤필은, 정지헌　　　　고직: 김수억

　　사령: 백말준

내섬시

　　서원: 박시홍, 임수하　　　　고직: 전만지

　　사령: 정순석

예빈시

　　서원: 장진방, 최세웅　　　　고직: 박이동

　　사령: 고세휘

사휵서

　　서원: 박태근　　　　　　　　고직: 고덕봉

　　사령: 홍명실[84]

　도청을 비롯한 각방에 산원, 서리, 고직, 사령 등이 배치되었으며 그 인원은 58명에 이르렀다. 이들은 호조, 예조, 병조, 공조를 중심으로 선혜청, 장악원, 평시서, 내자시, 내섬시, 예빈시, 사휵서 등으로부터 지원되었다.

　도감에 동원된 인력들에 대한 지원을 통해 운영 집중도를 높였다. 필요 물품을 제작하는 각방(各房) 공장의 가가(假家)와 잡물고(雜物庫)는 별공작에

84　肅宗己亥『進宴儀軌』,「都廳所掌」, 己亥 9月 30日.

서 조치하도록 했다. 도감에 배속된 당상, 낭청을 비롯한 감조관 등은 도감에 전념하도록 하기 위한 조치였다. 한편 진연에 참여하는 아전들의 복장에 대해서도 해당 아문에서 조달하도록 했다. 통례원에서는 소속 서원 정호평(鄭好平)이 착용할 사모, 관대, 흑혜자 등의 물력의 마련을 모색했다. 사모와 혜자는 도감을 통해 사역원에서 지원했으며, 단령은 예조의 제급이 있었다.[85]

(2) 도청에 대한 물종 지원

도청에서 소용하는 물품에 대한 지원이 있었다. 여기에는 지필묵과 같은 문방구를 포함하여 각종 소모품이 포함되었으며, 이들 물종은 각사에서 진배하는 것으로 조치했다. 도청의 운영에 소요되는 기본적인 물품은 각사를 통해 확보되었으며, 이들 물력의 현황은 아래와 같다.

초주지(草注紙) 10장(진연 소용 계목차), 백지(白地) 2권(공사하지), 후백지(厚白紙) 1권·백휴지(白休紙) 10냥(계초차), 황필(黃筆)·진묵(眞墨) 각 1(서리 4인소용), 황필·진묵 각 1(서사 2인소용), 유사(柳笥) 1부(문서입성차), 후유지(厚油紙) 1장·교말(膠末) 1승(紙俗次), 마렵(馬鬣) 3냥·인주(印朱) 1냥·미(尾)·축추(杻箒) 각 1(印信所用), 점화목(點火木) 매일 1단(온돌), 등유(燈油) 매일 5석, 첨탄(荅炭) 매일 1승, 축목(杻木) 간 5일 1단, 분판(粉板) 1, 분패(粉牌) 2, 자연(紫硯) 2, 대지의(大地衣) 1부 4장, 부지의(付地衣) 2부, 등매(登梅) 1좌, 안석(按席) 1부, 궤자(樻子) 1부, 쇄약구(鎖鑰具)·관(關)·첩자(帖字) 각 1, 여석(礪石) 1괴, 토화로(土火爐) 2, 도동해(陶東海) 1, 첨사발(荅沙鉢) 1, 유사천(鍮沙川)·유대야(鍮大也) 각 1, 후분토(後分土) 1, 서판(書板)·전판(剪板) 각 1, 곳자(蓏子) 1, 망

---

[85] 肅宗己亥『進宴儀軌』,「來關秩」, 己亥 9月 23日.

석(網席) 2·공석(空石) 5립(하인소배)[86]

물력은 행정 문서 작성을 위해 소요되는 종이에서 도청의 운영을 위한 문방구, 시목(柴木), 집기 등으로 구성되어 있다. 이들 중 분판, 대야, 망석 등은 사용 후 지원된 본사에 용환(用還)하도록 했다. 이러한 내역은 호조, 공조, 별공작, 제용감, 와서, 군기시, 사재감, 의영고, 교서관, 예빈시, 선공감, 평시서, 장흥고, 기인(其人), 양창, 사섬시 등에 요청되었다.

노청 운영을 위한 물종은 보충되었다. 도청의 제색공장의 요미(料米) 마련을 위한 백휴지 1근, 공사(公事)를 위한 후백지 2권도 포함되었다.[87] 공장의 요미를 지급할 때 쓸 곡(斛), 두승(斗升) 각 1개, 망석 5립을 호조, 장흥고, 사섬시, 군자감, 장흥고 등에 용환을 전제로 요청했다. 호조와 장흥고는 진연 시 참연관(參宴官)에 대한 수계(修啓)에 소요되는 계목지 5장도 지원했다.[88]

2) 물력 운영

진연 설행을 위해 준비해야 하는 물력에 대해서는 도감에서 초기에 '예조절목'을 통해 마련했다.[89] 절목에 따르면, 대전과 왕세자의 상배(床排)는 내자시에서, 별행과미수(別行果味數)는 사옹원, 주미는 내자시와 내주방에서

---

86   肅宗己亥『進宴儀軌』,「甘結秩」, 己亥 9月 初3日.
87   肅宗己亥『進宴儀軌』,「甘結秩」, 己亥 9月 11日. 도청은 문서에 사용하는 필묵이 소진되자 황필·진묵 각 5개와 백휴지 1근, 그리고 '參宴修啓單子' 제작에 소요되는 계목지 5장에 대한 진배를 감결하기도 했다. 아울러 '參宴官修啓'를 초하기 위한 후백지 1권도 급히 요청했다(肅宗己亥『進宴儀軌』,「甘結秩」, 己亥 9月 22日). 그리고 진연 때 賞格 마련을 위한 수계를 위해 필요한 계목지 5장과 후백지 1장도 요청했다(肅宗己亥『進宴儀軌』,「甘結秩」, 己亥 9月 27日).
88   肅宗己亥『進宴儀軌』,「甘結秩」, 己亥 9月 初13日. 같은 날 호조와 장흥고에 대해 도청의 원역과 공인 등이 章標를 성급하기 위한 황염지 5장에 대해서도 진배하게 했다.
89   肅宗己亥『進宴儀軌』,「都廳所掌」, 己亥 9月 11日, 禮曹節目.

마련하도록 했다. 뿐만 아니라 대소선(大小膳)은 사훅서, 진상사화봉(進上絲花鳳)은 내자시, 사근화는 예빈시, 화군은 공조에서 진배하도록 정했다. 거촉(炬燭)은 호조, 공조와 의영고에서 수량을 헤아려 납입토록 했다. 하지만 사훅서는 진연 때 사용할 서과(西果)의 마련에 어려움을 토로하며 변통을 요청하기도 했다.[90]

도감은 절목 이외의 물력에 대해서도 조치했다. 진연에 필요한 전정(殿庭) 우구(雨具)를 마련하기 위해 각 아문의 유차일(油遮日)과 유둔(油芚)을 모두 동원하고자 했다. 필요한 수량이 부족함에 따라 각 군문에서 보유 중인 유차일을 9월 23일 삼도습의 당일까지 준비하도록 호조, 전설사, 오군문에 감결했다.[91] 이러한 기조에 따라 훈련도감에서는 진연 때 전정에 차우구(遮雨具)를 위해 도감에서 보유 중인 유둔 20부(浮)를 준비했으며, 어영청에서도 유둔을 준비하고 수송을 예고했다.[92] 금위영에서도 보관 중인 유둔 15부를 수송하고자 했다.[93]

중앙각사로부터 필요 물종에 대한 동원에 이어 지방 감영에 대해서도 진연에 소요되는 물력의 상달 조치가 있었다.

이번 진연 때 진연상에 배열하는 유자(柚子)는 이미 호조에서 참작하여 정했다. 실제로 들어가는 수를 계산하니 오히려 부족할 것 같은 것이 염려되어 부득이 100개를 수를 더해서 정하였다. 그러니 그날 밤에 올려 보내 수용(需用)하도록 한다. 그런데 유자 천신(薦新)이 10월 즈음인데 먼저 천신하고 나중에 어상(御床)에 진공(進供)하는 것이 마땅하다. 모름지기 이 뜻을 알고 천신과 복정(卜定)한 것들을 한번에 봉진(封進)해서 올려 보내게 하여 생

---

90   肅宗己亥『進宴儀軌』,「來關秩」, 己亥 9月 19日.
91   肅宗己亥『進宴儀軌』,「甘結秩」, 己亥 9月 13日.
92   肅宗己亥『進宴儀軌』,「來關秩」, 己亥 9月 17日.
93   肅宗己亥『進宴儀軌』,「來關秩」, 己亥 9月 20日.

사(生事)에 폐단이 일지 않게 할 것.[94]

서빙고의 첩정에서 이야기한 일을 보고한 근거가 진실로 그러하다. 아주 많은 빙정(氷丁)을 오로지 서빙고에 책임을 지우고 있으므로 어쩔 수 없이 그 빙정 20태(駄)를 경기 감영에 분정한다.[95]

전라 감영에 대해서는 진연에 필요한 유지를 봉진하도록 했다. 이를 위해 10월의 복정보다 앞당겨 조치함으로서 행례에 차질이 초래되지 않도록 방비했다. 경기 감영에 대해서는 진연에 소요되는 빙정의 조달을 담당하게 했다. 이는 특히 서빙고 빙정의 마련 문제와 관련이 있었다. 삼사에서 빙고의 빙정이 부족한 현실을 가늠하지 않고 부과함에 따라 그 마련에 현실적인 어려움과 폐단이 있었기 때문이었다.[96] 이에 따라 경기 감영에서는 진연 때 쓸 빙정을 도청의 관문에 따라 도내 각 읍에 분정했다.[97]

3) 진연 인력 운영

도감이 진연에서 습의 등을 위한 인력의 동원과 운영을 주도했다. 이를 위한 절목이 마련되었다. 9월 3일 마련된 '회동절목(會同節目)'에 대한 보완을 목적으로 같은 달 11일 예조는 '예조절목(禮曹節目)'을 추가로 마련했다.[98] 행사 당일 진연 때 동서반(東西班)을 위한 주탁(酒卓) 차비원 6원(員)은 이

---

94 肅宗己亥『進宴儀軌』,「移文秩」, 己亥 9月 13日.
95 肅宗己亥『進宴儀軌』,「移文秩」, 己亥 9月 19日.
96 肅宗己亥『進宴儀軌』,「來關秩」, 己亥 9月 22日.
97 肅宗己亥『進宴儀軌』,「來關秩」, 己亥 9月 23日.
98 肅宗己亥『進宴儀軌』,「都廳所掌」, 己亥 9月 11日, 禮曹節目.

조에서 정해 보내게 했다.[99] 내섬시는 진연 때 외선상(外宣床)과 공인에 대한 음식 상을 준비하기 위한 숙수(熟手) 20명과 외선상을 담당할 반감(飯監) 2명, 주색(酒色) 2명을 지원했다.[100] 내자시는 대전대탁상 찬안상과 세자궁 찬안상을 위한 숙수 13명을 준비했다.[101] 내섬시, 내자시, 예빈시와 사흌서의 인력 지원 현황을 정리하면 아래와 같다.

내섬시: 숙수 25명, 반감 2인, 주색 2인, 고직 2명, 가각색장(假各色掌) 75명
내자시: 숙수 13명, 화장(花匠) 5명, 중사별감(中使別監) 1인, 반감 1인, 가각 색장 10명, 고직 2명, 연죽장(鍊竹匠) 2명, 다회장(多繪匠) 2명, 조각장(彫刻匠) 3명
예빈시: 숙수 15명, 화장 5명, 연죽장 2명, 다회장 2명, 가각색장 36명, 고직 2명
사흌서: 거모장(去毛匠) 20명[102]

상기 내역은 각사로부터 지원받은 서리 및 장인의 현황을 보여 주고 있으며 전체 227명이었다. 이들 인원 중에는 숙수, 고직을 비롯하여 연죽장, 다회장, 조각장 등의 장인이 포함되어 있었다.

진연 준비가 진행됨과 동시에 진연을 대비한 습의에 필요한 인력이 동원되거나 상황에 따라 조치되었다. 초도습의 때 각사의 반기명(盤器皿)을 산실하거나 부서지는 일이 발생하는 일에 대해 염려하고 대책을 마련했다.[103] 이

---

99 진연 때 주탁관 6원 중에 2원을 감원하라는 숙종의 허락에 따라 이조에 이 내용을 감결했다(肅宗己亥『進宴儀軌』,「甘結秩」, 己亥 9月 14日).
100 肅宗己亥『進宴儀軌』,「手本秩」, 己亥 9月 16日. 숙수는 이후 5명이 더 지원되었다(肅宗己亥『進宴儀軌』, 手本秩, 己亥 9月 日).
101 肅宗己亥『進宴儀軌』,「手本秩」, 己亥 9月 16日.
102 肅宗己亥『進宴儀軌』,「手本秩」, 己亥 9月 16日 · 24日 · 25日.
103 肅宗己亥『進宴儀軌』,「都廳所掌」, 己亥 9月 18日.

에 따라 병조로 하여금 별도로 늑간부장(勒幹部將) 3명을 정하여 군사를 거느리고 일일이 수습하도록 했다. 뿐만 아니라 좌우 포도청에서는 군관을 가려 뽑아 행사장 각 문을 엄격히 지켜 훔쳐 가는 것에 대해 엄히 조치했다.

습의 동원 인력은 이들에 대한 통제 방안에서 가늠할 수 있다. 초도습의 때 금군장, 수문장과 무직을 겸하는 무리들에게 모두 산과상(散果床)을 지급하고, 군병은 호궤(犒饋)의 전례에 따라서 주효(酒肴)를 분급했다.[104] 습의 때 주변 단속을 목적으로 동원된 인력이라 볼 수 있다. 재도습의가 있게 되자 진연에 앞서 진연에 참가하는 여러 신하로 인한 혼란을 막고자 함께 데려오는 사람은 1~2인으로 제한했다. 이와 같은 규례를 위반한 사례를 대비해 병조가 군인을 정해서 혼입하는 일이 없도록 조치했다.[105]

삼도습의 때는 칠작(七爵)에 맞추어 악기와 공인의 수를 조절하였으며, 그 내용에서 동원 인력의 범위를 추측할 수 있다. 전정이 협소하여 악기를 배치하고 공인을 두는 것이 어려웠던 현실적인 이유로 인해 규모를 줄였다. 이에 따라 예정되었던 공인 178명을 감액하고 65여 명을 동원하고자 했다. 별단에 제시된 진연 때 악기와 공인의 현황은 아래와 같다.

전상(殿上): 필률(觱篥) 6(공인 6), 대금(大笒) 4(공인 4), 장고(杖鼓) 2(공인 2), 통소(洞簫) 1(공인 1), 현금(玄琴) 1(공인 1), 비파(琵琶) 1(공인 1), 가야금(伽倻琴) 1(공인 1), 가자(歌者) 1(공인 2), 교방고(教坊鼓) 1(공인 1), 당적(唐笛) 1(공인 1), 아쟁(牙箏) 2(공인 2), 해금(奚琴) 2(공인 2), 방향(方響) 1(공인 1), 권착(權着) 2명, 처용(處容) 5명, 무동(舞童) 10명, 집사전악(執事典樂) 3인, 집박전악(執拍典樂) 1인

전후(殿後): 필률 2(공인 2), 대금 2(공인 2), 비파 2(공인 2), 해금 2(공인 2), 장고

---

104 肅宗己亥『進宴儀軌』,「都廳所掌」, 己亥 9月 18日.
105 肅宗己亥『進宴儀軌』,「都廳所掌」, 己亥 9月 21日.

2(공인 2), 방향 1(공인 1, 답지 2), 교방고 1(공인 1, 답지 2), 집박전악 1인

전정(殿庭): 필률 4(공인 4), 대금 3(공인 3), 당적 1(공인 1), 통소 1(공인 1), 장고

2(공인 2), 방향 1(공인 1), 가자 2(공인 2), 편종(編鐘) 2(공인 2), 편경 2(공인

2), 비파 2(공인 2), 해금 2(공인 2), 응고(應鼓) 1(공인 1), 삭고(朔鼓) 1(공인 1),

건고(建鼓) 1(공인 1), 축(柷) 1(공인 1), 어(敔) 1(공인 1), 조촉(照燭) 1(공인 1),

집박전악 1인[106]

별단에 기재된 인원은 모두 92명이었다. 전상에 46명, 전후에 17명, 전
정에 29명의 악공이 악기에 따라 배치되었다. 이들 중 공인은 65명으로 악
기별로 배치되었다. 공인 외에도 처용, 무동을 비롯한 집박전악 등의 소임
을 위한 27명이 참여했다.

진연의 진행을 위한 동원 인력 외에도 참여 인력이 있었다. 진연에 참석
하는 종친 및 관원의 현황은 예조에서 파악했다. 이에 따르면 종친과 의빈
시 입참 인원은 임창군(臨昌君) 이혼(李焜, 1663~1725)을 비롯한 34원, 재신 이
하 입참 인원은 영의정 김창집을 비롯한 80원이었다.[107] 그리고 진연이 있
을 때 불승전(不陞殿)하는 사람은 도감 낭청인 장악원 첨정 박필진을 비롯한
59원으로 이들은 감조권, 별공작, 협률랑, 주탁관, 상의원, 익위사, 병조, 도
총부, 상의원, 치사관, 예모관 등으로 진연을 주관하는 인사들이었다.[108]

진연에 응참(應參)하는 기준이 마련되었다. 이에 의하면 종친은 2품으로,
동반은 종2품 실직 이상, 서반은 종2품 군직을 역임한 것을 기준으로 하였
다. 무신은 아경(亞卿)을 역임하고 현재 총관(總管) 이상이 대상이며, 문신은
현직 당상 이상이어야 했다. 이 외에 승지, 옥당, 양사와 시강원 입시 사관

106 肅宗己亥『進宴儀軌』,「都廳所掌」, 己亥 9月 24日, 別單.
107 肅宗己亥『進宴儀軌』,「都廳所掌」, 己亥 9月 27日, 宗親及儀賓入參人員別單·宰臣以下入參人員別單.
108 肅宗己亥『進宴儀軌』,「都廳所掌」, 己亥 9月 27日, 進宴時不陞殿者別單.

등이 해당되었다.[109]

4) 요포

　도감에 소속된 장인을 비롯하여 각사로부터 지원된 공장, 장인 등 지원 인력에 대한 요포 지출이 있었다. 도감에 소속된 공장들에 대해 먼저 살펴보면, 도감 소속 제색공장의 요미(料米) 규모는 대미(大米) 40석과 전미(田米) 20석 정도였다.[110] 이들 요미의 운송에 소요되는 거자(車子) 5량(輛)을 군자감에 보내어 운송하도록 했다. 이에 앞서 도감은 호조와 병조에 대해 도감으로 차정된 녹사 1인에 대해 1삭의 요포를 마련해 운송하도록 했다.[111] 한편으로는 도감의 제색공장의 요포를 지급하기 위해 호조와 병조로부터 보목(步木) 5동, 대미 40석, 전미 20석을 운송했다.[112] 진연이 마무리된 후에도 도청 소속 제색공장에 대한 요포가 부족하다는 이유로 대미 20석과 보목 1동을 호조와 병조에서 지원하도록 했다.[113]

　각사로부터 지원된 장인들에 대한 요포의 운영이 있었다. 내섬시, 내자시, 예빈시와 사축서에서 지원한 숙수, 주색을 비롯한 장인들에 대한 요포의 내역은 다음과 같았다.

내섬시

　9월 18일 이후＝숙수 20명·공인(요미, 찬물, 소목, 공포), 반감 2인·주색

109　肅宗己亥『進宴儀軌』,「都廳所掌」, 己亥 9月 27日.
110　肅宗己亥『進宴儀軌』,「甘結秩」, 己亥 9月 27日.
111　肅宗己亥『進宴儀軌』,「移文秩」, 己亥 9月 初4日.
112　肅宗己亥『進宴儀軌』,「移文秩」, 己亥 9月 11日.
113　肅宗己亥『進宴儀軌』,「移文秩」, 己亥 9月 25日. 이러한 제색공장 등을 위한 요미가 소진되자 호조로 하여금 별영의 별고에 있는 잉미를 각 15석씩 전례에 따라 수송하게 했다(肅宗己亥『進宴儀軌』,「移文秩」, 己亥 9月 日).

2인·고직 2명(요포)

9월 18일~9월 28일＝가각색장 25명(요포, 찬물, 소목)

9월 25일~28일＝숙수 5명 가정(요포, 찬물, 소목)

9월 25이후＝가각색장 50명(요포, 찬물, 소목)

내자시

시역일 정일＝중사별감 1인·반감 1인·가각색장 10명(점심미), 고직 2명
(요포)

시역일 이후＝연죽장 2명·다회장 2명·조각장 3명(요포)

9월 16일 이후＝화장 5명(요미, 찬물, 소목)

9월 18일 이후＝숙수 10명(요포, 찬물, 소목)

9월 24일 이후＝숙수 3명(요포, 찬물, 소목)

9월 25일 이후＝가각색장 10명(점심미)

예빈시

실역 7일＝숙수 8명(요포)　　　실역 3일＝숙수 7명(요포)

실역 9일＝화장 5명(요포)　　　실역 3일＝연죽장 2명(요포)

실역 2일＝다회장 2명(요포)

실역 9일＝가각색장 8명(요포)　실역 5일＝가각색장 28명(요포)

고직 2명(요포)

사휵서: 거모장 20명(요포)[114]

　내섬시의 숙수와 공인에 대해서는 매일 각자에게 요미와 찬물은 물론 소목 등을 지출했다. 공인에 대해서도 공포(工布)를 전례에 따라 마련해서 내섬시에서 조치하도록 했다. 이러한 내역은 내자시와 예빈시도 동일하여

114　肅宗己亥『進宴儀軌』,「手本秩」, 己亥 9月 16日·24日·25日.

장인과 공장 등에 대해 요포는 물론 이들을 지원할 찬물과 소목 등도 원 소속 아문에서 마련하여 운송했다. 지금 기준은 '매명매일(每名每日)'을 기준으로 계산하여 정일에 마련해서 차하[上下]하게 했다. 일례로 내섬시 숙수의 경우 근무 일수에 따라 요미 3승, 요포 2척 이상을 지급했으며, 찬물로 석어(石魚)와 감장 등을 지출했다.

정재를 위한 습의에 참여하는 공연 담당자에게 요포가 지급되었다.[115] 악동 82명에게 습의하는 3일 동안 매일 좁쌀이 섞인 요미 2승씩을 지급했고, 무동 10명에게는 좁쌀이 섞이지 않은 요미 2승씩을 지급했다. 공연 당일에는 악공, 무동 등 92명에게 공궤미 1되, 조기 1미, 간장 1홉, 새우 5작씩을 지급했다.[116]

도감에서는 진연이 마무리되고 진연에 동원된 인력에 대해 지출한 요포의 총합을 세분하여 종합했다. 그 규모는 모두가 대미 60석, 전미 20석으로 이들은 모두 군자감에서 충당되었고, 보목 5동(同)은 병조에서 담당했다.[117] 이러한 미와 포에 대한 지출 내역은 사역한 일수에 따라, 그리고 내용에 따라 세분화되었다. 이들 요포는 역의 종류와 신분에 따라 차등적으로 운영되는 실태를 보여 주고 있다.

숙종조의 진연이 전례로 남아 이후에도 정재에 참여한 인력에 대한 지원이 있었다. 1744년(영조 20) 진연 때 선상기(選上妓) 52명에게 매일 점심조로 미 1승씩이 지급되었고, 무동과 공인 106명에게 요미 2되와 조기 2미, 간장 1홉, 간고기 5작씩을 지급했다.[118] 1795년(정조 19) 진찬습의는 수원의 화성에서 공연하면서 여기에 동원된 인력들에게 별도로 노자를 지원하기도 했다. 당시 재원 중 전문의 사례를 들면 장악원은 모두 1,796냥 45전을

---

115 조경아, 「조선후기 儀軌를 통해 본 呈才 연구」, 한국학중앙연구원 박사학위 논문, 2009, 71~72쪽.
116 肅宗己亥 『進宴儀軌』, 「料布上下秩」.
117 肅宗己亥 『進宴儀軌』, 「料布上下秩」.
118 英祖甲子 『進宴儀軌』, 「料布上下式」·「稟目秩」.

받아 전악 4인에게 14일치로 각 4냥 21전, 말 4마리를 빌릴 돈으로 각 8냥
을 지출했으며, 각색예졸 18명에게는 14일치로 각기 4냥 2전, 양로연 등가
차비(登歌差備) 6인에게도 각 17냥을 사용했다.[119] 1868년(고종 5)의 진찬에서
는 여령 26명, 악공 40명, 전악 13명에게 식대로 전문 1전과 미 5홉이 매일
지급되었다.[120]

5) 상격

　진연 후 상격을 지급하는 문제가 일찍이 논의되었다. 진연이 실시되기
이전 도감에서는 이미 논상을 위한 준비에 착수했고,[121] 진연이 끝난 후 진
연을 주관한 진연청에 대한 본격적인 논상이 이루어졌다.
　논상은 「진연청별단(進宴廳別單)」으로 보고되어 정리했다.[122] 상격은 1등과
2등 그리고 3등으로 구분되었다. 도청의 당상, 낭청, 감조관과 주요 관원을
비롯하여 도청 소속의 녹사, 서리, 서사, 고직, 사령과 각방의 서리, 고직,
사령 등이 1등으로 논상되었다. 이 외에 별공작, 예빈시, 내자시, 내섬시의
서원, 고직, 사령도 1등 상격의 대상이었다. 공장별단에는 목수, 조각장, 침
선비 등을 비롯한 각종 장인들의 현황이 나타나 있다. 공장에 대해 20일 이
상 입역한 자에 대해서는 1등, 15일 이상은 2등, 그리고 6일 이상은 3등으
로 논상했다.
　논상을 위한 진연청의 별단에 대해 숙종은 비망기를 통해 논상에 대한
내용과 기준을 정했다. 논상에 대한 내역과 물력의 현황은 다음과 같았다.

---

119 英祖乙卯『整理儀軌』,「盤纏」.
120 高宗戊辰『進饌儀軌』,「稟目」·「財用」.
121 肅宗己亥『進宴儀軌』,「甘結秩」, 己亥 9월 27.
122 肅宗己亥『進宴儀軌』,「進宴廳別單」, 己亥 9월 30日, 進宴廳別單·進宴廳工匠別單.

진연청 당상영돈녕부사(堂上領敦寧府事) 김(주신)·예조판서 민(진후)·호조판
서 송(상기)에게는 각 숙마 1필을 사급한다. 낭청 첨정 박필진·정랑 정(혁
선)·신척은 각기 승서(陞敍)하며, 감조관 직장 김조택·봉사 원명직·이정
설·별공작 가감역관 임정원은 6품으로 천전(遷轉)한다. 대소선차지 별제
정건주에게는 아마 1필을 사급하고, 집사 전악 권신·피차발·박천빈은 본
소속 아문에 명하여 녹봉 등급을 높여 준다. 전정집박 전악 김세휘·전후
집박 전악 김귀천·집박 전악 김준영·산원이하 원역·공장 등은 해당 아문
으로 하여금 미와 포를 등급에 따라 마련해 준다.[123]

진연청의 당상, 낭청을 비롯하여 원역과 공장에 이르기까지 논상 대상
이었다. 당상은 숙마 1필씩을, 낭청은 승서하고 감조관은 출육(出六)시켰
다. 이 외에도 집사는 소속 아문으로 하여금 녹봉을 올려 주도록 했으며,
산원 이하 원역과 공장은 이미 보고된 사항에 따라 등급을 구분하여 미와
포로써 논상하게 했다.

진작에 참여했던 재신을 비롯한 관원에 대해서도 안구마(鞍具馬), 숙마
(熟馬), 반숙마(半熟馬), 아마(兒馬), 상현궁(上弦弓) 등으로 차등을 두고 논상했
다.[124] 이 과정에서 찬품숙설색리(饌品熟設色吏)와 각 정원·통례원(政院·通禮院)
서리들은 해당 아문으로 하여금 미와 포로써 등급을 나누어 지급했다.

123 肅宗己亥『進宴儀軌』,「都廳所掌」, 己亥 9月 30日.
124 肅宗己亥『進宴儀軌』,「都廳所掌」, 己亥 9月 30日.

3 18세기 중엽 진연습의(進宴習儀)

18세기 중엽 왕실 연회와 관련한 재원운영의 실태를 추적하기 위해 영조갑자 『진연의궤』[125]를 분석한다. 이 자료는 1744년(영조 20) 갑자년에 거행된 대왕대비전, 중궁전, 그리고 대전 진연의 일체 과정을 정리한 의궤이다. 이 의궤는 순조 이후에 제작된 의궤와 달리 도식이 없는 특징을 지니면서 의궤의 전형을 보여 주고 있다.[126]

영조 갑자년 진연은 영조가 51세가 되면서 기로소에 들어가는 것을 축하하는 의미로 준비되었다. 영조를 위한 진연은 영조가 9월 9일 기로소에 입사하고 궤장을 받은 다음 날인 10일 거행되었다.[127] 진연 당시의 진연례는 1710년(숙종 36) 경인년 진연과[128] 1743년(영조 19) 계혜년 사례를 전거로 삼았다.[129] 이들은 1744년 진연 준비 과정에서 각각 경인년과 계혜년 전례로 언급되고 있다. 대왕대비전과 중궁전 진연은 10월 4일 광명전(光明殿)에서 설행하며, 대전 진연은 10월 7일 숭정전(崇政殿)에서 설행하도록 확정되었다.[130] 이에 앞서 진연을 위한 습의는 내전에서의 외습의가 초도 9월 19일, 재도 9월 20일, 삼도습의가 9월 24일에 있었다. 내습의는 9월 25일

---

125 서울대학교 규장각한국학연구원 소장(奎14360).
126 송혜진, 「영조조갑자 '진연의궤' 해제」, 『한국음악학자료총서』 제30집, 국립국악원, 1992, 3쪽.
127 『영조실록』 권60, 영조 20년 10월 4일(정미).
128 전교에 의하면 영조 20년(1744년)의 진연례는 구례를 따르되 令儀는 장악원의 昔年例를 참고하며 경인년(1710년, 숙종 36)의 전례를 준수하게 했다(英祖甲子 『進宴儀軌』, 「啓辭秩」, 甲子 9月 初3日).
129 송혜진, 위의 논문, 4쪽.
130 英祖甲子 『進宴儀軌』, 「時日」; 英祖甲子 『進宴儀軌』, 「移文秩」, 甲子 9月 初6日. 이러한 대왕대비전, 중궁전, 대전의 진연처소에 대한 결정은 9월 4일에 이루어졌는데, 慈宴은 광명전, 外宴은 경현당으로 정해졌다(英祖甲子 『進宴儀軌』, 「啓辭秩」, 甲子 9月 初4日 禮曹).

1회 설행했다.

1) 도감도청

(1) 인적 구성

도감의 설치에 앞서 회동 준비가 먼저였다. 1744년(영조 20) 9월 3일을 기점으로 '진연회동좌기(進宴會同坐記)'가 마련되고 당일 이른 아침 식후부터 도감의 운영이 시작되었다.[131] 도감에서는 등록의 전례에 따라 서리, 사령, 고직 등을 정해진 시간 안에 장리(掌吏)가 거느리고 도감에 도착하도록 했다. 이러한 사실은 선혜청, 호조, 예조, 공조, 장악원, 평시서, 교서관, 사재감, 군기시에 통지되었다. 같은 날 회동과 동시에 분차할 감조관의 실직과 성명을 조속히 첩보하도록 내섬시, 예빈시, 내자시, 사축서, 선공감에 알렸다.[132]

도감도청의 설치와 운영에 대한 사목이 마련되었다.[133] 사목에 의하면 도감도청은 장악원에 배설하고, 당상과 낭청은 도청의 운영 외에는 본사의 직무에서 배제하도록 조치했다. 도청에서 사용하는 당상과 낭청 소용의 인신 각 1과는 담당 아문에서 제작하게 했다. 인력 중 서사 1인은 각 아문에서 윤회하여 대령하게 했으며, 서리 7인과 고직 4명, 사령 9명은 요포가 있는 아문 소속 중에서 사환시켰다. 수직군사 5명과 다모 2명은 해당 아문에서 정해서 보냈다. 여러 공장 등에 대해서는 상사(上司)나 각 아문의 소속을 논하지 말고 불러다 사환시킬 것을 분명히 했다.

도감의 인적 구성이 이루어졌다. 도감에서는 도청의 별공작에 선공감의

---

131 英祖甲子『進宴儀軌』,「甘結秩」, 甲子 9月 初3日.
132 英祖甲子『進宴儀軌』,「甘結秩」, 甲子 9月 初3日.
133 英祖甲子『進宴儀軌』,「啓辭秩」, 甲子 9月 初3日, 會同事目.

가감역 송술상을 비롯하여 감조관으로 내섬시의 직장 남태관, 예빈시 직장 윤국언, 사축서 별제 김덕겸을 차정하고, 이와 동시에 이들은 본사(本司)의 차제(差除)에 면제하도록 했다.[134] 뿐만 아니라 도감의 낭청 이맹휴(李孟休, 1713~1751)가 시관으로 차출되자 승정원으로 하여금 면하도록 했다. 도감의 구성은 아래와 같이 확정되었다.

  당상: 의정부 우참찬 조관빈(趙觀彬), 호조판서 김약로(金若魯),

      예조판서 이종성(李宗誠)

  낭청: 장악원 첨정 김한정(金漢楨) 일방(기생, 풍물 차지)

      호조좌랑 이후(李珝) 이방(찬선, 배설 차지)

      예조정랑 이맹휴(李孟休) 삼방(의주, 의장 차지)

  별공작: 선공감 가감역(假監役) 송술상(宋述相)

  감조관: 내섬시 직장 남태관(南泰觀), 내자시 직장 연수창(延壽昌),

      예빈시 직장 윤국언(尹國彦), 사축서 별제 김덕겸(金德謙)[135]

도감은 의정부를 중심으로 호조와 예조의 판서로 당상을 구성하여 진연을 위한 틀을 마련하였다. 장악원, 호조, 예조의 첨정, 좌랑, 정랑으로 낭청을 구성하여 실무를 맡겼다. 실무는 각방에서 소관 관청의 성격에 따라 풍물, 배설, 의주 등의 역할을 배정하는 것이었다. 뿐만 아니라 별공작은 선공감에서, 감조관은 내섬시, 내자시, 예빈시, 사축서에 각각 도감 운영을 위한 관원을 지원했다. 이러한 구성은 진연을 위한 준비와 행례에 각종 인력 및 물력이 동원될 것으로 예상되는 중앙각사를 대상으로 역할 분담 체

---

134 英祖甲子 『進宴儀軌』, 「啓辭秩」, 甲子 9月 初3日.
135 英祖甲子 『進宴儀軌』, 「時日」. 갑자년 9월 초3일에 이조의 관문으로 진연도감당상과 낭청이 정해졌다(英祖甲子 『進宴儀軌』, 「來關秩」, 甲子 9月 初3日).

제를 사실대로 반영한 결과였다.

　도감도청의 당상과 낭청, 별공작, 감조관에 대한 배치와 동시에 도감의 운영을 위한 하부구조에 해당하는 각종 잡역을 담당할 원역이 구성되었다.

산원: 한익현(이방·삼방 겸찰)

녹사: 신상엽

서리: 조정찬(예조), 정세징(공조), 안민현(호조), 김정태(장악원)

서사: 한천식(호조), 염진일(병조)

고직: 백홍채(군기시)

사령: 김석벽(사재감), 김덕휘(호조), 이봉기(교서관), 김성득·이순만(호조),

　　　박노미(평시서)

수직군사: 2명

미포직(米布直): 2명[136]

　도청 소속의 산원, 녹사, 서리, 서사, 고직, 사령, 수직군사, 미포직과 같은 장무에 대한 원역 20명이 배치되었다. 진연도감도청의 산원은 이방과 삼방을 함께 담당했다. 서리의 경우 예조, 공조, 호조, 그리고 장악원에서 차출되었으며, 서사 또한 호조와 병조에서 지원되고 있었다. 이 외에도 고직은 군기시에서, 사령은 사재감을 비롯하여 호조, 교서관, 평시서에서 지원을 담당하게 했다. 도감은 중앙각사의 성격에 따라 인력을 동원하면서 효율적인 지원 체제를 구축했다.

　공장은 한성부를 중심으로 관리했다. 한성부에서는 도감도청과 공장들의 부역에 대해 사목의 내용에 따라 조치했다.[137] 이를 위해 한성부 서부는

136　英祖甲子『進宴儀軌』,「時日」.

137　英祖甲子『進宴儀軌』,「來關秩」, 甲子 9月 12日.

권설도감에 사역하는 공장이 도감에 고하고 부역하고 있으므로 각부에서 침책하지 말 것을 강조하기도 했다.

(2) 도감도청 운영을 위한 물력

진연도감도청의 설치 이후 도감에서 소용하는 문방구와 제반 운영 물종에 대한 지원이 있었다. 도감에서 사용하는 행용지(行用紙)와 지필묵은 각사에서 마련하게 했다.[138] 도감의 회동은 9월 3일에 실시되고 이와 동시에 도감의 형식을 갖추고 필요한 물종을 정했다.

이번 진연청 회동좌기(會同坐起)는 오늘 새벽 아침 식후에 장악원에서 하도록 한다. 그러니 당상, 낭청의 의막(依幕)을 차려 놓는 등의 일은 각기 관사의 장리(掌吏)가 전례에 따라서 거행한다. 그리고 계목을 위한 초주지 10장, 계초(啓草)를 위한 후백지 1권, 공사하지를 위한 백지 2권과 백휴지 10냥, 서리 4인이 쓸 황필과 진묵 각 4개, 문서 보관을 위한 유사(柳笥) 1부, 지대(紙帒)를 위한 후유지(厚油紙) 1장, 자연(紫硯) 2개, 낭청의 진부진(進不進) 분판(粉板) 1개와 분패(粉牌) 2개, 당상 낭청의 인신에 쓸 마렵(馬鬣) 3냥, 인주(印朱) 1냥, 교말(膠末) 1승, 미추(尾箒)·축소(柚掃) 각 1개 등의 물종을 용환(用還)을 전제로 해당 시각에 빠르게 갖다 댈 것.[139]

도감에 소용되는 종이, 먹, 문서함 등을 갖추어 운영에 차질이 없도록 했다. 이러한 도감의 운영 준비를 위한 지원은 호조, 예조, 장악원, 장흥고, 풍저창, 예빈시, 제용감, 평시서, 선공감, 내섬시, 내자시, 사도시, 군자감, 공조, 광흥창, 기인과 연관되어 있었다.

---

138 英祖甲子『進宴儀軌』, 「啓辭秩」, 甲子 9月 初3日, 會同事目.
139 英祖甲子『進宴儀軌』, 「甘結秩」, 甲子 9月 初3日.

도청 당상의 좌기에 사용될 각종 물종을 포함하여 도감도청의 문서 보관을 위해서 필요한 물품이 망라되었다. 이들 내역은 아래와 같다.

당상좌기시(堂上坐起時) 소용: 연갑(硯匣)·서판·전판 각 1, 온돌목(溫突木)
　1단(매일), 다탄(茶炭)·연탄(烟炭) 각 1승, 도동해·소라·사발·휘건(揮巾)·
　다보아(茶甫兒)·약탕관(藥湯罐)·사타구(沙唾口)·사잔대구(沙盞臺具)(각 1),
　토화로 3개, 토봉로(土峯爐) 1개
도청문서입성(都廳文書入盛): 궤자 2부(자물쇠와 함께), 관(關)·첩자(帖子)(각 1)
　용환차(用還次) 진배(進排)[140]

당상이 좌기할 때는 연갑, 서판과 같은 문구와 난방을 위한 온돌목, 연탄
그 외 타구, 화로 등의 집기가 지원되었다. 그리고 도청 운영 과정에서 문
서 보관을 위해 필요한 각종 함과 인장 등은 용환을 전제로 진배되었다. 이
들 내역은 호조, 훈련도감, 금위영, 어영청, 좌포청, 우포청, 좌순청, 우순
청, 공조, 별공작, 선공감, 사재감, 평시서, 제용감, 와서, 교서관 등에 통지
되었다. 당상좌기(堂上坐起) 때 소용되는 물품에 대한 보완을 통해 도감도청
의 안정적 운영을 위한 물력을 지원했다.[141] 이러한 물종의 지원은 제색공
장 등의 부역에 소용되는 물품까지[142] 망라되었다.

140　英祖甲子『進宴儀軌』,「甘結秩」, 甲子 9月 日.
141　우산 1병, 후분토 1부, 초기판 2립, 상직방소용 목광명대 1, 등잔을 위한 종자 1 등의 물력은 용환을
　　전제로 진배하도록 했다. 잡물은 수직을 위해 회동일을 기점으로 정해서 보내게 했다. 서리 상직방
　　의 온돌을 위한 땔감도 매일 반 단씩, 등유는 5석씩, 용지는 2병씩 준비하게 했다. 하인들이 쓸 황필
　　각 1개와 진묵 각 1개, 문서축을 위한 동당낙폭지 1을 진배하게 했다. 이상의 내용도 역시 호조, 공
　　조, 한성부, 남부, 선공감, 의영고, 평시서, 별공작, 사재감, 군자감, 장흥고, 광흥창에 통지되었다(英
　　祖甲子『進宴儀軌』,「甘結秩」, 甲子 9月 日).
142　제색공장 등의 부역 일자 치부를 위한 공장패 2개, 문서에 쓸 사연상 1개, 영일여석 1궤 등의 물력을
　　용환을 전제로 진재하게 했다. 수직을 지원하는 미와 포도 조속히 정해서 보내도록 했다. 이들의
　　준비를 위해 호조, 병조, 평시서, 군기시, 위장소, 별공작에 통지되었다(英祖甲子『進宴儀軌』,「甘結秩」,
　　甲子 9月 日).

9월 7일에는 도청에서 소용되는 지지(紙地)가 소진되자 추가 지원이 있었다.[143] 계초를 위한 후백지 1권과 공사에 사용할 백지 1권, 백휴지 3권 등을 조속히 진배하게 했다. 뿐만 아니라 잡물을 보관하기 위한 가가(假家) 1칸 마련에 필요한 쇄약(鎖鑰) 1부, 배목걸쇠 등의 물종도 조속히 진배했다. 이러한 물종 마련은 장흥고, 풍저창, 사섬시, 선공감, 별공작을 통해 달성했다.

서리가 쓸 황필이 소진됨에 따라 황필 2병, 백필 2병에 대해서도 즉시 진배하게 했다.[144] 9월 15일에는 도청에서 사용할 계목지로 쓸 초주지 10장과 공사에 쓸 백지 2권을 비롯하여 제색공장의 요포를 마련하기 위한 백휴지 2근을 호조, 장흥고와 사섬시에서 준비하도록 했다.[145] 도감도청 운영에 필요한 물종이 발생할 때마다 각사를 통해 조달 및 지원하고 있었다.

도청은 당상의 의막에 소용할 목적으로 황촉, 용지, 거축, 촉대 등의 물력을 전례에 따라 각기 습의일에 맞추어 진배했다.[146] 9월 24일 내연 외습의, 25일 내연 내습의가 정해지고 이어서 내연 정일은 10월 4일, 외연 정일이 10월 7일로 결정되었다.[147] 습의와 정일에 맞추어 당상 의막에서 쓸 용지, 축거 등의 물력을 전례에 따라 각사에서 진배하도록 호조, 공조, 의영고, 기인에 통지했다. 일례로 호조는 도청 실무에 소용되는 물력을 10월 초에 지원했다. 그 내역은 초주지(草注紙) 1권, 후백지 6권, 백지 6권, 백휴지 4근 15냥, 주지 27장, 황필 12병, 백필 2병, 진묵 10정, 동당낙폭지(落幅紙) 1도였다.[148]

---

143 英祖甲子『進宴儀軌』,「甘結秩」, 甲子 9月 初7日.
144 英祖甲子『進宴儀軌』,「甘結秩」, 甲子 9月 初8日.
145 英祖甲子『進宴儀軌』,「甘結秩」, 甲子 9月 15日.
146 英祖甲子『進宴儀軌』,「甘結秩」, 甲子 9月 15日.
147 英祖甲子『進宴儀軌』,「甘結秩」, 甲子 9月 21日.
148 英祖甲子『進宴儀軌』,「移文秩」, 甲子 10月 日.

2) 진연 처소와 집기 지원

진연을 위한 처소의 설치는 물론 습의와 습악을 위한 지원이 있었다. 도감의 설치와 동시에 도청도감은 진연 때 도감의 각방(各房)을 전례에 따라 여염가에 배설하고 수소방군(修掃坊軍)도 정했다.[149] 포진(鋪陳), 차장(遮帳) 등의 물력은 한성부와 한성부 남부, 전설서(典設署)와 선공감에서 진배하도록 했다. 그리고 도감의 운영을 위한 처소의 정비도 이루어졌다.

도청차면위배(都廳遮面圍排) 2칸, 다모가가(茶母假家) 2칸, 당상측간(堂上廁間) 1칸, 쇄약(鎖鑰) 2부-미포곳간(米布庫間), 부송판(簿松板) 3립(立)-첩박지(貼朴只)+삼촌정(三寸釘) 10개, 변조리(邊條里) 4개[공상(工床) 1부+삼간협문(三間挾門) 뒤 중문 장군목(將軍木)과 둔태목(屯太木), 광창(廣窓) 첩박지]+삼촌정 10개 등의 물력을 전례에 따라 만들어 진배한다. 그리고 공장에 대한 요(料)를 지급할 때 쓰기 위한 곡·두·승칭(斛·斗·升秤) 각 하나와 망석 3립 등의 물력은 용환을 전제로 진배할 일이다.[150]

진연청 운영에 필요한 가옥은 물론 부속시설 정비를 위한 물력도 지원 대상이었다. 이들은 호조를 비롯하여 군자감, 광흥창, 선공감, 별공작, 병조에서 지원되었다.

진연청 이방의 설치 과정에서 민가와의 경계 문제가 논의되었다. 한성부 남부에서는 도감의 분부에 따라 이방을 여염가에 설치하는 과정에서 발생한 다른 가옥과 인접하게 된 문제를 논의했다.[151] 대상 가사는 비어 있

---

149 英祖甲子『進宴儀軌』,「甘結秩」, 甲子 9月 初3日.
150 英祖甲子『進宴儀軌』,「甘結秩」, 甲子 9月 初4日.
151 英祖甲子『進宴儀軌』,「啓辭秩」, 甲子 9月 初3日. 각방의 공장을 위한 假家와 잡물곳간은 별공작으로 하여금 마련토록 했다(英祖甲子『進宴儀軌』,「啓辭秩」, 甲子 9月 12日).

었으나 가옥의 주인이 양반인 점이 문제였다. 국사의 중대함만 고려할 경우에는 부득이 집을 비워야 하지만 상한가(常漢家)가 아님에 따라 도감은 별도의 거주 공간을 역이 끝날 때까지 마련해 주도록 조치했다.

외연 처소는 숭정전(崇政殿)이었다.[152] 외연을 위한 처소가 정해지면서 삼사(三司)의 숙설(熟設)할 처소(處所) 또한 마땅히 숭정전 근처로 이전해야 한다는 의견이 있었다. 여기에 대해 경인년(1710, 숙종 36)의 등록에 따른 전례를 확인하고 내탕고 근처에 설치하기로 했다.[153]

내외연(內外宴) 습의는 전례에 따라 진연청에서 시행했다.[154] 진연 처소를 경현당(景賢堂)으로 정한 후 찬품을 숙설할 처소는 전례에 의거해서 전설사의 빈청(賓廳) 문 밖, 내사복 장외(牆外) 그리고 병조에도 설치하여 상통하게 했다.[155]

처소에 대한 조치와 더불어 외연할 때에 각사에 반배(盤排)된 기명 등이 산실되거나 파쇄될 우려에 대비했다. 전례를 기준으로 병조는 별도로 금군청(禁軍廳)과 충의청(忠義廳)을 배치하고 근간부장(勤幹部將) 3명을 정해 위군(衛軍)을 통솔해서 일일이 수습했다.[156] 아울러 좌우포도청은 군관을 뽑아 진연이 이루어지는 처소의 각 문을 엄히 지켜 잡인의 출입을 단속했다. 포도청 군관을 동원한 난입에 대한 대비는 진연 준비 초기부터 조치되었다.[157] 이러한 대응은 9월 15일에도 이어져 도감은 습의에 맞춰 당상의막 소요 물품을 준비함과 동시에 좌우포도청의 군관 2인이 각기 군사 7명을 거

---

152 英祖甲子『進宴儀軌』,「啓辭秩」, 甲子 9月 11日; 英祖甲子『進宴儀軌』,「來關秩」, 甲子 9月 12日.
153 英祖甲子『進宴儀軌』,「啓辭秩」, 甲子 9月 12日. 17세기 효종은 윤선도 등에게 왕실의 대전, 내전, 대군방 등을 통해 은사를 내렸는데(金奉佐,「해남 녹우당 소장 '恩賜帖' 고찰」,『書誌學研究』33, 韓國書誌學會, 2006, 240쪽), 이로 보아 왕실에 별도의 내탕고가 존재했음을 알 수 있다.
154 英祖甲子『進宴儀軌』,「啓辭秩」, 甲子 9月 初6日.
155 英祖甲子『進宴儀軌』,「啓辭秩」, 甲子 9月 初8日.
156 英祖甲子『進宴儀軌』,「啓辭秩」, 甲子 10月 2日.
157 英祖甲子『進宴儀軌』,「甘結秩」, 甲子 9月 初6日.

느리고 습의 당일의 난잡함을 대비하도록 했다.[158] 10월 2일에도 대왕대비
전 진연과 대전 진연을 위해 좌우포도군관이 군사를 거느리고 궐 밖에서
잡인의 출입을 단속했다.[159]

진연 처소의 설치 및 관리와 함께 진연에 사용되는 각종 집물도 각사를
통해 조치했다. 공생(工生)들 습악을 위한 차일 등의 물력은 호조, 선공감,
전설사, 군자감, 광흥창, 장흥고, 풍저창 등을 통해 지원되었다.[160] 지원 대
상 물력은 차일은 물론 휘장, 유차일(油遮日), 지배파지의(地排破紙衣) 등이었
으며, 이들은 용환을 전세로 준비되었다. 전악청의 정제 습악에 소용되는
물품 지원도 있었다.[161] 차일, 파지의(破地衣)를 갖춘 죽삭(竹索)은 용환차 진
배하고, 기생들의 습악을 위한 대소차일과 유차일을 갖춘 죽삭, 파지의 등
의 물종도 용환을 전제로 진배했다.

진연을 앞두고 예조에서 마련한 '응행절목(應行節目)'은 진연을 위한 집물
조치 차원에서 아문에 통지한 현황을 담고 있다. 이들 아문 현황은 진연에
있어 도감을 중심으로 행례를 위한 동원 실태와 범위를 반영한다고 볼 수
있다. 이를 정리하면 아래와 같다.

호조, 별례방(別例房), 일방, 이방, 삼방, 내자사, 예빈사, 사축서, 별공작, 대
왕대비전사약(大王大妃殿司鑰), 대전사약(大殿司鑰), 중궁전사약(中宮殿司鑰), 현
빈궁사약(賢嬪宮司鑰), 세자궁사약(世子宮司鑰), 빈궁사약(嬪宮司鑰), 서방색사
약(書房色司鑰), 배설방사약(排設房司鑰), 사옹원, 자문감(紫門監), 내주방, 공조,
의영고, 의장고, 혜민서, 형조, 통례원, 병조, 사도시, 전설사, 의정부, 중추
부(中樞府), 이조, 장악원, 내원, 장흥고, 내의원, 종친부, 돈녕부, 의빈부, 충

158 英祖甲子『進宴儀軌』,「甘結秩」, 甲子 9月 15日.
159 英祖甲子『進宴儀軌』,「甘結秩」, 甲子 10月 2日.
160 英祖甲子『進宴儀軌』,「甘結秩」, 甲子 9月 初4日.
161 英祖甲子『進宴儀軌』,「甘結秩」, 甲子 9月 初6日.

훈부, 훈련도감, 어영청, 금위영, 수어청, 총융청, 예조, 한성부, 기로소, 장
예원, 성균관, 사헌부, 사간원, 홍문관, 예문관, 익위사, 종부시, 훈련원, 순
청(巡廳), 무신군직청(武臣軍職廳), 선전관청, 도총부, 상서원, 승문원[162]

중앙의 육조를 비롯하여 삼사 등 주요 각사를 망라하는 진연례 동원 체
제가 구축되어 있었다. 이들 중에는 물론 도감의 하부조직 각방도 포함되
어 있고, 물력이 아닌 소임을 위한 인력도 있었다. 그럼에도 불구하고 모두
62개의 아문과 행례를 위한 집물 동원 체계를 갖추고 있었다. 각사의 동원
구조는 진연 때 진지녹사(進止綠事)와 진지서리(進止書吏)의 사례를 통해 알
수 있다.

진연일인 9월 15일을 대비하여 진지녹사의 흑단령은 사용 후 환하(還下)
하기 위해 새것으로 준비했다.[163] 이들 흑단령은 사역원 30건, 관상감 15건,
전의감 15건, 산청(算廳)에서 15건, 혜민서에서 15건을 준비하여 9월 18일
까지 도감에 납입하도록 했다. 이에 대해 진연이 있을 때 참가하는 재신(宰
臣)은 정2품 이상은 진지녹사, 종2품 이상은 진지서리로 구분하고, 이조에
서 이들을 택정했다. 재신들은 흑단령과 화(靴)를 갖추어야 했다. 이에 따
라 도감은 진지서리 150명을 먼저 성책한 후, 9월 18일까지 도감에 봉점(逢
點)하도록 의정부와 중추부, 이조에 통지했다. 이조에서는 진연 때 진지서
리에 대해 도청과 논의했으며 진지서리 150명은 각 아문별로 구분했다.[164]
그 결과 진지서리는 호조서리 30명, 예조서리 5인, 병조서리 30인, 형조서
리 30인, 공조서리 10인, 한성부서리 30인, 성균관서리 5인, 장례원서리
2인, 교서관서리 3인으로 구성되었다. 호조, 병조, 형조, 한성부의 분담 비

162 英祖甲子『進宴儀軌』,「來關秩」, 甲子 9月 12日, 應行節目.
163 英祖甲子『進宴儀軌』,「甘結秩」, 甲子 9月 15日.
164 英祖甲子『進宴儀軌』,「來關秩」, 甲子 9月 20日.

율이 가장 높았다.

진연에 있어 진지서리에 대한 관리의 문제가 논의되었다. 외연이 정해진 날 진지서리가 궐내에 머무는 문제는 1710년(숙종 36) 경인년의 전례에 따라 그대로 거행하도록 했다. 다만 진지서리들은 미리 두건, 혹단령을 갖추고 숭정전에서 대령하도록 했다.[165] 이와 동시에 내연습의와 진연이 있는 당일 의녀와 기생 등은 홍화문으로 출입하도록 삼방, 장악원, 병조에 통지했다.[166] 9월 18일 이방과 내자시는 1743년(영조 19) 계해년의 진연 전례에 따라 진지서리의 두건을 점고하여 분파했나.[167] 9월 29일 진지서리 조정이 있었는데, 이는 진연이 있을 때 공간이 협착하여 상배를 위해 왕래하기가 어렵게 되었기 때문이었다.[168] 진지서리를 분파하여 일부는 진지를 하게 하고, 참연하는 동서반의 진지는 녹사서리로써 대행하게 했다.

3) 물력 동원의 구조

도감의 설치와 진연의 운영을 도모하는 과정에서 그에 소용되는 물력의 동원과 지원 문제가 논의되었다. 진연을 준비함에 있어 조정에서는 경인년(1710)과 계해년(1743) 진연 전례에 따라 진휼청의 미 1,000석을 획급하여 도감의 전체 운영을 위한 재원으로 삼도록 했으며, 한편으로는 도감에서 지방을 대상으로 필요한 물종을 별도로 분정하지 못하게 했다. 이에 대해 도감은 한양의 시장에서 무역할 수 있는 물종은 진휼청의 미를 바탕으로

---

165 英祖甲子『進宴儀軌』,「甘結秩」, 甲子 9月 18日.
166 英祖甲子『進宴儀軌』,「甘結秩」, 甲子 9月 18日. 조선후기 정재에 있어 내연은 왕과 신료들을 대상으로 남성적이고 공식적임에 반해, 외연은 왕실구성원과 의빈, 척신, 명부 등이 참여하는 소규모의 잔치로 상대적으로 여성적이면서 비공식적인 특징이 있었다[조경아, 「조선후기 내연(內宴)과 외연(外宴)의 정재 구성 비교」, 『무용역사기록학』 34, 무용역사기록학회, 2014, 275쪽].
167 英祖甲子『進宴儀軌』,「甘結秩」, 甲子 9月 18日.
168 英祖甲子『進宴儀軌』,「甘結秩」, 甲子 9月 29日.

운용이 가능하지만 그렇지 않은 경우 지방에 획급했던 전례를 언급하면서 지방 분정의 필요성을 제기했다. 이와 더불어 "호조 곡포(穀布)를 환무(換貿) 상송하여 민간에 피해를 주는 일이 없도록"[169] 함으로써 지방에 대해 물종을 별도로 상송하는 폐단을 줄이는 방안도 제시되었다. 이러한 논의는 숙종조 이전의 진연, 진풍정의 실시에 따른 시행착오를 반영한 결과로 볼 수 있다.

예전부터 진연을 할 때 진휼청의 쌀[米] 1,000석을 묘당으로부터 나누어 주어 진연의 쓰임에 보태어 쓰게 하고 외방은 별도로 복정하지 말게 했습니다. 지금 또한 전례에 따라 획급하는 일로 묘당으로 하여금 바로 품지(稟旨)하도록 했습니다. 그리고 진연에 쓰이는 물종은 비록 경시(京市)에서 무역해서 쓴다고 하지만 무역하여 구하기 어려운 물종은 헤아려서 복정하는 것이 또한 전례입니다.[170]

진휼청의 미 1,000석을 획급하는 문제는 9월 5일에 재론되었다. 영의정은 진연 당시 진휼청 미 1,000석을 획급했던 전례를 들어 도감에 대한 재원 지원의 필요성을 왕에게 상기시켰다.[171] 그러나 영조는 그 수가 많음을 강조하면서 진휼청 미 800석을 획급하도록 했다. 이에 따라 도감은 9월 17일 진연을 지원하기 위한 미 800석을 이송하도록 진휼청에 요청했다.[172] 도감은 호조에 요청하고, 호조는 이러한 이송 사실을 진휼청에 통보하였다.[173]

---

169 英祖甲子 『進宴儀軌』, 「啓辭秩」, 甲子 9月 初3日.
170 英祖甲子 『進宴儀軌』, 「啓辭秩」, 甲子 9月 初3日.
171 英祖甲子 『進宴儀軌』, 「啓辭秩」, 甲子 9月 初5日.
172 英祖甲子 『進宴儀軌』, 「移文秩」, 甲子 9月 17日.
173 英祖甲子 『進宴儀軌』, 「來關秩」, 甲子 9月 11日.

도감은 진연에 있어 찬안상(饌案床)을 위한 물품과 동원 체계, 그리고 찬품에 대한 점검 등의 소임을 분담했다. 진연 당시 찬안상은 대탁(大卓) 대소선(大小膳) 찬품기(饌品器)의 수를 전례에 따라 시행하되 찬안상에 들어가는 삼(蔘)은 특별히 감했다.[174] 더불어 내외 진연에 있어 찬품기의 수는 1710년(숙종 36) 경인년 진연의 전례에 따라 거행하되 별단으로 사화봉(絲花鳳)을 지화(紙花)로 대체하지 못하도록 했다.[175] 찬물 중에 배절난변(背節難辨)의 경우에는 다른 종류로 대체하게 했다.[176] 영조는 대탁의 대선과 소선을 특별히 감하려는 의지를 반영시켰다. 내연 때 동조(東朝)에 올리는 깃 외에 대전, 중궁전은 감해서 대탁은 소선으로 하고 세자 이하는 소선으로 시행하게 했다.[177]

진연에서 상배(床排)에 소용되는 물력은 중앙과 지방에 배정되었다.

이번 진연 때에 상배에 소용되는 유자는 이미 호조에서 복정(卜定)하였거니와 같은 날 밤에 올려 보냄에 미흡한 폐단이 없도록 할 일이다. 그런데 유자 천신(薦新)은 곧 10월 즈음으로 정해졌으니 먼저 천신한 뒤에 마땅히 어상(御床)에 공물로 올려 보내라. 모름지기 이 뜻을 살펴 천신과 복정을 같은 때에 봉진하여 일의 사단을 만드는 폐단이 없도록 하는 것이 마땅할 일이다.[178]

진연의 상배에 필요한 유자에 대해서는 호조에서 조치했다. 10월은 호조에서 공물로 유자를 복정하여 확보하는 시기와 진연에 필요한 유자를

174　英祖甲子『進宴儀軌』,「啓辭秩」, 甲子 9月 初5日.
175　英祖甲子『進宴儀軌』,「啓辭秩」, 甲子 9月 初7日.
176　英祖甲子『進宴儀軌』,「啓辭秩」, 甲子 9月 8日.
177　英祖甲子『進宴儀軌』,「啓辭秩」, 甲子 9月 13日.
178　英祖甲子『進宴儀軌』,「移文秩」, 甲子 9月 初8日.

천신하는 시점이 중첩되었다. 이러한 혼란을 방지하기 위해 1719년(숙종 45) 기해년 진연을 참고로 도감에서는 주의를 기울였다. 그에 따라 호조는 전라 감영에 10월 가례를 위한 유자를 천신한 뒤 공물을 봉진하도록 조치했다. 유자 외에도 도감은 진연을 위한 물종 동원과 마련에 있어 전라 감영뿐만 아니라 경상, 공홍, 해주, 경기도 등지에 대해서도 지원을 통보했다.[179] 호조에 복정한 진연 시 소용되는 생복(生卜)이 운송과정에서 상태가 나빠지거나 맛이 변하는 일이 발생했다. 이에 따라 상납할 때 연읍으로 하여금 얼음을 사용해 이런 일이 다시 발생하지 않도록 조치했다.

사옹원은 행과(行果)와 미수(味數) 등에 대해 1710년(숙종 36) 경인년의 전례를 적용했다. 내진연 때 6상, 외진연 때 2상에 대해 매 상별로 행과 13기, 미수 7기로 시행했다.[180] 이러한 내용은 각방을 비롯하여 호조와 내자시, 내섬시, 예빈시, 사휵서에 통지되었다. 그리고 찬품 중 염수(鹽水)에 대해 논의했다.[181] 경인년의 전례에 따르면 내진연 때 6기(器), 진연에는 2기로 모두 8기가 마련되어야 했다. 그런데 해당 아문의 의주를 살펴본 결과 마련해야 할 규모 혹은 감액될 정도가 명확하지 않자 혼선이 발생하기도 했다.

진연 준비를 위한 대탁(大卓)과 선상(宣床)의 대소 찬품을 정비하는 문제가 9월 20일에 논의되었다.

진연은 일의 모양새가 아주 중요하다. 위로는 대탁에서부터 아래로 선상에 이르기까지 대소찬품(大小饌品)이 마땅히 잘 갖추어져야 한다. 그런데 요즘 인심에 버릇이 없어 물력을 받아 가고 난 뒤 숙설할 즈음에 그사이 농간의 실마리가 하나가 아니라서 족히 선품(膳品)에 이르러서는 아무렇게나

179 英祖甲子『進宴儀軌』,「移文秩」, 甲子 9月 12日·13日.
180 英祖甲子『進宴儀軌』,「來關秩」, 甲子 9月 12日.
181 英祖甲子『進宴儀軌』,「來關秩」, 甲子 9月 26日.

하는 일의 한심함이 이보다 심한 것이 없다. 이리하여 관원은 전혀 검사하고 살피지 않고 하리와 숙수의 손에 하나같이 맡겨서 거의 사가의 잔칫상만도 못하게 되니 어찌 이러한 도리가 있겠는가? 어제 당상이 입궐했을 때 가져온 조과(造果)로 말하자면 내자시에서 만든 것인데도 더욱 나빠서 간략히 벌주라고 답을 내렸다. 내섬시 약과라는 것도 조청[흑탕(黑湯)]만 섞어서 꿀맛이 나는 것은 즙청(汁淸)에 의지해서 본뜬 것에 불과하다. 마련한 청밀은 어디에 두었기에 조과가 이렇단 말인가? 진실로 앞으로 살펴서 엄하게 다스릴 요량이다. 그러니 조과, 실과(實果), 편이육(片魚肉), 생어육(生魚肉), 탕, 적, 면과 같은 것은 말할 것도 없이 거듭 경계한 뒤로 일미(一味)라도 혹시 정밀하지 못한 것이 있으면 바로 그 관원을 입계하여 죄를 주고, 하리와 진설을 담당한 자는 형조에서 형벌을 가하여 결코 굽혀서 용서하지 않는다.[182]

진연에 있어 상탁의 구성품은 정품으로 준비해야 함에도 실무의 소홀함으로 품질이 열악해지는 실태를 조목조목 지적하고 있다. 이에 대해 내자시와 내섬시의 선품에 대한 실태를 적시하고 내섬시, 예빈시, 내자시, 사휵서에 대비책이 당부되었다.

진연일 비가 내릴 것에 대비하여 10월 7일 숭정전 전정에 차우구(遮雨具)를 좋은 것으로 준비했다.[183] 이에 각 아문의 담당 관사에서 보관 중인 유차일과 유둔을 모두 소집했으나 부족한 것으로 파악되자 각 군문에 있는 유차일도 함께 동원하여 숭정전에 대기하도록 했다. 훈련도감, 금위영, 어영청, 수어청, 총융청으로부터의 유차일이 동원되었다.

---

182 英祖甲子『進宴儀軌』,「甘結秩」, 甲子 9月 20日.
183 英祖甲子『進宴儀軌』,「甘結秩」, 甲子 9月 29日.

4) 진연 인력 운영

진연에 대한 행례를 위해서는 도감이 중심이 되어 관원과 원역, 장인뿐만 아니라 기생의 동원과 관리가 중요했다. 대전 진연 때에 참석 대상 관원과 인원은 지난 전례에 따라 결정되었다.

> 종신(宗臣), 도정(都政) 이상 의빈(儀賓), 시·원임대신(時·原任大臣), 기구제신 (耆舊諸臣), 훈부(勳府) 친훈신(親勳臣) 그리고 문음무관(文蔭武官)으로 일찍이 곤수총관(閫帥摠管)을 역임하고 이름이 훈부에 올라 있는 자. 문신 정2품 이 상은 실직을 가리지 말며, 군함(軍啣)은 종2품에서 당상 3품까지 실직자와 비록 군함에 있어도 나이가 70 이상인 사람. 개성과 강화[양도(兩都)]의 유수, 기백(畿伯), 승지, 한주(翰注), 옥서(玉署), 미원(微垣), 백부(栢府), 춘방(春坊)에 바야흐로 시임 중인 자 ….[184]

대전에 대한 진연 당일 참석 종친, 문무백관들의 자격과 범위가 확정되 었다. 뿐만 아니라 외방의 방백 등에 대해서도 진연 대상의 경우 참석이 독 려되었다. 경기감사를 비롯한 경기도의 양도유수(兩都留守)도 포함되어 9월 27일 삼도습의 때 '진부진단자(進不進單子)'를 도감에 보내어 참석 여부를 확

---

184 英祖甲子『進宴儀軌』,「啓辭秩」, 甲子 10월 初6일. 한편, 9월 4일에는 이보다 세부적인 외연 참연 대상 제신들의 내역이 규정되었으며, 그 내용은 다음과 같다. "참연제신, 기사제신 외에는 지난해의 전례 에 따라 거행할 일이다. 종신으로 도정 이상, 의빈시 원임대신, 기구제신, 훈부친훈신, 문음, 무신으 로 실직 위수총관으로 이름이 훈부에 있는 자, 문신으로 정2품 이상은 실직을 논하지 말며, 군어는 모두 참연을 허락한다. 종2품에서 당상 정3품으로 바야흐로 실직이 있는 자와 비록 군직에 있으나 나이가 70 이상으로 양도 유수, 경기감사, 승지, 한주, 옥서, 백부, 춘방으로 재임하고 있는 자, 그리 고 시위로 전례가 있거나 음무 2품 이상, 현재 장신으로 실직이 총관이며 군직으로 일찍이 장수 를 역임한 자나 동반의 실직으로 총관인 70 이상은 모두 참석을 허용한다. 참연까지 부임하지 않는 도신은 모두 참연한다"(英祖甲子『進宴儀軌』,「甘結秩」, 甲子 9월 初4日).

정해야 했다.[185]

이조는 진연 때 주탁차비관(酒卓差備官) 6원을 택정했다.[186] 이들 주탁차비관은 호조좌랑 김문행(金文行, 1701~1754), 형조정랑 홍계현(洪啓鉉, 1705~?), 사복시정 주부 김효대(金孝大, 1721~1781), 사도시주부 신환(申喚, 1692~?), 평시서봉사 김치량(金致良, 1710~?), 공조좌랑 이종덕(李宗德)이었다. 뿐만 아니라 9월 26일 이조는 진연 시 분화차비관(分花差備官)으로 광흥창 주부 서명유(徐命儒, 1701~?), 제용감 주부 이민중(李敏中)으로 2명을 차정했다.[187]

진연 때 각사의 가각색장(假各色掌)을 사환하기 위해 도감은 각사에 관련한 첩보를 요청했다.[188] 사옹원, 내자시, 내섬시, 예빈시를 비롯한 사흉서에 통지되었다. 도감은 9월 18일에 진연 시 가각색장의 분배와 지출을 전례에 따라 분파하고 성책으로 그 내역을 정리했다. 더불어 3소에서 모두 19일까지 도감에서 확인받도록 했다. 전체 가각색장은 339명이었으며, 그 내역은 아래와 같다.

사섬시 1명, 내궁방주인(內弓房主人) 1명, 광흥창 5명, 군자감 6명, 장흥고 18명, 봉상시 22명, 사재감 20명, 사도시 19명, 사복시 15명, 상의원 15명, 선공감 16명, 전생서 11명, 사포서 2명, 사흉서 2명, 군기시 14명, 혜민서 9명, 와서 5명, 내국우황주인(內局牛黃主人) 5명, 전의감 6명, 교서관 5명, 관상감 3명, 내자시 2명, 예빈시 1명, 의영고 9명, 풍저창 6명, 조지서 1명, 기인 66명, 호조 6명, 공조 3명, 제용감 36명, 내섬시 6명, 예조 3명[189]

185　英祖甲子『進宴儀軌』, 「移文秩」, 甲子 9月 12日. 정재에 있어서 정치적 해석에 대한 신중론이 제기되기도 했다. 정치성이 강한 외연의 경우는 정재가 소략한 반면, 가족적 연향으로 격식성이 적은 내연에서는 정재의 구성이 다채롭고 풍성했다는 특징이 규명되었다(조경아, 앞의 글, 2014, 275쪽).

186　英祖甲子『進宴儀軌』, 「來關秩」, 甲子 9月 14日.

187　英祖甲子『進宴儀軌』, 「來關秩」, 甲子 9月 26日.

188　英祖甲子『進宴儀軌』, 「甘結秩」, 甲子 9月 初8日.

189　英祖甲子『進宴儀軌』, 「甘結秩」, 甲子 9月 18日.

가각색장 중 기인이 66명으로 수가 가장 많으며 이 외에 제용감이 36명으로 많은 비중을 차지했다. 가각색장은 호조와 공조를 비롯하여 27개 각사를 망라했다.

사옹원은 진연 때 찬품숙설청(饌品熟設廳)의 가각색장 50명, 은기성상(銀器城上) 4명, 사기성상(沙器城上) 8명과 급수비(汲水婢) 6명을 1710년(숙종 36) 경인년의 전례에 따라 배치해야 했다.[190] 이에 대해 도청은 급수군을 활인서에 분부한 뒤 가각색장 30명에 대해 먼저 정송하도록 했다. 이후 사옹원이 사환 가각색장 30명을 성책하여 보내자 도청은 이미 보낸 30명 외에 20명도 전례에 따라 정해 보내도록 다시 조치했다.[191]

장인의 동원이 있었다. 진연에 동원된 인력에 대한 현황은 진연이 끝난 후 단행된 논상 내역을 통해 확인이 가능하다. 진연청을 중심으로 일방, 이방, 삼방과 별공작이 조직되고 삼사를 비롯하여 사축서, 사옹원, 내섬시, 내자시, 예빈시 등에서 서원, 고직, 사령 등이 동원되었다.[192] 이들의 내용은 '진연청별단(進宴廳別單)'과 '진연청원역별단(進宴廳員役別單)'으로 정리되었으며, 여기에 기재된 논상 대상 인원은 모두 90명에 이르고 있다. 뿐만 아니라 '진연청공장별단(進宴廳工匠別單)'에는 진연의 준비와 운영을 위해 동원된 공장들의 내역이 열거되었다. 이들은 모두 237명으로 그 역할은 아래와 같다.

화장(花匠), 목수(木手), 소목장(小木匠), 기거장(岐鉅匠), 조각장(雕刻匠), 야장(冶匠), 소인거장(小引鋸匠), 숙수(熟手), 칠장(漆匠), 대인거장(大引鋸匠), 양관장(凉冠匠), 매집장(每緝匠), 침선비(針線婢), 풍물장(風物匠), 가칠장(假漆匠), 마조

190 英祖甲子『進宴儀軌』,「來關秩」, 甲子 9月 12日.
191 英祖甲子『進宴儀軌』,「來關秩」, 甲子 9月 16日.
192 英祖甲子『進宴儀軌』,「啓辭秩」, 甲子 10月 初8日.

장(磨造匠), 두석장(豆錫匠), 장고장(杖鼓匠), 다회장(多繪匠), 마경장(磨鏡匠), 각대장(角帶匠), 주장(注匠), 쇄약장(鎖鑰匠), 병풍장(屛風匠), 안자장(鞍子匠), 관자장(貫子匠), 박배장(朴排匠), 연죽장(鍊竹匠), 부금장(付金匠)[193]

총 29종 장인의 내역을 확인할 경우 진연을 위한 장인의 역할과 구성을 알 수 있다. 화장, 목수, 소목장, 조각장, 야장, 숙수 등은 박배장, 연죽장 등에 비해 상대적으로 사역 일수가 많았다. 이들 장인들의 현황은 진연을 위한 불품과 공예품의 준비 상황을 반영하고 있다.

진연 운영을 위한 기생의 차출이 이루어졌다. 진연을 위한 선상기생(選上妓生)은 각기 차비에 따라 전례를 참고하여 52명을 뽑도록 계획되었다. 논의 과정에서 지난 기준에 의거해서 45명을 분정하여 각 도에 상송하도록 장악원에 분담하자는 의견이 있었다. 그러나 선상기생 규모 축소전례를 적용할 수 없다는 의견에 따라 복원하여 52명을 분정했다.[194] 진연에서 각종 차비기생 등이 정재를 습악할 때 여러 상사(上司)와 궁가(宮家)로부터 침해되는 것을 예방하고 진연 준비에 집중할 수 있도록 조치했다.[195] 진연을 위한 기생은 중앙의 주요 각사를 비롯하여 궁가에서 차출되었다.

10월 7일 진연 당일 각 읍의 기생 52명에 대한 현황이 도감에 보고되었다. 보고된 '각읍기생연세급차비(各邑妓生年歲及差備)' 현황에 의하면 충주, 공주, 원주, 안동, 해주, 정주, 황주, 안악, 평양, 함종, 청주, 성산, 상주, 나주, 경주, 성천, 안주, 광주(光州) 등에서 11세의 동기를 비롯하여 60세의 도기(都妓), 70세의 가사(歌師)까지 망라되었다.[196] 안주에서는 기생 10명을 차정하여 가장 많이 분담하였으며, 안동기생은 처용무를 중심으로 구성된 특

193 英祖甲子『進宴儀軌』,「啓辭秩」, 甲子 10月 初8日, 進宴廳工匠別單.
194 英祖甲子『進宴儀軌』,「啓辭秩」, 甲子 9月 初4日.
195 英祖甲子『進宴儀軌』,「啓辭秩」, 甲子 9月 11日.
196 英祖甲子『進宴儀軌』,「啓辭秩」, 甲子 10月 初7日.

징을 보이고 있다. 이들 기생 외에도 내전 정재 당일 소임에 따라 동원된 기생의 현황은 아래와 같다.

어제구호기생(御製口號妓生) 2, 헌선도정재기생(獻仙桃呈才妓生) 6, 포구락정재기생(抛毬樂呈才妓生) 18, 연화대정재기생(蓮花臺呈才妓生) 6, 김척정재기생(金尺呈才妓生) 17, 아박정재기생(牙拍呈才妓生) 2, 향발정재기생(響鈸呈才妓生) 8, 하황은정재기생(荷皇恩呈才妓生) 10, 처용정재기생(處容呈才妓生) 6, 풍물차비기생(風物差備妓生) 10[197]

정재를 위해 동원된 기생은 각 소임별에 따라 분정되었으며, 총 인원은 85명으로 예차(預差)를 포함하고 있었다. 이 외에 관현맹인(管絃盲人) 13인을 비롯하여 집사전악(執事典樂)과 대오전악(隊伍典樂) 5명도 동원되었다. 이들 인원 중 처용정재기생과 풍물차비기생의 경우 예차 각 1명씩을 배정했다.

정재를 위한 기생들 중 질병으로 인한 차질이 발생할 경우를 염려하여 전례에 따라 구료를 위한 구료관을 준비하고 약물도 대령했다.[198] 이 외에도 외연 때 속악기(俗樂器) 차비공인으로 전상공인(殿上工人) 38명을 비롯하여 전정공인(殿庭工人) 40명, 전후공인(殿後工人) 80명이 동원되었다.[199]

상의원은 침선비의 원수에 문제가 생기자 이를 도청과 상의했다.[200] 이 사례로 진연을 위한 인력 동원과 조성의 실태를 알 수 있다.

상의원에서 올립니다. 요즘 삼방의 감결에서 상의원의 침선비 원수 16명 중 3명이 병으로 일을 할 수 없고[병폐(病廢)], 3명은 각전(各殿)에 차비하고

---

197 英祖甲子『進宴儀軌』,「啓辭秩」, 甲子 10月 初7日.
198 英祖甲子『進宴儀軌』,「甘結秩」, 甲子 9月 初6日.
199 英祖甲子『進宴儀軌』,「啓辭秩」, 甲子 10月 初7日.
200 英祖甲子『進宴儀軌』,「來關秩」, 甲子 9月 初6日.

대령하고 있습니다. 전례에 의거하여 이들 13명에 대한 이름[소명(小名)]을 적은 성책을 실어 보냅니다. 그리고 그중 차비대령 3명은 진연하라고 하신 정일에만 보내고 그 나머지 남은 날은 각 전에서 차비하여 입역하라는 뜻으로 갖추어 첩보하였습니다. 이제 본방의 감결에 올해 차비 숫자가 너무 많아서 병폐를 이유로 빼서 보고하는 것이 안 되므로 본원[상의원]이 정해진 숫자[입수(立數)]를 채워서 보냈습니다. 그런데 앞뒤로 진연하실 때 본원은 침선비 모두 다 해서 13명으로 아이 때의 이름을 성책하여 올려 보냈을 뿐만 아니라 지금 남아 있는 6명에서 3명은 병세가 매우 위중하여 실로 사역할 방도가 없습니다. 그리고 3명은 각전에서 차비하며 역을 날마다 수행하고 있는데, 설령 무단으로 번을 빼지면 알 수 없습니다. 그러므로 어쩔 수 없이 다시 논보하니 이러한 뜻으로 해당 방에서는 분부하기 바랍니다.[201]

상의원에서는 진연을 위해 지원하여야 할 3명의 침선비가 병으로 차질이 생기자 이들에 대한 융통을 도감에 건의하였다. 그러나 진연청에서는 병으로 인한 차질을 인정할 수 없으므로 직접 증세를 살펴서 조치하라는 입장을 취했다. 이 사례는 도감을 중심으로 각사를 통한 진연 준비와 조율이 이루어진 실태를 보여 준다.

각종 잡역을 위한 역군의 지원이 있었다. 진연도청의 미포(米布) 장치곳간(藏置庫間) 수직을 위해 한성부는 부근의 동내 좌경(座更) 1패에 한해 9월 15일부터 정해 보냈다.[202] 평시서에서는 취색군의 동원 요청에 대해 1710년(숙종 36) 경인년의 전례에 따라 병조의 지원으로 조정해 줄 것을 요청했

---

201 英祖甲子『進宴儀軌』,「來關秩」, 甲子 9月 初6日.
202 英祖甲子『進宴儀軌』,「甘結秩」, 甲子 9月 15日.

다.[203] 앞서 평시서는 진연청으로부터 찬안상(饌案床)의 각양 과자를 담을 유첩시(鍮貼匙)를 가져올 취색군(取色軍)을 매일 5명에 대해 3일 동안 정해서 보내라는 소식을 받았다. 이에 대해 평시서는 작년의 진연 때 전례에 따라 위군(衛軍)으로 대행하게 했다는 근거를 들어 병조가 지원하도록 조치할 것을 요청했다. 도청에서는 병조에 통보하여 위군으로 대행하도록 최종 조치했다.

5) 요포와 삭료(朔料)

진연 도청도감을 구성하는 관원이나 원역을 비롯하여 진연을 위해 동원된 공장과 공인에게는 요포나 요미, 혹은 삭료 등의 명목으로 급료가 지급되었다. 진연을 위한 인력에 대해 삭료에 대한 지급과 동시에 점심미(點心米)도 지원되었다. 진연청에서는 요포와 요미 등의 지출에 사용하는 물품을 지원받았다. 광흥창은 공장 등의 요미를 지출할 때 소용되는 곡두승(斛斗升)을 도감에 진배하고자 했으나 어려움이 있었다.[204] 광흥창에서 사용하는 곡두승의 수가 많지 않고, 백관의 반료(頒料) 등에 사용할 일이 많다는 것이 그 사유였다. 도감은 진연에 동원된 인력에 대한 삭료 지급 준비를 착실히 진행했다.

진연청에 차정된 인력을 위한 삭료는 호조와 병조에 요청했다.[205] 진연청은 도감에 분차된 녹사 1인에 대해 9월 3일부터 회동을 시작함에 따라 이를 기준으로 이들에 대한 1삭의 요포를 관례에 의거하여 병조와 호조에서 마련하여 수송해 줄 것을 요청했다. 뿐만 아니라 같은 날 도청도감은 제색

---

203 英祖甲子『進宴儀軌』,「來關秩」, 甲子 9月 14日.
204 英祖甲子『進宴儀軌』,「啓辭秩」, 甲子 9月 初3日. 다음 날 斛斗升杯 각 1개를 제작하여 진배하라는 요청이 있었다(英祖甲子『進宴儀軌』,「甘結秩」, 甲子 9月 初4日).
205 英祖甲子『進宴儀軌』,「移文秩」, 甲子 9月 初4日.

공장 등의 요포에 대해서도 9월 4일에 요청했다. 호조와 병조에 이문한 내역은 아래와 같다.

본청의 제색공장 등에게 요포 지출을 위한 대미(大米) 50석, 전미(田米) 10석, 목(木) 5동을 실제로 들어가는 수에 따라 먼저 지출하기 위해 속히 수송할 일.[206]

진연청의 당상 이하는 물론 원역과 공장에 대한 삭료는 호조와 병조로부터 지원 및 수송받아 운영했다. 식료로서 요포는 미와 포를 통칭하는 의미로 통용되고 있었다. 9월 19일, 도청의 공장 요포 지출을 위해 일전에 수송한 미(米)와 포(布)가 급속하게 지출되자 도감은 목(木) 5동과 미 50석을 즉시 수송하도록 호조와 병조에 이문했다.[207] 공장에 대한 요포를 계속 이어 댈 수 있도록 하기 위한 조치였다.

도청도감뿐만 아니라 각방과 진연에 동원된 공사원을 대상으로 한 삭료가 지출되었다. 도청의 녹사, 서리, 서사, 고직 등에게 각기 매달 목 1필과 미 3두씩을 지급했다.[208] 진연청 당상의 결정에 따라 일방, 이방, 삼방의 서리, 고직, 사령과 기생색 서리색장, 관현색 서리색장에게는 목 1필씩을 지급하고, 각방 군사들에게도 미 2두씩을 지급했다. 이들 중 삼방의 서리 최지경(崔趾景)에게는 목 2필을, 고직 김진협(金晉協)에게 미 4두와 목 1필을 지출했다. 도청 당상의 수결을 받은 통례원 서원 4인에게는 목 2필을 지출했다.

무료 서리에게는 삭미가 지급되었다.[209] 도청의 무료 서리인 예조 장악

206 英祖甲子『進宴儀軌』,「移文秩」, 甲子 9月 初4日.
207 英祖甲子『進宴儀軌』,「移文秩」, 甲子 9月 19日.
208 英祖甲子『進宴儀軌』,「移文秩」, 甲子 10月 日.
209 英祖甲子『進宴儀軌』,「移文秩」, 甲子 10月 日.

제3장 연회를 위한 인력과 물력

원 서리에 대해서는 매삭(每朔)에 미 4두와 포 2필씩을, 공조 서리는 미 4두씩을 지급했다. 뿐만 아니라 각방의 무료 서리에 대해서도 미 4두와 포 2필씩을 지출했다. 일방의 무료 고직 1명에게는 매달 미 4두와 포 1필을 지급했다.

별공작의 가출(加出) 서원 1명과 사령 1명에게는 매일 미 2승씩을 전미(田米)로 환산하고 포는 1척 1촌 6푼씩 지급했다. 당상행하(堂上行下) 내외연 집사, 집박, 감조, 대오 19인에게는 각기 목1필과 미 3두씩을 지급했다. 삼당상댁(三堂上宅)의 대솔구종(帶率丘從)에 대해서도 각기 미 5두씩을 지급했다.[210] 도청 포도군사와 각방의 포도군사 등에게는 각기 목 1필씩을 지급했다. 외연의 삼도습의와 진연 당일 입참하는 공인 160명과 무동 10명에게 요미 2두씩과 찬물을 지급했다.

원역과 공장 등에 대해서도 삭료조가 지출되었다. 9월 19일 각사는 진연 때 별단서계를 위해 원역과 공장 등의 소명성책(小名成冊)과 실역(實役) 일자를 수정하여 도청에 올렸다.[211] 9월 20일 도청은 호조로 하여금 도청의 공장 요미 지출을 위해 미 30석을 즉시 수송하도록 했다.[212] 공장 인력의 증대로 인해 요미 활용의 어려움이 발생하게 되면서 도청은 재차 호조와 병조에 지원을 요청했다.

이번 내외에서 진연할 때에 사역하는 공장은 작년에 비해 10배나 되어 경비가 염려되므로 아껴 쓰는 데 힘쓰도록 하였다. 그런데 전날 두 차례 실어 온 미와 포는 공장의 요미[장료(匠料)]에 대응하기에는 아주 부족한 수이다. 그러므로 미 30석, 전미 30석, 목 6동을 분정하니 바로 속히 실어 보내

---

210 英祖甲子『進宴儀軌』,「移文秩」, 甲子 10月 日.
211 英祖甲子『進宴儀軌』,「甘結秩」, 甲子 9月 19日.
212 英祖甲子『進宴儀軌』,「移文秩」, 甲子 9月 20日.

서 때에 맞추어 지급하는 기반으로 할 일이다.[213]

진연청에서는 공장의 수가 급증한 근거를 들어 병조와 호조로 하여금 미에 대한 지원 증대의 필요성을 강조하고 요미에 대한 조속한 수송을 요청하였다. 그리고 진휼청에 진연에 보태기 위한 진휼청 미 800석을 요청했다.[214] 이러한 곡물 운반을 위해 9월 26일 도감은 호조를 비롯하여 한성부와 거부계(車夫契)에 대미 30석과 전미 30석을 9월 27일 정송하게 했다.[215]

공장뿐만 아니라 도정의 원역에 대한 요포 시원도 호조와 병조가 담당했다.[216] 서사 3인, 서리 4인, 고직 1명, 사령 2명 등에 대해 9월 7일부터 1삭을 기약하여 삭료포(朔料布)를 전례에 따라 마련해서 도감에 보내도록 했다. 물력의 지원 내용 중 호조가 담당한 내역이 파악되었다. 호조는 내외 진연 시 도청의 각종 문서에 소용되는 물력과 더불어 공장 요미를 지원했다. 그 내역은 아래와 같다.

대미 162석, 전미 40석, 초주지 1권, 후백지 6권, 백지 6권, 백휴지 4근 15냥, 주지(油紙) 27장, 황필 12병, 백필 2병, 진묵(眞墨) 10정, 동당낙폭지(東 堂落幅紙) 1도(度)[217]

삭료를 위한 물력은 대미 162석, 전미 40석으로 이들이 호조에서 도청에 지원되었다. 이러한 도청의 관원을 비롯한 진연에 관련된 인력을 위한 요포 지급 내용은 '미포차하식[米布上下式]'으로 정리되었다.[218] 이에 따라 도청

---

213 英祖甲子『進宴儀軌』, 「移文秩」, 甲子 9月 24日.
214 英祖甲子『進宴儀軌』, 「移文秩」, 甲子 9月 17日.
215 英祖甲子『進宴儀軌』, 「甘結秩」, 甲子 9月 27日.
216 英祖甲子『進宴儀軌』, 「移文秩」, 甲子 10月 日.
217 英祖甲子『進宴儀軌』, 「移文秩」, 甲子 10月 日.

을 중심으로 진연을 위해 각사의 구성원에게 지출한 요미와 요포의 규모를 살필 수 있다. 사례는 내자시, 내섬시, 예빈시, 사휵서 등이 있다.

내자시에서 지출이 있었다.[219] 고직 2명에게는 매일 미 2두씩을 전미로 바꾸어 지급하고 포 1척 1촌 6푼을 실역으로 계산해 지급했다. 숙수 25명은 실역 21일에 대해 매일 미 3승씩을 전미로 바꾸어 지급하고 포는 2척 3촌 3푼씩을 기준으로 했다. 화장 5명은 실역 21일을 기준으로 매일 미 3승씩을 전미로 바꾸어 지급하고 포는 2척 3촌 3푼씩을 지급했다. 연죽장 2명은 실역 5일에 대해 매일 미 3승씩을 전미로 바꾸어 지급하고 포는 2척 3촌 3푼씩을 지급했다. 조각장 4명은 실역 14일에 대해 매일 미 3승씩을 전미로 바꾸어 지급하고 포는 2척 3촌 3푼씩을 지출했다.

내섬시에서 지출이 있었다.[220] 고직 2명에 대해 매일 미 2승씩을 전미로 바꾸어 지급하고 포 1척 1촌 6푼씩을 실역에 따라 지출했다. 반감과 주색 각기 2명은 매일 점심미로 1승씩을 처음 역을 시작한 날을 기준으로 지급하게 했다. 숙수 30명에 대해서는 실역 21일에 대해 매일 미 3승씩을 전미로 바꾸어 지급하고 포 2척 3촌 3푼씩을 기준으로 했다. 가각색장 40명은 실역 21일에 대해 점심미로 매일 7홉씩을 지급했다.

예빈시의 사례이다. 예빈시도 고직 2명에 대해 매일 미 2승씩을 전미로 바꾸어 지급하고 포 1척 1촌 6푼씩을 실역을 기준으로 지출했다. 숙수 2명은 실역 10일에 대해 매일 미 3승씩을 전미로 바꾸어 지급하고 포는 2척 3촌 3푼씩을 기준으로 했다. 그중 5명은 실역이 각기 7일이고, 18명은 6일임에 따라 실역을 기준으로 지급했다. 화장(花匠) 8명은 실역이 19일로 매일 미 3승씩을 전미로 바꾸어 지급하고 포 2척 3촌 3푼씩을 지급했다. 연죽

---

218 英祖甲子『進宴儀軌』,「移文秩」, 甲子 10月 日.
219 英祖甲子『進宴儀軌』,「移文秩」, 甲子 10月 日.
220 英祖甲子『進宴儀軌』,「移文秩」, 甲子 10月 日.

장 5명은 실역이 각기 5일임에 따라 매일 미 3승씩을 전미로 바꾸어 지급하고 포 2척 3촌 3푼씩을 지급했다. 다회장 2명은 실역이 각기 하루로서 미 3승씩을 전미로 바꾸어 지급하고 포는 2척 3촌 3푼을 지출했다.

사휵서도 요포와 점심미를 지출했다.[221] 고직 1명은 매일 미 2승씩을 전미로 바꾸어 지급하고 포는 1척 1촌 6푼씩으로 실역을 기준으로 지출했다. 거모장 24명은 실역이 각기 8일이며 이들은 매일 미 3승씩을 전미로 바꾸어 지급하고 포는 2척 3촌 3푼씩 지급했다. 숙수 5명은 실역이 각기 6일로 매일 미 3승씩을 전미로 바꾸어 지급하고 포는 2척 3촌 3푼씩 지급했다.

삭료와 구분하여 점심미를 지급하기도 했다. 점심미 지급의 규모는 회동일 개시 이후부터 매일 계산하여 미 1승씩 지급하도록 했다. 대상은 도청의 녹사, 산원, 서리, 서사, 고직, 사령 수직군사를 비롯하여 삼방의 서리, 고직, 사령, 수직군사, 그리고 삼사의 별공작으로 사휵서 서원, 사령, 집사가 있었다. 전악, 기생, 색리, 서리, 관현색서리, 색장 등의 원역에 대해서도 점심미가 지급되었다.

내자시는 별감 1인과 반감(飯監) 1인에게 매일 점심미로 1승씩을 역을 시작한 날로부터 지급했다.[222] 가각색장 25명은 실역 21일을 기준으로 매일 점심미 7홉씩을 지급했다. 내섬시는 반감과 주색 각기 2명에게 매일 점심미로 1승씩을 역을 수행한 날수를 기준으로 지급하게 했다.[223] 가각색장 40명은 실역 21일에 대해 점심미로 매일 7홉씩을 지급했다. 예빈시도 가각색장 40명에 대해 실역 21일을 기준으로 매일 점심미 7홉씩을 지출했다.[224] 사휵서는 가각색장 25명을 실역 8일에 대해 매일 점심미 7홉씩을 지급했

221 英祖甲子『進宴儀軌』,「移文秩」, 甲子 10月 日.
222 英祖甲子『進宴儀軌』,「移文秩」, 甲子 10月 日.
223 英祖甲子『進宴儀軌』,「移文秩」, 甲子 10月 日.
224 英祖甲子『進宴儀軌』,「移文秩」, 甲子 10月 日.

다.[225] 사옹원의 가각색장 30명은 실역이 22일이고, 20명은 실역이 21일임에 따라 이들에 대해 실역 일수를 기준으로 점심미 7홉씩이 지급되었다.[226]

공인에 대해서도 점심미가 지급되었다.[227] 기생 52명은 현신일을 계산하여 매일 매명당 점심미 1승씩을 지급했으며, 관현맹인은 차정한 50명에 대해 회동일로부터 역시 매일 매명당 점심미로 1승씩을 지출했다.

점심미와 별도로 식물(食物)이 지급되었다.[228] 각방의 원역과 전악, 기생, 의녀 등에게는 식물첩(食物帖)에 따라 수결을 받고 지급하게 했다. 반미(飯米)가 별도로 책정되고 지출되었다.[229] 내연과 외연을 습의할 때와 진연 당일 도청 서리와 고직 등에게 반미 1석 8두가 지출되었다. 외연의 삼도습의와 진연 당일 입참하는 공인 160명과 무동 10명에게 요미 2두씩과 찬물을 지급했다.[230]

6) 각방 분장

진연 도감도청은 각방과 별공작을 통해 필요한 물품의 제작 및 소임을 분배하여 진연 준비의 효율성을 기했다. 이러한 운영 구조는 일방의 사례를 통해 그 단편을 살펴볼 수 있다.

진연을 위한 도청의 회동이 있었던 9월 13일에 각방이 설치되었다. 동시에 일방의 소임과 필요 물력에 대한 지원 체계가 갖추어졌다. 9월 15일에는 일방에 분장된 각종 물력의 준비와 수행을 위한 세부 지원 체계가 확

---

225 英祖甲子『進宴儀軌』,「移文秩」, 甲子 10月 日.
226 英祖甲子『進宴儀軌』,「移文秩」, 甲子 10月 日.
227 英祖甲子『進宴儀軌』,「移文秩」, 甲子 10月 日.
228 英祖甲子『進宴儀軌』,「移文秩」, 甲子 10月 日.
229 英祖甲子『進宴儀軌』,「移文秩」, 甲子 10月 日.
230 英祖甲子『進宴儀軌』,「移文秩」, 甲子 10月 日.

립되었으며, 이 시점을 계기로 진연을 위한 대비가 완료되었다. 진연이 행해지기 약 보름 전 각방은, 특히 이방은 진연을 위한 물력 준비에 대응하고 있음을 알 수 있다. 일방의 경우 그 소임은 아래와 같았다.

처용무동(處容舞童)·동기(童妓)·가동(歌童)·관현집박(管絃執拍)·권착(權着) 공인이 입는 관복(冠服), 수화(首花), 여러 가지 풍물, 정재에 들어가는 전배등물(前排等物)을 신속하게 상청(上廳)하여 간품하라고 수본하였다.[231]

일방은 정재에 소용되는 관복과 의식에 소용되는 집물을 제작하고 준비했다. 이들 내역은 상의원과 호조에서 상세히 분정되었다.[232] 일방의 화원과 제색장인, 침선비 등이 사용할 물품에 대해서도 호조, 공조, 군기시, 선공감, 별공작, 평시서, 와서 등으로부터 지원되었다. 그 내역은 아래와 같다.

전도(剪刀) 2개, 도동해(陶東海) 2개, 사발(沙鉢) 1죽(竹), 등상(登床) 1개, 토화로(土火爐) 2개, 연일여석(延日礪石) 2개, 사첩시(沙貼匙) 1죽, 세여석(細礪石) 2개, 인도(引刀) 2개, 사완(沙椀) 2개, 강여석(强礪石) 2개, 사막자(沙莫子) 2개, 중여석(中礪石) 1개, 도소라(陶所羅) 1개, 공장패(工匠牌) 1개, 정(鼎) 1개, 전판(剪板) 3개[233]

일방은 각종 풍물과 관복, 잡물을 수보하고 개조하기 위해 제색공장 등을 부역시켰다. 이에 따라 등록에 의거하여 공장 등을 차출했다.[234] 공장은

231 英祖甲子『進宴儀軌』,「一房儀軌」, 甲子 9月 初3日.
232 英祖甲子『進宴儀軌』,「一房儀軌」, 甲子 9月 初3日.
233 英祖甲子『進宴儀軌』,「一房儀軌」, 甲子 9月 初3日.
234 英祖甲子『進宴儀軌』,「一房儀軌」, 甲子 9月 初3日.

침선비, 양관장(梁冠匠), 마조장, 풍물장, 다회장, 매듭장, 두석장, 각대장, 마경장, 소목장, 가칠장, 화장, 조현장(造絃匠), 장고장, 화장, 능라장, 초장(綃匠), 합립장(蛤笠匠), 온혜장, 초혜장, 양태장, 진칠장(眞漆匠), 가면장, 금장, 관자장, 납장, 별풍장으로 구성되었다. 이들은 모두 52명이었다. 그리고 이들 공장은 호조, 공조, 예조, 상의원, 장흥고, 도화서, 내사(內司), 군기시, 선공감, 어영청, 금위영, 총융청, 내자시, 내섬시, 예빈시, 교서관, 남부, 서부, 북부에서 차정되었다.

진연일이 급박해짐에 따라 야간에도 작업을 진행할 필요가 생기면서 여기에 소요되는 등유의 지원이 있었다.

등록을 살펴보니 화사(畵師)와 공장 등이 야역(夜役)을 할 때에 등촉(燈燭)을 준비해 주는 것이 원래부터 있던 전례이고, 기생들은 예전부터 밤에 가사(歌詞) 연습이 없었다. 그러므로 등유를 판결해서 주는 것이 비록 등록에 실려 있지 않다고 하더라도 지금은 진연 기일이 급박하다. 밤낮으로 잘 익히는 것이 곧 책을 읽고 외움과 그림 그리는 공장 등이 밤에 일하는 것과 다름이 없다.[235]

화공과 공장들이 야간에 역을 수행할 경우 등유를 지급했다. 이와 동일하게 기생들에게도 야간 습의를 위해 소급 적용하고 있음을 알 수 있다. 이들 등유는 호조, 의영고에서 지원되었다.

일방에서 담당하는 각종 물종의 수리와 보수에 소용되는 물종은 등록의 전례에 따라 마련되었다. 처용무동, 동기, 집박(執拍)이 임시로 쓸 관현과 가동·공인 등의 관복 등의 물종, 각양 풍물, 악기, 정재에 들어가는 물종이

235 英祖甲子『進宴儀軌』, 「一房儀軌」, 甲子 9月 15日.

여기에 해당했다. '각양풍물악기정재소입등물(各樣風物樂器呈才所入等物)'[236]에
는 각종 풍물기를 비롯하여 전상공인복색(殿上工人服色), 관현복색(管絃服色),
처용복색(處容服色)의 새로운 제작과 보수를 위한 세부 물력이 정비되었다.

일방의 소임이었던 진연에 있어 풍물과 악기의 마련 문제는 17세기 이
후 변화가 있었다. 일방의 소임과 관련해서는 18세기 장악원이나 각사에
서 만들어 납품하는 방향으로 전개했다.[237] 1624년(인조 2) 진풍정 때에는 장
악원에 풍물과 악기를 제조하는 국(局)을 설치하고 장인들이 제작했다. 그
러나 1630년(인조 8)의 신풍정 때에는 별도의 기구 없이 각 해사에서 만들어
납품하도록 했다.[238] 1765년(영조 41)의 수작에는 7일 만에 악기를 마련해야
했으므로 장악원은 상의원에 악기와 풍물을 수보하게 하고 군기시에서 북
을 만드는 장인 2인을 배정해 보내도록 했다. 또한 악기와 풍물을 수보할
다회장 2명을 훈련도감과 금위영에서 보내도록 하고, 마조장(磨造匠) 2명은
선공감에서 지원하도록 했다.[239] 이러한 전개 속에 1744년(영조 20) 진연은
일방을 중심으로 장악원과 각사를 통해 운용되었다.

일방에서는 진연 때 입참하는 공인 160명, 무동 10명 등 170명에 대한
삼도습의를 비롯해 진연일의 요미와 찬물을 지원받았다. 도감은 미 2승,
석어 2수, 감장 1홉, 어염 5석씩을 등록에 따라 지급했다.[240] 뿐만 아니라 이
방의 서리 4인, 고직 1인, 사령 2명 등에게 목 각 1필씩을 별첩(別帖)하고, 포
도군사 2명에게도 목 각 1필씩을 지급했다. 이방의 서리 4인에게는 두건채
(頭巾債)로 목 각 1필씩을 지급했다. 서리, 고직, 사령, 수직군사 등에게 점심
미로 매일 1승씩을 전례에 따라 지급해 주었다.

236 英祖甲子『進宴儀軌』,「一房儀軌」, 甲子 9月 15日.
237 조경아, 앞의 글, 2009, 75~83쪽.
238 仁祖庚午『豊呈都監儀軌』,「呈才色」.
239 英祖乙酉『受爵儀軌』, 10월 초4일.
240 英祖甲子『進宴儀軌』,「一房儀軌」, 甲子 9月 15日.

도감은 일방에서 담당하는 새로 제작하거나 보수한 것들을 구분하여 호조와 상의원에 전례에 따라 환하(還下)했다. 무동, 처용, 동기, 가동, 관현, 집박, 권착공인 등이 입을 관복 중 새로 만들거나 옛것을 보수하여 진배하는 것과 수화와 각양 풍물, 악기를 정재소에 들이는 것들이 그 대상이었다. 각 항목별로 들어간 잡물의 실제 현황과 환하할 수량을 정리하여 호조로 이문했다.[241] 이 내용은 환하질(還下秩)과 용후환하질(用後還下秩), 실입여환하질(實入與還下秩)로 크게 구분하였다. 환하질의 경우 무동복색질, 전상공인복색질, 집박복색질, 관현복색질, 권착복색질, 가동복색질, 처용복색질, 무동복색질, 동기복색질 등에 대해 상의원, 호조 등으로 환하하는 내용을 밝혔다.

일방은 이상과 같이 소임된 임무, 즉 각종 풍물, 악기, 의복 등의 준비를 위해 호조와 상의원 등으로부터 물력을 지원받았다. 그리고 물론 물종의 수보와 제작을 위한 세부적인 물력을 정리하여 그 재정적 지출의 규모를 밝혔다.

7) 논상

진연이 마무리됨과 동시에 진연청 당상을 비롯한 진연 참여자에 대한 논상이 있었다. 진연 중 어제구호기생(御製口號妓生) 2명에게는 백저포(白苧布) 1필씩을 전내(殿內)에서 바로 지급하기도 했다.[242] 그리고 진연에 참여한 기생과 공인에 대한 상세한 상격 내역이 정리되었다. 포구문(抛毬門) 득중(得中) 기생 11명의 경우 포구락 놀이의 결과에 백저포(白苧布) 1필씩을 각각 면급(面給)했다. 하황은(荷皇恩) 입대기생 10명의 경우도 면주(綿紬) 1필씩을

---

241 英祖甲子『進宴儀軌』,「一房儀軌」, 甲子 9月 15日.
242 英祖甲子『進宴儀軌』,「啓辭秩」, 甲子 10月 初7日.

전내에서 직접 지급했다.

도감은 진연 중 가가(假家) 설치에 도움을 받은 인사에 대해 논상했다. 일방은 동지 황경하(黃景河)의 집에 설치되어 있었다. 한 달이 넘도록 일방이 그의 집을 점유하면서 반대급부로 논상이 언급되었다.

본방에서 제작한 포구문(抛毬門) 가가 2칸을 설치한 곳의 주인에게 시상하는 것을 품달했습니다. 그랬더니 처분된 수본에 전례를 살펴서 품정하라 하여 다시 예년의 등록을 살펴보았습니다. 가가를 재급히는 내용이 전례로 수록되어 있으므로 이에 다시 품정합니다. 그러므로 이 가가는 전례에 따라 시상하는 것이 어떠합니까?[243]

진연청 당상은 전례의 확인을 거쳐 호조와 별공작으로 하여금 논상하게 했다.

도감은 진연이 마무리된 뒤 논상 내역을 진연청 당상 이하의 관원과 서리에 대해 '진연청별단(進宴廳別單)'과 '진연청원역별단(進宴廳員役別單)'으로 정리했다. 그리고 장인들의 내역은 '진연청공장별단(進宴廳工匠別單)'으로 구분되었다.[244] 비망기를 통해 내려진 이들에 대한 논상 내용은 아래와 같았다.

진연청 당상 우참찬 조관빈, 호조판서 김약로, 예조판서 이종성에게는 각기 숙마 1필을 제급함. 낭청 첨정 김한정, 좌랑 이후, 정랑 이맹휴는 모두 승서함. 감조관 직장 남태관·연수창·윤국언, 별제 김덕겸, 선공감역 송술상은 승륙(陞六)하되 이미 육품인 경우에는 승서한다. 봉화관(奉花官) 승지 조명리에게는 숙마 1필을, 좌통례 김태화, 대소찬(大小饌) 담당 사흑서 관원

243 英祖甲子『進宴儀軌』,「一房儀軌」, 甲子 9月 15日.
244 英祖甲子『進宴儀軌』,「啓辭秩」, 甲子 10月 初8日.

은 아마 1필을 준다. 찬의(贊儀)·상례(相禮)·인의(引儀)에게는 상현궁 1장, 치사관(致詞官) 권기는 근래에 여창(臚唱) 신칙하는 때에 잘 읽었으므로 아마 1필을 사급한다. 집사전악은 본 아문으로 하여금 높은 품계의 녹봉에 붙여 주고 그 나머지 전악, 무원(舞員) 이하 원역과 하인 등은 해당 아문으로 하여금 미와 포를 분등해서 제급한다.[245]

진영청의 당상 및 관료들에 대한 논상을 비롯하여 원역에 대해서도 내용을 밝히고 있다. 이들에 대한 논상은 관원과 서리의 경우 그 소임에 따라 1등과 2등으로 구분하였다. 공장들에 대해서는 기여 일수에 따라 1등에서 3등으로 구분하였다. 1등은 20일 이상 역을 감당한 경우에 적용했으며, 2등은 15일, 3등은 8일로 각각 확정되었다. 1등에 논상된 장인은 29명, 2등은 75명이었으며 3등은 133명으로 모두 237명이었다.

245 英祖甲子『進宴儀軌』,「啓辭秩」, 甲子 10月 初9日.

봉릉(封陵)과 경외분정(京外分定)

왕실의례 중 봉릉과 관련한 인력 및 물력의 운영 실상은 17세기 말 봉릉도감의궤를 사례로 살펴볼 수 있다. 『사릉봉릉도감의궤(思陵封陵都監儀軌)』는 1698년(숙종 24) 단종이 복위되자[1] 이듬해 단종의 비(妃) 정순왕후(定順王后) 여산송씨(礪山宋氏, 1440~1521)의 산릉을 조영하면서 그 전말을 기록한 의궤이다.[2] 숙종은 1698년 10월 24일 노산군(魯山君)을 단종으로 왕호를 추복했으며, 정순왕후에 대해서도 1698년 9월 30일 전결성현감(前結城縣監) 신규(申奎, 1659~1708)의 상소에 따라 10월 24일 복위하였다.[3] 그리고 11월 6일에 단종에 대해 '장릉(莊陵)', 정순왕후에게 '사릉(思陵)'의 묘호를 정했다.[4]

사릉에 대해서는 영월의 장릉으로 이장하여 조성하지 않고 양주에 그대로 설치하기로 결정했다. 그에 따라 석물의 상설은 정릉(貞陵)과 경릉(敬陵)의 전례를 따르고 규격은 후릉(厚陵)의 예를 따라 조성했다. 난간석은 제릉(齊陵)처럼 두지 않는 것으로 결정되었다.[5] 숙종은 재위 46년간 장릉과 사릉을 포함한 총 7기의 능을 조성했다. 장릉과 사릉 조성에 앞서 잦은 왕

---

1 윤정, 「숙종대 端宗 追復의 정치사적 의미」, 『韓國思想史學』 22, 韓國思想史學會, 2004.

2 『思陵封陵都監儀軌』(한국학중앙연구원 장서각 소장, K2-2318; 서울대학교 규장각한국학연구원 소장, 奎 14821). 무인년(1698) 9월 30일에서 기묘년(1699) 6월 6일까지의 기록이다.

3 『思陵封陵都監儀軌』, 戊寅 9月30日; 『숙종실록』 권32, 숙종 24년 9월 3일(갑술)·10월 24일(을축).

4 『思陵封陵都監儀軌』, 戊寅 11月6日 禮曹. 정순왕후 분묘는 해주정씨 해평부원군가의 선대 묘역에 조성되어 있었으며, 이러한 현황은 최석정에 의해 보고되었다(정수환, 「해주정씨 해평부원군 종가의 사회적 위상과 가계 운영」, 『명가의 고문서9-忠을 다하고 德을 쌓다』, 한국학중앙연구원 藏書閣, 2012).

5 『思陵封陵都監儀軌』, 「啓辭秩」, 戊寅 11日 初10日.

릉 조영으로 인해 재정과 인력 동원에 부담을 느꼈던 숙종은 1693년(숙종 19)에 후릉을 추존한 후 세종 때 만들어진 이 능의 검소하고 질박한 제도를 다른 능 조영에 적용하려 했다. 후릉의 석물 양식이 가장 간략하고 절제되어 있다고 보고 그 제도를 따르도록 했다. 1701년(숙종 27) 인현왕후의 능인 명릉을 조성하면서도 숙종은 후릉의 검소한 양식을 지키면서 자신의 사후 능도 이 규범을 존속하도록 했다.[6]

흉례의 하나로 산릉 혹은 봉릉을 검토할 수 있다. 국장에 대한 연구는 도감의 운영 및 구조의 문제,[7] 능역(陵役)에 동원된 공인과 관련한 부분,[8] 국장도감의 재원운영[9] 등과 같이 왕실의례의 일부로서 주목되었다. 봉릉의 문제에 대해서는 역사적 관련성에 주목하였으나[10] 이와 관련한 재원운영의 실태에 대한 분석이 요망되고 있다. 따라서 사릉의 사례를 중심으로 왕실의례에 있어 물력과 인력 동원의 구조를 살펴봄으로써 국장, 봉릉과 관련해 입체적으로 이해할 수 있다.

17세기 말 봉릉에 있어 숙종조 능 조성에 대한 이해를 바탕으로 사릉을 중심으로 장릉의 사례도 일부 검토한다. 이를 위해 먼저 사릉이 조성되기 전 사가인 해주정씨 종가에서 노산군부인 묘를 관리한 내력을 정리한다. 그리고 사릉도감의 구성과 인력, 물력의 분정 실태를 살펴본다.

---

6 황정연,「단경왕후 溫陵을 통해 본 조선후기 封陵의 역사적 의미」,『民族文化論叢』 53, 영남대학교 민족문화연구소, 2013.

7 박종민,「조선시대 국장도감 내 일방(一房)의 역할과 기능」,『民族文化』 28, 民族文化推進會, 2005.

8 장경희,「조선후기 魂殿 造成 木手 연구」,『한국학연구』 29, 고려대학교 한국학연구소, 2008; 윤진영,「朝鮮王室 誌石類 拓本의 제작과정」,『藏書閣』 12, 한국학중앙연구원 장서각, 2004.

9 나영훈,「17세기 후반~18세기 국장도감(國葬都監)의 재원 조달과 규모」,『大東文化硏究』 91, 성균관대학교 대동문화연구원, 2015.

10 황정연, 위의 글, 2013.

1 정순왕후와 사릉

1) 노산군부인묘와 사릉

사릉이 봉릉되기 전 노산군부인 송씨에 대한 향사는 해주정씨 정미수 종가에서 수행했다. 그녀가 말년에 정미수에게 의지하게 되고, 정미수가 시양자로서 가산을 승계함과 동시에 봉사를 담당했다. 이러한 인연을 계기로 정미수 사후에도 그의 종가에서는 선산에 노산군부인의 분묘를 조성하고 향사를 계승하면서 관리했다. 해주정씨 종가는 17세기까지 지속적으로 노산군 및 노산군부인과의 관련성 속에서 존재했으며, 이러한 수호 노력 결과 노산군부인 송씨의 분묘가 보존될 수 있었다. 그리고 1699년(숙종 25) 노산군부인의 분묘는 사릉으로 봉릉되었다.[11]

해주정씨 가문은 조선전기의 왕실혼을 바탕으로 한 왕실 연대가 있었다. 정역(鄭易, ?~1425)의 딸이 효령대군(孝寧大君, 1396~1486)에게 출가하고 손자 정종(鄭悰)이 경혜공주와 출합하게 되면서 해주정씨가문은 조선전기 탄탄한 왕실혼 배경을 누리고 있었다. 그러나 이러한 왕실 인연은 조선후기까지 이어지지 못했다. 이에 정국공신 정미수의 종가 자격으로 습봉(襲封)을 통해 훈척가문의 정체성을 유지하는 데 집중했다. 그 일환으로 정씨가문은 노산군(단종)과 노산군부인 송씨 양위에 대한 봉사를 통해 왕실 인연을 강조하는 경화사족[12]으로 존재했다. 사릉으로 봉릉되기 이전 노산군부

---

11 이하 '정순왕후와 사릉' 부분은 정수환(「조선시대 해주정씨의 王室婚과 家計經營」, 『역사민속학』 47, 역사민속학회, 2015)의 논고를 수정하였다.

12 경화사족은 서울지역 상류층 사대부들로 규정하고 있다(이근호, 「17세기 전반 京華士族의 人的關係網」, 『서울학연구』 38, 서울학연구소, 2010, 151쪽; 황정연, 「18세기 경화사족의 서화수장과 예술취향, 유만주와

인 분묘 관리와 보전은 해주정씨 종가의 17세기 단종 향사 사례를 통해 확인할 수 있다.

조선후기 해주정씨 종가는 정체성 확립과 위상 유지를 위해 단종과 정순왕후 송씨 양위를 매개로 왕실과의 관련성을 드러냈다. 특히 17세기에는 단종 양위에 대한 봉사에서 기인하는 단종이 종가에 내린 음덕과 이른바 '오자등과'의 성취로 상징되었다.

해주정씨 종가는 단종과 정순왕후에 대한 봉사를 계승했다. 여기에는 이유가 있었다. 계유정난과 관련하여 조선후기에 단종이 정치적 명분론 속에서 차지하는 상징성이 있었으므로, 단종에 대한 향사는 종가의 격을 유지할 수 있는 요소가 되었기 때문이다. 정미수의 부친 정종은 단종의 매형으로 단종복위를 도모하다 유배지에서 세상을 떠났다. 종가에서는 16세기 초 정승휴부터 1698년(숙종 24) 단종이 복위될 때까지 7대 동안 노산군과 노산군부인 양위의 신주를 봉안하고 향사했다.[13] 이러한 사실이 알려지자 일찍이 유성룡(柳成龍, 1542~1607)은 단종 봉사손을 녹용하는 것이 '국가'의 도리라고 주장한 바 있었다.[14]

해주정씨 종가에서도 단종을 중심으로 한 왕실 인연을 지속적으로 강조하고 외부로 표출하고자 했다. 정효준(鄭孝俊, 1577~1665)이 장자 정식(鄭植, 1615~1662)의 배필로 영월엄씨 엄성(嚴惺, 1575~1628)의 딸을 맞이한 것에는 영월엄씨가 단종 설화와 관련한 상징적 의미를 지니고 있었기 때문이었다. 영월 출신으로 노산군의 시신을 수습한 충신 엄흥도(嚴興導, ?~?)는 영월엄씨였다. 뿐만 아니라 정익(鄭榏, 1617~1683)은 1668년(현종 9) 강원도 관찰사로 영월에 있는 노산군 묘의 실태를 조사하고 참봉을 배치함으로써[15] 분묘에

《홈영》」,「내일을 여는 역사」 40, 내일을 여는 역사, 2010, 161쪽).

13 任昫 撰,「獻愍公事蹟-寧陽尉鄭公行狀」,『海州鄭氏家乘』(鄭箕祚 篇).

14 『선조실록』 권64, 선조 28년 6월 5일(병오).

15 『莊陵誌』 2,「祭祝」下.

대한 수호 규례를 창설했다. 그의 관심과 조치는 단종과 정순왕후 양위의 제사를 받든다는 가내 전통이 투영된 결과이기도 했다.[16] 이와 같이 해주정씨 종가에서 강조하고 드러내고자 한 단종과의 연결성은 조선후기 군부일체론(君父一體論)에 바탕한 군신분의(君臣分義)를 확립하려는 국왕과 사림세력의 '충신과 절의(군신의리)' 강조[17] 분위기 속에서 종가의 위상을 유지하는 데 긍정적으로 작용했다.

단종 양위 봉사에 대한 음덕의 발현으로 상징되는 이른바 '오자등과' 사건은 17세기 해주정씨 종가가 경화사족의 입지를 다지게 된 결정적 계기였다. 오자등과란 정효준의 다섯 아들이 모두 문과에 급제한 것을 지칭하는 조어이다. 정효준의 장자 정식을 비롯한 5형제는 1642년(인조 20)에서 1652년(효종 3) 10년 사이 모두 과거에 합격했다. 오자등과 사건을 해주정씨 종가에서는 단종의 음덕으로 그 의미를 부여함으로써 조선전기 왕실과의 연결성은 물론 단종을 둘러싼 명분론을 강조하고자 했다. 사건의 배경에는 '자의부인(紫衣夫人)' 이야기가 있었다.

어느 날 밤 꿈에 문밖이 소란하여 밖으로 나가 보니 어느 젊은 임금이 신하를 거느리고 집안으로 들어왔다. 정효준이 급히 맞이하여 엎드리자 왕은 말했다. "너는 조상을 받들고 나도 또한 신세를 지고 있는데 언제까지 홀아비로 지낼 수 있겠느냐 빨리 장가들도록 하여라. 이 사람은 너의 아내가 될 배필이니 자세히 보아 두어라. 반드시 너의 집을 복되게 할 것이다"라고 했다. 정효준이 머리를 들고 보니 보랏빛 옷을 입은 한 규수가 공손히 서 있어 넋을 잃고 바라보다 잠이 깼다.[18]

---

16 이영춘, 「17세기 정국변동과 鄭孝俊~鄭重徽 3대의 정치활동」, 『2012년 장서각 학술대회: 해주정씨를 통해 본 조선시대 사대부가의 존재양상』, 한국학중앙연구원, 2012, 170쪽.

17 李根浩, 「16~18세기 '단종복위운동' 참여자의 복권 과정 연구」, 『史學研究』 83, 한국사학회, 2006, 150~151쪽; 이현진, 「조선후기 단종 복위와 충신 현창」, 『史學研究』 98, 한국사학회, 2010, 47~48쪽.

정효준은 세 번이나 상처한 후 전의이씨를 부인으로 맞이하게 되었는데, 꿈에 단종이 현몽하여 자신에게 제사를 지내 준 데 대한 보답으로 새 배필을 점지해 주었다는 이야기이다. 이 일화의 결과는 보랏빛 옷을 입은 자의부인 전의이씨 소생 다섯 아들이 모두 문과에 급제한 것으로 연결된다. 자의부인 이야기는 오자등과를 설명하는 근거로 당시 세간에 크게 회자되었고, 자연히 그 원인은 해주정씨 종가의 단종 봉사와 같은 적덕(積德)을 암시했다. 여기에는 종가가 경혜공주를 통해 단종, 문종을 비롯한 왕실과 연결된다는 관련성을 이와 같은 이야기로 강조하고, 동시에 이 기문이 왕실혼을 계기로 한 훈척가문이라는 논리를 구성하고자 한 의도가 반영되었다. 이러한 배경에서 해주정씨 종가는 단종과 정순왕후에 대한 향사에 힘쓰는 동시에 노산군부인의 분묘를 선영에 조성하고 수호했다.

17세기 말 노산군과 노산군부인에 대한 복위와 이를 계기로 장릉과 사릉에 대한 봉릉이 이루어졌다. 일찍이 해주정씨 종가에서는 16세기부터 정순왕후 송씨의 분묘를 양주의 선영에 마련하고 향사했다. 1688년(숙종 14) 정순왕후 분묘를 수호하기 위해 수묘군(守墓軍)을 동원하여 분묘 금양(禁養) 활동을 전개한 것이[19] 이를 잘 보여 준다. 사릉이 조성될 당시 해주정씨 선영에 대한 존치 문제가 부각될 때에도 이러한 해주정씨 종가의 분묘 관리를 위한 노력이 고려되었다.

사릉의 화소(火巢) 안에 정중휘(鄭重徽, 1631~1697) 가문의 아주 오래된 무덤이 있는 산은 이미 이장하지 말라는 영(令)이 있었습니다. 그 거리가 능이 있는 곳과 멀지 않은 곳에 자리 잡고 있으므로, 그들 해주정씨로 하여금 산

18　鄭載崙, 『閑居漫錄』.
19　「魯山大君夫人守墓軍 等狀」(한국학중앙연구원 藏書閣, 앞의 책, 『명가의 고문서 9-忠을 다하고 德을 쌓다』, 2012, 224~225쪽).

아래 조금 먼 데에서 망제(望祭)를 지내게 함으로써 제사 지내는 것을 금지하지 못하도록 하는 것이 마땅합니다.[20]

1699년(숙종 25)에 사릉을 조성할 당시 일대에 산재해 있던 해평부원군 정미수의 분묘를 비롯한 역대 해주정씨 종가의 선영에 대한 유지는 물론 묘제까지 허용된 것이다. 여기에는 판부사 최석정(崔錫鼎, 1646~1715)의 적극적인 요청이 있었다.[21] 사릉 조성 과정에서 해주정씨 선대 분묘 유지는 해주정씨 가문의 정순왕후 봉사와 관련한 왕실과의 인연이 인정되었기에 가능했다.

2) 능역 획정

무인년(1698, 숙종 24) 10월 29일 사릉 봉릉을 위한 도감이 구성되었다.[22] 사릉의 조성을 목적으로 경도감(京都監)과 능소도감(陵所都監) 이원 체제가 갖추어짐에 따라 능의 조성 일정이 가늠되었다. 예조에서 기묘년(1699, 숙종 25)부터 시행하기로 한 사릉의 조성 일정을 정리하면 아래와 같았다.

1월 3일: 대소부석(大小浮石) 시역(始役), 조성소(造成所) 동목시역(錬木始役)
1월 20일: 참초(斬草), 파토(破土), 고유제, 사후토(祠后土)
1월 27일: 정자각 개기(開基)
1월 30일: (정자각)정초(定礎), 안향청(安香廳)·재실 개기
2월 6일: 정초

---

20 『숙종실록』 권33, 숙종 25년 2月 10日(경술).
21 『思陵都監儀軌』, 「啓辭秩」, 戊寅 11月 19日.
22 『思陵都監儀軌』, 戊寅 10月 29日 吏曹.

2월 7일: (정자각)입주(立柱)·상량

2월 8일: 입주, 상량[23]

1월초 부석과 동목(鍊木)에 대한 시역 이후 정자각, 향청과 재실 등에 대한 개기(開基)가 이루어졌으며, 2월 초에 이들 건물에 대한 상량이 계획되었다. 2월 22일에는 봉릉제가 예고되었다. 이러한 일정은 이듬해 1월 21일에 다시 조정되었으며 그 내역은 다음과 같았다.

1월 22일: 정자각 개기, 안향청 개기, 재실 개기

1월 27일: (안향청)정초, (재실)정초

1월 29일: (정자각)정초, (안향청)입주·상량

2월 3일: (정자각)입주·상량, (재실)입주·상량[24]

정자각, 향청, 재실에 대한 개기가 우선 고려되고 이어서 정초, 입주·상량이 정해졌다. 이러한 일정에 따라 공역이 진행되었다.

일정을 추진함에 있어 정순왕후 송씨의 분묘가 해주정씨 선영에 조성됨에 따라 그에 따른 보상과 이장의 문제가 대두되었다. 정순왕후의 능을 조성함에 있어 이미 해주정씨 해평부원군 정미수종가의 선대 묘역이 함께 조성되어 있음에 따라 이들을 인정해 주었다. 뿐만 아니라 능의 화소를 정하는 과정에서 민전(民田)에 대한 조치 문제가 대두되었다.

사릉의 화소는 예관과 지방관이 그 경계를 정하려 했다. 그러나 정씨가문의 선대 분묘가 산재해 있던 문제가 있었고, 이 부분에 대해서는 이미 품정(稟定)된 상태였다. 다만 다시 간심한 결과 능소의 최근처에 3~4개 분묘

---

23 『思陵封陵都監儀軌』,「啓辭秩」, 戊寅 12月 初2日, 觀象監擇日別單.

24 『思陵封陵都監儀軌』,「啓辭秩」, 己卯 正月 21日.

가 청룡 주맥에 분포하고 있고 그 외에도 6~7개의 분묘가 산재한 사실을 확인하였다. 이들 중 용호(龍虎)의 주맥에 산재한 경우를 제외하고는 이굴(移掘)하지 않도록 했는데, 여기에는 최석정 등의 적극적인 의견이 작용했다. 숙종도 허다한 분묘를 모두 이굴하는 것은 한계가 있다고 판단하고 동의했다.[25] 이와 더불어 전토(墳土)에 대한 문제도 논의되었다. 도감 당상 엄집(嚴緝, 1635~1710)과 경기감사 조상우(趙相愚, 1640~1718)가 화소 일대에 대한 순심(巡審)의 결과를 다음과 같이 보고했다.

능 위 주봉 뒤 북변에 내맥(來脈)이 따라 내려오는 길 바로 위 93보에 있는 뇌(腦)가 일어나는 곳을 경계로 했습니다. 뇌가 일어나는 곳으로부터 동으로는 청룡 바깥 강변의 암석까지 한정하고 서변은 백호 바깥의 내려오는 길을 경계로 했습니다. 청룡 머리 밖으로부터 바로 안산(案山) 오른쪽 변에 이르는데, 안산은 곧 산 능선을 경계로 했습니다. 새로이 금표(禁標)를 그 사이에 세우되 마땅히 경계를 구분하는 곳을 파내서 길을 내는 뜻으로 모두 본도의 감사와 능참봉에게 분부하십시오. 그리고 화소의 안에 있는 민전으로 묵거나 버려진[진폐(陳廢)] 곳은 호조로 하여금 낭청 한 명을 뽑아 보내어 이번에 금표 한 것을 경계로 하여 타량(打量)하고 급채(給債)함이 어떠합니까?[26]

예조에서는 화소에 포함된 경계를 정하고 여기에 있는 민전으로 묵밭이나 폐기된 것에 대해 타량해서 수용하도록 했다. 타량과 급채는 호조에서 담당했다. 사릉의 조성 과정에서 해주정씨 종가의 노산군부인 묘역 수호에 대한 공적을 인정하고, 능의 영역은 민가와 민전에 대한 조치를 통해 확정했다.

25 『思陵封陵都監儀軌』, 「啓辭秩」, 己卯 2月 10日.
26 『思陵封陵都監儀軌』, 「啓辭秩」, 己卯 2月 20日.

2 양릉봉릉(兩陵封陵)과 재원 조정

1) 사릉과 장릉

사릉 조성을 위해 설치된 도감은 각도의 감영과 병영으로 하여금 도감에서 소요되는 물력을 상납하도록 했다.

이번 두 도감에 들어가는 재력(財力)을 외방에서 가져다 쓰라고 이미 정탈이 있었다. 그래서 등록을 가져다 살펴보니 제로(諸路) 각영(各營)에 많고 적음에 따라 분정해서 가져다 쓴다고 한다. 지금 닥쳐서 경사(京司)에 저축해 있는 것이 없으니 어쩔 수 없이 살펴 헤아려 외방에 가정(加定)하지 않을 수 없다. 경외의 물력을 분정해서 마련하는 것은 어떤 영(營)에 어떤 목면 몇 동(同)이라고 책정하여 계하를 하였다. 그 목 몇 동은 품질이 좋은 것으로 준척(準尺)해서 고가(雇價)로 합당한 것을 미리 가려 뽑았다가, 다시 분부가 있으면 곧바로 군관을 정하여 양주 능소로 가져오라고 이문한다.[27]

봉릉을 위한 도감에서 소용하는 물력에 대한 지원이 있었다. 그럼에도 불구하고 경사의 재원이 부족함에 따라 그 양을 증액하여 외방에 책정하게 되었다. 도감은 목면에 대해 승수가 높은 호품(好品)으로 수납하고자 했으며 미에 있어서도 양미(良米)로 상납하도록 했다.

27 『思陵封陵都監儀軌』, 「移文秩」, 戊寅 11월 17일. 도감은 진휼청, 어영청, 사복시로 하여금 粮米로 합당한 것을 陵所에 수납하도록 했다. 외방에 분정한 것 중 능소 부근의 읍은 경사로 보내지 말고 능소로 환납하게 했다.

봉릉에 대한 재원 조달 논의 중 사릉과 장릉을 동시에 조성함에 따른 재원운영의 어려움에 대한 문제가 제기되었다. 『장릉수개도감의궤(莊陵修改都監儀軌)』에는 이와 관련한 내력이 기록되어 있다. 1698년(숙종 24) 노산군에서 단종으로 추복(追復)되고 그 능도 장릉이 되었다. 이 의궤는 1699년 6월 23일 능의 사초(莎草)가 마르고 토맥(土脈)이 흘러내리자 이에 대한 보수를 실시하고 윤7월 24일 의궤 수개에 대한 결정이 내려지기까지의 전말을 기록한 책이다.[28]

『장릉수개도감의궤』에는 사릉 조성 과정에서 장릉을 위한 재원과 인적 지원이 함께 논의된 내용이 수록되어 있다. 7월 21일 도감에 소속된 서리 3인은 요포를 받는 아문의 소속으로 차출하며, 사령 3명은 전례에 따라 해당 아문에서 삭포를 제급하도록 했다. 이에 따라 병조에서 7월 21일 회동일을 기준으로 1삭의 삭포를 우선 마련해서 지급했다.[29] 윤7월 17일 도감은 호조와 영월부에 이문한 내역에는 도감의 재원운영 단상이 언급되어 있다.

> 이번에 수개할 때 이번 봄에 도감에서 쓰고 남은 호조의 회록(會錄) 중에 미 10석 2두 2승, 전문 44냥 7전, 목 19필, 태 3두는 용하(用下)하였다. 그리고 미 2두와 목 2필에서 4척을 용하하고 1필 33척은 본부(本府)에 환하(還下)하였으니 서로 살펴서 시행할 것이다.[30]

28　『莊陵修改都監儀軌』(서울대학교 규장각한국학연구원 소장, 奎13505).

29　『莊陵修改都監儀軌』, 「啓辭秩」, 己卯 7月 21日; 『莊陵修改都監儀軌』, 「移文秩」, 己卯 7月 21日. 산릉역에 있어 17세기 초·중엽에 結布制가 시행되고 募立制가 본격화하였으며, 17세기 말엽에는 각 아문에 비축된 米布의 예비 재원을 산릉역의 경비로 운영했다(윤용출, 『조선후기의 요역제와 고용노동』, 서울대학교출판부, 1999, 195~196쪽).

30　『莊陵修改都監儀軌』, 「移文帙」, 己卯 閏7月 17日.

장릉수개도감은 호조의 회록을 검토하고 재원의 운영을 점검했다. 그 결과 도감은 미, 목, 태와 같은 곡물을 비롯하여 전문 44냥 7전을 지출하였다.[31]

장릉의 수보는 호조를 비롯한 중앙관서의 재원 지출을 유발시키고 있었다. 그런데 이런 상황에서 사릉을 포함한 장릉과의 동시 봉릉과 보수는 논란이 되기도 했다. 사릉의 곡장 등에 대한 공사 마무리를 재촉하며 재원운영에 대한 언급이 있었다.

이번에 두 곳을 봉릉하는 역을 한꺼번에 같이 시행하니 이러한 국저(國儲)가 공궤(空匱)된 날을 당해서 경비가 염려스럽습니다. 그래서 지용(支用)하는 미와 포를 예전의 등록과 비교해서 아주 많이 감해서 마련하였습니다. 그런데 지금에 이르러 계산하고 헤아려 보니 획급한 미와 포가 오히려 쓰고 남았습니다. 그러므로 이러한 쓰고 남은 각종 미와 포는 역이 끝난 후 호조로 돌려보냅니다. 그중에 획급한 미 2,000석에서 실제로 들어간 것이 1,200여 석이고 700여 석이 쓰고 남았습니다. 그리고 처음부터 실어 오지 않은 600석은 경중의 각사의 저치(儲置)한 것과 관계된 것이므로 마땅히 그 각사로 돌아가야 합니다. 그리고 능소에 남은 백수십 석에 해당하는 것은 예전의 산릉도감에서 쓰고 남은 미곡에 대한 전례에 따라 양주에 획급하여 이것으로 조적(糶糴)의 곡으로 합니다.[32]

도감은 도감에 획급되어 쓰고 남은 미곡을 호조로 되돌려보내려 했으나 경중각사의 재원에 대한 보충을 고려했다. 따라서 각사의 재원으로 봉릉에

---

31 능의 개수 과정에서 재원 중 일부 전문을 통한 지출이 있었으며, 이는 17세기 말 행전 초기에는 왕실의례에서 전문이 이용되지 못했던 상황에서 변화된 현실을 보여 주고 있다(정수환, 『조선후기 화폐유통과 경제생활』, 景仁文化社, 2013, 190쪽).

32 『思陵封陵都監儀軌』, 「啓辭秩」, 己卯 2月 22日.

지원되지 않고 있던 부분은 각사에 그대로 존치하여 재원으로 삼게 했다. 뿐만 아니라 본릉의 역을 마무리할 시점에 사릉을 위한 산릉도감에 남은 곡물은 능이 소재한 양주목에 획급하여 조적곡으로 사용하도록 조처했다.

2) 양도감(兩都監)과 산릉

사릉의 봉릉과 조성을 위한 도감이 설치되자, 도감은 중앙각사 및 지방에 대해 소요되는 물력을 분정했다. 예조판서 최규서(崔奎瑞, 1650~1735)는 경도감(京都監)과 능소도감(陵所都監)의 각호(名號)를 계청하여 경(京)은 복위부묘도감(復位祔廟都監)으로 하고 외(外)는 봉릉도감(封陵都監)으로 명명하도록 했다.[33] 이로써 사릉을 위한 의절과 봉릉 역할에 따른 이원화된 도감을 구성해서 양도감 체제를 갖추었다.

봉릉을 위한 도감 인력이 먼저 구성되었다. 무인년, 즉 1698년(숙종 24) 10월 29일 이조에서 상신한 봉릉도감의 인적 기본 구성은 표22와 같았다. 사릉의 봉릉을 위한 도감의 도제조, 제조, 각소 낭청은 10월 29일에 계하되었다. 각소 감조관은 11월 10일에 계하 및 분차(分差)되었다. 각소 감조관은 8원이었으며,[34] 이들 중 별공작, 분장흥고(分長興庫), 번와소, 수석소의 감조관은 분차했다.[35] 이러한 사유를 반영한 도감의 운영을 위한 인력은 64명이었다.

---

33 『思陵封陵都監儀軌』, 戊寅 10月 29日.

34 11월 9일 이들은 전례에 따라 차출되었으며 그중 남수명, 홍우녕, 정희선이 無職임에 따라 該曹에 명해 軍職 冠帶常仕 하도록 했다(『思陵封陵都監儀軌』, 「啓辭秩」, 戊寅 11月 初9日, 都監監造官別單). 도감은 국장의 경우 국왕의 隨駕를 실행하지 못하다가 영조 이후 국왕의 산릉 친임으로 조정되었으며, 그 내용이 『상례보편』으로 정리되었다(유영옥, 「조선후기 因山時 국왕의 山陵 隨駕에 대한 고찰」, 『역사와 경계』 91, 2014, 부산경남사학회, 2014, 175~176쪽).

35 각소 감조관 8원은 별공작 감역관, 분장흥고 관원, 번와소 감조관을 각사에 명해서 전례에 따라 분차하도록 했다(『思陵封陵都監儀軌』, 「啓辭秩」, 戊寅 11月 初9日, 都監事目別單).

표22 봉릉도감의 구성[36]

구분	인원	비 고
도제조	1	판중추부사
제조	3	공조판서, 장예원판결사, 형조참판 → 한성부판윤 → 병조참판 → 홍문관부제학 → 호조참판
도청	2	홍문관응교, 부사직→홍문관교리
각소 낭청	6	삼물소(三物所) 2: 병조좌랑, 예조좌랑 조성소(造成所) 1: 공조좌랑 노야소(爐冶所) 1: 군자감판관 대부석소(大浮石所) 1: 장예원사평 보토소(補土所) 1: 사복시주부→형조정랑
경낭청 (京郎廳)	1	병조좌랑
각소 (各所) 감조관 (監造官)	8	조성소(造成所) 2: 전봉사, 전참봉 대부석소 1: 평시서봉사 보토소 2: 전설사별검, 전참봉 → 사정(司正) 소부석소 2: 사직서참봉, 돈녕부참봉 → 권지승문원부정자 분차(分差) 1: 별공작(別工作-선공감봉사), 분장흥고(分長興庫-봉사), 번와소(燔瓦所-와서별제), 수석소(輸石所-부장)
상지관 (相地官)	1	관상감훈도
아전	39	산원(1), 의원(2), 서원(1), 녹사(1), 서사(1), 서리(7), 고직(3), 사령(9), 수직군(14)
경도감 (京都監)	3	서리(3)
합		64

제조 3명 중 1명은 형조참판 권시경(權是經, 1625~1708)의 체직으로 인해 변경을 거듭하다 이듬해 호조참판 임홍망(任弘望, 1635~1715)으로 차정되었다. 이 과정에서 한성부판윤 이세화(李世華, 1630~1701)가 분정되기도 했으나 곧 장릉도감으로 이차(移差)되었다. 의원 2명은 서로 바꾸어 운영하고, 화원은

36 『思陵封陵都監儀軌』, 戊寅 10月 29日 吏曹.

표23 경기 감영 분정 취반도척[37]

구 분	도척	내 용
당상 3원	3명	수원, 남양, 통진
도청 2원	2명	용인, 과천
삼물소낭청(三物所郎廳) 1원	1명	안산
조성소낭청 1원, 감조관 2원	2명	인천, 부평
대수석소 낭청 1원, 감조관 2원	2명	영평, 김포
노야소 낭청 1원	1명	포천
보토소 낭청 1원, 감조관 2원	2명	가평, 마전
소부석소 감조관 2원	1명	양지
분장흥고 관원 1원	1명	양지
선공감감역관 1원	1명	안성
상지관(相地官) 1원, 의원 1원, 산원 1원	1명	양성
유석소 낭장 2인	1명	진위
영역부장 10인	2명	통천, 삭녕
도청 서리 등	1명	풍덕
사령 등	1명	음죽
도척 합	22명	

석물에 기화(起畫) 때 정해서 보냈다. 이들 구성원 중에는 경도감을 위한 서
리가 차정되기도 했다.

경기 감영에 분정된 도감 당상 이하 인력에 대해 취반도척(炊飯刀尺), 즉
취사를 담당하는 인력에 대해 분정이 이루어졌다. 그 현황은 다음 표23과
같았다. 경기 감영 소속 각 읍에 도척이 분정되었으며 그 수는 모두 22명이
었다. 이들 도척들은 지방 관아에서 음식을 담당하던 인력들로서 봉릉을

---

37 『思陵封陵都監儀軌』,「移文秩」, 戊寅 12月 12日.

위해 도감에 분정되어 취반을 담당하게 했다. 당상 3원을 위해 수원, 남양, 통진에서 각 1명씩 총 3명이 지원되었으며, 각소의 감조관과 서리에 대해서도 경기도 각 읍에서 도척이 차정되었다.

도감에 소속된 인력에 대한 양찬(糧饌) 및 요포의 운영이 계획되었다. 사릉에 대한 시역이 1699년(숙종 25) 정월 3일로 정해지면서 도감, 당상 이하의 원역에 대한 양찬의 문제가 대두되었다. 이에 대해 선혜청과 호조는 도감의 요청에 따라 근례에 의거해서 수송했으며, 그 내용은 다음과 같았다.

> 당상 3원(노자 각 2명, 말 각 1필), 도청 2원·낭청 5원·감조관 7원·분차관원
> (分差官員) 3원·상지관(相地官) 1원(노자 각 1명, 말 각 1필), 의원·산원·서원 각
> 1인, 수석소부장(輸石所部將) 2인, 영역부장(領役部將) 10인[38]

당상과 도청에 대한 노자와 말이 정해졌으며, 그 외의 삭료 지급 관원의 현황도 정리되었다. 시역한 날로부터 양료(粮料), 마죽(馬粥), 태(太) 등의 물력을 준비해서 1삭에 대해 우선 수송했다.

도감의 당상과 낭청, 감조관에 대한 찬물은 호조를 통해 사재감이 담당했다. 사재감은 장릉과 사릉 두 도감의 당상, 낭청, 감조관의 찬물, 어염에 대해 준비했다. 하지만 수년 이래 해채(海菜)가 흉년이라 공상에 소용할 수 없었으며, 석수어나 난혜(卵醢)는 더욱 힘든 상황이었다. 이에 따라 이들 물종은 건어로 변통하여 대신 납입했다.[39]

1698년(숙종 24) 11월 9일에 봉릉도감의 사목이 마련되었다. 사목 내용 중 요포 지급과 관련한 주요 내용은 다음과 같다.

---

38 『思陵封陵都監儀軌』, 「移文秩」, 戊寅 12월 初5日.
39 『思陵封陵都監儀軌』, 「移文秩」, 戊寅 12월 11日. 사재감에서 최초로 담당해야 할 어물은 石首魚 224속과 卵醢 21두 6승이었다.

1. 서사 1인, 서리 5인은 각 아문에서 요포를 받는 서리로 가려 뽑아 사환하며, 서원 10인, 고직 10명, 사령 20명, 경도감 고직 1명, 사령 2명은 전례에 따라서 호조와 병조로 하여금 요포를 제급하게 할 것.

1. 화원 1인은 석물기화 때 정해 보내고 해사로 하여금 요포를 제급하게 할 것.

1. 능소 역군은 근래의 전례에 따라서 모군, 승군을 부려서 쓰게 할 것.[40]

도감에 소속된 서사, 서리 등은 각사에서 요포를 지급받는 자를 대상으로 선발해서 사환시켰다. 그 외의 원역은 호조와 병조에서 요포를 제급해 주도록 했다.[41] 이후 요포 지급 대상에 대한 조정을 거쳐 도감에서는 병조로 하여금 원역을 비롯하여 서원 18인, 고직 10명, 사령 20명에 대해 11월 9일 회동을 위시하여 1삭의 요포를 마련하도록 했다.[42] 이들 물력은 병조가 도감으로 수송하도록 했다.

사릉봉릉에 있어 동원 인력에 대한 현황과 요포의 운영을 가늠할 수 있는 사례가 있다. 사릉봉릉에 앞서 현종의 정비인 명성왕후(明聖王后) 김씨(1642~1683)의 국장을 위한 빈전과 혼전도감을 참고할 수 있다. 1683년(숙종 9) 12월 5일에 명성왕후 김씨가 승하하자 이듬해 4월까지 국장에 있어 빈전과 혼전도감의 운영이 있었다. 이 일체의 내역을 정리한 자료가 『명성왕후빈전혼전도감의궤(明聖王后殯殿魂殿都監儀軌)』이다.[43] 이 의궤는 「빈전도감의궤」와 「혼전도감의궤」의 합본으로 구성되어 있다.

---

40 『思陵封陵都監儀軌』, 「啓辭秩」, 戊寅 11月 初9日. 한편, 莊陵에 대해서도 물력의 동원 및 재원의 운영은 思陵과 동일하게 논의했다.

41 도감은 호조와 병조로 하여금 11월 9일을 기준으로 1朔 요포를 마련해서 수송하도록 했다(『思陵封陵都監儀軌』, 「移文秩」, 戊寅 11月 13日·17日).

42 『思陵封陵都監儀軌』, 「移文秩」, 戊寅 11月 13日.

43 國葬에는 國葬都監을 비롯하여 빈전도감, 혼전도감, 산릉도감을 설치하여 각각 소관 임무를 수행하였다(박종민, 앞의 글, 2005, 265~266쪽).

「혼전도감의궤」를 중심으로 17세기 말 국장에 있어서 재원운영 실태를 살펴본다.[44] 12월 10일 마련된 '도감사목'은 의례에 소요되는 재료 및 공장의 차출 등에 대해 규정했다. 그리고 소속 서원, 고직에 대한 요포 지급과 모립(募立) 역군에 대한 급가(給價) 문제를 규정했다.

1. 혼전을 설치하고 일이 끝난 사이에 서원 3명을 더 차출한 데 대한 요포
   는 해당 관서에 명해 판결해서 줄 일이다. 그런데 고직 2명과 사령은 빈
   전 때 계하한 원래 숫자 중에 제하여 사환하며 네 곳의 수직군사 각 2명
   은 해당 관서에서 정해서 보낼 것.
1. 역군은 그 일한 것의 많고 적음에 따라 헤아려서 해당 관서로 하여금 급
   가하여 모립할 것.[45]

소용되는 물력은 각사로부터 지원받도록 했다. 사목의 내용은 혼전의 설치 후 차임된 서원에 대한 요포 지급과 각사에서 역군을 급가 모립하는 문제를 언급하고 있다. 이와 같이 추가 지원된 서원과 역군에 대해 해당 관서에서 담당하게 했다.[46] 산릉봉릉을 위한 산릉도감에서도 이러한 전례에 따라 원역 수의 조정과 요포를 운영했다.

---

44 魂殿은 국상에 신주를 봉안하는 전각(윤정, 「조선시대 魂殿 운영에 대한 기초적 정리」, 『奎章閣』 28, 서울
   대학교 奎章閣, 2005, 93~98쪽)으로 기존 전각을 전용하는 특징이 있다(신지혜, 「조선조 숙종대 혼전조
   성과 그 특징에 관한 연구」, 『건축역사연구』 19, 한국건축역사학회, 2010, 32쪽).
45 明聖王后 『殯殿魂殿都監儀軌』, 「魂殿都監儀軌」, 都監事目.
46 박세당은 1673년(현종 14) 효종의 영릉천장도감의 도청에 차임되었다. 당시 관리들은 도감에 소속
   되기를 선망하는 분위기였으며, 도감이 소용하는 물력에 대한 검품이 까다롭기 때문에 여러 이권
   의 개입 여지가 많았다. 박세당은 工匠과 器用을 담당하며 하리가 검품을 임의로 하는 폐단을 일
   소하였다고 밝히고 있다[朴世堂, 「簡牘-上仲氏承旨公(五月十五日)」, 『西溪集』 18; 「附錄-諡狀(崔錫恒 撰)」,
   『西溪集』 21; 『西溪集』 22, 「附錄-年譜(癸丑)」].

장릉과 사릉의 봉릉과 조영을 위한 계획이 정비되면서 소요되는 재원을 확보하는 방안이 모색되었다. 중앙의 각사는 물론 지방의 감영 등을 대상으로 동원 계획이 수립되었다. 지방 감영에 대한 분정이 이루어진 후 중앙각사에 대한 획정이 다시 실시되었다.

먼저 경기 감영은 1698년(숙종 24) 11월 28일부터 당상, 낭청 각 1명 봉심을 계기로 이들에 대한 지대(支待)를 담당했다. 전례에 따라 복마(卜馬)를 대령하며, 봉심 때 소용하는 세승(細繩), 고색(藁索), 유지(油紙), 장목(長木) 등의 물종을 또한 준비했다. 서리 2인과 석수 1명, 목수 1명이 타는 기마와 사령 2명 등에 대한 공궤도 거행했다.[47] 도감은 지방 감영에 재원 지원을 분정한 데다가 외방에서의 상납까지 요구했다. 이런 상황이 전개되면서 여기에 대한 논의가 발생했다.

이번에 양도감(兩都監)에 들어가는 재력이 다하고 부족하였다. 어쩔 수 없이 살피고 헤아려 평안 감영에 더해서 정하지 않을 수 없어 정목(正木) 30동을 미리 대령하였다가 수정해서 내리는 명령을 기다려 상납하도록 관문을 하였다. 감영에서는 초가목(草價木)으로 1년에 받아들이는 양이 300~400동에 이르러 이것으로 겨우 버티고 있었다. 그런데 연이어서 큰 흉년을 당하여 예전에 저축해 두었던[舊儲] 것은 진구(賑救)에 모두 써 버렸고, 을병정(乙丙丁) 삼년은 한편으로 탕감받고 혹은 전문(錢文)으로 절반을 대신 받도록 했으나 지금 중기(重記)에 올라 있는 것은 단지 26척의 목이므로 이번 30동은 결코 채워 갖추어 올려 보낼 길이 없다고 한다. 만일 전문으로 대납하도

---

47 『思陵封陵都監儀軌』,「移文秩」, 戊寅 11月 19日.

록 허락한다면 수를 채워서 상납하는 것을 고대할 수 있으니 일의 형세를 빠르고 융통성 있게 처리해서 할 일이다. 이러한 보고에 근거하여 이와 같이 전문과 포를 반반씩 해서[錢木參半] 수송하도록 하는 것이 마땅하다. 그리고 경시(京市)의 정목 1필 값은 전문 5냥이니 여기에 의거해서 절전(折錢)한 다음 올려 보내도록 해서 모자라거나 줄어드는 폐단이 없도록 할 일이다.[48]

도감에서 평안 삼영에 보낸 이문 내용이다. 양도감은 사릉과 장릉도감의 운영을 위해 감영에 대한 부담을 증대시켜 정목 30동을 분정했다. 하지만 평안도는 을유년(1695, 숙종 21)~정축년(1697, 숙종 23) 동안 지역의 진휼을 이유로 재원에 부담이 발생하게 되자 포를 전문으로 작전(作錢)하여 상납할 수 있는 방안을 요청하게 되었다. 이에 도감에서는 경시의 물가를 적용하여 정포 1필에 전문 5냥의 절가를 기준으로 준비해서 상송하게 함으로써 도감의 재원운영에 문제가 발생하지 않도록 했다.

도감은 황해 감영에도 도감을 지원하기 위한 목에 대해 작전하여 상납하는 방법으로 재원의 조달을 조정하고자 했다.

지금 당도한 관문의 내용이다. 이제 봉릉을 할 때에 쓰여지는 본영(本營)의 군목(軍木) 15동을 승수가 가늘고 척주가 기준에 합당[升細準尺]한 것으로 이번 달 25일에 맞추어 도감에 수송하는 일로 관문이 있었다. 최근 몇 해부터 목화가 더욱 수확이 적을 뿐만 아니라 조정으로부터 또한 전문과 포를 반반씩 해서[木錢參半] 거두어 받으라는 영이 있었으므로 본영은 군목을 모두 전문으로 거두어들여서 지금은 저장된 목동(木同)이 없다. 그러던 중 그 목

48 『思陵封陵都監儀軌』, 「移文秩」, 戊寅 11月 30日.

15동 중에서 반은 본목(本木)으로 상납하고 반은 전문으로 상납하는 일로 특별히 행하(行下)하니 이로써 진작 상납하는 바탕으로 할 일이다. 이러한 관문의 내용에 따라 군목 15동의 반은 본목으로 별도로 가려서 올려 보내며, 반은 전문으로 대신 보내되 목 1필을 전문 5냥씩으로 계산해서 대신 보내는 것이 마땅하다.[49]

황해 병사는 15동의 세승 목면에 대해 목화 작황의 부진으로 품질을 담보하기 어렵다는 이유로 일부 전문으로 대체하여 상납할 수 있도록 도감에 요청했다. 도감은 상송하는 군목 15동에 대해 절반은 목으로 상송하되 나머지는 목 1필에 대해 전문 5냥씩을 기준으로 작정하여 납입하도록 했다.

지방 감영뿐만 아니라 금위영, 총융청, 훈련도감 등에서도 재원과 물력의 동원에 대한 문제를 제기했다. 이들이 도감에 지원의 어려움을 호소한 사연과 여기에 대응한 도감의 조치 내용은 다음과 같다.

금위영에서 이문한 내용이다. "저희 영은 다만 조금의 신철(薪鐵)이 있을 뿐이고 정철은 원래 없으며, 날마다 쓰는 탄석(炭石)은 시상(市上)에서 무역해서 쓰기 때문에 어쩔 수 없이 빌릴 수 없고 거자(車子)는 지금 바야흐로 승휘전(承暉殿) 수리소에서 사용해 부리고 있으므로 뽑아 보낼 수 없는 일입니다." 이러한 이문의 내용에 의거해서 신철은 정철의 모자란 양을 헤아려 수송한다. 탄은 혹 반드시 강상(江上)에 있는 것이되 외처(外處)에 저치한 것으로 아직 운송하지 않은 물건은 서로 살펴 빌려 받고, 거자는 역이 끝난 뒤에 뽑아 보낼 일이다.[50]

49 『思陵封陵都監儀軌』, 「移文秩」, 戊寅 12月 18日.
50 『思陵封陵都監儀軌』, 「移文秩」, 戊寅 12月 初2日.

총융청의 첩정 내용이다. "본영은 이름은 비록 군문이지만 원래 부족하고 가난한데 조금의 신철을 봄 즈음에 배로 운반하다 강화 앞바다에서 침몰한 후에 달리 저장하고 보관된 것이 없습니다. 그리고 탄석은 둔민(屯民)들에게서 거두어 받는데 요즈음 기근으로 말미암아 모두 흩어지고 도망하여 남아 있는 사람 또한 병이 들어 거두어들이는 것이 불가능하여 저축된 것이 없으니 모두 빌려서 보낼 수가 없는 일입니다." 이러한 이문 내용에도 불구하고 200근의 철과 30석의 탄은 본래 많은 수의 물력이 아니거늘 많고 적음을 논하지 않고 한마음으로 함께 미련해야 도리이다. 그런데 오지 사정을 보고해서 빠지는 것을 일로 삼으니 일의 모양새가 아주 심하게 마땅하지 않다. 전에 보낸 관문에 의거해서 허대(許貸)할 일이다.[51]

훈련도감 이문 내용이다. "본영은 정철이 본디 저축된 것이 없고 다만 조금의 신철만 있습니다. 그런데 저희 도감이 바야흐로 근심과 재난이 잇따라 신철 200근, 탄 10석을 대송(貸送)하니 살펴서 받을 일입니다." 이 내용에 의거해서 산릉도감은 신철 200근은 다만 정철 100근으로 대신하도록 했으나, 탄 10석은 매우 보잘것없어 장차 큰 역사에 보태어 쓸 수가 없다. 외방에 분정한 철탄(鐵炭)이 올라온 뒤에는 환보(還報)할 수 있으니 다시 일의 모양새를 헤아려 그 신철과 탄석은 재차 가수(加數)하여 빌려 보냄으로써 함께 큰일에 대비하는 바탕으로 할 일이다.[52]

도감에서는 보관된 정철이 없고, 탄석도 시장에서 무역해서 사용함에 따라 지원할 수 없다고 금위영으로부터 보고를 받았다. 금위영은 거자 또한 다른 역에 동원됨에 따라 지원의 어려움이 있음을 토로했다. 이에 따라 도감에서는 정철 대신 신철로 환산하여 보낼 것과 탄도 강상이나 외지에

---

51 『思陵封陵都監儀軌』, 「移文秩」, 戊寅 12月 初2日.
52 『思陵封陵都監儀軌』, 「移文秩」, 戊寅 12月 初4日.

제4장 봉릉(封陵)과 경외분정(京外分定)

저치해 둔 것으로 수를 채우도록 했으며, 거자도 역이 끝나는 대로 동원하
도록 강조했다. 도감은 총융청에 대해서 운송 과정에서의 치패와 둔민의
곤궁으로 철탄의 수를 채울 수 없다는 호소를 수용하지 않고 원수를 채우
도록 했다. 훈련도감에 대해서는 부족한 정철을 대신하여 신철로 대송하
도록 함은 물론 탄에 대해서도 보완하도록 강조했다.

　도감은 수어청에 대해 신철 200근을 가대(加貸)하고 탄 20석을 갖추어 대
송하도록 했다. 수어청은 신철이 장릉과 사릉의 두 도감에 대송한 이후 남
은 것이 없다고 어려움을 호소했다. 이러한 상황에서 도감은 탄석에 대해
서 수어청으로 하여금 급가해서 무역하여 보내게 했다. 도감의 조처에 대
해 수어청에서는 어렵다는 입장을 견지했다.[53] 도감은 각 외방과 중앙의 군
문에서 기근과 재원의 결핍을 이유로 지원에 난색을 표함에도 불구하고
능사를 우선에 두고 지원할 것을 강조함으로써 도감의 운영을 위한 안정
적인 재원의 보충을 담보했다.

　예조와 공조는 산릉의 정자각, 전사청, 재실에 배설하는 제기 등 각종 물
력을 마련했다.

　　예조에서 살필 일이다. 산릉의 정자각에 배열하는 것과 제기, 상탁, 전사
　　청과 재실 등의 곳에 쓰여지는 물종은 의례히 도감에서 준비하여 갖추었
　　다. 지금 이 양릉(兩陵)은 사례(事例)와 실제 산릉을 할 때 차이가 있다. 도감
　　이 미처 능소 앞에 제사를 베푸는 일에 준비하지 못한 것이 있다. 유제기
　　(鍮祭器)는 공조에서 진배하며, 사제기(沙祭器)라는 것은 봉상시에서 마련하
　　고 진배한다. 그런데 이 외에 정자각에 진배하는 평상(平床), 욕석(褥席), 포
　　진(鋪陳)과 제석(祭席), 부정(釜鼎), 흑칠반(黑漆盤)을 비롯한 여러 가지 목물

53　『思陵封陵都監儀軌』,「移文秩」, 戊寅 12月 17日.

(木物) 등은 양릉의 고제일(告祭日)에 미쳐서 헤아려 미리 진배하여 거행한다. 이러한 것으로 이와 같이 첩보하니, 도감에서는 전날부터 해당 아문[본조]에서 올린 제기성책(祭器成冊)에 올라와 있는 물건을 서로 살펴서 거행하여 준비되지 못해 사단을 만드는 염려가 없도록 한다. 이러한 내용에 의거하여 봉릉한 뒤에 제기, 상탁, 각종 물종은 마땅히 공조 별공작에서 조치하고 준비해서 대령해 사용하도록 한다. 그리고 봉릉하기 전 별제(別祭)에 소용하는 것은 또한 도감에서 알 수 없다. 일의 모양새가 이러하니 해당 아문과 공조에서 서로 의논하여 무릇 진배해야 힐 물종을 빠짐없이 미리 대기해서 부족함과 일의 사단이 생기는 폐단이 없도록 하는 것이 마땅하다.[54]

장릉과 사릉이라는 양릉의 봉릉에 따른 전례 적용의 한계가 언급되었다. 이에 따라 유기제기에 대해서는 공조에서, 사기제기는 봉상시에서 마련하되 그 외의 물력은 예조에서 조치했다. 사릉의 봉릉을 위한 물력 마련을 위해 중앙각사가 동원되고 있었다.

양릉에 대한 봉릉이 마무리되자 이용되었던 재원을 정리했다. 사릉에 대한 공역이 끝난 후 남은 재원에 대한 조치 문제가 언급되었다.

당초에 계하하신 역량미(役粮米) 2,000석 안에서 각사의 미로 처음에 가져오지 않은 것은 621석 정도입니다. 그리고 받아 온 1,378석가량 안에서 쓰고 남은 미 176석가량은 마땅히 전포(錢布), 잡물과 더불어 전례에 의거해서 호조로 이송하였습니다. 그런데 총리사(摠理使)가 이때 장계를 해서 양주에 떼어 줄 것을 요청해서 계하를 받았습니다.[55]

54 『思陵封陵都監儀軌』,「移文秩」, 戊寅 12月 17日.
55 『思陵封陵都監儀軌』,「啓辭秩」, 己卯 2月 26日.

도감에서 양미로 운영하고 남은 미, 전문, 면포, 잡물에 대해 호조로 이송해야 하는 것이 원칙이었음에도 이들을 양주에 획급했다. 뿐만 아니라 능소의 건물을 조성하는 과정에서 민호의 대지를 수용한 데 대한 조치 문제도 제기되었다.

정자각, 전사청, 안향청(安香廳), 재실 등 대지는 마땅히 호조로부터 타량한 다음 급가하라 하셨습니다. 이것을 계기로 해서 가사를 뽑아서 재실, 전사청으로 삼는 것과 개인이 보관하고 있는 것을 골라서 재목과 기와로 쓰는 것은 도감에서 당연히 구분해서 처리해야 하는 것과 관련이 있습니다. 뿐만 아니라 그 값[價本]은 도감과 호조에 나누어 준 것이 구분이 없다고 하시고 이 모두를 다 쓰고 남은 쌀과 전문[米錢]으로 값을 쳐 주라고 하셨습니다.[56]

양릉 조성에 모두 적용된 조치였다. 사릉의 경우, 능의 영역 안에 건물을 조성함에 있어서 민가의 가사를 이용하거나 민간 재원을 활용한 경우 급가하도록 했다. 이 부분은 호조와 도감에서 담당하되 지출하고 남은 미곡과 전문도 활용할 여지를 열어 두었다.[57]

도감은 1699년(숙종 25) 2월 26일 봉릉이 마무리되자 지출한 총 물력을 정리했다.[58] 전문과 미포를 중심으로 정리한 지출 물력은 목 54동 28필 13척, 포 12동 38척, 전문 5,470냥 1전, 은자 147냥 8전, 미 1,178석 5승, 전미 15석 12두 1승, 태 16석 12두였다.

---

56 『思陵封陵都監儀軌』,「啓辭秩」, 己卯 2月 26日.
57 역을 하는 과정에서 사망한 모군, 장인, 승군의 약 40명은 米布를 題給해서 斂屍했다.
58 『思陵封陵都監儀軌』,「移文秩」, 己卯 2月 26日, 米布實入秩.

3 경외 물력 획정

1) 중앙각사

도감의 운영을 위한 잡물의 분정이 이루어졌다. 도감은 응행 하는 잡물 중 '세쇄(細瑣)'한 물건은 별도로 계품(啓稟)하지 말고 도감에서 직접 이문해서 취용(取用)했다.[59] 다만, 정자각과 재실을 성조하는 목물의 마련에 있어 도감은 목물의 규격 등을 규정하고 호조로 하여금 구별하여 분정하게 했다.[60] 이 과정에서 중앙각사와 절충이 있었다.

진휼청은 도감에 대한 재원 지원을 위한 운영 방안을 제시했다. 도감은 진휼청으로부터 미 1,200석을 지원받는 것을 계하받았다. 그런데 진휼청은 산릉 부근의 읍에서 진휼청으로 이송하는 이들 물력을 도감이 이용하는 것에 대한 대책을 제시했다.

진휼청에서 살필 일이다. "지금 접수한 귀 도감의 문서 내용입니다. '진휼청의 미 1,200석은 임금님의 재가가 있었다. 산릉 부근 고을의 진휼청 쌀을 옮겨 보내어 쓰는 바탕으로 삼으라'는 내용이 있었습니다. 그리고 경기도 고을에는 진휼청에 소속되는 미가 없어 형세가 장차 강창(江倉)에 있는 것을 옮겨야 합니다. 뿐만 아니라 아주 많은 여러 섬의 쌀을 실어 오는 폐단이 셀 수 없습니다. 장인과 모군 등의 요를 지출 지급할 때에 진휼청에서 바로 받도록 하는 일이 매우 편하니 마땅히 서로 살펴 시행하라"고 진휼청

---

59 『思陵封陵都監儀軌』,「啓辭秩」, 戊寅 11月 初9日, 都監事目別單.
60 『思陵封陵都監儀軌』,「移文秩」, 戊寅 11月 22日.

이 다시 이문했다. 여기에 의거해서 무릇 도감 소속에게 요미를 지급할 때에 도청의 사례는 도청에서 직접 살펴서 하겠다. 그리고 도청이 강창에 나가는 것은 일의 모양새가 부당할 뿐 아니라 또한 이전 사례가 없으니 새로이 만드는 것은 옳지 않다. 이 요는 진휼청으로부터 도감에 실어 보내는 것이 당연하다.[61]

진휼청이 재원 중 산릉이 있는 인근 고을의 곡물이 도감에 획정되는 데 대한 운영 방안을 제시했고, 도감이 이를 적용했다. 진휼청은 경기의 각 읍은 재정적 한계로 인해 미에 대한 지원이 어렵고 미와 석물의 운송에 대한 부담이 과중함에 따라 진휼청에서 각읍으로 곡물을 받는 강창에서 도감이 운송해 갈 것을 제안했다. 그러나 이러한 곡물 수송에 있어 도감은 지방에서 담당하게 하는 것은 전례가 없고 도감의 체모에 맞지 않다는 의견이었다. 이로 인해 도감에서는 진휼청으로 하여금 장인과 모군에 대한 요를 마련하여 수송하게 했다.

도감에서 소용하는 곡물은 경사에서 취용하도록 한 방안이 적용되었다. 진휼청 외에도 사복시에도 책정되었다. 사복시는 정해진 미 500석이 과중하다고 보고 여기에 대한 문제를 제기했다. 사복시는 보유 중인 미곡의 현황이 부족함에 따라 정해진 수량을 맞추기 힘드므로 200석만 발송하고자 했다. 이에 대해 도감은 사복시의 의견을 고려한 뒤 금위영의 번상군이 되돌아감에 따라 남게 된 미곡이 있다고 판단하고 금위영으로 하여금 사복시에서 미납한 미 300석을 분담하도록 조치했다.[62]

사릉봉릉을 위한 도감 도제조는 사릉의 조성에 소요되는 물력에 대한 조달 방안을 마련했다. 도감에서 올린 계의 내용이다.

---

61 『思陵封陵都監儀軌』, 「移文秩」, 戊寅 12月 12日.
62 『思陵封陵都監儀軌』, 「啓辭秩」, 戊寅 12月 21日.

지금 이제 사릉도감이 정자각, 재실 등을 조성하는 재목과 기와 중에서 대부등(大不等), 대아동(大牙鍊), 잡상(雜像) 등은 마땅히 경저(京儲)에서 날라다 씁니다. 그런데 그 외에 목재와 기와는 사저(私儲)로 무역해서 쓰고, 부족한 것은 근처 공·사산(公·私山)에서 베어다 쓰는 것을 마땅히 전례에 따라 거행합니다. (중략) 외방에 나누어 정하고 한양에서 조치해서 준비하는 수량은 등록을 참고하여 정해진 데 따라 마련할 것을 열거하여 적어서 담당 아문에 영을 넣어 여기에 의거해서 거행하게 하는 것이 어떠합니까?[63]

사릉 조성에 소요되는 목재와 기와는 경저에서 지원하거나 사저로써 무역해서 마련하도록 했다. 부족할 경우 목재는 인근의 사산에서 벌목했다. 그리고 이들 물종 중 잡물은 담당아문으로 하여금 한양과 외방에 획정하게 했다. 1698년(숙종 24) 12월 1일의 이러한 조치에 따라 12월 4일 도감은 별단을 이송하고 분정하여 시행했다.[64]

진휼청은 정자각의 조성에 소요되는 목재에 대한 조치 계획을 마련했다. 재목을 이태원의 독도(纛島)에서 마련하기로 하고 이를 위해 목수 12명, 조역 12명을 1698년(숙종 24) 12월 10일에 보내기로 했다. 이 과정에서 공장의 양미 2석 6두는 진휼청에 계하한 미의 원수에서 먼저 지출한 다음 감액했다.[65]

산릉에 소요되는 포차장(布遮帳), 유차일(油遮日) 등은 전설사에 분정되었다. 도감에서는 이들 물종에 대해 등록의 전례에 따라 새로이 제조해서 진배하게 했다.[66] 특히 유차일 9부(浮) 중 5부는 별도로 경조(京造)하게 했으며,

---

63 『思陵封陵都監儀軌』,「啓辭秩」, 戊寅 12月 初1日. 소요 물력의 현황은 '思陵都監所用各樣雜物都合別單'으로 정리했다.
64 『思陵封陵都監儀軌』,「移文秩」, 戊寅 12月 初4日.
65 『思陵封陵都監儀軌』,「移文秩」, 戊寅 12月 初8日.
66 『思陵封陵都監儀軌』,「移文秩」, 戊寅 12月 初5日.

차장에 들어가는 진장목(眞長木)과 갈줄(葛乭), 말목(抹木) 등의 목재는 도내 각 읍에 분정했다.

관상감은 봉릉이 1699년(숙종 25) 2월 20일로 정해지자 주시관(奏時官)이 타는 말 1필, 누기(漏器)를 싣는 말 1필, 주시관 1원, 주시사령 1명의 공궤를 담당했다.[67] 봉릉 참파토(斬破土)와 정자각, 안향청의 개기 등에 대한 일정을 정한 뒤였다. 이 외의 누기 배설에 필요한 각종 잡물은 병조와 경기에서 마련했다. 그 내역은 다음과 같았다.

일영고족상(日影高足床)·이층공상(二層拱床)·소갑마미체(小甲馬尾篩)·수성대옹(水盛大甕)·수호항(水壺缸)·도동해(陶東海)·소라(所羅)·이선(耳鐥) 각 1, 마정건(麻淨巾)·식정건(拭淨巾) 각 4척(尺), 사면풍차(四面風遮), 장막(帳幕), 온돌가가(溫突假家) 2간(間), 급수군(汲水軍) 3명, 담통(擔桶)·담목(擔木)·목광명대(木光明臺)·거내주구(擧乃注具) 각 1, 등유(燈油), 거자(炬子), 농촉(籠燭) 등[68]

병조와 경기 감영으로 하여금 기명과 인력을 지원하게 했음을 알 수 있다.

모군과 장인에 대한 요포의 정식이 마련되고, 전문을 통한 운영이 이루어졌다. 도감은 1699년(숙종 25) 정월부터 모군 요포를 1삭에 목 2필, 백미 9두로 정했다.[69] 도감에서 운영한 각종 역가의 사람당 1삭 지출 현황은 표 24와 같다.

모군과 장인 등에 대해서는 미와 목을 기준으로 요포를 지급하였다. 그러나 당시 목품이 저하됨에 따라 모군과 장인에게 큰 불만이었다.[70] 이에 따

---

67 『思陵封陵都監儀軌』, 「移文秩」, 戊寅 12月 17日.

68 『思陵封陵都監儀軌』, 「移文秩」, 戊寅 12月 17日.

69 『思陵封陵都監儀軌』, 「移文秩」, 戊寅 12月 20日. 모군과 장인의 요포와 관련한 내용은 정수환(『조선후기 화폐유통과 경제생활』, 景仁文化社, 2013, 189~190쪽)의 저서를 참고했다.

70 『思陵封陵都監儀軌』, 「移文秩」, 己卯 1月 29日. 상송된 목면의 품질이 저하됨에 따라 1삭 요포 목 2필

표24 도감의 '각양역가일삭차하식[各樣役價一朔上下式]'[71]

구 분	내 용	구 분	내 용
모군	미 9두, 목 2필 반	인거군(引鉅軍)	미 9두, 목 2필 반
장인	미 9두, 목 1필	무료서리(無料書吏)	미 9두, 목 1필
내조역(內助役)	미 6두, 목 2필	가사령(假使令)	목 2필
모조역(募助役)	미 9두, 목 2필	도청 서리·고직, 각소 서리·서원·고직	요미 6두
화정(火丁)	미 6두, 목 2필	도청곳간직	미 6두, 목 2필 반
복직(卜直)	미 6두, 목 1필	문서직(文書直)	미 6두
선군장(船軍匠)	미 9두, 목 2필	거부(車夫)	미 9두, 목 2필 반

라 도감은 경시의 세포(細布) 값을 기준으로 적용한 작전가로 외방에 대해 수봉했다. 이를 통해 충분한 재원을 확보하여 요포로 운영하고자 했다.[72]

　도감은 호조나 군문 등을 통해 봉릉에 필요한 물력을 외방에서 지원받았다. 도감은 대부석소(大浮石所)와 소부석소(小浮石所)에서 소용하는 철물을 외방에 분정했다.[73] 부석소(浮石所)들이 1699년(숙종 25) 정월 3일부터 시역함에 따라 긴급한 소용에 조달할 필요가 있었다. 도감은 이 점을 강조하고 1698년(숙종 24) 황해 감영에 12월 23일까지 준비하도록 독려했다. 부석(浮石)에 소용하는 철물을 상래할 때 사용하는 썰매[雪馬]와 동차(童車) 제작에 필요한 목물을 비롯하여 부석소에서 필요한 야탄, 석회, 전석을 해조로 하여금 지원하도록 했다.[74] 이에 대한 내역은 다음과 같았다.

에 대해 2필 반으로 개정하기도 했다(『思陵封陵都監儀軌』, 「移文秩」, 己卯 2月 26日).
71　『思陵封陵都監儀軌』, 「移文秩」, 己卯 2月 26日.
72　도감은 임금 지급 방침을 변화시키지 않으면서도 대전 비율을 바꿈으로써 실질임금 수준이 시장임금 수준과 같아지도록 조절할 수 있었으며, 도감에서 비숙련 노동자들을 강제로 동원할 수는 없었다(차명수, 「의궤에 나타난 조선 중·후기의 비숙련 실질임금 추세, 1600~1909」, 『경제사학』 46, 경제사학회, 2009, 15~16쪽).
73　『思陵封陵都監儀軌』, 「移文秩」, 戊寅 12月 初5日.

대·중·소부등(大·中·所不等), 윤통목(輪桶木), 송가목(松駕木), 삭목(槊木), 묵고목(墨古木), 지내목(地乃木), 협목(挾木), 장강목(長杠木), 윤판목(輪板木), 전차토목(箭次土木), 관륜목(貫輪木), 수두목(首頭木), 침목(砧木), 대·중·소몽동(大·中·小蒙同), 한마치[汗亇赤], 졸정(乽釘), 곳정(串釘), 설못[立釘], 비지음쇠[非只音金], 창포정(菖蒲釘), 대·중·소배지내(大·中·小排地乃), 정철(正鐵), 강철(強鐵), 야탄(冶炭), 석탄(石炭), 전석(磚石)[75]

대부등을 비롯한 각종 목재는 물론 졸정 등의 연장과 못 등이 분정 대상이었다. 그리고 도감은 호조로 하여금 부석할 때 소용하는 철물을 외방에 분정하여 상래하도록 했다. 이 중 철물은 황해도에 분정하였고, 전석 1,500립에 대해 1,000립은 강화에, 500립은 해주에 분정하고 봉릉이 진행중인 양주로 수송해 납입하게 했다.[76]

철물 수급에 군문이 언급되었다. 1698년(숙종 24) 11월 28일 도감은 외방에 분정한 대·소부석에 소용되는 철물이 상래하면 호조에 환보하고자 했다. 또한 각 군문에 있는 정철 각 200근과 탄 300석을 예전의 예에 따라 대·소부석소에 대송(貸送)하여 각종 물종을 타조(打造)할 수 있도록 했다.[77] 각 군문은 곧 훈련도감, 금위영, 어영청, 수어청, 총융청이었다. 이 과정에서 호조는 철물에 대한 외방 분정에 있어 원활하지 못한 문제가 발생할 가능성을 제기하며 철정(鐵釘)을 분담했다.

---

74 『思陵封陵都監儀軌』,「啓辭秩」, 戊寅 11월 19日. 조선초기 유교의 영향으로 왕릉을 조성할 때 석실묘를 대신하여 灰隔이 등장했으며, 이는 영조조에 정착되면서 회격의 설치를 위한 보판이 유둔으로 대체되었다[안경호,「조선 능제(陵制)의 회격(灰隔) 조성 방법—장경왕후 초장자(舊禧陵)를 중심으로」, 『정신문화연구』116, 한국학중앙연구원, 2009, 330쪽].

75 『思陵封陵都監儀軌』,「啓辭秩」, 戊寅 11월 19日, 雜物卜定別單.

76 『思陵封陵都監儀軌』,「移文秩」, 戊寅 11월 21日.

77 『思陵封陵都監儀軌』,「移文秩」, 戊寅 11월 28日.

이번 봉릉 때 소용하는 철물은 넉넉히 헤아려 마련하라는 계하가 있었다. 그래서 호조[본조]에서 반으로 줄여 황해도에 나누어 정했고 크고 작은 부석을 이번 달 20일 즈음에 내보내는 것을 헤아리고 있다. 그런데 지방에 나누어 정한 것을 생각하니 반드시 미치지 못할 걱정이 있고 그사이 일의 형세가 정말로 염려가 된다. 그러니 아직 나누어 정하지 못하고 있는 대몽동(大蒙同) 2개, 중몽동(中蒙同) 4개 등과 여러 가지 철정을 계하하신 수에 따라 호조에서 비축하고 있는 것을 잠시 실어 보내서 역사가 멈추는 폐단이 없도록 하라.[78]

호조에서는 황해도 지방에 분정된 철물이 비록 반감된 양이기는 하나, 지방 분정의 경우 시기에 맞출 수 없는 염려가 있다고 보았다. 철정에 대해서는 호조에서 기일과 수를 지켜 마련함으로써 일정에 차질이 없도록 도모했다. 철정에 대한 마련에 호조의 재원을 지원하게 했다. 그리고 야탄도 호조를 중심으로 조치하고자 했다.

도감의 각소에서 쓰는 야탄(冶炭) 400석을 나누어 정하는 뜻을 마련하여 계하하였다. 호조[본조]의 첩보 내용에 도감에서 경군문(京軍門)에서 가져다 쓴다고 하였다. 그래서 애초에 사용하는 철탄을 허락받아 빌리려고 논의를 만들어 각 군문에 이문했다. 탄석은 본디 저장해 둔 것이 없다 하기에 여러 차례 이문을 했지만 끝내 빌리는 것을 승낙받지는 못했다. 그러므로 크고 작은 대·소부석소 및 조성소(造成所)에 이번 달 20일 뒤에 내보내는 일로 이미 계하가 있었다. 그런데 이 야탄은 정해진 날에 대어 조치하고 준비할 길이 전혀 없고 그사이 일의 형세가 정말로 낭패이다. 이 야탄 200석

78 『思陵封陵都監儀軌』,「移文秩」, 戊寅 12月 初7日.

은 부근의 고을에 급히 신속하게 나누어 정해서 때에 맞추어 가져다 쓸 바
탕으로 삼아라.[79]

호조는 계에 따라 도감에서 소용하는 야탄 400석을 경중의 군문에 분정
했지만 여러 차례의 독촉에도 불구하고 허대를 받지 못했다. 시역일이 다
가오게 되자 도감은 능역이 있는 인근 고을에 분정하는 방안을 호조에 제
시했다. 이외에도 호조는 도감에서 소용하는 철물 중 군문 등에서 감액된
내역을 담당했다. 내용은 수몽동(水夢同) 2개, 중몽동 7개, 소몽동 20개, 배
지내 16개, 졸정 500개, 곳정 200개, 정철 1,000근이었다.[80]

능이 조성된 후 도감에서는 각 군문에 사용하고 남은 철탄을 절가하여
돌려보냈다. 능의 제반 역사가 끝나자 쓰고 남은 철탄은 당초 대수(貸數)한
데 맞추어 환채(還債)하려고 수효를 조사했다. 그리고 철물에 있어서는 이
미 타조에 사용하였음에 따라 호조에서 정한 매 근당 열(劣) 1냥 6전씩으로
준절(折)하여 계산했다. 그 내역은 표25와 같다. 오군영에 분정된 신철에

표25 철탄 절가 내역

구 분	철	탄
훈련도감	신철(新鐵) 700근 작(作) 정철 350근 1냥 6전×35근/실(實) 315근	30석 15석 양주 봉류(奉留)/15석 송산(松山) 남재궁(南齋宮)
금위영	신철 900근 작 정철 450근 1냥 6전×45근/실 405근	35석 20석 양주 봉류/15석 송산 남재궁
수어청	신철 400근 작 정철 200근 1냥 6전×20근/실180斤	20석 15석 양주 봉류/5석 송산 남재궁
총융청	신철 200근 작 정철 100근 1냥 6전×10근/실 90근	10석 10석 양주 봉류
어영청	신철 800근 작 정철 400근 1냥 6전×10근/실 360근	50석 25석 양주 봉류/25석 송산 남재궁

79 『思陵封陵都監儀軌』, 「移文秩」, 戊寅 12月 初9日.

대한 정철의 규모와 이에 대한 작전을 통한 환채, 그리고 현물 철로 환보할 현황을 정리했다. 그리고 탄의 경우도 남은 규모와 양주와 남재궁에 전여할 내역을 정리했다. 이로써 중앙각사를 통한 철물의 동원과 봉릉 후 정리가 마무리되었다.

2) 외방

봉릉을 위한 산역에는 외방에 대한 재원의 분정이 있었으며, 그 대상은 경기 감영을 중심으로 하고 있다. 양도감(兩都監)에서 소용하는 재력을 외방에서 지원받는 방안이 시행되었다. 경사(京司)의 저축이 궤갈(匱渴)되었다고 지적하고 외방에 가정(加定)해 줄 것을 윤허받았다. 이 중 미포의 현황은 아래와 같았다.

황해 감영: 군목(軍木) 15동, 병영 군목 15동
평안 감영: 정목(正木) 30동, 병영 군목 30동
전라 병영: 군목 20동, 좌수영 군목 13동, 우수영 군목 7동
함경 감영: 5승포 20동
사복시: 미 500석
어영청: 미 300석
진휼청: 미 1,200석[81]

사릉과 장릉도감에 지원하기 위한 미와 포의 내역이다. 도감은 함경, 황해, 평안, 전라와 같은 외방으로부터 포목을, 사복시, 어영청, 진휼청으로

---

80 「思陵封陵都監儀軌」,「移文秩」, 戊寅 12月 初9日.
81 「思陵封陵都監儀軌」,「啓辭秩」, 戊寅 11月 14日, 啓下米布數.

제4장 봉릉(封陵)과 경외분정(京外分定)

부터 미곡을 지원받았다.

외방 중에서도 사릉이 소재한 경기 감영에 대한 분정이 중심이었다. 경기 감영에는 생갈(生葛)을 비롯한 잡물의 부담이 가중되고 있었다. 도감에서 경기 감영에 생갈 100동을 할당한 데 따른 결과였다. 경기 감영은 이 중 50동을 각 읍에 분정하여 우선 납입했다. 나머지 50동은 별도의 지시를 기다리고 있었다. 그러자 호조는 감영에 관문을 보내어 도감에서 소용하는 잡물도 호조 대신 경기 감영에 분정할 것을 요청했다. 경기 감영은 호조의 조치에 대해 현실적으로 무리한 조치라는 입장을 도감에 제기했다.

경기 감사의 첩정이다. (중략) "호조의 관문은 도감에서 필요한 잡물별단을 수량에 따라 나누어 뒤에 기록하니 급히 실어 들이되, 만일 서로 의논할 일이 있거든 도감에 바로 보고하라는 것입니다. 관문 뒤에 기록한 내용 중에 각종 잡물 외에 생갈 100동, 숙마굵은줄[熟麻大束꼬] 4거리(巨里), 숙마세겹바[熟麻三甲所] 5거리, 숙마줄바[熟麻條所] 10거리, 숙마 10근이 있습니다. 앞뒤 등록을 가져다 살펴보니 숙마뭇줄[熟麻束꼬], 줄바, 세겹바, 숙마 등의 물종은 본디 경기도에 나누어 정한 일이 없습니다. 이는 경기도 고을에서 갖추기가 어렵기 때문입니다. 그리고 생갈은 여러 등록을 살펴보니 경기도에 부과한 것이 다만 73동인데 이번에는 앞날에 도감에서 부과한 100동 외에도 호조에서 100동을 또 부과하였습니다. 그러니 73동은 이미 앞 등록에 있지만 이번은 앞과 비교했을 때 127동이나 더 배정되었습니다. 나중에 호조에서 책정한 100동은 이것이 전날 도감에서 책정한 것인지 의문스럽고 자세히 알 수 없습니다. 그리고 앞뒤로 복정한 200동 가량을 경기도에서 모두 책임지고 갖다 바친다면 경기도의 고을 형세가 정말로 지탱하기 어렵습니다. 그러니 이 숙마 등 앞의 등록에 없는 것들은 다른 곳에 옮겨서 정해 주며, 생갈이라는 것은 모두 이전 사례에 의거해서 수를 줄여서 복정하고 모두 빨리 시행하여서 조금이라고 지탱하기 어려운 폐단을 없애십시오." 이 첩정에 의거해서 등록을 가져다 살펴보니, 생갈은 모든 수가 230여 동이고 이 수량으로 경기와 서울 근처의 다른 도에 나누어 정하였었다. 이번에는 관동, 호서가 장릉에 아주 가까우므로 각 고을에 모두 장릉에서 쓰이는 것을 복정하였다. 그러므로 경기에 복정한 수량이 정말로 수량이 많은 것이 된다. 그러니 이러한 보고에 따라 호조와 함께 복정한 200동 안에서 50동은 정말로 감하여 면제해 주며 숙마, 대색(大索) 등의 물력은 형세상 바꾸기가 어려우니 앞서 복정한 대 의기해서 실어 보내는 것이 마땅하므로 살펴서 시행하라.[82]

경기 감영은 도감으로부터 각종 잡물 외에 생갈 등의 물력을 분정받은 뒤에 다시금 호조로부터 물력 지원에 대한 압박을 받고 있었다. 이에 대해 감영에서는 예전의 등록을 상고하여 잘못 복정된 물력을 조목조목 지적하고, 이미 복정된 생갈 등의 물력도 과중함을 호소했다. 뿐만 아니라 복정된 물력이 장릉과 사릉의 도감에서 소용되는 것을 동시에 준비함에 따라 규모가 증대된 점을 상기시키고, 이들 물력을 경기 감영뿐만 아니라 강원과 호서 감영에도 분정하여 부담을 분산할 수 있도록 요청했다. 도감은 경기 감영의 의견에 따라 장릉과 사릉을 구분하고 경기 감영에 감액한 규모를 복정했다.

도감에서 소용하는 각종 도기, 부정(釜鼎) 등도 경기의 각 읍에 배정되었다.[83] 경기 감영은 이들에 대해서도 전례에 따라 부근의 읍으로 하여금 이들 물종을 마련하도록 분정했으며, 그 내역을 등록을 통해 확인했다. 다만 그 물종 중 마초(馬草)는 각 읍에서 달리 마련할 출처가 없음에 따라 감영에

---

82 『思陵封陵都監儀軌』, 「移文秩」, 戊寅 12月 12日.
83 『思陵封陵都監儀軌』, 「移文秩」, 戊寅 12月 16日.

서 준비하여 진행했다.

사릉봉릉을 위해 소용하는 와자(瓦子)도 경기 감영에 분정되었다.

경기 감영에서 살펴볼 일이다. "이번에 사릉에 쓰이는 와자는 이러한 겨울
철에 번조(燔造)할 수 없으니 사저(私儲)에서 가져다 쓰라고 한다. 양근과 양
주 두 고을에 사저가 많이 있다고 하니 와자의 눌수(訥數)와 체품(體品)을 아
주 자세히 조사하고 살핀 '구별성책(區別成冊)'을 아주 빨리 올려 보내라는
뜻으로 두 고을에 통고하라."[주: 그 뒤 이로 인해 양주에서 사저하고 있는 와자
12눌 반의 현황을 기재한 '성책'을 첩보로 올려 보냈다.][84]

도감은 겨울로 인해 기와를 조성하기 어렵다고 판단하고 사릉 인근에
있는 양근과 양주 두 고을의 사저 기와를 이용하려 했다. 사저를 활용할 경
우 절가를 지급하는 관례를 준용했다.[85] 또한 이들 두 읍에 기와의 품질을
적간하기 위해 와장 1명을 정송했으며, 이들이 경유하는 각 읍과 각 읍에
대해 기마와 공궤를 지원하도록 했다. 도감은 이러한 내용을 경기 감영에
이문했다.

사릉봉릉을 위한 산릉도감은 봉릉과 관련하여 인근의 지방군현을 동원
하였다. 양주목은 가가(假家)를 조성하는 과정에서 민가를 이용한 데 따른
조치 문제를 도감에 보고했다.

양주목사 첩보 내용은 "능 아래의 민가는 도감에서 여러 가지 가가로 대신
하고자 징집해서 사용하였습니다. 그 가세(家稅)를 민가 소유인 등에게 물
으니 1사(舍)에 전문 5냥씩으로 계산해서 주어야 한다고 합니다. 그러므로

84 『思陵封陵都監儀軌』, 「移文秩」, 戊寅 11月 29日.
85 이에 따라 양주에서는 私儲 瓦子 12눌 반을 보냈다.

백성들이 원하는 데 따라서 첩보합니다. 그리고 각 고을은 가가를 만들어 짓는 것을 담당할 아전이 도착하자 역사를 시작했고 백성 등의 가사 재목(材木)을 대부분 사 두었습니다. 도감은 사지하인(事知下人)을 빨리 보내어 여러 가가에 대해 가세를 주는 것 외에 부족한 수량을 조성하는 것을 지휘하도록 각 고을의 읍리들에게 분부할 일입니다"이다. (첩보에) 의거해서 도감은 사지서리(事知書吏)와 목수 각 1명씩을 바로 선정해서 보낸다. 그리고 가가에 급세(給稅)하는 일은 각 고을의 색리와 집 주인이 서로 의논해서 마련해 줄 것이며, (양수복에서는) 징집한 민가가 몇 간이나 되는지 적은 '구별성책'을 적어 올려 보낼 일이다.[86]

도감의 운영을 위한 각종 가가는 민가를 활용해 마련했다. 특히 사릉이 위치한 양주목의 경우에는 민가를 빌려 사용했으며, 이 경우 가세를 매 칸당 5냥씩으로 계산해 지급했다. 뿐만 아니라 차용 민가 외에도 부족한 가가에 대해서도 가사의 재목을 매득하여 준비했다. 도감은 사릉봉릉 준비에 지방 물력을 동원하면서 양주목을 통한 현장 확인과 물력 동원의 절충을 실시했던 것이다.

도감에 소용하는 재력(財力) 중 일부를 외방에서 취용하도록 결정함에 따라 도감은 각도의 감영과 병영에 미와 목에 대한 수송을 지시했다.[87] 평안 감영은 예정된 정목 30동에 대한 전문 대납을 도감에 요청했다.[88] 황해 감영도 1698년(숙종 24) 12월 28일 감영에 책정된 군목(軍木) 15동에 대한 전문 대납을 요청했다.[89] 목화 흉년으로 세목(細木)을 준비할 수 없다고 호소한

---

86 『思陵封陵都監儀軌』, 「移文秩」, 戊寅 12月 17日.
87 『思陵封陵都監儀軌』, 「移文秩」, 戊寅 11月 17日.
88 『思陵封陵都監儀軌』, 「移文秩」, 戊寅 11月 30日.
89 『思陵封陵都監儀軌』, 「移文秩」, 戊寅 12月 18日. 15동 중 7동에 대해 전문 1,750냥으로 作錢하여 11駄로 실어 보냈다. 나머지 목 8동 중 1동이 추포인 관계로 퇴자를 받았다(『思陵封陵都監儀軌』, 「移文秩」,

후, 근년에 조정에서 목전참반(木錢參半)으로 수봉(收捧)하는 영이 내려진 점을 강조했다. 이에 따라 목 1필에 5냥을 기준으로 전문대송(錢文代送)해 주길 요청해 수용되었다. 그러나 이듬해 작전한 1,000여 냥의 전문을 무게의 문제로 운송하는 그 자체의 문제와 도적으로부터도 보호하기 어렵다는 이유로 감영은 다시 목으로 상송해 주길 청원하기도 했다.[90] 이에 따라 도감은 상송 예정이었던 작전한 전문 1,000여 냥 중 700냥을 먼저 상송하도록 했다.[91]

도감에서 운영한 경아문과 외영의 미포 상송 내역을 정리한 현황은 표 26과 같다.[92] 도감에서 중앙각사와 지방에 대해 취용한 재원의 형태는 구분되었다. 진휼청, 어영청 등의 중앙각사에 대해서는 미곡을 취용했으며, 지방 감영과 병영은 포목에 대해 부분적으로 전문, 은자로 절가하여 받았다.[93] 중앙각사에는 즉시 현물로 운용이 가능한 곡물이 배정되었다. 외방은 진휼 등으로 인한 지출로 인해 곡물은 물론 호품의 포목을 준비할 수 없음에 따라 전문, 은자 등을 활용한 대납이 고려되었다. 여기에는 운송의 편리 측면뿐만 아니라 전문의 경우 행전 초기 경외 동시 주전을 비롯한 지방 주전의 확대로 인해 전문의 확보가 용이하다는 점이 고려되었다. 이와 더불어 행전 초기 이러한 조치를 통해 동전의 활성화에 기여한다는 의도가 동시에 작용한 결과이기도 했다.

　　己卯 1月 初3日).

90　『思陵封陵都監儀軌』, 「移文秩」, 己卯 正月 初3日·29日.

91　『思陵封陵都監儀軌』, 「移文秩」, 己卯 2月 19日.

92　『思陵封陵都監儀軌』, 「移文秩」, 己卯 2月 26日.

93　도감에서 정리한 「米布實入秩」에 의하면 목 54동 28필 13척, 포 12동 38필, 전 5,047냥 1전, 銀子 147냥 8전, 미 1,178석 5승 등이었다(『思陵封陵都監儀軌』, 「移文秩」, 己卯 2월 26일). 도감재원의 물종별 구성을 통해 조선후기의 지급 표준 및 지급수단의 변천을 구분한 연구에 따르면 17세기까지 '米·木 經濟期', 18~19세기 초반은 '米·木錢經濟期 I : 동전에 의한 면포 대체기'로 구분되기도 했다(박이택, 2004, 「서울의 숙련 및 미숙련 노동자의 임금, 1600~1909 - '儀軌'자료를 중심으로」, 『수량경제사로 다시 본 조선후기』, 서울대학교 출판부, 2004, 56쪽).

표26 도감의 「경아문외영미포(京衙門外營米布)」의 취용 현황[94]

구 분	내 용	구 분	내 용
진휼청	미 1,200석 내 724석 6두 취용 475석 9두 불취(不取)	황해 감영	군목 15동 내 본목 12동 10필 2동 40필 대전문(代錢文) 700냥
어영청	미 300석 내 255석 7두 5승 취용 44석 7두 5승 불취	황해 병영	군목 15동 내 본목 8동 7동 대전문 1,750냥
사복시	미 200석 내 181석 14두 5승 취용 18석 5승 불취	전라 병영	군목 20동 내 본목 15동 5동 대은자(代銀子) 250냥
금위영	미 300석 내 216석 10두 9승 5홉 취용 83석 4두 5홉 불취	전라 좌수영	군목 13동
평안 감영	정목 30동 내 본목(本木) 18동 30필 11동 20필 대전문 2,850냥	전라 우수영	군목 7동 대전문 1,750냥
평안 병영	군목 30동	함경 감영	5승포 20동

이상 : 목 96동 40필, 포 20동, 은자 250냥, 전문 7,050냥, 미 1,378석 8두 9승 5홉

도감은 봉릉을 위해 외방에 분정한 물력의 운송도 고려했다. 강화와 황해도는 전석(磚石)을 도감으로 운송했고, 공조와 한성부는 여기 필요한 인력을 지원했다. 능에서 소용하는 전석을 배로 운송하는 것은 봉릉의 마무리 작업이었다.

능에서 쓰는 전석 1,500립을 강화부와 황해도에 나누어 정하라 하셨다. 그래서 강화부는 이번 달 16일까지, 황해도는 이번 달 19일에 맞추어 하나같이 배로 운반해서 능 근처 독음강변(禿音江邊)에 정박하는 것으로 기한을 정해서 분부했다. 옮겨 실을 선척(船隻)과 예선군(曳船軍)을 기한에 맞추어 보

94 『思陵封陵都監儀軌』, 「移文秩」, 己卯 2月 26日. 해당 자료에서 미의 총량은 1,379석 8두 9승 5홉이지만 원문에 오기되어 있어 그대로 반영하였다.

내는 일로 공조, 한성부에 모두 엄히 분부했다.[95]

능역의 마무리에 소요되는 전석 1,500립은 강화부와 황해도에 분정되었으며, 이들은 배를 이용해 양주목 근처로 이송하기로 했다. 그 과정에서 싣고 내리거나 배를 끄는 인력은 공조와 한성부에서 담당했다.

도감은 물력 운송에 대한 비용을 전문을 이용해 지출하였다. 나아가 운송이 고역화되고 폐단이 유발될 수 있는 문제를 해결하기 위해 운송가를 전문으로 지급하고자 했다. 그리고 도감에서 소용하는 물력운송은 전문을 이용하여 운용하려 했다. 이와 관련한 사정은 양주목의 첩보에 대응한 도감의 사례에서 알 수 있다.

양주목사 첩보 내용은 "부질심초(夫叱心草), 탄석(炭石) 무역의 일을 민간에 자세히 물으니 곡초(穀草) 1태(駄)를 도성 안으로 실어 오는 데 값이 전문 1냥 4전이며, 탄(炭) 1태는 1냥 8전이라고 합니다. 그리고 마세(馬貰)를 하면 탄 1태가 전문 7전, 곡초 1동(同) 값이 전문 5전씩으로 줄어듭니다. 값을 주고 무역해서 쓴다면 원망이 없을 것 같다고 하니 첩보합니다"이다. 첩보에 의거해서 탄가로 전문 150냥, 초가(草價)로 전문 40냥으로 지출하니 편한 대로 무역해 납입함으로써 때에 따라 쓸 수 있도록 할 일이다.[주: 이때 무역해서 쓴 뒤에 탄과 곡초를 도감에 실어 와 팔려고 한 사람들의 것은 모조리 무역해 썼다.][96]

경기도 양주목은 곡초, 탄석의 마련과 운용에 대한 개선을 제시했다. 양주목에서 탄과 초를 운반하는 비용 문제와 더불어 역을 동원하는 데 따른 폐단이 지적되었다. 이에 양주목은 도감에서 지출하는 운송가를 양주목에

---

95 『思陵封陵都監儀軌』, 「啓辭秩」, 己卯 2月 24日.
96 『思陵封陵都監儀軌』, 「移文秩」, 己卯 正月 初10日.

지원하고 이를 바탕으로 경중에서 무역해 납입하는 방안을 요청했다. 도감은 양주목의 요청에 따라 탄가와 초가 운송비 190냥을 양주목에 지급했다. 이를 기화로 곡초와 탄석을 도감으로 실어 와 팔고자 할 경우 모두 수용하고 무역해서 사용했다고 밝혔다.[97] 이는 전문을 통한 무역의 실시를 언급한 것이다.

10년 전 국장에 따른 국장도감의 운송비 운용도 이와 같았다. 명성왕후 김씨의 국장을 위한 빈전과 혼전도감에서는 국장도감이 1683년(숙종 9) 설치되었다. 『명성왕후빈전혼전도감의궤』에는 이듬해 2월 2일에는 도감에서 소요되는 잡물의 거가(車價)에 대한 지출이 수록되어 있다.

경신년 등록을 가져다 살펴보니 잡물을 실어 들이는 거가는 강운(江運)이 매 수레마다 전문 3전씩이고, 경운(京運)은 매 수레당 전문 1전 5푼씩을 정식으로 계산해서 주었다. 그런데 우리 도감은 지금 전문이 없고 다만 미와 포만 있으니 포로 절가하되 예전의 정식에 의거해서 계산해 줄 일이다.[98]

경신년 등록은 곧 1680년(숙종 6) 숙종비 인경왕후(仁敬王后) 광산김씨(光山金氏, 1661~1680)의 국장에 따른 『인경왕후빈전혼전도감의궤』를 지칭한다. 인경왕후 국장에서는 잡물의 운반에 있어 강운은 매 수레당 전문 3전을, 경운은 전문 1전 5푼을 정식으로 한 것을 확인했다. 다만 당시 행전 초기인 관계로 도감에 충분한 전문이 없는 이유로 포에 대한 전문의 절가를 기준으로 환산하여 지급했다.

『인경왕후빈전혼전도감의궤』에는 『명성왕후빈전혼전도감의궤』에서 지

---

97 京中에서 陵所에 이르기까지의 車價는 전문으로 지출되었다(『思陵封陵都監儀軌』, 「移文秩」, 己卯 2月 26日).

98 明聖王后『殯殿魂殿都監儀軌』, 「魂殿都監儀軌」, 稟目秩, 甲子 2月 初2日.

적한 바에 따른 잡물 운송 거가에 대한 정례(式例)가 명기되어 있다.[99] 『인경왕후빈전혼전도감의궤』에는 1681년(숙종 7) 잡물 거가에 대한 식례가 없음에 따라 강운과 경운에 대한 정식을 마련했다. 다만 당시 도감에 전문이 없음에 따라 목으로 시치(市値)를 고려하여 절가해서 지출하도록 했다. 1680년을 전후한 행전 초기 국장에 전문을 통한 재정운영이 시도되었음에도 도감에 확보된, 혹은 획급된 동전이 없는 실정이었다. 이에 따라 전문 액수에 대해 목을 통해 절가해서 운영했다.

99　仁敬王后『殯殿魂殿都監儀軌』, 「魂殿都監儀軌」, 稟目秩, 辛酉 正月 19日.

4 동원 인력과 운영 범위

도감은 소용하는 물력뿐만 아니라 각종 물종 제작과 운영을 위한 인력을 동원했다. 기물의 제작과 수리를 위한 장인, 노동력으로서의 모군과 승군의 동원이 중앙은 물론 지방을 통해 이루어졌다. 이를 위한 공장과 역군을 위한 요포와 모군에 대한 규정이 마련되었다.

영역별감(領役別監) 2원에 대해서는 병조로 하여금 각별히 골라 차정하도록 했다. 경도감(京都監)은 이조에 설국(設局)하고 여기에 양 도감이 회좌(會坐)하여 장인과 사령 등의 동원을 조치했다.[100] 도석수(都石手), 사토장(莎土匠), 목수 각 1명은 전례에 따라 사환하되, 능소의 역군은 근례(近例)를 적용해서 모군하거나 승군을 사용했다. 수석(輸石)할 때 사지사령 2명을 비롯하여 수직군사는 병조가 도감에 정해 보냈다. 도감에서 마련한 사목에 의하면 "응역하는 제색장인 등은 물론하고 각 아문의 군병과 상사아문, 여러 궁가의 노자, 조예, 나장은 추착해서 사역하며, 외거하는 장인은 도감에서 이문하여 추착하도록"[101] 했다. 이에 따라 도감은 호조에 관문을 보내어 목수, 변수(邊手) 2명의 1삭 요미 12두를 수송하도록 했다.[102]

공장의 작업과 물품 보관을 위한 가가를 조성하는 과정에서도 역이 분

---

100 『思陵封陵都監儀軌』, 「啓辭秩」, 戊寅 11월 初9日, 都監事目別單.
101 『思陵封陵都監儀軌』, 「啓辭秩」, 戊寅 11월 初9日, 都監事目別單.
102 『思陵封陵都監儀軌』, 「移文秩」, 戊寅 12월 11日. 산릉도감에서 왕릉의 석물 조각을 담당한 장인은 石手와 석수의 수장인 邊手였으며, 18세기에는 전문적인 석수와 변수가 왕릉의 조성에 참여한 사실이 각종 의궤와 등록에서 확인되고 있다(김은선, 「朝鮮後期 王陵 石人 彫刻 研究」, 『美術史學研究』 249, 한국미술사학회, 2006, 130~132쪽).

정되었다. 가가 조성의 역은 원칙적으로 기읍(畿邑)에 분정되었다. 다만 갑인년(1614년, 광해군 6) 이후 백성의 근심을 염려하여 도감에서 요리해서 조성 및 조처가 가능한 전례가 있었다. 그럼에도 불구하고 당시 도감의 물력이 부족한 상황이 발생하자 역은 경기도에 분정되었다. 이런 상황에 따라 예전의 200여 간 가가 조성의 관행에서 규모를 줄여 70여 간을 마련하도록 일부 조정이 이루어졌다.[103]

공장과 모군의 동원도 사릉 인근 읍을 대상으로 시도되었다. 1699년(숙종 25) 1월 3일부터 도감은 사릉 각소의 역이 있는 곳에 원역, 공장 등을 부역하도록 했다.[104] 외방 각 읍의 승군도 석물의 운송을 위해 동원했다. 사릉 조성은 공장 및 장인과 더불어 모군의 동원이 중요한 변수였다. 이에 따라 사릉의 조성과 관련한 인력의 동원과 운영의 방안에 대해 아래와 같이 언급되었다.

예전에 "산릉도감의 물력이 부족하면 때때로 외방의 재력을 가져다 사용하였다. 그런데 지금 국저를 남김없이 다 써 버려 마땅히 변통하는 길이 있어야 한다"는 계가 있었습니다. 감히 "사릉은 일의 모양상 마땅히 경중으로부터 모군을 세워 사역하고, 장릉은 강원도 민력이 쇄약하고 부족하여 백성에게 역을 지울 수 없으므로 모군하라 계하하셨습니다. 그런데 미곡은 본도에서 반드시 가져다 쓸 수 있지만 전문과 포는 손을 쓸 수가 없습니다. 통영, 양남의 감영, 황해 병영 등에서 전문과 포를 잘 헤아려서 가져다 써야 할지 아직 모르니 어찌 할까요"라고 계를 올립니다.[105]

---

103 『思陵封陵都監儀軌』, 「啓辭秩」, 戊寅 12月 初4日.
104 『思陵封陵都監儀軌』, 「啓辭秩」, 己卯 正月 初3日.
105 『思陵封陵都監儀軌』, 「啓辭秩」, 戊寅 11月 初10日.

산릉의 조성을 위해 외방의 재력을 이용하는 관행이 있었다. 국가재원 탕갈을 염려하는 상황에서 사릉 봉릉의 역에 모군을 통해 부담을 줄이고 자 했다. 장릉은 곡물을 강원도의 재원에서 이용했고 그 외에 지방 감영과 병영 같은 지방의 전포(錢布)도 활용했다. 사릉의 경우도 장릉의 사례가 원 용되었다고 볼 수 있다.

사릉봉릉을 위한 봉릉도감은 모군을 경중에서 실시하고, 모군의 요포는 경기 감영으로부터 지원하도록 했다.

경기 감영에서 살필 일이다. 능소에서 역사를 시작하는 것은 정월 초 3일 로 정해졌다. 모군의 요포는 1삭에 정목 2필, 백미 9두로 계산해서 주는 것 으로 이미 정탈받았다. 능소 부근 고을과 양주목에서는 노약한 자를 제외 하고 건장한 자들로서 세우고자 하는 사람을 기록한 '소명성책(小名成冊)' 한 건을 먼저 수정해서 올려 보내며, 한 건은 관련하여 담당하는 색리가 가지 고 오는 정월 초 2일에 그 군정(軍丁)을 거느리고 능소에 와서 점고를 받으 라. 양주와 부근의 읍에 맡겨서 시행하라.[106]

경기 감영은 사릉을 위한 모군을 동원함에 있어 능소 인근 고을의 인력 중 건장한 자 중 자원자를 모집했다. 모군에게는 한 달에 정목 2필과 백미 9두를 지급했다. 능역의 시작에 맞추어 선정된 모군은 점고를 거쳐 역에 동원되었다.

능역에는 역군을 모군하거나 승군을 활용하는 방안이 논의되었다.[107] 이 러한 상황에 대해 영의정 유상운(柳尙運, 1636~1707)은 사릉의 석물을 남한산

---

106 『思陵封陵都監儀軌』, 「移文秩」, 戊寅 12月 20日.
107 모군은 京募軍으로 入役하도록 했다(『思陵封陵都監儀軌』, 「啓辭秩」, 戊寅 11月 10日). 한편, 도감에서 운 용하고 남은 백수십 石의 米穀을 사릉이 소재한 楊洲에 劃給하여 糶糴에 보용하도록 했다(『思陵封陵 都監儀軌』, 「啓辭秩」, 己卯 2月 22日).

성의 승군을 조발해서 운입(運入)에 할 것을 주장했다.[108] 하지만 나머지 여러 역에 대해서는 모군입역(募軍立役)하는 방안이 제시되었다.

그 외의 여러 역은 모두 마땅히 모군해서 입역한다. 그리고 경외에 이미 설치된 도감은 여러 일들을 비록 간단하게 한다 하더라도 공역이 넓고 크다. 경중의 도감은 가까이는 호(戶)를 판별하는 것이 오랫동안 집행되지 못했기 때문에 헤아려 판단해서 마련하지 못한다 하더라도 경아문의 미와 포는 마땅히 상의해서 가져다 쓴다. 영월은 강원도에 있는 미곡 중 경중에 마땅히 납입해야 할 것을 남겨 놓고 가져다 쓴다. 하지만 그 외에 전포가 달리 나올 곳이 없다. 외방의 영문 또한 모두 구휼하느라 재원이 다 없어졌지만 그중 양남(兩南)과 해서 병영 등 4~5곳을 잘 헤아려서 나누어 분정한다. 그리고 가까운 곳을 따라 각기 영월과 양주에 설치된 도감에 납입하도록 한다. 이렇게 해서 모군에 쓰는 것으로 삼는다.[109]

석물, 목재의 운반 외의 여러 역에 대해서는 모군의 모집을 통한 운영이 전제되었다. 사릉의 경우 경아문의 미와 포를 가져다 쓰는 것은 물론 양주를 비롯한 인근의 고을로부터도 지원이 있었다. 사릉봉릉을 위한 도감은 경중은 물론 경기를 비롯한 양주 등 외방으로부터 물력을 바탕으로 모군을 실시했다.

사릉 조성을 위한 모군을 확보함과 동시에 능역을 위한 승군이 동원되었다. 승군은 주로 경기도의 남한산성 승군을 비롯하여 전라도 각 읍에서 징발되었다. 사릉의 석물을 예입(曳入)하는 데 남한산성의 승군을 이용하기

---

108 『思陵封陵都監儀軌』, 「啓辭秩」, 戊寅 11月 初10日. 장릉의 경우에도 曳石, 曳木에 있어 근처의 승군을 활용할 필요가 있다고 보았다.
109 『思陵封陵都監儀軌』, 「啓辭秩」, 戊寅 11月 初10日.

에 앞서 수어청을 통해 수효가 확인되었다.

현재 있는 승군의 수를 남한(南漢) 도총섭(都摠攝)에 따져 물었다. 보고한 내용은 "원거승(元居僧)과 입번 의승(義僧) 모두 해서 502명이며, 그중에 먼 곳에 가서 돌아오지 않은 자 99명과 노잔(老殘)이나 아약(兒弱)한 99명, 염병에 걸려 출막(出幕)한 사람 118명, 도망하거나 죽은 이가 16명이다. 실재 승군 170명 안에서 원거승이 127명, 의승 43명이다"라고 한다. 의승은 외방에서 입번하는 승으로 산성의 각 사찰에 있는 군기(軍器)와 화약고(火藥庫)에 수직한다. 그러므로 본디 능역에 부역하지 않는 원거승 127명으로는 아주 중요한 여러 가지 석물을 실어 나를 방도가 없다.[110]

남한산성의 승군 502명 중에 노화나 질병과 같이 각종 사연을 가진 인원을 제외하고 실재 존재하는 승군은 170명뿐이었다. 이들은 산성 내에서 수직하기에도 충분하지 않은 규모였다. 170명 중에서도 의승 43명은 이미 수직하고 있으므로 실제 사역 가능한 승군은 127명에 불과했다. 하지만 도감은 산릉의 조성에 더 비중을 두었기에 산성에 수직하고 있는 의승을 사릉의 역군으로 징발하고 대신 산성에서 외방에 분정하여 충원하도록 했다. 하지만 남한산성의 승군을 동원한 운석 계획은 예정대로 수행되지 못했다.

수어청의 첩정에 "산성의 승군 원래 수는 거의 500명이지만 지금 도산, 사망, 잡탈(雜頉) 외에 염병, 방통(方痛)이 또한 많습니다. 아무 탈 없이 남아 있는 수가 백수십 명에 지나지 않습니다"라고 합니다. 아픈 사람을 기다려

110 『思陵封陵都監儀軌』, 「移文秩」, 戊寅 11月 30日.

제4장 봉릉(封陵)과 경외분정(京外分定)

부역에 나가게 하더라도 이미 아주 보잘 것이 없습니다. 그리고 지금 아프지 않은 사람도 또한 반드시 언젠가 아플 사람입니다. 운석의 역사는 가장 중대한데 얼마 되지 않는 승군으로는 모양을 이루기 어려운 형편으로 애초에 걱정하였습니다. 장릉에 부역하는 승군은 다만 그 근처에 나누어 정합니다. 지금 아직 나누어 정하지 않은 사릉은 부근의 여러 도와 고을을 헤아려 분정함으로써 사역하는 바탕으로 삼는 것이 어떠합니까?[111]

수어청에서 확인한 결과 남한산성의 승군 정액 500명 중 탈이 있는 수를 제하면 100여 명에 지나지 않았다.[112] 승군의 상황은 운석의 운영에 동원하기에 제한적이라는 결론이 도출되었다. 따라서 사릉의 운석을 위해 경기도 인근의 도와 각 읍에 분정하도록 했다. 도감은 지방의 승군분정을 위해 예전의 등록을 참고한 결과 3,000명이 분정되었음을 확인하고 동원의 근거를 찾았다. 다만 예전에 비해 석물의 규모가 줄었으므로 1,200명을 정해 분정했다. 외방에 분정된 현황은 다음과 같았다.

경기 80명, 광주(廣州) 150명, 황해도 170명, 전라도 700명, 함경남도 100명[113]

외방에 분정된 승군은 경기가 80명으로 가장 소규모였으며 전라도는 700명에 이르고 있었다. 분정된 승군 1,200명 중에는 경기 80명 외에 남한

---

111 『思陵封陵都監儀軌』, 「啓辭秩」, 戊寅 12月 初1日.
112 남한산성 승군 150명에 대해 기묘년 정월 29일을 기해 加役 4일을 기한으로 한 후 방송했다(『思陵封陵都監儀軌』, 「啓辭秩」, 己卯 正月 30日). 남한산성의 승군은 예정된 부역을 마무리한 후 일정이 경과되었음에도 경과된 날이 불과 반 일에 불과하므로 소급 적용하지는 않았다(『思陵封陵都監儀軌』, 「啓辭秩」, 己卯 正月 25日).
113 『思陵封陵都監儀軌』, 「啓辭秩」, 戊寅 12月 初3日.

산성이 소재한 광주에도 150명이 분정되었다. 경기 지역에 분정된 승군 총 230명은 사릉이 소재한 양주라는 지역적 배경이 고려된 결과였다.

역에 동원된 승군들은 스스로 양(糧)을 준비하여 1삭을 기한으로 부역했다. 이를 위해 도감은 해당 도의 감사에서 하유함으로써 승군 동원을 조정했다.[114] 1698년(숙종 24) 12월 28일 산릉도감에서는 능소에 부역하는 승군 총 1,200명에 대해 이듬해 1월 10일까지는 경기 80명, 광주 150명, 황해도 170명, 전라도 초면(初面) 300명을 부역하게 했다. 전라하도(全羅下道) 400명과 함경남도 100명은 1월 20일까지 부역하게 했다. 그리고 전례에 따라 이들 승군들은 스스로 1삭 양을 준비하게 했다.

승군들의 부역에 있어 양에 대한 지원 문제가 제기되었다. 도감 도제조는 사릉 승군 동원 규모를 반감한다는 계에 대해 양의 조절 문제을 언급했다.

다만, 한 달에 20일 한정해서 스스로 양을 갖추는 것은 비록 이것이 전례이나 이런 돌림병이 일어나 뻗어 가는 때를 당해서 민력이 바야흐로 위태로운 날에는 살펴 헤아리는 방도를 생각하지 않을 수 없습니다. 능소의 역은 한 달을 다 채우지 않을 것 같으므로 부역하는 승도들로 하여금 각자 반달 치 양을 가져오도록 하고, 만일 가역(加役)하는 일이 있으면 도감에서 양료를 주어 조금의 힘이라도 펼 수 있도록 해서 일이 되도록 하는 데 보탭니다. 이러한 뜻으로 다시금 일러 거행하도록 하는 것이 어떠합니까?[115]

승군의 역은 한 달 미만을 계획하고 있었으며, 전례에 따라 이들은 능역 20일 정도를 예상한 양미를 준비해야 했다. 하지만 질병으로 인한 민력의

---

114 『思陵封陵都監儀軌』, 「啓辭秩」, 戊寅 12월 18日.
115 『思陵封陵都監儀軌』, 「啓辭秩」, 戊寅 12월 20日.

제4장 봉릉(封陵)과 경외분정(京外分定)

한계로 양미 준비가 평시와 달라진 상황이 문제였다. 이에 따라 부역승도에게 반 달의 재량은 자비 부담하되, 기한을 넘길 경우에는 도감에서 양료를 지급하도록 절충했다.

능역을 위해 동원된 승군의 규모와 일정에 차질을 빚기도 했다. 사릉 조영을 위한 승군의 부역은 1699년(숙종 25) 1월 10일부터 시작하기로 예정했다. 광주의 150명, 경기의 80명, 황해도 170명은 이미 9일을 기해서 봉점(逢點)한 후 10일부터 대·소부석소에서 석물을 예운(曳運)하고 있었다. 그런데 전라도의 승군 300명이 부역하지 못하면서 혼란이 발생했다.[116] 차사원인 곡성현감 김성원(金聖源, ?~?)만 9일까지 도달했고 승군들은 준비되지 못했다. 승군들에게 상경하지 말라는 오보로 인해 도달이 지체된 것으로 파악되었다. 이러한 혼란에 대한 조정을 위한 논의 과정에서 전라도 각 읍의 승군 동원의 현황을 파악할 수 있다.

진도승군 4명, 용담 2명, 전주 36명, 무주 8명, 여산 6명, 금산(錦山) 5명[117]
어제(11일) 정오 이후에 차사원이 거느려 온 각 고을 승군 장성, 남원, 담양, 고부, 김제, 익산, 순창, 임피, 금구, 진안, 구례, 옥과, 운봉, 곡성, 임실, 장수, 창평, 태인, 고창, 흥덕, 고산, 함열, 정읍, 무장, 부안 등 25읍과 10일 이미 도달한 각 읍 중에 점고하는 데 빠진 여산 2명, 금산 1명 등 육속봉점(陸續逢點) 색리는 이미 결곤(決棍)하였습니다.[118]

전라도 각 읍에서 승군이 차출되었음을 알 수 있다. 진도를 비롯한 6개 고을에서 61명이 우선 약속된 부역 일정을 맞출 수 있었다. 이들의 승군 외

116 『思陵封陵都監儀軌』, 「啓辭秩」, 己卯 正月 11日.
117 『思陵封陵都監儀軌』, 「啓辭秩」, 己卯 正月 11日.
118 『思陵封陵都監儀軌』, 「啓辭秩」, 己卯 正月 12日.

에 10일이라는 기약된 시기를 지키지 못한 25읍 승군과[119] 기일에 맞추었음에도 점고에 빠진 승군 및 담당아전에 대해서는 결곤(決棍) 처분했다. 승군 동원의 내용을 담은 뇌지(賚旨)를 잘못 전달한 색리는 물론 해읍 수령과 본도 감사에 대해서도 처분했다. 전라도 승군 중 진도와 인근의 승군 61명과 황해도 승군 170명, 경기 승군 80명은 10일부터 부역하여 24일까지 역을 수행한 후 방송되었다.[120]

입역 일수가 초과된 승군에 대한 조치가 있었다. 1699년(숙종 25) 1월 27일 능역이 마무리 되어감에 따라 동원된 승군의 양미에 대한 조치 문제가 제기되었다.

전라도 승군 300명은 스스로 양미를 준비하여 15일을 부역해서 이번 12일에서 26일까지를 기한으로 하였습니다. 그러므로 오늘 방송하였습니다. 그리고 애초에 정탈하실 때 15일 이후로는 도감에서 처리하여 급량(給粮)한 뒤 1삭을 채워서 사역하라 하셨습니다. 지금 소부석과 여러 석물을 나르지 못한 것이 진실로 많아 그 공역을 계산하면 기한한 입역 일수를 초과합니다. (중략) 예전 승군이 부역할 때의 전례에 호초(胡椒), 단목(丹木) 등의 물종을 하사하여 보냈습니다. 그런데 이번은 마침 동궁이 두후(痘候)로 여러 공사(公事)가 거행되지 못할 때에 유독 하사하는 은혜를 입지 못했습니다. 그러므로 삼도에서 방송한 승군에게 이러한 뜻으로 깨쳐 알리시고 각기 궤주(饋酒) 2차례와 약간의 전문을 분급하시며…. (후략)[121]

전라도 승군은 예정된 역을 마무리하고 방송되었으나 그외의 승군들은

---

119 이 과정에서 임실승군 1명, 장성승군 1명, 태인의 승군 2명은 부역을 위한 상경길 중간에 병을 얻어 진위, 광주에서 죽었다.
120 『思陵封陵都監儀軌』, 「啓辭秩」, 己卯 正月 25日.
121 『思陵封陵都監儀軌』, 「啓辭秩」, 己卯 正月 27日.

부석과 석재의 운반 등의 일로 인해 부역이 지속되고 있었다. 도감은 15일을 초과하여 입역하는 이들 승군에 대해 양미를 지원했다. 또한 도감은 이러한 승역에 대해 왕실에서 별도의 물종을 하사하는 전례가 있었음에도 동궁의 병환으로 인해 조속히 조치되지 못한 측면이 있다고 강조했다. 이에 따라 부역한 승군에 대해서는 왕실에서 궤주와 전문을 하사하여 위로했다.

5 각소 물력과 인력

1) 물력 운영

산릉도감을 중심으로 각소가 구성되었다. 이들은 삼물소(三物所), 조성소(造成所), 노야소(爐冶所), 대부식소(大浮石所), 보토소(補土所), 소부석소(小浮石所), 별공작(別工作), 수석소(輸石所), 분장흥고(分長興庫), 번와소(燔瓦所) 등이었다. 사릉봉릉을 위한 능역에 있어 각소의 운영 단상을 보토소와 부석소의 사례로 살펴볼 수 있다. 보토소는 산릉 일대 봉분 조성과 떼를 입히는 임무를, 부석소는 능 조성에 필요한 각종 석물의 준비를 담당했다.

보토소의 운영을 위한 물력이 지원되었다. 낭청, 감조관이 소용하는 황필 1필과 진묵 각 1정을 비롯하여 서리와 서원에게 필요한 백필 각 1병, 진묵 각 1정, 석연 2면이 그 내역이었다. 뿐만 아니라 보토소에서 소용하는 공사하지 3권, 문서를 넣는 유사(柳笥) 1부, 공석(空石) 5립, 망석(網席) 2립 등의 물력을 등록에 의거하여 지원했다.[122] 이 외의 물종과 관련해서도 보토소의 운영에 필요할 경우 해사로부터의 지원이 있었다.

> 보토소의 낭청, 감조관은 지금 소속 아문이 없으므로 의막(依幕)에 소용되는 지의(地衣), 등매(登每), 방석, 병풍, 요강, 대야, 다보아안(茶甫兒案), 휘건, 서안, 연석(研石), 연갑(硯匣) 등의 물건을 용환(用換)하는 조건으로 각 해사에 진배토록 하는 일로 감결함이 어떠합니까?[123]

---

122 『思陵封陵都監儀軌』,「補土所」.
123 『思陵封陵都監儀軌』,「補土所」.

보토소가 의막에 설치됨에 따라 낭청과 감조관의 직무를 위해 소요되는 물력은 각 해사에서 지원하도록 했다. 지의와 병풍 등을 포괄하는 이들 물종은 사용 후 반납하는 조건이었다. 이 외에도 감조관이 좌기할 때 소요되는 온돌목(溫突木) 매일 1단씩과 연탄(硯炭) 1승씩에 대해서도 해사로 하여금 보토소에 진배하게 했다.[124]

보토소의 임무에 필요한 물종이 각사로부터 지원되었다. 보토소는 모군이 부토속석(負土粟石)을 수행함에 있어 먼저 부토(負土)를 위해 사용하는 공석 100립, 망올(網兀) 50번(番)을 해창(該倉)으로부터 우선해서 가져다 썼다.[125] 이를 위해 등록을 참고하여 전례를 확인했다. 출릉한 뒤 역을 시작할 때 필요한 기(旗), 취각(吹角), 쟁(錚), 목통(木通) 등의 물력에 대해서도 해사에서 보토소에 진배하게 했다. 보토소에서 소용하는 물종 중에는 별공작과 조성소를 통해 마련되는 것도 있었다.[126] 목추(木椎), 평미리[平末乃] 등의 물종에 대해 별공작에서 담당하도록 했지만 때에 맞추지 못하게 되면서 조성소에서 만들어 대기도 했다.

도감은 보토소 운영에 사용된 각종 물력들을 정리했다. '잡물질'에는 보토소에서 운영한 물력의 현황은 물론 그 출처까지 밝히고 있다. 32종의 물력 중 등록에 명기된 물종을 대상으로 출처별로 다시 정리하면 아래와 같다.

도청: 곶광히[串光屎] 21개, 넓광히[廣光屎] 18개, 날가래[刃加乃] 23개, 평부자(平斧子) 33개, 각부자(角斧子) 2개, 삽 4개, 곡초(穀草) 27동, 공석(空石) 30립

---

124 『思陵封陵都監儀軌』, 「補土所」.
125 『思陵封陵都監儀軌』, 「補土所」.
126 『思陵封陵都監儀軌』, 「補土所」.

조성소: 넓광히 8개, 날가래 5개,

양주목: 곡초 10동, 생갈 3동, 편비개(編飛介) 17부(浮), 초둔(草芚) 6부, 말괴목(墨塊木) 16동

본소: 말괴목 40, 장달고목(長橽固木) 250개, 말목(末木) 4석(石)

조성소: 원달고목(圓橽固木) 3개, 목소시량(木小時良) 10개, 평미리[平末乃] 10개, 목추 5개, 소방마치[小方亇赤] 30개, 말목 2석

사도시: 목표자(木瓢子) 5개, 연표자(軟瓢子) 5개

군기시: 쟁 6개, 고(鼓) 4개, 기 8개[구죽(具竹)]

별공작: 목승(木升) 1개, 목두(木斗) 1개, 군장패(軍匠牌) 31개, 장패(長牌) 2개

양창(兩倉): 공석 100립, 망올 50번(番), 망석 2립

와서: 토화로(土大爐) 1개[127]

물력은 말괴목, 장달괴목 등과 같이 보토소에서 조치된 것도 있었다. 장달고목 250개를 모군산역(募軍山役)을 동원해서 직접 준비했다. 그러나 이들을 제외하고는 도청, 조성소, 별공작 같은 도감의 조직은 물론 사도시, 군기시, 와서 등 각사 그리고 양주목에서 지원하고 있었다. 능역이 마무리되자 양주목으로부터 취용한 말괴목 16동은 환하기도 했다.

　도감은 대부석소, 소부석소 등에서 소요하는 물력에 대한 조달 방안을 마련했다.

　능소 역사 시작 기일이 멀지 않습니다. 대·소부석소와 조선소(造船所)가 애초에 쓰는 철물 또한 매우 수가 많습니다. 경중에서 타조하여 가져가기 위해 들어가는 철탄을 외방에 분정한 후 물력이 도달하기 전에 우선 각 군문

---

127 『思陵封陵都監儀軌』, 「補土所」, 雜物秩. 木桶 4坐에 대한 내역은 부기되어 있지 않다.

에 빌려서 얻었습니다. 그런데 여러 가지로 막히어 수만큼 빌릴 수 있을지 알 수 없습니다. 그래서 지금 역을 중지할 것을 면치 못하게 되어 아주 민망합니다. 금위영의 신철 500근과 탄 200석, 훈련도감 신철 400근과 탄 200석, 어영청의 신철 400근과 탄 300석, 수어청의 신철 200근과 탄 200석을 먼저 빌려 써서 역사를 중단하는 폐단이 없도록 함이 어떠합니까?[128]

도감에서 올린 계의 내용이다. 부석소 등에서 소용되는 철물과 숯에 대해 지방 분정분이 도달하기 전에 금위영을 비롯한 오군영으로부터 철탄을 대용(貸用)하고자 했다.

소부석소는 석 571개를 마련했다. 이들 석재는 정자각, 월대, 향어로교(香御路橋), 협교(挾橋), 신문(神門), 홍문(紅門), 수라간(水剌間), 수복간(守僕間), 곡장(曲墻), 잡상(雜像), 안향청(安香廳), 전사청(典祀廳), 재실 등의 조성에 소용되었다. 그리고 이 외에도 초석, 엄석(掩石), 층계석(層階石), 막석(莫石), 침석(枕石), 주초(柱礎), 지계석(地階石) 등으로 사용되었다.

부석소는 외방으로부터 물력을 지원받았다. 전석 1,000립을 강화로부터 마련했다.[129] 물력의 확보에 제약이 발생하기도 했다.[130] 1699년(숙종 25) 1월 25일 대부석소의 석물이 수입(輸入)된 것과는 달리 소부석소의 경우는 그 수량이 많음에 따라 운반되지 못한 수가 과반에 이르기도 했다.

부석소는 도감으로부터 물력을 지원받기도 했다. 경기 감영에 생갈 등 각종 잡물이 배정되었고, 경기 감영을 통해 확보된 재원들은 도감에서 운영했다.[131] 대·소부석소와 조성소, 수석소는 12월 25일 시역하게 됨에 따라 재목을 도감에서 가져다 사용했다. 도감은 소요되는 개초(蓋草)와 생갈 등

128 『思陵封陵都監儀軌』, 「啓辭秩」, 戊寅 12月 22日.
129 『思陵封陵都監儀軌』, 「小浮石所」.
130 『思陵封陵都監儀軌』, 「啓辭秩」, 己卯 正月 25日.
131 『思陵封陵都監儀軌』, 「移文秩」, 戊寅 12月 12日.

을 분정했다.

> 대부석소: 개초편비내(蓋草編飛乃) 15동, 생갈 10동, 피강(皮糠) 50석
> 수석소: 개초편비내 5동, 생갈 30동
> 소부석소: 개초편비내 10동, 생갈 10동, 피강 50석[132]

대부석소, 소부석소와 수석소에서 소용하는 이엉으로 지붕을 이는 개초
편비내와 생갈 등이 획성되었다.

2) 인력 운영

각소의 소임에 동원된 인력 운영의 실상도 부석소와 보토소의 사례에서
알 수 있다. 이에 앞서 각소의 설치시 소임 규정 내용에 대해서는 조성소를
통해 알 수 있다.

각소 중 조성소가 먼저 설치되었다. 예조는 관상감의 택일에 따라 조성
소의 시역을 1699년(숙종 25) 1월 3일로 정했다.[133] 조성소에 대한 재목 운영
규정을 아래와 같이 정했다.

> 조성소 재목은 경중의 동남(東南) 근교에서 집착(執捉)한 것을 지금 바야흐
> 로 능소 근처로 옮겨 실어 나른다. 개인이 가지고 있는 재목을 집착한 것도
> 마찬가지로 차례대로 실어 들인다.[134]

---

132 『思陵封陵都監儀軌』, 「移文秩」, 戊寅 12月 14日.
133 『莊陵修改都監儀軌』, 「啓辭秩」, 戊寅 12月 初3日, 觀象監擇日別單.
134 『思陵封陵都監儀軌』, 「啓辭秩」, 己卯 正月 初3日.

조성소에서 소용할 재목에 대해 경중 인근으로부터 구하는 것은 물론 사가에서 보유한 재목에 대해서도 확보 후 사릉 능소로 운반하여 사용하게 했다. 이러한 재목의 집착과 운송이 조성소의 중점 역이었으며 여기에 부역 인력이 동원 및 운영되었다. 대·소부석소와 조성소의 관원을 12월 25일을 기해 발송했다.[135]

대부석소가 설치되었다. 예조에서는 관상감의 택일에 따라 대부석소의 시역은 기묘년, 즉 1699년(숙종 25) 1월 3일로 정했다.[136] 대부석소의 운영을 위한 인적 구성은 다음과 같았다.

낭청 1, 감조관 1, 영역부장(領役部將) 1, 서리 1, 서원 1, 고직 1, 사령 2명, 가사령(假使令) 1, 수직군사 2명[137]

낭청은 장예원에서, 감조관은 평시서에서 분정되었다. 수직군사 2명은 한양에서 분정되었다. 대부석소는 낭청 1원을 포함해 모두 11명으로 구성되었다.

소부석소가 운영되었다. 예조는 관상감의 택일에 따라 소부석소의 시역도 1699년(숙종 25) 1월 3일로 정했다.[138] 소부석소는 능내 정초(定礎) 등의 일을 조성소와 함께 간검했으며, 정자각 첨계(檐階), 월대축계(月臺築階)에 대한 습석(拾石), 전토(塡土) 등은 조성소에서 하게 했다.[139]

소부석소는 감조관 2원을 비롯하여 영역 1명, 서원 2명, 고직 1명, 사령

135 『思陵封陵都監儀軌』, 「啓辭秩」, 戊寅 12月 初8日.
136 『莊陵修改都監儀軌』, 「啓辭秩」, 戊寅 12月 初3日, 觀象監擇日別單. 대부석소에 畫員이 소속되어 그들이 '起畫' 단계에서 석물의 도상 등과 관련한 밑그림을 그린 것으로 추정하고 있다(김은선, 「朝鮮後期 王陵 石人 彫刻 研究」, 『美術史學研究』 249, 한국미술사학회, 2006, 124~125쪽).
137 『思陵封陵都監儀軌』, 「大浮石所」.
138 『莊陵修改都監儀軌』, 「啓辭秩」, 戊寅 12月 初3日, 觀象監擇日別單.
139 『思陵封陵都監儀軌』, 「小浮石所」.

2명으로서 모두 8명으로 구성되어 있었다. 감조관은 사직서참봉과 승문원 부정자에서 차출되었다.[140] 감조관 1원은 1698년(숙종24) 11월 9일에 계하되었으며, 12월 25일에 숙배한 후 그날 불암(佛巖) 부석소로 향해 26일에 시역했다. 나머지 감조관 1원은 이듬해 1월 1일에 숙배한 후 이튿날 부석소로 향해 합류했다.[141] 1월 16일에 능 내에서 간역을 한 이래 2월 25일에 필역하고 다음 날 복명했다.

보토소는 기묘년, 즉 1699년(숙종 25) 1월 20일에 사조(辭朝)했다. 그리고 1월 22일부터 시역에 돌입한 뒤 같은 해 2월 25일에 필역했다. 정자각 및 정강(正岡) 좌우의 평지에 사초(莎草)를 개복(蓋覆)한 뒤 2월 26일 복명함으로써 보토소는 소임을 마무리했다.[142] 보토소는 모두 17명으로 구성되어 운영되었다. 그 세부 구성은 아래와 같았다.

낭청 1, 감조관 2, 영역부장 4, 서리 1, 서원 2, 고직 1, 사령 2, 가사령 1, 수직군사 2, 원역화정(員役火丁) 1[143]

낭청은 형조정랑, 감조관은 전설사별검과 부사용 2명으로 구성되어 있었다. 가사령은 출릉한 뒤에 가출(加出)되었으며 수직군사 2명에 대해서는 병조로 하여금 담당하게 했다. 낭청 1원과 감조관 2원을 위한 취반을 목적으로 도척 2명이 경기도에 분정되었다. 이들 도척은 식정(食鼎)을 지니고 예에 따라 정송되었다.

보토소에서는 원역과 함께 역을 부담할 모군과 승군을 운영했다.

140 『思陵封陵都監儀軌』, 「小浮石所」.
141 『思陵封陵都監儀軌』, 「小浮石所」.
142 『思陵封陵都監儀軌』, 「補土所」.
143 『思陵封陵都監儀軌』, 「補土所」.

보토소에서 모군을 모집해서 얻는 일을 아뢰어 결정된 내용입니다. "승군은 이미 외방에 나누어 정했으되 스스로 감당해서 보낼 수 있는 만큼 각 소의 역이 있는 곳에 분정한다. 그리고 모군이라는 것도 또한 힘껏 모집해서 나누어 보내되 미리 품정할 필요는 없다"고 판결하셨습니다. 그런데 승군은 이미 외방에 분정했다고 하셨으니 모군은 미리 거행하여 성책을 수정하지 않을 수 없습니다.

능역을 위해 동원하는 승군은 지방에 분정하여 충당한 다음 각소에 소속시켰다. 모군에 대해서도 한성부로 하여금 모득(募得)하여 충당하도록 했다. 이들 모군의 동원과 운영에 대해서도 정리했다.

등록을 가져다 살펴보니, 보토소의 산역모군(山役募軍)은 180명이 1일 입역하면 장달고목 526개, 90명이 하루 입역하면 말괴목 87개, 30명이 한날 입역하여 축목(柷木) 29동을 베어 온다. 이것들을 가져다 쓴다고 등록에 실려 있다. 그러니 이번에 어떻게 할지에 대한 수본의 판결 내용이다. "20명이 하루 부역해서 장달고목 200개, 30명이 1일 부역으로 말괴목 30동을 만들어 가져다 쓰되 축목은 이번에 잠시 덜어서 없앤다."[144]

예전 등록을 통해 모군 180명 등 입역 모군에 따른 목재 확보량이 참고되었다. 사릉 산릉에 있어서는 산역을 위한 모군 50명이 장달고목, 말괴목 등을 마련하도록 했다.
보토소는 도감으로부터 지원받은 모군을 역에 따라 운영했다. 모군 300여 명을 출릉 전에 미리 부토하도록 했다. 부토한 모군 280명 내에서

---

144 『思陵封陵都監儀軌』, 「補土所」.

80명은 벌목이나 습석하고 그 나머지 200명은 보토하게 했다.[145] 정강(正岡)의 전후좌우를 개복하는 데 필요한 사초 5만 장은 보토소의 모군 280명과 각소 속모군(束募軍) 300여 명이 능소 근처에서 구하도록 했다.[146] 보토가 끝난 후 사토역(沙土役)을 위해 모군 10여 명을 사역시켜 튼실한 말목을 마련했다.[147]

145 『思陵封陵都監儀軌』, 「補土所」. 왕릉에 있어 조선전기에 잠시 등장한 炭隔은 병자호란 이후 왕릉 제도의 간소화를 이유로 사라졌다[이우종, 「조선 왕릉 광중 탄격(壙中 炭隔) 조성의 배경과 시대적 변천」, 『大韓建築學會論文集 計劃系』 26-4, 대한건축학회, 2010, 192쪽].
146 『思陵封陵都監儀軌』, 「補土所」. 正岡의 전면은 長 35척, 高 18척, 廣 18척이었으며, 우변은 高 8척 5촌, 좌변은 高 7척이었다.
147 『思陵封陵都監儀軌』, 「補土所」.

다층적 재원운영

조선시대 국가 운영에 있어 경제적 측면과 관련하여 한 축을 구성하고 있는 부분이 왕실의 유지와 그에 따른 재원 문제이다. 조선왕실의 각종 행사, 즉 의례를 중심으로 한 왕실문화와 관련한 자료를 활용하여 그 실제에 대한 접근을 시도했다. 왕실문화 중 왕실의례와 연계한 제반 의식과 그에 수반된 재원의 운영 실태를 분석했다. 이를 위해 왕을 정점으로 한 왕자녀 및 왕실의 구성원, 그리고 여기서 파생되는 가례, 출합, 연회, 봉릉과 같은 왕실의례에 다른 경제적 운영상을 연구의 범위로 설정하고 사례별로 살펴보았다. 이러한 연구를 통해 조선왕실의 문화에 대한 이해에 있어, 특히 왕실의례와 관련한 물적 토대와 재원운영의 특성에 대해 접근하기 위해서는 조선시대 국가와 왕실의 관련성을 고려할 필요가 있다는 점을 제기하고자 했다. 대상 자료는 왕실의례와 관련한 의궤와 등록, 그리고 각종 왕실 및 민간 고문서류를 활용했다. 자료 분석은 왕실의례에 있어 도감을 중심으로 중앙의 각사 및 외방으로부터의 인적인 동원구조는 물론 물적 재원의 확보와 지출 실태를 추적하는 방향으로 진행했다. 이를 통해 17~18세기 왕실의례가 조선의 경제 운영에서 재원 지출과 인력 운영의 틀 속에 복잡하게 혼재되어 있음을 확인할 수 있었다.

왕실재정을 주제로 한 연구는 19세기 말 사궁장토(司宮庄土)의 정리와 왕실 회계에 대한 검토를 통해 계량사적 특면에서 성과를 달성했다. 이와 같은 성취는 각종 정례 및 사례류 자료를 토대로 하면서도 구한말 왕실재정

정책 및 일제강점 초기의 궁장토 정리 등과 관련한 자료를 활용한 결과이다. 그럼에도 불구하고 왕실문화의 관점에서 왕실의례를 중심으로 운영한 인적, 물적 실제를 보완하고자 했다. 이 연구에서는 조선초기 및 19세기 이후 왕실재정 문제에 집중되었던 연구성과를 토대로 조선후기, 특히 17~18세기적 특징에 대해 조명했다. 또한, 이 시기를 중심으로 왕실의례와 재원운영의 관점에서 의궤와 등록을 집중분석했다. 조선시대가 내재하고 있는 왕실의례와 관련한 재원운영의 다양한 측면에 대한 추적에 있어 근대성(Modernity)의 시각을 바탕으로 한 발전적 접근에서 빗어나 동시대의 실상을 상세한 묘사(Thick Description), 혹은 두터운 설명을 통해 서술하고자 했다.

첫 번째 장에서는 왕실의례 중 왕실의 살림살이와 관련한 출합을 분석했다. 왕실에 있어 분재에 대한 측면을 살펴보기 위한 목적에서 국왕을 정점으로 한 왕실 구성원에 대한 노비, 토지, 각종 기물 등의 사여 실제를 반영하고 있는 출합의 문제를 살펴보았다. 이를 위해 왕실의 군, 대군, 옹주, 공주에 대한 출합을 사례로 추적했다. 출합과 관련한 등록 및 의궤 자료를 발굴하고, 동시에 관찬 사료를 바탕으로 출합에 대한 인식과 제도적 논의의 전개상을 종횡으로 연결하였다. 여기에 출합에 있어 분재의 성격을 지니는 고문서를 발굴하여 실제적 측면을 보강하였다.

'왕실의 분재'와 관련한 측면에 대해서는 '출합과 경제적 지원'의 관점에서 분석했다. 먼저 출합과 관련한 조선시대의 역사적 전개양상, 국가와 왕실에서 진행된 출합에 대한 논의의 변화, 출합의 사례를 통한 경제적 지원의 실태를 추적했다. 출합에 대한 제도와 인식의 변화양상에 대해서는 조선전기부터 후기까지 출합의 제도적 추이와 여기에 대한 왕실과 조정의 인식 차이를 살펴보았다. 출합에 있어 제택(第宅)의 사여는 태조가 공주에게 한성부 가사를 사여한 분재에서 비롯되었다. 이를 계기로 출합 왕자녀에 대한 경제적 지원이 관행화되었다. 그러나 임진왜란 및 병자호란과 같은 전란을 거치면서, 조선전기 출합을 계기로 하여 왕실 구성원에 대해 물적 지원이 이루어진 제도적 관행의 지속성이 약화되었다. 그럼에도 불구하고 국왕과 왕실에서는 관례에 대한 확인을 통해 출합을 계기로 왕자녀에 대한 물적 지원을 위한 관례의 유지 및 복원에 주력하였다. 여기에 대해 조정대신들은 국가재정의 측면에서 출합 왕자녀에 대한 물적 지원을 축소하려는 주장을 지속적으로 강화함으로써 왕실의 '사적' 경제 부분을 견제했다.

출합과 관련한 경제적 지원에 대한 논의는 왕실 구성원, 즉 선대왕의 왕자녀를 포함한 그들의 사적인 친소 관계를 반영하고 있었다. 길례 후 왕자녀를 비롯한 부마 등은 궁실에 거주했다. 이에 따라 출합은 외척의 잦은 궁중 출입을 제한하기 위한 조치로 길례와 함께 논의되었다. 출합은 단순한 의례에 그치는 것이 아니라 왕자녀에 대한 경제적 후원의 문제와도 연결되어 있었다. 이러한 측면에서 연잉군의 출합에 대해 『왕자가례등록』을 참고하여 사례로 검토했다. 숙종은 1710년(숙종 36)부터 연잉군의 출합을 논의하기 시작하여 2년 이상 번복을 거듭하다 1712년(숙종 38)이 되어서야 그해 2월 12일로 출합일을 결정했다. 2년 동안 6차례 이상 출합 예정일을 연기할 정도로 택일에 신중을 기했다. 이것은 연잉군에 대한 숙종의 사랑이 반영된 것이기도 했으나 출합에 필요한 물적 기반을 안정적으로 확보함은 물론, 출합에 앞서 토지, 노비, 녹봉 등의 사여를 원활히 하고자 한 측면도 있었다.

왕자녀의 출합과 관련하여 왕실과 국가재원을 통해 이루어진 경제적 지출은 제택의 영건과 출합 물력의 지원, 그리고 토지와 노비에 대한 사여와 획급이었다. 제택 지원은 신축과 더불어 가사의 매득을 통한 획급, 그리고 낡은 옛 궁에 대한 수보 등의 방향으로 실시되었다. 출합에 앞서 제택 마련이 강조되었으며, 이를 위한 물력은 호조에서, 인력에 대한 확보는 병조에서 이루어졌다. 출합 물력은 출합례를 위한 준비뿐만 아니라, 출합 후 생활에 소요되는 각종 기명과 집물에서부터 장류에 이르기까지 매우 세분되었다. 이와 같은 세세한 물종은 호조, 예조, 병조를 비롯하여 중앙관서의 중요 각사에 분담하였다. 토지와 노비는 출합을 전후한 시기에 부정기적으로 사급되고 있었다. 궁장토에 대한 면세와 침탈에 대한 논란이 18세기 이후부터 본격적으로 대두하여 혁파 논의가 전개되었음에도 불구하고 출합 전후 왕자녀에 대한 획급은 관행으로 유지되었다.

왕실과의 혼인, 그리고 출합으로 인한 경세적 지원이 사가의 경제직 처지에 영향을 끼쳤다. 이와 관련해서는 조선초기 해주정씨 정종과 경혜공주의 가례와 출합의 사례를 살펴보았다. 해주정씨 가문은 정종이 경혜공주와 혼인을 하게 되면서 부마가로서 토지와 노비를 포함하여 많은 경제적 후원을 받았다. 더불어 단종비 정순왕후가 해주정씨 정미수를 의자(義子)로 삼으면서 왕실 연원의 경제 기반이 해주정씨 종가로 흘러갔다. 그리고 조선후기 정치적 부침 속, 단종이 신원되는 과정에서 왕실혼 인연이 있던 해주정씨 가문이 노산군과 노산군부인 묘역을 수호한 공을 인정받으면서 국가와 왕실은 이 가문에 대한 정치적·경제적 후원을 아끼지 않았다. 이러한 조선시대 왕실혼 가문에 대한 후원의 계기는 해주정씨 가문의 국혼이었고, 그 출발점은 출합에 따른 경제적 후원이었다. 해주정씨의 사례에서와 같이 왕실혼과 출합을 계기로 촉발된 사가에 대한 토지, 노비 및 제택의 사여 사례는 조선시대 출합과 이를 통한 왕실, 국가의 왕자녀 및 그 후손가에 대한 경제적 지원의 실제를 보여 준다.

왕실의례에 있어 출합을 통한 왕실 구성원에 대한 경제적 지원을 분재의 측면에서 검토한 결과, 왕실과 국가를 통한 지원을 확인할 수 있었다. 조선왕실은 출합을 왕자녀에 대한 경제적 지원의 계기로 삼았으며, 여기에는 국가의 각사를 통한 물력 동원이 있었다. 출합의례를 계기로 제택과 각종 물력의 지원이 본격화되었으며, 왕실에서는 출합 시기의 조절을 통해 물적 지원에 대한 시간적, 제도적 안정성 확보를 도모했다. 토지의 경우에 있어서도 지난한 궁방전 혁파 논의에도 불구하고 이에 대한 특권적 지원을 양보하지 않았다. 왕실의 이러한 대응은 개국 초 왕실재원에 기반한 가사의 사여 등과 국가재원 지원을 통한 출합 지원의 관례를 지속적으로 강조하여 왕실 구성원에 대한 경제적 지원을 도출하고자 하는 의도가 반영된 결과였다.

2장에서는 왕실의례에서 가례에 필요한 재원운영의 실태를 추적했다. 왕실의 가례와 관련해서는 1759년(영조 35) 영조와 정순왕후의 가례를 정리한 『가례도감의궤』를 중심으로 하되 이를 전후한 시기의 의궤, 등록 자료를 참고 및 비교했다. 가례도감은 가례도감도청을 중심으로 각방, 별공작, 수리소 등이 그 소임에 따라 역할이 분배되었으며, 그에 따라 재원과 인력의 운영도 상이했다.

가례도감에서는 인력과 요포의 운영에 대한 규식을 마련하고 운영했으며, 도감의 운영을 위한 원역과 서리 등의 인력을 동원했다. 각사로부터 요포를 받는 서리, 서원, 고직 등이 도감으로 차정되어 운영되었다. 이와 같이 중앙각사로부터 도감의 운영을 위해 동원된 인력은 호조, 병조를 비롯하여 선공감, 오군영, 선혜청, 평시서, 광흥창, 군기시 등을 망라하고 있었다. 요포로 소요된 재원은 미 200석, 목 20동을 비롯하여 전문 1,000냥 이상의 규모였으며, 주로 호조와 병조에서 지출되었다.

가례 의식을 수행하기 위한 인력도 각사에 배정하고 동원되었다. 친영례 때에는 1,188명이 동원되었다. 교명 및 상탁 등의 제작을 담당한 일방은 별도의 낭청과 감조관을 배치하여 그 인원이 25명에 이르렀다. 뿐만 아니라 화원, 소목장 등과 같은 공장도 85명을 동원했다. 육례의 절차에 따라 장서원, 장악원 등으로부터 차비관 73명이 차정되었으며, 차비의녀도 121명이 동원되었다. 도감에서 소용하는 물력은 도감의 운영을 위한 재원을 비롯하여 각종 물종의 제작에 소요되는 물력까지 포괄하였다. 도감의 행정 운영을 위한 문방구, 난방을 위한 소목 등 지원의 범위는 방대했다. 이들 물종은 예조를 비롯한 중앙의 각 아문으로부터 지원받았다. 육례에 소요되는 재원은 도감을 중심으로 호조, 병조, 내수사로부터 지원이 있었으며, 그 내용은 은자 500냥, 전문 150관, 목면 15동, 동철 300근, 주철 800근 이상의 규모였다.

도감 외에도 각방과 각소의 운영을 위한 재원이 동원되었다. 가례 때 본궁에 대한 수리와 각종 기명에 대한 제작을 담당한 수리소의 사례도 마찬가지였다. 기명의 보수와 제작에 소요되는 물력은 한성부에 부과되거나 호조로부터 실입(實入)에 따라 지원받았다. 수리소는 정당(正堂)과 가가(假家) 등 여러 전각의 수보에 많은 재원을 호조로부터 지원받았다. 대표적으로 정당 보수를 위해 정철 500근을 비롯한 탄(炭)이 호조로부터 지출되었다. 수리소에서 설치한 별감입접가가(別監入接假家) 등의 가가는 모두 192칸 내외였으며, 어물고와 유기고 등이 또한 45칸이었다. 이들의 조성을 위해 소요된 철탄 이외의 물력에 대해서도 호조로부터 지원이 있었다.

가례에 있어 인적, 물적 지원은 호조와 병조를 중심으로 하면서 경중각사에도 배정되었다. 이러한 운영은 가례도감이 전례를 참조한 결과였다. 17세기 말 숙종과 인현왕후 가례 과정에서 도감에 동원된 원역, 공장 등에 대한 요포 지급 등 물력 운영이 이루어짐에 따라 18세기 영조와 정순왕후의 가례에서도 전례로 참고되었다. 영조는 가례 과정에서 절검을 강조하는 정치적 입장을 견지했다. 여기에는 주자 성리학에 입각한 '검소'의 가치가 투영되어 있었다. 이러한 배경에서 가례와 관련한 재원의 규모를 파악하기 위해 『국혼정례』, 『상방정례』 등이 간행되었다. 그럼에도 불구하고 실제 가례 사례에서는 도감을 중심으로 각사와 외방이 다층적으로 운영되면서 지출의 규모를 제한하기에는 한계가 있었다.

제3장은 왕실연회에서의 재원운영을 분석했다. 이를 위해 17세기의 사례로서 1630년(인조 8)의 숭정경오『풍정도감의궤』, 18세기적 현상에 대한 연구를 위해 1719년(숙종 45) 숙종기해『진연의궤』와 1744년(영조 20)의 영조 갑자『진연의궤』를 사례로 살펴보았다. 이들은 왕실연회의 재원 동원 양상과 운영 방식의 추이를 분석하기에 용이한 자료이다.

17세기 진풍정은 전례에 대한 고증을 통해 조선후기 왕실연회, 즉 진연과 진찬의 지침으로 작용했다. 그 출발은 1630년(인조 8) 3월 3일 진풍정을 준비하면서 의절과 물력 운영의 전례를 상고한 내용에 있었다. 그러나 1611년(광해군 3), 1624년(인조 2) 왕실연회와 관련한 등록이 전란으로 인해 훼손됨에 따라 많은 난관을 겪게 되었다. 그럼에도 진풍정을 위한 삼도습의와 진연 정일을 확정하고, 육조를 비롯한 제용감과 상의원 등 행례를 위한 각사의 인적, 물적 지원 체계를 갖출 수 있었다.

진풍정 설행을 위해 도감은 물력과 인력을 운영했다. 물력 동원은 내자시, 사옹원을 비롯한 공조와 의영고를 중심으로 하되, 진연 행사에 필요한 가면 등에 대해서는 선공감, 와서 등이 담당했다. 진연 인력은 정재를 위한 여기와 의녀가 있었으며, 그 외의 각종 역을 위해 공신들의 사패 노비는 물론 관노비도 적극 동원되었다. 진풍정은 논상을 끝으로 마무리했다. 의례에 관여했던 관원에 대해서는 말과 상현궁 등을 하사하고, 그 외에 의장 등에 동원된 인력에 대해서는 선온하는 등 간략하게 논상했다. 인조조의 진풍정은 전란으로 인해 전례를 참고하기 힘든 상황에서 복잡한 다층적 재원운영의 양상을 보이고 있음에도 불구하고 이후 진연을 위한 근거를 마련하였다는 점에서 의의가 있다.

18세기 초 숙종 때 설행된 진연은 전례를 참고하여 도감의 설치와 동기에 대한 임무 분장도 이루어졌다. 1719년(숙종 45) 9월 28일로 진연이 확정됨에 따라 신속하게 도감이 조치되었다. 도감에는 당상, 낭청, 별공작, 감조관을 중심으로 각종 원역이 배치되었다. 진연청의 운영을 위해 소요되는 각종 문방구는 물론 난방과 조명을 위한 물력까지 호조, 장흥고, 사섬시 등을 통해 조달되었다. 진연 준비를 위한 인력으로 숙수, 고직 등은 내자시, 내섬시, 예빈시 등으로부터 지원받았다.

진연례를 실시하는 데 필요한 물력과 인력이 진연청 중심으로 운영되었다. 진연 물력은 도감에서 별도의 절목을 통해 대전 등의 진연에 필요한 음식물을 확정했다. 이들은 내자시, 사옹원, 사휵서가 지원했다. 잡물은 공조, 호조, 의영고를 통해 마련했다. 얼음과 유자는 경기 및 전라 감영 등에서 상달하도록 조치하였다. 진연에 동원된 인력은 공장(工匠)과 장인을 비롯하여 악공, 무동 등으로 내섬시, 내자시, 예빈시와 장악원 및 각도에서 차출되었다. 이들에게는 각종 요포와 찬물을 사역일수와 그 비중을 기준으로 차등 지급함으로써 소요되는 재원이 증대했다. 재원은 호조와 병조에서 마련했다.

진연이 끝난 후에는 진연청의 당상과 낭청을 비롯하여 도청 소속의 원역, 공장에 대해 승서(陞敍) 조치하거나 미와 포 등을 차등 지급하였다. 그리고 진연의례의 전 과정과 재원운영의 실상을 수록한 의궤를 제작하고, 여기에 대한 규정도 분명히 하여 진연 운영을 위한 전거로서의 기능을 확립하였다. 18세기 초의 진연 사례에 대한 분석을 계기로 17세기 인조 때 시도되었던 재원 동원 체계가 비로소 정비됨과 동시에 인력에 대한 운영도 구체화되었음을 확인할 수 있다.

18세기 중엽의 진연은 1744년(영조 20)의 『진연의궤』를 대상으로 했다. 대왕대비전, 중궁전, 그리고 대전 진연을 사례로 살펴보았다. 도감은 10월

3일과 7일의 진연을 한 달 앞두고 9월 3일 설치되었으며, 이와 동시에 같은 날 아침부터 회동이 이루어졌다. 이날을 기준으로 호조, 예조, 선혜청 등에 회동 사실이 통지되고 진연 준비에 착수했다. 진연청의 당상과 낭청, 원역이 갖추어지고 도청의 운영을 위한 가가, 물력이 신속하게 지원 및 배치되었다.

진연청은 진연을 위한 물력과 인력을 전례에 준용해 운영했다. 진연을 설행하기 위한 재원은 진휼청의 미 800석을 기준으로 지원되었다. 도감은 호조를 통해 진휼청으로 하여금 이를 도청으로 이송하게 했다. 진연에 필요한 각 물종은 중앙과 지방에 배정되었다. 중앙각사는 각종 찬품을 준비하였으며, 호조와 내자시, 내섬시, 사옹원 등이 담당했다. 차일과 유둔 등은 5군영으로부터 동원했다. 지방 물력의 경우 유자와 찬품이 분정되었는데, 이는 공상과 연계하여 각 감영에서 상송하게 했다. 진연 시 필요한 재원과 물력은 원칙적으로 중앙재원 중심으로 운영하되, 일부 지방에서 동원되는 관행이 유지되었다.

진연에 동원된 원역과 공장 등에 대한 요포, 삭미, 점심미 등에 대한 지출도 이루어졌다. 이들에 대한 재원은 호조와 병조 등을 중심으로 지원되었다. 진연 인력은 가각색장의 분배에서 알 수 있듯이 육조와 각사를 망라하여 고루 분배되고 있어 중앙각사의 조직적인 동원과 분배가 이루어졌음을 알 수 있다. 진연을 위한 기생의 경우는 정재의 특성상 지방관청에 고루 분배되어 동원되었다. 뿐만 아니라 공장의 장인은 모두 237명이었으며, 이들은 사흉서, 사옹원, 내자시 등의 중앙관청 소속이었다. 각방의 경우도 그 소임에 따라 임무가 분장되어 운영되었는데, 필요한 물력과 요포의 경우는 호조와 상의원 등과 협조가 이루어졌다. 18세기 중엽의 진연은 18세기 초에 정비된 전례를 준수함과 동시에 영조의 정례정비를 반영함으로써 이후 진연의 규범이 되었다.

왕실연회에 있어 재원운영은 17세기 전례가 고증되고 18세기 제도 점검과 정례화 과정을 겪으며 정비되었다. 17세기 인조 때에는 전란으로 인해 제도적 정비가 미진함에 따라 인력의 동원이 공신들의 노비에까지 이르렀고 물력 또한 동원 범위의 체계가 정비되지 못했다. 18세기 초 숙종 때에 이르러 인력과 물력의 중앙각사 중심 체제가 갖추어진 이후, 이를 바탕으로 18세기 중엽 영조에 의해 조직적이고 신속한 진연의 운영과 재원 동원 체제가 마련될 수 있었다. 영조조 이후 중앙각사를 중심으로 지방까지 포괄하면서 나층적인 진연을 위한 물력과 인력 지원 체계가 정비되었음을 알 수 있다.

마지막 장은 봉릉에 있어서 인적, 물적 동원 구조에 대해 추적했다. 이와 관련해서는 『사릉봉릉도감의궤』를 중심으로 분석했다. 이 의궤는 1698년 (숙종 24) 단종비 정순왕후 송씨에 대한 복위와 동시에 실시된 사릉의 산릉 조성 과정을 정리한 자료이다. 여기에는 봉릉의 의절은 물론 재원운영에 대한 정밀한 정보가 수록되어 있어 분석에 용이하다. 사릉이 봉릉되기 전 정순왕후 송씨의 분묘는 해주정씨 종가의 선영에 위치하면서 이들에 의해 향사되고 있었다. 이를 계기로 사릉의 조성을 논의하는 과정에서 해주정씨 종가 역대 인물의 분묘에 대한 존치 조치가 내려짐과 동시에 선영과 관련한 재산권의 보장이 결정되었다. 사릉봉릉과 산릉 조성 과정에서 왕실혼 인연이 사가에 끼친 영향을 확인할 수 있었다. 왕실의 출합 그리고 그에 이은 경제적 지원과 정치적 후원의 개연성이 봉릉에 대한 논의 과정에서 해주정씨의 사례에서 드러났다.

봉릉도감의 운영을 위한 인적 구성은 이조에서 마련했다. 이들은 모두 63명으로 공조, 형조, 호조는 물론 평시서, 장예원, 사복시, 선공감, 와서 등으로부터 차출되었으며 요포는 본 소속의 각사로부터 지급받도록 했다.

능역에 동원된 역군은 모군하거나 승군을 활용했다. 이 과정에서 소요되는 재력은 외방, 즉 경기 감영 및 양주를 비롯하여 황해도, 전라도, 함경도로부터도 동원되었다. 승군은 모두 500명 내외였으며, 이들은 경기도 인근의 군읍에 분정되었다. 모군에 대해서는 미와 목으로 삭하(朔下)를 지급했으며 주로 경기일대에서 조치되고 있었다.

봉릉을 위한 물력도 중앙각사는 물론 외방에도 분정되었다. 능의 조성을 위한 목물과 야탄, 석회, 전석 등의 물력이 필요했으며 이들은 경사(京司)는 물론 외방에서 지원이 이루어지도록 했다. 경사로는 사복시, 어영청, 진휼청 등이었으며, 외방에 대해서는 황해, 평안, 전라, 함경 감영 등이 그 대상이었다. 경사에서는 사복시에서 미 500석을 비롯하여 모두 2,000석의 미곡을 지원하도록 했으며, 외방으로부터는 황해 감영에서 포 30동을 비롯한 각종 포 150동을 부담하도록 했다. 정자각, 재실 등의 조성에 소요되는 목재와 기와 등은 경저(京儲)를 바탕으로 하되 그 나머지는 무역하였다. 그리고 목재는 사산(私山)에서 모군을 동원해 벌목하여 마련했다.

도감은 인력 및 물력 운영을 위해 경아문과 외영으로부터 재원을 지원받았다. 이들 재원은 목 100동, 은자 250냥, 전문 약 7,000냥을 비롯하여 미 1,400석 가량이었다. 도감은 이들 재원의 운영과 동시에 능역에 필요한 물종의 제작과 확보를 위해 보토소와 부석소 등 각소를 운영했다. 이들 각소도 원역과 공장을 갖춘 조직으로 운영되었다. 원역들은 한양과 장예원 등에서 지원되었고, 역군으로는 승군과 모군을 활용했다. 그리고 필요한 집물과 물력은 군기시와 사도시를 비롯하여 양주목 등을 통해 확보했다. 사릉이 경기도 양주에 소재한 측면이 있기는 했지만, 사릉을 위한 산릉 조성은 외방에 대한 물력 분정과 인력 동원의 폭이 가례 등 다른 왕실의례에 비해 확대된 측면이 있었다. 이는 곧 왕실의례에서 비롯된 재원운영이 다층적이었으며, 재원 동원의 파급이 상대적으로 확대된 측면이 있었음을 암시한다.

이 연구는 조선시대, 특히 조선후기 왕실의례에 있어 각종 재원의 동원과 운영의 실태를 추적했다. 왕실의례 중 출합을 시작으로 가례, 연회 그리고 봉릉에 이르는 일련의 의례를 살펴보았다. 이들 의례의 작동과 완성을 위한 핵심 요소는 각종 물력과 인력 같은 재원의 동원 및 운영의 문제였으며, 이것이 왕실의례에 있어 물적 기반이었다.

왕실의례에서 가례, 출합, 진연, 봉릉에 이르는 사례가 국가와 왕실의 재원운영 문제에 대한 전모를 설명하는 사례라 할 수는 없다. 하지만 의례의 흐름과 관련한 재원운영 양상의 분석을 통해 개연성을 찾을 수 있었다. 조선시대 국가와 왕실재정의 운영 구조에 대한 연구는 19세기를 혼란기로 규정함과 동시에 20세기 초 대한제국기를 국가와 왕실재정의 분리를 모색했던 근대적 재정운영의 전환기로 상정하고 있다. 또 한편으로는 조선초기의 왕실재정 체계 확립 시기를 규명하고 왕실재정과 국가재정의 특징에 대한 연구가 진행되었다. 그간의 이러한 연구는 조선의 재정운영에 있어서 왕실재정과 국가개정의 혼재 양상을 근대성이라는 틀 속에서 전근대적 요소로 규정하였다. 그렇지만 조선시대, 특히 17~18세기의 사례는 이러한 복잡하면서도 혼란스러운 양상이 내포한 다층적 재원운영의 의미를 보여주고 있다.

조선왕실의 의례와 재원의 문제에 대한 접근을 통해 근대성의 시각과 발전적 역사관에 입각하여 왕실재정과 국가재정의 이원성, 혹은 그 비효율성의 문제를 추적하는 데에 한계가 있다는 결론에 한 발짝 다가설 수 있었다. 의궤와 등록은 국가에 의한 의례 진행과 이에 따른 관서 사이의 관계성 및 절차를 정리했기 때문에 왕실 및 그와 관련한 경제적 연결관계를 반영한 내용은 일면 제한적이다. 그럼에도 불구하고 왕실을 위한 재원 조달을 담당했던 내수사에서 출합, 가례, 진연 등에 일정한 물적 지원이 실시된 상황이 확인된다. 그리고 출합과 진연 등의 사례에서 국왕과 왕실의 사적

결론　다층적 재원운영

재원이 있었던 단서를 발견할 수 있다. 왕실의례에 있어 왕실재정이 국가 재정의 운영과 관련성을 지니고 있으며, 이러한 특징을 근대라는 관점에서 재단하는 데에 한계가 있다는 문제를 제기했다. 한편으로는 왕실의례의 운영에 있어 다층적 재원운영이라는 성격도 확인할 수 있다.

도감이나 도청이 주도하여 관련한 의례의 의절을 진행하고, 또 여기에 수반되는 물력이나 인력과 같은 각종 재원을 조정했다. 도감은 의궤에 수록된 계사질을 비롯하여 이문, 내관, 감결 등의 문서행이(文書行移)의 내용을 참고할 경우 국왕을 정점으로 중앙각사 및 외방관서와 지속적으로 운영 및 재원 조달을 조정하고 실시했다고 볼 수 있다. 이 과정에서 경중각사 외에도 외방에서도 재원의 동원이 이루어지고 있다. 그리고 도감 내에서도 각 방이나 각 소를 설치하고, 필요한 공사원을 배치하여 그에 따른 소임의 달성을 위해 공장, 기생 등의 인력은 물론 철물, 시탄 등의 물력 등 각종 재원의 동원이 이루어진 점은 다층적 운영 구조의 특징을 보여 준다.

조선시대, 특히 17~18세기에 있어 왕실의례는 국가재정의 틀 속에서 왕실재정이 혼재된 상황에서 운영된 특징이 있다고 할 수 있다. 이는 조선시대가 내포하고 있는 역사적 다양성, 혹은 전제왕권시대 왕실의례와 국가의례 사이의 특수성에 대해 보다 주목할 필요가 있음을 암시한다. 여기에는 도감을 정점으로 하면서도 중앙과 지방은 물론 각사에도 역할이 부여되어 다층적으로 실행된 재원 동원 구조와 일면 중층적으로 보이는 재원운영의 단면을 염두에 둘 필요가 있다. 앞으로 왕실문화와 조선시대 재정 연구는 국가와 왕실의 연결성이 지니고 있는 이러한 특수성의 측면에서 접근할 필요가 있다는 문제를 제기하며 이 책을 갈무리한다.

참고문헌

1. 사료

「昆陽郡兩浦面延礽君房起耕量付田打量成冊」(奎19302), 「昆陽郡延礽君房折受無主田畓字號庫員數打量成冊」(奎19302), 「鑄銅李橦命家配置圖」(청구기호 S12-07-4547), 「京畿道庄土文績」(奎19299), 「慶尙南道昆陽郡兩浦面所在庄土 趙永鎬提出圖書文績類」(奎19302), 「慶尙道所在(毓祥宮)各邑奴婢丙戌以後乙未至計推刷都案」(奎18725), 「慶尙道安東縣毓祥宮奴婢戊戌條收貢成冊」(奎18724), 「冠禮謄錄」(K2-2618·K2-2661), 「楊州牧延礽君房買得田畓打量成冊」(奎18908), 「延礽君房買得平安道嘉山郡伏在南面在公浦泥生處可築新筒內打量成冊」(奎18874), 「咸鏡道永興府正邊社平湖弼仁浦伏在延礽君房買得田打量成冊」(奎18873).

高宗戊辰「進饌儀軌」, 肅宗己亥「進宴儀軌」, 肅宗-仁顯王后「嘉禮都監儀軌」, 純祖己丑「進饌儀軌」, 英祖甲子「進宴儀軌」, 英祖乙酉「受爵儀軌」, 英祖乙卯「整理儀軌」, 英祖-貞純王后「嘉禮都監儀軌」, 「思陵封陵都監儀軌」, 崇禎庚午「豊呈都監儀軌」, 「王子嘉禮謄錄」, 「毓祥宮田案改修正」, 仁祖庚午「豊呈都監儀軌」, 「莊陵修改都監儀軌」, 「國婚定例」, 李廷馨「東閣雜記」, 鄭箕祚 篇, 「海州鄭氏家乘」, 「肅宗仁顯王后 嘉禮班次圖」(韓國精神文化研究院, 2002).

국립국악원, 「조선시대 음악풍속도」I, 2002.

국립중앙박물관, 「古文書」-국왕·왕실문서·관청문서, 2004.

_____, 「조선시대 궁중행사도」I, 2010.

_____, 「145년 만의 귀환, 외규장각 의궤」, 2011.

국립청주박물관, 「조선 왕실의 한글 편지, 숙명신한첩」, 2011.

규장각 한국학연구원, 「조선 국왕의 일생」, 글항아리, 2009.

金一根 編註, 「李朝御筆諺簡集」, 단국대학교, 1959.

박소동 역, 「국역 嘉禮都監儀軌: 영조 정순왕후」, 민족문화추진회, 1997.

서울대학교 규장각, 「규장각 소장 儀軌 종합목록」, 2002.

_____,『규장각소장 의궤 해제집』1~3, 2003~2005.

송방송,『國譯 豊呈都監儀軌』, 민속원, 1999.

수원화성박물관,『마음으로 그린 꿈 역사로 이어지고―도면에 담긴 우리건축』, 2011.

영건의궤연구회,『영건의궤: 의궤에 기록된 조선시대 건축』, 동녘, 2010.

예술의 전당 서울서예박물관,『朝鮮王朝御筆』, 2002.

이정섭 역,『국역 가례도감의궤』, 국립문화재연구소, 1999.

鄭求福 外,『朝鮮前期古文書集成―15世紀篇』, 國史編纂委員會, 1997.

朝鮮史編修會,『朝鮮史料集眞』第3輯, 1935.

韓國精神文化研究院,『古文書集成』10, 1992.

_____,『藏書閣所藏贍錄解題』, 2002.

_____,『藏書閣所藏儀軌解題』, 2002.

한국학중앙연구원,『조선후기 궁중연향문화』, 민속원, 2003.

한국학중앙연구원 藏書閣,『명가의 고문서 9: 忠을 다하고 德을 쌓다』, 2012.

_____,『영조대왕』, 2011.

_____,『藏書閣所藏 古文書大觀』1, 2010.

황문환 외,『정미가례시일기 주해』, 한국학중앙연구원 출판부, 2010.

2. 저서

旗田巍,『朝鮮中世社會史の研究』, 法政大學出版局, 1976.

金命吉,『樂善齋周邊』, 中央日報·東洋放送, 1977.

김상보,『조선왕조 혼례연향 음식문화: '가례도감의궤'를 통해서 본』, 신광, 2003.

김용숙,『朝鮮朝 宮中風俗研究』, 一志社, 1987.

김학수,『예성부부인 소고』, 淸權祠, 2005.

文叔子,『조선시대 재산상속과 가족』, 景仁文化社, 2004.

박병선,『조선조의 의궤』, 한국정신문화연구원, 1985.

宋洙煥,『朝鮮前期 王室財政 研究』, 集文堂, 2002.

신병주,『66세의 영조 15세 신부를 맞이하다―'가례도감의궤'로 본 왕실의 혼례와 문화』, 효형출판사, 2001.

신병주·박례경·송지원·이은주,『왕실의 혼례식 풍경』, 돌베개, 2013.

安承俊,『조선 전기 私奴婢의 사회 경제적 성격』, 景仁文化社, 2007.

윤용출, 『조선후기의 요역제와 고용노동』, 서울대학교출판부, 1999.

이성미, 『가례도감의궤와 미술사: 왕실 혼례의 기록』, 소와당, 2008.

이성미 외, 『장서각 소장 가례도감의궤』, 한국정신문화연구원, 1994.

오상대, 『嶺南士林派의 形成』, 嶺南大學校出版部, 1979.

심재우, 『조선의 왕비로 살아가기』, 돌베개, 2012.

鄭求福, 『古文書와 兩班社會』, 一潮閣, 2002.

朝鮮總督府, 『朝鮮財政史の一節 李朝時代の財政(稿本)』, 1936.

한영우, 『조선왕조의궤』, 일지사, 2005.

Duncan, John B. (2000) The Origins of the Chosŏn Dynasty, University of Washington Press;
　　Seattle and London(존 B 던컨 지음, 김범 옮김, 『조선 왕조의 기원; 고려~조선 교체의
　　역사적 의미를 실증적으로 탐구한 역작』, 너머북스, 2013).

Hobsbawm, Eric. and Ranger, Terence. (1983) The Invention of Tradition, Cambridge
　　University Press; Cambridge UK(박지향·장문석 옮김-에릭 홉스봄 외 지음, 『만들어
　　진 전통』, 휴머니스트, 2004).

Howells, Richard. and Negreiros, Joaquim., (2012) Visual Culture, Polity Press; Cambridge.

Laclau, Ernesto. and Mouffe, Chantal. (1985) Hegemony and Socialist Strategy: towards
　　Radical Democratic Politics, Verso; London.

Palais, James B. (1996) Confucian Statecraft and Korean Institutions; Yu Hyŏngwŏn and the
　　Late Chosŏn Dynasty, University of Washington Press; Seattle and London(제임스 B.
　　팔레 지음, 김범 옮김, 『유교적 경세론과 조선의 제도들―유형원과 조선후기』1·2, 산
　　처럼, 2007).

3. 논문

姜信沆, 「儀軌研究 序說」, 『藏書閣所藏 嘉禮都監儀軌』, 韓國精神文化研究院, 1994.

경세진·조재모, 「閤門을 통해 본 朝鮮時代 宮闕의 內外槪念」, 『대한건축학회논문집』25-12,
　　대한건축학회, 2009.

金東根, 「조선 초기 宗簿寺의 성립과 기능」, 『朝鮮時代史學報』76, 朝鮮時代史學會, 2016.

金東旭, 「朝鮮 正祖朝의 昌德宮 建物構成의 變化」, 『大韓建築學會論文集』12-11, 大韓建築學會,
　　1996.

김민정·이상은, 「미용학적 관점에서 본 조선시대 가체 문화사」, 『역사민속학』31, 한국역사

　　　민속학회, 2009.

金奉佐,「해남 녹우당 소장 '恩賜帖' 고찰」,『書誌學研究』33, 韓國書誌學會, 2006.

김상호,「肅宗實錄儀軌의 本廳文書에 관한 研究」,『書誌學研究』52, 韓國書誌學會, 2012.

김세은,「1866년 고종의 嘉禮와 대원군의 위상강화」,『韓國史研究』136, 한국사연구회, 2007.

김은선,「朝鮮後期 王陵 石人 彫刻 研究」,『美術史學研究』249, 한국미술사학회, 2006.

김종수,「숙종 四五년 耆老所 入所와 〈[肅宗己亥]進宴儀軌〉」,『奎章閣資料叢書 儀軌篇 肅宗己亥
　　　進宴儀軌』, 서울大學校奎章閣, 2003.

김충현,「孝宗 영릉의 조성과 능제의 변화」,『역사문화논총』7, 역사문화연구소, 2012.

나영훈,「단종대 궁궐 경영(經營)과 그 정치적 의미」,『역사와 현실』82, 한국역사연구회,
　　　2011.

_____,「〈의궤(儀軌)〉를 통해 본 조선후기 도감(都監)의 구조와 그 특징」,『역사와 현실』93,
　　　한국역사연구회, 2014.

_____,「17세기 후반~18세기 국장도감(國葬都監)의 재원 조달과 규모」,『大東文化研究』91,
　　　성균관대학교 대동문화연구원, 2015.

_____,「순조대 明溫公主 婚禮의 재원과 前例·定例의 준수」,『朝鮮時代史學報』83, 朝鮮時代
　　　史學會, 2017.

리기철,「15~16세기 내수사기구의 변천에 대한 간단한 고찰」,『력사과학』169, 과학백과사전
　　　출판사, 1998.

박성호,「명안공주·해창위 오태주 가문 고문서 개관」,『寄贈唯物目錄』Ⅷ—朴漢卨 篇, 서울
　　　역사박물관, 2009.

박이택,「서울의 숙련 및 미숙련 노동자의 임금, 1600~1909—'儀軌'자료를 중심으로」,『수량
　　　경제사로 다시 본 조선후기』, 서울대학교 출판부, 2004.

박정련,「숙종조 진연의 공연문화에 관한 연구—'숙종실록'과 숙종조 '기해진연의궤'를 중심
　　　으로」,『한국음악사학보』38, 한국음악사학회, 2007.

박종민,「조선시대 국장도감 내 일방(一房)의 역할과 기능」,『民族文化』28, 民族文化推進會,
　　　2005.

朴準成,「17·18세기 宮房田의 확대와 所有形態의 변화」,『韓國史論』11, 서울대학교 국사학과,
　　　1984.

박진,「조선 초기 王親婚과 王室 妾子孫에 대한 사회적 인식」,『韓國史學報』48, 고려사학회,
　　　2012.

邊英燮,「姜世晃의〈知樂窩圖〉」,『考古美術』181, 한국미술사학회, 1989.

송방송,「숙종조 기해 '진연의궤'의 공연사료적 가치」,『韓國學報』27-4, 일지사, 2001.

_____,「豊呈都監儀軌의 文獻的 再檢討」,『이화음악논집』3, 이화여자대학교 음악연구소, 1999.

송상혁,「朝鮮朝 賜樂의 對象에 관한 一考察」,『韓國音樂史學報』30, 한국음악사학회, 2003.

宋亮燮,「正祖의 왕실재정 개혁과 '宮府一體論'」,『大東文化研究』76, 성균관대학교 대동문화연구원, 2011.

_____,「藥泉 南九萬의 王室財政改革論」,『韓國人物史研究』3, 韓國人物史研究會, 2005.

송혜진,「'영조조 갑자 진연의궤' 해제」,『韓國音樂學資料叢書』30ㅡ受爵儀軌.進宴儀軌·國立國樂院.

_____,「조선조 왕실악기 수요와 대응의 역사적 전개양상」,『한국음악연구』54, 한국국악학회, 2013.

신명호,「〈연잉군관례등록〉을 통해 본 조선왕실 관례의 성격」,『英祖大王資料集』1, 한국학중앙연구원출판부, 2012.

_____,「조선 초기 儀軌編纂의 배경과 의의」,『朝鮮時代史學報』59, 朝鮮時代史學會, 2011.

신병주,「仁祖代 "豊呈"儀式의 추진과 관련 儀軌연구」,『韓國學報』30-1, 2004.

_____,「조선왕실 의궤 분류의 현황과 개선 방안」,『朝鮮時代史學報』57, 朝鮮時代史學會, 2011.

_____,「'英祖貞純后 嘉禮都監儀軌'의 구성과 자료적 가치」,『書誌學報』24, 韓國書誌學會, 2000.

신지혜,「조선조 숙종대 혼전조성과 그 특징에 관한 연구」,『건축역사연구』19, 한국건축역사학회. 2010.

심승구,「조선시대 왕실혼례의 추이와 특성」,『朝鮮時代史學報』41, 朝鮮時代史學會, 2007.

안경호,「조선 능제(陵制)의 회격(灰隔) 조성 방법ㅡ장경왕후 초장자(舊禧陵)를 중심으로」,『정신문화연구』116, 한국학중앙연구원, 2009.

안장리,「영조(英祖) 궁궐 인식의 특징」,『정신문화연구』104, 한국학중앙연구원, 2006.

양선아,「18·19세기 導掌 경영지에서 宮房과 도장의 관계」,『한국학연구』36, 고려대학교 한국학연구소, 2011.

柳炅來,「《文化柳氏 嘉靖譜》와《安東權氏 成化譜》에 나타난 貞顯王后의 人的 關係網」,『한중인문학연구』26, 한중인문학회, 2009.

유새롬, 「외규장각 의궤의 현황과 특징」, 『145년 만의 귀환, 외규장각 의궤』, 국립중앙박물
　　관, 2011.

유영옥, 「조선후기 因山時 국왕의 山陵 隨駕에 대한 고찰」, 『역사와 경계』 91, 부산경남사학
　　회, 2014.

윤정, 「숙종대 端宗 追復의 정치사적 의미」, 『韓國思想史學』 22, 韓國思想史學會, 2004.

____, 「조선시대 魂殿 운영에 대한 기초적 정리」, 『奎章閣』 28, 서울대학교 奎章閣, 2005.

윤진영, 「朝鮮王室 誌石類 拓本의 제작과정」, 『藏書閣』 12, 한국학중앙연구원 장서각, 2004.

李根浩, 「16~18세기 '단종복위운동' 참여자의 복권 과정 연구」, 『史學研究』 83, 한국사학회,
　　2006.

____, 「17세기 전반 京華士族의 人的關係網」, 『서울학연구』 38, 서울학연구소, 2010.

이미선, 「肅宗과 仁顯王后의 嘉禮 考察—藏書閣 所藏 '嘉禮都監儀軌'를 중심으로」, 『藏書閣』 14,
　　한국학중앙연구원, 2005.

____, 「朝鮮時代 後宮 연구」, 韓國學中央研究院 博士學位論文, 2012.

李秉烋, 「朝鮮 中宗朝 靖國功臣의 性分과 動向」, 『大丘史學』 15·16, 大丘史學會, 1978.

이순구, 「단종 복위 사건 처벌에 나타난 조선 가족제의 특성」, 『史學研究』 98, 한국사학회,
　　2010.

이영춘, 「朝鮮時代의 王室 典禮와 儀軌—藏書閣 所藏本 儀軌類 文獻을 중심으로」, 『藏書閣』 1,
　　한국정신문화연구원, 1995.

李榮薰, 「大韓帝國期 皇室財政의 기초와 성격」, 『경제사학』 51, 경제사학회, 2011.

____, 「19世紀 農業變動의 一樣相; 慶南 金海郡 內需司 庄土의 事例를 中心으로」, 『經濟史學』
　　6, 경제사학회, 1983.

이우종, 「조선 왕릉 광중 탄격(壙中 炭隔) 조성의 배경과 시대적 변천」, 『大韓建築學會論文集
　　計劃系』 26-4, 대한건축학회, 2010.

이현진, 「조선후기 단종 복위와 충신 현창」, 『史學研究』 98, 한국사학회, 2010.

李惠求, 「豊呈都監儀軌 解題」, 『韓國音樂學資料叢書』 13, 國立國樂院, 1988.

이희병, 「조선 中期의 樂舞政策과 실현과정—宮中舞踊을 중심으로」, 『한국무용사학』 1, 한국
　　무용사학회, 2003.

임혜련, 「1671년(顯宗 12) 肅宗妃 仁敬王后의 國婚과 光山 金門 家勢」, 『역사와 담론』 71, 호서
　　사학회, 2014.

장경희, 「조선후기 魂殿 造成 木手 연구」, 『한국학연구』 29, 고려대학교 한국학연구소, 2008.

張師勛,「肅宗 己亥 進宴儀軌 解題」,『韓國音樂學資料叢書』13, 國立國樂院.

장희흥,「端宗과 定順王后 兩位 제사의 장기지속」,『역사민속학』41, 역사민속학회, 2013.

정수환,「조선시대 해주정씨의 王室婚과 家計經營」,『역사민속학』47, 역사민속학회, 2015.

鄭在勳,「朝鮮初期 王室婚과 王室勢力의 形成」,『韓國史研究』95, 한국사연구회, 1996.

鄭貞男,「인사동 194번지 都市的 變化와 18세기 漢城府 具允鈺 家屋에 관한 연구—장서각 소
　　　장 里門內 具允鈺家圖形의 분석을 중심으로」,『건축사연구』17-3호, 한국건축사연구
　　　회, 2008.

조경아,「조선, 춤추는 시대에서 춤추지 않는 시대로—왕의 춤을 중심으로」,『한국음악사학
　　　보』40, 한국음악사학회, 2008.

_____,「조선후기 妓女의 정재 연습 풍경」,『한국예술연구』4, 한국예술종합학교 예술연구
　　　소, 2011.

_____,「조선후기 내연(內宴)과 외연(外宴)의 정재 구성 비교」,『무용역사기록학』34, 무용역
　　　사기록학회, 2014.

조계영,「朝鮮後期 '宮園儀'의 印刊과 粧䌙」,『書誌學研究』35, 韓國書誌學會, 2006.

조규희,「家園眺望圖와 조선후기 借景에 대한 인식」,『美術史學研究』257, 한국미술사학회,
　　　2008.

趙暎俊,「18世紀後半~20世紀初 宮房田의 規模, 分布 및 變動」,『朝鮮時代史學報』44, 朝鮮時代史
　　　學會, 2008.

_____,「조선후기 궁방(宮房)의 실체」,『정신문화연구』31-3, 한국학중앙연구원, 2008.

_____,「19世紀後半 內需司와 市廛의 去來實態」,『서울학연구』31, 서울학연구소, 2008.

_____,「연잉군방(延礽君房)의 살림살이와 경제적 기반」,『英祖大王資料集』5, 한국학중앙연
　　　구원 출판부, 2013.

周藤吉之,「高麗朝より朝鮮初期に至ろ王室財政—特に私藏庫の研究」,『東方學報』東京第10冊,
　　　京都大 同榜文化學院 東京研究所, 1939.

池承鍾,「朝鮮前期 內需司의 性格과 內需司奴婢」,『韓國學報』11, 일지사, 1985.

차명수,「의궤에 나타난 조선 중·후기의 비숙련 실질임금 추세 1600~1909」,『경제사학』46,
　　　경제사학회, 2009.

車昊衍,「조선 초기 公主·翁主 연구」, 韓國學中央研究院 碩士學位論文, 2013.

최주희,「조선후기 왕실·정부기구의 재편과 서울의 공간구조」,『서울학연구』49, 서울시립
　　　대학교 서울학연구소, 2012.

최진덕, 「'주자학의 왕국' 조선의 왕: 숙종의 경우」, 『肅宗大王資料集』1, 한국학중앙연구원 출판부, 2014.

韓春順, 「明宗代 王室의 內需司 運用」, 『인문학연구』3, 경희대학교 인문학연구소, 1999.

황정연, 「18세기 경화사족의 서화수장과 예술취향, 유만주와 〈흠영〉」, 『내일을 여는 역사』40, 내일을 여는 역사, 2010.

_____, 「단경왕후 溫陵을 통해 본 조선후기 封陵의 역사적 의미」, 『民族文化論叢』53, 영남대학교 민족문화연구소, 2013.

_____, 「朝鮮時代 宮中 書畵收藏處에 대한 연구」, 『書誌學研究』32, 韓國書誌學會, 2005.

Royal Protocols and Resources in Choson, Korea

Jung, Su-Hwan

Chief Researcher

The Academy of Korean Studies

It is well known that one of the characteristics of the fiscal system in the Choson dynasty (1392-1910) was flexible and unsystematic management. This kind of approach evolved from the theory of modernity. Under this concept, the government fiscal system of Choson was regarded as inefficient and complicated, as the royal court financial structure was not separated from the government. For this reason, premodern Choson could not adopt a modern fiscal system and was eventually colonized by modern Japan. However, the Choson government and the monarchy sustained their financial institutions for over 500 years. This phenomenon embodies their indigenous knowledge, which has not been specifically examined. This book explores the economic management in the royal protocols between the royal court and the government, identifying its distinctive structure which is a paradoxically complicated systemic management.

The representative component of the royal court's financial management is found in the royal protocols. All the protocols, rituals and ceremonies in the royal court were organised and recorded by the government—from prenatal care to royal funerals, including budgetary and expenditure management. To explore the management of the material and labour resources in the royal court, I investigated four royal protocols: setting up a separate family (*Chulhap*), a royal wedding ceremony (*Garye*), a court banquet (*Jinyeon* and *Jinchan*) and the posthumous reconstruction of the royal mausoleum (*Bongneung*). The main historical materials for this research were the record of royal protocols (*Uigwe*), the daily administrative records of the bureau (*Deungnok*) and related historical manuscripts.

Chapter 1 examines the tension between the royal court and the government in relation to the economic support for *Chulhap*. Kings purchased a house in the capital for one of his princes and princesses when they left the palace after their marriage. This is a form of property distribution, as Kings also inherited his possessions from his ancestors. The royal court acquired its wealth, which was different from government finance, in the early Choson period (15th–16th century). However, the situation changed dramatically after the Imjin war in 1592 and the Manchu invasions from 1627–1636, which Choson came to be known as the late Choson period (17th–19th century). The outbreak of two wars shut down preceding cases of government financial support for the royal court. The king, aided by the government, tried to build new houses and give land and servants to his children. However, the royal court's properties could no longer be sustained at the same scale as the early Choson royal court. In this situation, while the king pressed his ministers to yield more aid for princes and princesses, the ministers used scholarly discourses to interrupt and reduce the level of support.

Chapter 2 reviews the fixed regulation for the royal protocols, which consisted of finance for the *Garye*. The 21st king, Yeongjo, published a book for fixed regulation of royal weddings — *GukHonJeongRye* — in 1749, and his ideas, reducing and standardizing the amount of resources, were included in it. 10 years later, King Yeongjo applied the financial regulation to his royal wedding. The total number of people mobilised for these events — whose tasks were marching, manufacturing and governing — was over 1,500. The total cost of the wedding was 500 Nyang in silver, 150 Gwan in coin and 15 Dong of cotton. And a large amount of cast iron, brushes and ink, firewood and other materials were appropriated for manufacturing or administration. These resources were contributed by several government organisations — such as the Ministry of Taxation, the Ministry of Military Affairs and the Royal Treasury. The application of a fixed regulation helped to evaluate the amount of finance and effort needed to satisfy the budget compared to former ones. This situation comes from negotiation between kings (representing the royal court) and ministers (indicating bureaucrats). When it comes to neo-Confucian concepts, reducing and saving budgets were fundamental concepts for individuals, the government and the court. Under these circumstances, the negotiations satisfied both interests. The royal court obtained a stable financial benefit from the government, and the ministers with strong Confucian beliefs achieved an appropriate outcome for their ideology.

Chapter 3 analyses the structure of the administrative organisation and its financial resources for *Jinyeon* and *Jinchan*. These events were held simultaneously, so it is considered as an event in Choson. *Dogam* — the temporary office or committee only work when there is an event — was set up just after the date appointed for the event and installed in one of the government departments, similar to the royal music department from the 17th century. *Dogam* controlled all the budgets and decision-making among the court, government and departments. It consisted of several subordinate organisations like *Bang*. *Bangs* and other sub-departments were allocated the tasks of assembling labour or preparing equipment. The Ministry of Taxation and the Ministry of Military Affairs funded the financial budget and supplied around 800 Seok of rice to *Dogam* via the bureau of relief. Consequently, *Dogam* handled it as salary and food expenses for over 60 staff members. Capital bureaus such as the palace's procurement office and five military divisions supplied the materials, food, vessels and instruments. Craftsmen, *Gisaeng* (a professional entertainer) and government slaves were deployed from six ministries, the capital bureaus and the local government. When the royal banquet was completed, the king praised the participants and rewarded them with prizes that were derived from court resources.

The last chapter inspects how interests or opinions among government organisations were adjusted and modified. The case for this examination is Sareung Bongneung; mausoleum of queen Jeongsun who is the 6th king Danjong's wife. *Dogam* for Sareung Bongneung took the role of resolving discord between concerned organisations. This *Dogam* had a general financial structure compared to other *Dogams* in royal protocols; all government departments were part of the financial structure. In comparison to the other royal protocols, this reconstruction work for the royal mausoleum happened in a local area. This situation brought about more complex interests among those involved: central governments and local governments. The king and the government allocated portions of their resources among local and central offices through *Dogam*. The main task of *Dogam* was to resolve the discord between concerned organisations. For example, when monks were mobilised as labour from the local governments, *Dogam* determined the number for each local government and resolved the complaints they had. *Dogam* was also responsible for allocating and organising the supply of material resources among related organisations as well. Refined iron and charcoal were brought from five military divisions' reserve at first. However, the Ministry of Taxation and the local governments eventually took over supporting refined iron and charcoal, considering the preparation of armament and delivery efficiency. By bridging the communication gap between the kings and the governmental officers, *Dogam* was able to adjust the demand among involved agencies.

The structure of the fiscal system of Choson is concealed. It is also ambiguous to examine because the court protocols are complicated. Accordingly, this book explores how resources for four court protocols were managed in order to understand the knowledge of the Choson dynasty at a glance. The court had its own inherited properties and tried to secure more financial support for the royal family. Conversely, the government ministers, who were neo-Confucian scholars, monitored the amount of the resources for the royal protocols. Under this pressure, *Dogam* was designed as a compromising organisation that allocated tasks and resources to all the central government ministries and offices and the provincial governments. This system led to the sharing of risks and burdens of each event among the organisations, which made it appear complicated and vague. In summary, resources for royal protocols are gathered from the court, the central government, government offices and local governments: this can be referred to as a multiple-layer system. This concept is only a glimpse of the knowledge of the Choson fiscal system.

찾아보기

ㄱ

가가(假家) 130, 186, 205

가각색장(假各色掌) 216

가경질(加耕秩) 89

가대(加貸) 259

가례 18

『가례도감의궤(嘉禮都監儀軌)』 93

가사(歌師) 218

가의녀(假醫女) 176

가자(加資) 102

가포(價布) 166

각방(各房) 186

각사노비(各司婢子) 167

각양공장(各樣工匠) 100

감역관(監役官) 144

강윤(姜潤) 125

개초(蓋草) 293

거가(車價) 278

거부계(車夫契) 224

거열형 27

거자(車子) 194

거접(居接) 145

『경국대전』 61

경도감(京都監) 243, 249, 280

경릉(敬陵) 237

경저(京儲) 264

경창(京倉) 34

경행방(慶幸坊) 52

경현당(景賢堂) 182, 207

경혜공주(敬惠公主) 25, 239

계비(繼妃) 94

「계하사목(啓下事目)」 175

곡장 248

공선(供膳) 163

공재정(公財政) 13

공전(公田) 38

공포(工布) 195

공한지(空閑地) 69

공해(公廨) 47

과전(科田) 27

관현맹인(管絃盲人) 219

관현장인(管絃匠人) 167

광명전(光明殿) 182, 199

교명(敎命) 111

구궁(舊宮) 45, 49

구작(九爵) 182

구종(丘從) 123

국가전례(國家典禮) 17

국곡(國穀) 33

『국혼정례』 93, 138

군부일체론(君父一體論) 241

군향(軍餉) 162

궁가(宮家) 47, 218

궁금(宮禁) 74

궁부일체(宮府一體) 76

궁차(宮差) 69

권시경(權是經) 250

귀산군(龜山君) 37

금도군(禁道軍) 117

금양(禁養) 242

금원군(錦原君) 37

금위영 214, 257

금중(禁中) 37

금천교 178

급가(給價) 140

급수비(汲水婢) 217

기경전(起耕田) 89

기용(器用) 33

기전(起田) 88

길년(吉年) 73

길일택정(吉日擇定) 64

김귀인방(金貴人房) 86

김문행(金文行) 216

김성원(金聖源) 287

김양진(金楊震) 37

김재로(金在魯) 52

김창집(金昌集) 181

김치량(金致良) 216

김한구(金漢耉) 94

김효대(金孝大) 216

ㄴ

나장(羅將) 98

낙선재 155

난혜(卵醯) 252

남구만(南九萬) 14

남이웅(南以雄) 163

남효온(南孝溫) 33

납철(鑞鐵) 39

내노(內奴) 83

내비(內婢) 83

내사(內司) 56

내섬시 225

내수사 33, 38

내습의 199

내연(內宴) 182

내자시 225

내탕(內帑) 37

노산군(魯山君) 237

노야소(爐冶所) 290

논상(論賞) 101

늑간부장(勒幹部將) 192

능소도감(陵所都監) 243, 249

능역(陵役) 238

ㄷ

다모(茶母) 98

단종복위 27

담배군(擔陪軍) 104

당상좌기(堂上坐起) 204

대미(大米) 222

대부석소(大浮石所) 290

대소철정(大小鐵釘) 143

대송(貸送) 258

대오전악(隊伍典樂) 219

덕응방(德應房) 96, 131

「도감감결사목(都監甘結事目)」165

「도감거행물목별단(都監擧行物目別單)」107

도감사목(都監事目) 97, 105

도기(都妓) 218

도매(盜賣) 69

도배군(塗褙軍) 144

도석수(都石手) 280

도이상(都已上) 89

동장 131

두건채(頭巾債) 230

두석장 131

둔민(屯民) 258

등촉(燈燭) 229

ㅁ

마세(馬貰) 277
마조장(磨造匠) 230
마죽(馬粥) 252
면주(綿紬) 231
명선공주(明善公主) 56
명안공주(明安公主) 51
명정전(明政殿) 112, 121
명혜공주(明惠公主) 56
모군(募軍) 94
모군산역(募軍山役) 292
목기명(木器皿) 143
목수 218
목전참반(木錢參半) 275
목포취래수(木布取來數) 99
무토전답(無土田畓) 89
미포차하식[米布上下式] 224
민전(民田) 244

ㅂ

반료(頒料) 221
반차도(班次圖) 97
방역노비(放役奴婢) 31
백금 29
백저포(白苧布) 231
번와소(燔瓦所) 290
변수(邊手) 101
별공작(別工作) 80, 175, 290
별공작소(別工作所) 95
별급문기 28
별영(別營) 98
병조 305
보목(步木) 194
보토소(補土所) 290

복위부묘도감(復位祔廟都監) 249
본방예물 111
봉릉 18, 237
봉릉도감(封陵都監) 249
봉림대군(鳳林大君) 42, 52
봉사(奉祀) 30
봉점(逢點) 287
부인출궁(夫人出宮) 67
부지군(負持軍) 118
부토(負土) 291
분장흥고(分長興庫) 249, 290
빙재(聘財) 111

ㅅ

사궁(私宮) 23
사궁장토(司宮庄土) 301
사릉(思陵) 20, 237
『사릉봉릉도감의궤(思陵封陵都監儀軌)』 237
사산(私山) 311
사습의(私習儀) 116
사약방(司鑰房) 121
사육신사건 27
사장(私藏) 14
사재정(私財政) 13
사지사령 280
사초(莎草) 247
사토장(莎土匠) 280
사표(四標) 87
사환노비(使喚奴婢) 83
사훅서 225, 226
삭료(朔料) 19
삭료포(朔料布) 224
산료(散料) 176
산원(算員) 99
산청(算廳) 209
살곶이[箭串] 26

삼간택(三揀擇) 104, 121

삼도습의(三度習儀) 168, 199

삼습의(三習儀) 118

상격(賞格) 94, 101

『상방정례』 93

상사(上司) 59

상포(賞布) 180

상현궁 102

서명유(徐命儒) 216

서문중(徐文重) 68

서성(徐渻) 165

서자(庶子) 36

서종제(徐宗悌) 63

서종태(徐宗泰) 81

서후(徐厚) 36

선기(選妓) 177

선상기(選上妓) 196

선온(宣醞) 179

선온의(宣醞儀) 113

선재(船材) 36

선혜청 305

성운(成雲) 37

세목(細木) 274

소명성책(小名成冊) 223

소목(蘇木) 34

소목장 218

소부석소(小浮石所) 290

『소현세자가례도감의궤』 93

속공지(屬公地) 57

『속대전』 62

속악기(俗樂器) 219

수라간소용(水剌間所用) 107

수리소(修理所) 95

수묘군(守墓軍) 242

수본(手本) 86, 173

수석소(輸石所) 290

수어청 214

수주(水紬) 34

수직군사(守直軍士) 98

숙경공주(淑敬公主) 47

숙마(熟馬) 102

숙명공주(淑明公主) 43

숙빈방(淑嬪房) 75

숙빈최씨(淑嬪崔氏) 70

숙빈홍씨(肅嬪洪氏) 28

숙수(熟手) 191, 218

숙안공주(淑安公主) 50

숙정공주(淑靜公主) 43

숙휘공주(淑徽公主) 63

『순종순종비가례도감의궤』 93

숭선군(崇善君) 43

숭정전(崇政殿) 179, 199, 207

습봉(襲封) 239

습의(習儀) 101, 111

승휘전(承暉殿) 257

시문(市門) 72

시민(市民) 96, 141

시양모(侍養母) 32

시양자(侍養子) 31

시전 80

시치(市値) 279

식물(食物) 101

식물첩(食物帖) 227

신궁(新宮) 49

신규(申奎) 237

신만(申晚) 102

신해년(辛亥年) 등록 165

신환(申晥) 216

실입(實入) 150

실입여환하질(實入與還下秩) 231

심익현(沈益顯) 43

ㅇ

안구마(鞍具馬) 102, 198

안서우(安瑞羽) 65

안평대군(安平大君) 26

야장(冶匠) 144, 218

야탄(冶炭) 268

약방입진(藥房入診) 182

양녕대군(讓寧大君) 36

양덕방(陽德坊) 26

양도감(兩都監) 255

양도청방(兩都廳房) 106

양릉 260

양릉봉릉(兩陵封陵) 246

양시공궤(兩時供饋) 176

양심합(養心閤) 76

어석정(魚錫定) 125

어염(魚鹽) 51

어영청 214

어의궁 121

어전(漁箭) 61

언서(諺書) 162

엄성(嚴惺) 240

엄집(嚴緝) 245

엄흥도(嚴興導) 240

여기(女妓) 175

여의(女醫) 175

여진족[野人] 57

연령군(延齡君) 72, 78

연목(椽木) 147

연잉군(延礽君) 63

연잉군궁(延礽君宮) 69

연잉군방(延礽君房) 69, 87

연직(輦直) 127

연추문계(延秋門契) 83

연탄 204

염분(鹽盆) 61

염수(鹽水) 213

염장(鹽醬) 51

영역별감(領役別監) 280

영웅대군 25

『영조정순왕후가례도감의궤』 93

예빈시 225

예조절목(禮曹節目) 190

『오례의(五禮儀)』 41

오정위(吳挺緯) 56

오태주(吳泰周) 52

온돌목(溫突木) 137, 291

옹주(翁主) 34

왕실재정 13

왕실전례(王室典禮) 17

『왕자가례등록(王子嘉禮謄錄)』 64

왕자관례의(王子冠禮儀) 66

왕자녀 23

왕자방(王子房) 86

왕패(王牌) 62

외습의(外習儀) 118

외장(外藏) 37

요화당(瑤華堂) 63

용환(用還) 188

용환차(用還次) 128

용후환하질(用後還下秩) 231

원결(元結) 62

원몽린(元夢麟) 47

위군(衛軍) 144, 221

유기(鍮器) 39

유둔(油芚) 50, 189

유랍(鍮鑞) 107

유상운(柳尙運) 282

유성룡(柳成龍) 240

유위군(留衛軍) 39

유차일(油遮日) 189

유철(鍮鐵) 107

유첩시(鍮貼匙) 221

육상궁(毓祥宮) 84

윤경교(尹敬敎) 47

윤지(尹墀) 46

은기(銀器) 108

은기성상(銀器城上) 217

은자(銀子) 107, 137

응행절목(應行節目) 208

의막(依幕) 149

의장고(儀仗庫) 124, 133, 179

의장차비의녀(儀狀差備醫女) 126

이경여(李敬輿) 47

이궁(離宮) 36

이귀(李貴) 165

이금(李昑) 86

이도습의(二度習儀) 182

이만근(李萬根) 67

이맹휴(李孟休) 201

이언강(李彦綱) 76

이여(李畬) 71

이이명(李頤命) 182

이현궁(梨峴宮) 75

이혼(李焜) 193

이희무(李喜茂) 71

인경궁 178

인경왕후(仁敬王后) 278

인목대비(仁穆大妃) 163

인목왕후(仁穆王后) 46, 50

인신(印信) 184

인욕(人欲) 15

인헌왕후(仁獻王后) 72

일관(日官) 64, 182

임자사목(壬子事目) 45

임홍망(任弘望) 250

ㅈ

잡물고(雜物庫) 186

잡탈(雜頉) 284

장료(匠料) 223

장릉(莊陵) 237

『장릉수개도감의궤(莊陵修改都監儀軌)』 247

장리(長利) 38

장유(張維) 52

장인(匠人) 94

재백(財帛) 33

적녀(嫡女) 28

전문(錢文) 72, 107, 248

전문대송(錢文代送) 275

전미(田米) 222

전민(田民) 28

전석(磚石) 151

전석동궁(磚石洞宮) 49

전장(田庄) 56

전지(田地) 33

전포(錢布) 282

절가(折價) 142

절수(折受) 89

절수혁파론(折受革罷論) 56

점심미(點心米) 221, 226

정례(式例) 279

정릉(貞陵) 237

정명공주(貞明公主) 42, 46

정미수(鄭眉壽) 29, 239

정순왕후(定順王后) 237

정습의(正習儀) 117

정승휴(鄭承休) 30, 240

정식(鄭植) 240

정역(鄭易) 239

정익(鄭榏) 240

정일(正日) 101

정제현(鄭齊賢) 63

정종(鄭悰) 25, 239

정중휘(鄭重徽) 242

정철(正鐵) 108, 151

정초(定礎) 295

정친예물(定親禮物) 111

정태화(鄭太和) 43

정효준(鄭孝俊) 240

정휘량(鄭翬良) 135

정희왕후(貞熹王后) 28

제릉(齊陵) 237

제용감 33

제택(第宅) 23, 302

조각장 218, 225

조미(造米) 79

조상우(趙相愚) 245

조석명(趙錫命) 73

조성소(造成所) 290

조영복(趙榮福) 78

조예(皁隷) 98

조운규(趙雲逵) 102

조정호(趙廷虎) 46, 50

조태구(趙泰耉) 72

조태동(趙泰東) 77

조태채(趙泰采) 182

주렴장(朱簾匠) 125

주전소(鑄錢所) 141

주탁차비관(酒卓差備官) 216

준절(准折) 269

지지(紙地) 50

직전(職田) 59

진부진단자(進不進單子) 215

진성대군(晉城大君) 33

진연 18

「진연의궤(進宴儀軌)」 161, 181, 199

진연절목(進宴節目) 183

진연청공장별단(進宴廳工匠別單) 217

「진연청별단(進宴廳別單)」 197, 217, 232

진연청원역별단(進宴廳員役別單) 217

진연회동좌기(進宴會同坐記) 200

진지녹사(進止綠事) 209

진지서리(進止書吏) 209

진찬 18

진풍정 162

집사의녀(執事醫女) 176

ㅊ

차비관(差備官) 116

차비의녀(差備醫女) 117, 118

찬품숙설색리(饌品熟設色吏) 198

찬품숙설청(饌品熟設廳) 217

참반(參半) 100

창경궁 121

창덕궁 121

창병목(槍柄木) 133

창의궁 63

채전(菜田) 87

채화기명(彩畵器皿) 80

처용기(處容妓) 173

처용복색(處容服色) 230

철기명(鐵器皿) 143

철탄(鐵炭) 258

체자(髢子) 34

초기(草記) 50

초도(初度) 182

초주지(草注紙) 65, 205

촉납(燭蠟) 29

총융청 214, 257

최규서(崔奎瑞) 249

최석정(崔錫鼎) 243

축언(築堰) 87

출합 18, 23

취반도척(炊飯刀尺) 251

취색군(取色軍) 127, 221

침선비 126

칭경(稱慶) 18

칭자(稱子) 137

ㅌ

태화당(泰和堂) 63

토우(土宇) 143, 144

투취전매(偸取轉買) 69

특사상(特賜賞) 55

ㅍ

포구문(抛毬門) 231

포전(圃田) 86

포진(鋪陳) 51

풍물(風物) 170

『풍정도감의궤(豊呈都監儀軌)』 161, 162

ㅎ

한성부 224

한응인(韓應寅) 59

함궤(函櫃) 114

합궁(閤宮) 74

합문(閤門) 23

행용기생(行用妓生) 170

행용지(行用紙) 203

향교동(鄕校洞) 52

향용정(香龍亭) 124

혜정옹주(惠靜翁主) 39

호궤(犒饋) 192

호조 305

호피(虎皮) 179

홍계현(洪啓鉉) 216

홍봉한(洪鳳漢) 102

홍상한(洪象漢) 102

홍석보(洪錫輔) 72

홍주원(洪柱元) 46

홍해 24

화매(和賣) 36

화은(花銀) 123

화장 218

환무(換貿) 211

환입 157

환채(還債) 269

환하(還下) 209

환하질(還下秩) 231

황금 29

황두(黃豆) 79

회동일(會同日) 149

회동절목(會同節目) 184, 190

회동좌기(會同坐起) 106

효령대군(孝寧大君) 239

후릉(厚陵) 237

훈련도감 214, 257

휘순공주(徽順公主) 34